KB067351

마이스터 에크하르트의
영성 사상

길희성 "종교와 영성 연구" 전집 6

마이스터 에크하르트의 영성 사상

2003년 11월 1일 초판 1쇄 펴냄
2021년 7월 12일 개정판 1쇄 펴냄
2023년 2월 10일 개정판 2쇄 펴냄

지은이 | 길희성
펴낸이 | 김영호
펴낸곳 | 도서출판 동연
등 록 | 제1-1383호(1992. 6. 12)
주 소 | 서울시 마포구 월드컵로 163-3
전 화 | (02)335-2630
전 송 | (02)335-2640
이메일 | yh4321@gmail.com
블로그 | https://blog.naver.com/dong-yeon-press

ISBN 978-89-6447-706-9 94160
ISBN 978-89-6447-700-7 (종교와 영성 연구)

마이스터 에크하르트의
영성 사상

길희성 지음

동연

이 책을
새길기독사회문화원,
시튼 연구원
그리고 크리스천 아카데미에서
부족한 나의 에크하르트 강의를 경청해 주신
자매·형제님들에게 바칩니다.

머리말

이 책은 내가 중세 사상가를 다룬 세 권의 책 중 하나이다. 그 하나는 우리나라 고려 시대의 위대한 선 사상가 보조국사 지눌(1158~1210)의 사상을 다룬 책이 있고, 또 하나는 일본 가마쿠라 시대의 독창적 정토 사상가 신란(1173~1262)에 관한 연구서이다. 이 책은 서양 중세 사상가 마이스터 에크하르트(1260~1328년경)의 영성에 대한 책이다.

돌이켜 보면, 내가 중세 사상가들에 관심을 가지게 된 것은 우연이 아닌 것 같다. 대학 시절부터 서양 철학을 공부하면서도 줄곧 신학에 관심을 가지고 있던 나로서, 철학과 신학의 관계는 늘 고심의 대상이었다. 대학원 시절 비교종교학과 비교철학에 관심을 가지기 시작하면서부터는 신학과 철학, 계시와 이성의 문제가 서구 지성사만의 예외적 현상이라는 사실을 강하게 자각하게 되면서, 나에게는 철학 · 신학 · 동양 종교의 통상적 구별을 넘어서는 "통전적" 사상에 대한 갈망이 자리 잡게 되었다. 에크하르트는 이러한 나의 갈망을 충족시키고도 남음이 있는 사상가였다고 감히 말할 수 있다.

주지하는 바와 같이, 서양 중세는 신학과 철학이 조화를 이루며 철학이 영성과 신비주의적 성격을 지닌 시대였다. 그러나 종교개혁 이후 신학과 철학, 신앙과 이성은 다시 첨예하게 대립하면서 각기 제 갈 길을 가게 되었고, 데카르트 이후의 근대 철학에서도 지성과 영성은 이질적인 것이 되어 버렸다. 나는 이것이 서구 신학의 비극이며 현대 서구 사상이 겪고 있는 영적 빈곤의 근본 원인이라고 생각한다. 내가 통전적인 중세 사상 그리고 동양 사상에 관심을 가지게 된 가장 중요한 이유 가운데 하나도 바로 여기에 있다.

초월을 포기하고 "형이상학의 극복"을 무슨 전리품인 양 자랑하는 서양 근현대 철학은 인간의 가장 깊은 정신적 욕구를 충족시키지 못한다고 나는 생각한다. 그렇다고 물론 "탈 형이상학 시대"를 살고 있는 우리가 쉽게 중세 사상으로 되돌아갈 수 있다는 것은 아니다. 하지만 우리가 너무나도 쉽게 과거의 유물로 치부해 버린 중세 사상가들 속에서 현대 사상에서는 찾아보기 어려운 영적 보화를 발견하는 일은 내게 다른 무엇과도 비할 수 없는 기쁨이었다. 특히 동서양 사상의 대화, 그 가운데서도 불교와 그리스도교라는 두 위대한 종교 전통의 창조적 만남에 특별한 관심을 가지고 있던 나에게 에크하르트와의 만남은 실로 하느님의 "계시"라고 느껴질 정도로 감격적 경험이었다. 에크하르트의 그리스도교 영성에서 나는 참된 인간성의 실현을 근본으로 삼고 있는 동양 사상과의 완벽한 일치를 발견했기 때문이다.

서양 철학과 그리스도교 신학을 공부한답시고 관심을 가진 지 오랜 세월이 지났건만, 나는 에크하르트 사상을 접하면서 처음으로 서양 중세 철학을 소홀히 해 온 나의 무지를 후회하기 시작했다. 라틴어 공부도 좀 더 착실히 해 두었더라면 좋았을 것이라는 후회도 많이 했지만, 모든 것이 너무 늦었다. 너무 늦게 에크하르트라는 사상의 보고를 만난 것이 한스러울 뿐이다. 다행히도 훌륭한 독일어 번역이 있고 수많은 연구서들이 있어서 큰 어려움 없이 에크하르트 사상의 대강을 파악할 수 있었다고 생각한다.

이 책은 어디까지나 에크하르트 사상 전체를 비교사상적 관심과 관점을 가지고 조명해 보는 연구서이지 어느 특정한 주제만을 천착해 들어가는 논고가 아니다. 아직 우리나라에서는 잘 알려지지 않은 사상가이기에 이 책의 출간이 에크하르트에 대한 종교계와 학계의 관심을 일깨우고 동서양 사상과 종교 간의 대화와 이해에 일조할 수 있다면 큰 보람으로 여기겠다.

2003년 8월
불곡산을 바라보며, 저자

차 례

제1장
에크하르트와 현대

"나는 하느님으로부터 자유롭게 해 달라고 하느님께 기도한다" 혹은 "하느님을 위해 하느님을 놓아 버린다"라는 당돌하고 오만스럽기까지 한 에크하르트의 말이 우리 마음을 사로잡으면서 해방감마저 주는 것은 무슨 까닭일까? 하느님을 떠나고자 하는 사람이 왜 또 하느님께 기도한단 말이며, 하느님을 떠나면 그뿐이지 무엇이 아쉬워서 "하느님을 위해" 떠난다고 구차하게 말하는가? 아무리 생각해도 모순처럼 들리는 이 말들이 그럼에도 우리의 심금을 울리는 것은 아마도 하느님을 믿지도 못하고 떠나지도 못하는 현대인들의 심정을 너무나 잘 대변해 주는 듯하기 때문인지 모르겠다. 아니 인간을 구속하고 속박하는 하느님 말고 인간에게 진정한 해방을 주는 하느님, 인간 위에 제왕처럼 군림하는 하느님이 아니라 나 자신보다도 나에게 더 가까운 하느님이 그리워서인지도 모르겠다. 인간들이 그의 이름으로 저지른 무수한 죄악의 공범이었던 거짓 하느님을 거부하고, 참다운 하느님을 갈망하는 외침이 그 속에서 들리는 것 같다. 여하튼 여기서는 무신론과 유신론의 단순한 대비는 무의미해진다. 하느님 아닌 하느님(Nichtgott), 하느님을 넘어서는 하느님(Übergott)의 세계를 에크하르트는 말하고 있기 때문이다. 이른바 신비주의적 무신론(mystical atheism)의 세계이다.[1]

도대체 우리가 가지고 있는 하느님에 대한 관념에 무엇이 어떻게 잘못되었기에 에크하르트는 이렇게 무리한 표현들을 사용할 수밖에 없었던 것일까? 이 물음이 나로 하여금 에크하르트의 사상과 씨름하게 만든 첫째 동기이다. 다시 말해서 전통적인 그리고 통상적인 그리스도교 신관이 이제는 더 이상 현대인들에게 설득력을 지니지 못한다는 생각, 따라서 우리의 하느님 관념에 하나의 근본적 변화가 있어야만 한다는 생각이 나로 하여금 중세 신비가 에크하르트에게 눈을 돌리게 만들었다는 말이다.

그리스도교의 전통적·통상적 신관에 의하면 하느님은 세계를 창조한 초월적 존재로서 하느님과 피조물 사이에는 무한한 거리와 질적 차이가 존재한다. 전통적 신관이 하느님의 내재성(immanence)을 전적으로 무시한 것은 아니지만, 그의 초월성에 대한 지나친 강조는 하느님과 자연 사이의 유기적 연관성을 차단했으며 자연의 탈성화(desacralization)를 초래했다. 고대의 다신 숭배와는 달리 자연으로부터 유리된 신은 삶으로부터 멀어졌으며, 신성을 박탈당한 자연은 성스러움을 상실하고 인간의 도구적 이성의 지배를 받는 착취의

---

1 J.D. Caputo, "Fundamental Themes in Meister Eckhart's Mysticism," *The Thomist* 42/2(April 1978): 211; B. McGinn, "God beyond God: Theology and Mysticism in the Thought of Meister Eckhart," *Journal of Religion* 61(1981): 1-19 참조.

대상으로 전락하게 되었다. 성서적 창조론이 인간을 자연의 지배로부터 해방시켰다고 하나, 인간은 "초자연적"(supernatural) 신의 모습을 닮아 자연 위에 군림하는 존재가 되었으며 마침내는 신의 자리마저 찬탈한 유일 주체가 되었다.

창조 행위는 하느님의 자유로운 의지에 의해 이루어졌다고 한다. 하느님은 이 세계를 창조할 어떤 필연성도 없었으며 이 세계는 말하자면 창조되지 않을 수도 있었던 우연적 산물처럼 보인다. 이러한 신관에서는 하느님이 왜 이 세계를 창조하였는지에 대한 만족스러운 해답을 제시하기 어려우며, 세계는 우연이요 신은 전적으로 자의적 존재로 보인다. 이는 그야말로 아주 비종교적이고 부신론적인 세계관을 낳는 모순을 초래한다. 그뿐만 아니라 세계가 존재하든 말든 하느님께는 아무런 영향을 미치지 못한다. 신이 아니면 세계는 존재할 수 없으나 세계가 없다 해도 신은 건재한다. 이러한 독재 군주와도 같은 "나 홀로" 하느님을 우리는 과연 숭배할 수 있을까? 세계와 항시 "함께하는" 사랑의 하느님을 우리는 원하고 있지 않은가?[2]

한편 신은 세계뿐만 아니라 인간으로부터도 먼 존재이다. 적어도 "만든다"는 이미지로 이해되는 창조 행위에 의하면 자연도 인간도 모두 하느님 외적 존재일 수밖에 없으며, 인간은 본질적으로 자

---

2 전통적 신관에 대한 비판으로 J. Macquarrie, "A Critique of Classical Theology," *In Search of Deity: An Essay in Dialectical Theism*을 볼 것. 카우프만은 창조주와 피조물의 이원론적 구별에다가 주님(Lord), 왕(king), 아버지(father)와 같은 인격적 메타포들이 그리스도교의 권위주의적이고 물상화된(reified) 신관을 만들어 내는 데 큰 역할을 하고 하느님과 인간 사이의 비대칭적(asymmetrical) 관계를 강화했다고 비판한다. G. Kaufmann, "God and Emptiness: An Experimental Esaay," *God-Mystery-Diversity: Christian Theology in a Pluralistic World*, 145-148.

연과 신 모두로부터 격절된 존재가 된다. 이런 식으로 이해되는 창조론은 이미 그 안에 무신론을 잉태하고 있다. 하느님에 의해 창조되고 그에 의존하는 존재라고는 하나, 인간과 자연은 전통적인 신관에 의하면 하느님으로부터 분리된 독자적 존재들이며 인간과 자연을 이해하기 위하여 굳이 하느님을 끌어들일 필요가 없기 때문이다. 실제로 서구의 세속주의적 세계관이 그리스도교 신관의 풍토에서 자라났다는 사실은 결코 우연이 아니다.

이러한 전통적 창조론에 대하여 에크하르트는 만물을 품고 있는 하느님, 만물의 모태와도 같은 하느님을 말한다. 인간을 비롯한 세계 만물이 신성(Gottheit)의 깊이로부터 출원出源(exitus)하고 그리로 환원還源(reditus)하는 창조론을 말하며, 신과 인간의 부정할 수 없는 근원적 일치를 설한다. 신플라톤주의의 영향 아래 형성된 에크하르트의 이러한 사상은 적어도 하나의 대안적 신관으로 진지하게 고찰할 필요가 있다.

하느님은 세계를 창조했을 뿐 아니라 다스린다고 한다. 그러나 하느님이 세계에 관여하는 방식에 대한 믿음은 현대 과학적 세계관에 의해 큰 시련을 겪고 있다. 적어도 하느님이 직접 세상사와 역사에 개입한다는 생각은 모든 사건과 현상을 오직 세계 내적 원인과 결과로 이해하는 현대 세계관과는 양립하기 어렵게 되었으며, 세계 외적 존재로서의 신의 개입으로 이해되는 "기적"이 현대인의 세계관에서 자취를 감추게 된 것은 부인할 수 없는 사실이다. 이는 성서에 근거한 전통적인 구원사(Heilsgeschichte)적 그리스도교 이해를 근본에서부터 무너뜨린다. 자연과 역사에 초자연적으로 개입하는 하느님에 대한 믿음을 더는 유지하기 어렵게 된 것이다. 더군다나 무자비한 자연의 횡포와 부조리한 역사의 경험을 너무나도 많이 목격한 현대인들에게 세상사에 관여하는 하느님에 대한 믿음은 감당하기 어려운 짐이 되고 있다.

이러한 상황에서 오직 인간의 내면을 파고들면서 그 안에서 하느님을 만나고 그 안에서 하느님 아들의 탄생을 외치는 에크하르트의 메시지는 하나의 대안적 메시지로 새롭게 다가온다. 에크하르트의 신비신학에서는 아담의 타락과 원죄, 그리스도의 탄생과 십자가 상의 대속의 죽음 그리고 부활과 종말로 이어지는 전통적인 구원사적 드라마가 그다지 중요한 의미를 지니지 않는다. 그는 물론 이러한 구원사적 사건들의 역사성을 부정하지는 않는다. 그러나 그의 초미의 관심은 나의 영혼 밖에서 일어나는 외적 사건들에 있지 않고, 어디까지나 모든 인간의 영혼 깊이에서 이루어져야 할 내적 사건에 있다. 시간적·역사적 사건보다는 초시간적·초역사적 사건, 유일회적 사건보다는 보편적 진리에 에크하르트의 관심이 있다.[3] 우리는 그의 신학에서 역사적 특수성을 뼈대로 하여 형성되어 온 종래의 구원사적 신학에 대한 하나의 대안을 볼 수 있다.

---

3 B.Weiss, *Die Heilsgeschichte bei Meister Eckhart*는 이 문제를 집중적으로 고찰하고 있다. 바이스는 원죄, 성육신, 그리스도의 수난과 부활, 성모 마리아 신앙, 종말론 그리고 교회의 성사들(Sakramenten)에 관한 에크하르트의 입장을 고찰하면서 다음과 같이 결론짓는다(181): 에크하르트는 구원사의 가장 중요한 사건들을 언급한다. 그는 원죄를 묘사한다. 그에게는 하느님의 아들이 예수 그리스도 안에서 인간이 되었다는 것은 우리 안에 신의 탄생으로 가는 길이다. 그리스도의 수난과 부활의 의미도 그는 알고 있다. 우리의 마이스터—에크하르트—는 마리아를 공경하며 성사들을 행하는 교회에 아무런 불편을 느끼지 않는다. 그에 의하면 인간은 장차 저 세상에서야 비로소 최종적 완성을 얻는다. 그러나 이 모든 것들에 대하여 에크하르트는 별로 관심이 없다. 즉, 그에게는 구원사의 사실들이 너무나도 쉽게, 모든 시간을 초월하여 항시 일어나고 있는 것에 대한 상징들이 될 위험을 안고 있다. 다른 한편으로 그에게 구원사는 그 가시적 결과들과 함께 단지 신의 내적 탄생을 위한 외적 준비로서만 가치를 지닐 뿐이다.

서방 교회가 아우구스티누스 이래 죄와 속죄의 은총을 강조하는 신학 전통에 서 있는 반면 동방 교회는 인간의 유한성, 곧 죽음과 신화神化(deification)를 강조하는 신학 전통에 서 있다는 것은 잘 알려진 사실이다. 에크하르트의 신학은 아우구스티누스의 영향을 많이 받았음에도 불구하고 오히려 동방 교회의 신학처럼 인간의 신화를 강조한다. 그는 인간에 대하여 매우 긍정적인 시각을 가지고 있었으며, 인간의 죄악성과 그리스도의 은총을 일방적으로 강조하기보다는 우리 스스로가 하느님의 아들로서 하느님과 하나 됨을 이룰 수 있다는 것을 의심하지 않았다.

인간 내면을 파고들면서 영혼의 진리를 붙잡는 에크하르트의 영성은 그러나 세계 도피적 영성이 되지는 않는다. 그의 영성에는 인간에 대한 절망도 세상에 대한 혐오도 발견되지 않는다. 중세 스콜라철학의 영향 아래서 형성된 그의 형이상학적 영성은 물론 초시간적이고 초세상적인 영원의 세계를 지향하는 것이 사실이다. 그러나 그는 하느님 안에서 세계를 보며 세계 안에서 하느님을 발견하는 새로운 눈을 제공한다. 하느님과 인간은 물론이요, 하느님과 세계가 떼려야 뗄 수 없는 불가분적 관계를 가지고 있으며, 그의 영성은 결코 탈세계화되지 않고 비인간화되지 않는다. 중세적 세계 부정을 넘어서는 그의 영성에서 우리는 오히려 근대적 세속주의와는 다른 차원의 세계와 인간에 대한 긍정을 발견하며, "관조적 삶"(vita contemplativa)과 "활동적 삶"(vita activa)이 둘이 아닌 건강한 세계 긍정, 부정을 매개로 하는 새로운 긍정성을 발견한다.

전통적 신관은 세계를 창조하고 다스리는 하느님을 인격적 존재(a personal being)로 간주한다. 우리에게 말을 건네고 우리의 찬양을 받으며 우리의 기도에 응답하는 살아 있는 인격적 존재이다. 하느님이 인간을 닮은 것이 아니라 인간이 하느님을 닮은 그의 모상(imago dei)이기에 인격적 신관은 인간의 인격성과 인간적 가치들에 신적 깊이와 존엄성을 담보해 주는 긍정적 의미를 지니지만, 다른 한편으로는 이러한 인격적 신관이 지닌 한계와 폐단도 우리는 무시할 수 없다. 무한한 하느님을 인간과 같이 하나의 제한된 인격적 존재로 생각하는 유치한 관념은 고사하고라도 우리를 전율케 하는 무한히 펼쳐진 적막한 우주 공간의 침묵(Pascal), 한 맺힌 인간들의 처절한 절규가 끝없이 외면당하는 세계, 인간적 의지와 감정이라곤 전혀 발붙일 여지가 없어 보이는 엄격한 자연의 이치와 운행의 배후에서 과연 우리 현대인들은 하나의 우주적인 인격적 힘을 발견할 수 있을까? 성서의 인격체적 신관이 종교적 삶에 있어서 차지하는 중요성 그리고 인간의 주체성과 인격 형성에 미친 긍정적 영향을 평가하면서도 암스트롱은 『신의 역사』(A History of God)에서 그 폐단과 문제점을 다음과 같이 지적한다.

> 그러나 인격적 신 이해에는 한 가지 커다란 문제가 있다. 그것은 인격적 신이 인간의 필요조건, 두려움과 소망 같은 감정을 반영하는 인간 사상의 투영에 불과한 하나의 우상이 될 수 있다는 점이다. 때때로 인간은 자신이 느끼고 행하는 것처럼 신도 느끼고 행하며, 또한 신이 인간의 편견과 아집을 부정하기보다는 용인하는 것으로 추정하곤 한다. 그리고 신이 재앙을 막지 못하고 오히려 조장하는 것처럼 보일 때 인간은 신을 냉혹하고 잔인한 존재로 이해하며, 심지어 재앙이 신의 뜻이라고까지 믿음으로써 근본적으로 인정할 수 없는 것마저 인정하기도 했다. 인격

적 신神개념은 또한 신을 남성적 측면에서만 이해함으로써 여성을 억압하는 부적절한 성 관습을 정당화시켰다. 이처럼 인격적 신은 인간이 스스로의 한계를 인정하고 겸허하게 초월적 세계를 지향하게 하기 보다는 냉혹하고 잔인하며 편협한 인간적 과오를 정당화시키는 위험을 품고 있다. 모든 종교가 공통적으로 내세우는 사랑의 가르침과는 정반대로 인격적 신은 인간이 타자를 판단하고 정죄하며 소외시키는 구실이 되기도 한다. 그러므로 인격적 신 개념은 종교의 본질을 표현하지 못하며 단지 종교 발전의 한 단계를 나타낼 뿐이다. 세계의 모든 종교는 이러한 인격적 신 개념이 가지고 있는 위험을 알고 있었기 때문에 인간의 사고 범주를 넘어선 초월적 신 개념을 추구해 왔다.[4]

하느님의 형상으로 창조된 인간이 하느님을 닮는 대신 하느님이 인간을 닮아 너무나도 인간적으로 되어 버린 하느님 상에 대한 신랄한 비판이다. 인간이 인격적 하느님을 자신의 이기적 목적을 달성하기 위한 수단으로 사용할 위험성을 누구보다 철저하게 의식한 사람이 에크하르트였다. 그는 우리가 수단으로 부리는 우리의 종과 같은 하느님, 도구적 하느님을 떠나 오직 하느님 자신만을 목적으로 삼으라고 말한다. 우리 존재의 근원이자 귀착지인 하느님만을 순수하게 사랑하라고 한다. 하느님으로부터 오는 모든 선물이나 이로운 것들에 눈을 팔지 말고, 하느님 자신을 목적으로 삼으라는 것이다. 만약 우리가 그런 것들을 원해서 하느님을 섬긴다면 우리는 일단 그것들을 얻고 난 다음 신은 더 이상 필요 없는 존재로 버리게

---

4 카렌 암스트롱 『신의 역사』 II, 393. 일부 개역.

된다는 것이다.

에크하르트는 신에 대한 집착에서 인간의 집요한 욕망의 교묘한 작용을 간파하며 신의 이름으로 자행되는 일체의 경건하고 선한 행위에서 뿌리 깊은 인간의 이기심을 읽는다. 신을 위해 신을 놓아 버린다는 말, 신으로부터 자유롭게 해 달라는 그의 기도는 바로 이러한 통찰을 담고 있다. 한낱 대상(Gegenstand)으로 화한 신, 내가 조정하고 이용하고 어떻게 해 볼 수 있는 신을 에크하르트는 떠나고자 한다. 오히려 그는 우리가 모든 의지와 지식과 소유를 완전히 포기하고, 아무것도 아닌 무적無的 존재가 되어야만 비로소 만날 수 있는 진정한 신을 이야기한다. 일체의 형상과 이름과 속성을 여읜 벌거벗은 신, 심지어 삼위三位의 구별마저 여읜 신 아닌 신, 어둠과 침묵의 깊이에서 비로소 만나는 신성의 세계로 그는 우리를 초대한다. 유有로서의 신이 아니라 무無(Nichts)로서의 신이다.

진정한 신, 순수한 신을 만나려면 우리는 우리를 치장하고 있는 모든 거추장스러운 옷—그것이 세속의 옷이든 종교의 옷이든—을 벗어 버리고, 벌거벗은 영혼으로 벌거벗은 하느님을 만나야 한다고 에크하르트는 역설한다.

에크하르트는 우리가 일체의 피조물과 자기 자신 그리고 신마저도 떠난 철저한 초탈超脫(Abgeschiedenheit)과 초연超然(Gelassenheit)의 경지에 들어야 참 생명을 얻는다고 그의 설교 도처에서 외치고 있다. 오직 철저한 포기를 통해서만 우리는 생명의 근원이며 존재의 뿌리에 닿을 수 있다는 것이다. 나의 근저가 신의 근저(Gottesgrund)인 바로 거기서 우리는 비로소 하느님의 아들로 태어나 참다운 생명과 참다운 자유를 누릴 수 있다고 한다.[5] 에크하르트가 바라는 하느님은 결코 인간 밖에 존재하는 타자로서의 신, 대상적 신, 내가 필요에 따라 "소유"하고 버릴 수 있는 신이 아니라 나 자신의 존재 (Sein)로서의 신, 내 안의 신, 나 자신보다도 나에게 더 가까운 신, 아니 나의 참 자아로서의 신이다.

> 인간은 하느님을 자기 자신 밖에 있는 (것으로) 파악하거나 보아서는 안
> 되고, 나 자신의 것 그리고 내 안에 있는 것으로 보아야 한다. 그뿐 아니라
> 인간은 신을 위해서든 혹은 자신의 영예를 위해서든 혹은 자기 밖의 그
> 어떤 것을 위해서든 어떤 목적을 위해서 섬기거나 일해서는 안 되고, 오
> 직 자기 안에 있는 자신의 존재와 자신의 생명을 위해서만 섬기고 일해
> 야 한다.6

요컨대 에크하르트는 타자로서의 하느님, 인간을 지배하거나 소 외시키는 신을 거부한다. 에크하르트의 '종교적 무신론'은 인간을 억압하고 비굴하게 만드는 권위적 신으로부터 인간을 해방시켜 자 유를 누리게 한다. 어떠한 종교적 권위나 억압에도 굴할 필요가 없 는 참 인간, 주인이요 주체로서 누리는 자유이다.

하느님 앞에서 인간은 더 이상 누추하고 비굴한 종이 아니라 당

---

5 J. Quint, *Meister Eckhart: Deutsche Predigten und Traktate*, 180. 에크하르트 연구의 독보적 존재인 퀸트는 에크하르트의 독일어 설교 가운데 대표적인 것들을 발췌, 현대 독일어로 번역하여 이 책에 수록했다. 에크하르트 사상에 대한 그의 뛰어난 해설을 곁들인 이 책은, 에크하르트의 권위 있는 독일어 저작집 *Deutsche Werke* I(1958), II(1971), III(1976), V(1963)보다 쉽게 읽히기 때문에 에크하르트이 독일어 설교는 가능한 이 책에서 인용하기로 한다(이후 Quint로 표기). *Deutsche Werke*(이후 *DW* 로 표기)도 주로 퀸트에 의해 편찬된 것이다.

6 Quint, 186.

당한 하느님의 아들로서 부족한 것이 없으며 빌 것도 없는 존재로
살아간다.

> 하느님은 자기 아들을 끊임없이 낳는다. 일단 아들이 탄생하면 그는 아
> 버지로부터 더 이상 아무것도 받지 않는다. 왜냐하면 그는 모든 것을 가
> 지고 있기 때문이다. 그가 아버지로부터 받는 것은 그가 태어날 때이다.
> 이에 비추어 볼 때 우리 역시 하느님이 마치 이방인인 양 그에게 무엇이
> 든 바라서는 안 된다. 우리 주님은 제자들에게 "나는 너희를 종이라 부르지
> 않고 친구라 불렀다"(요한복음 15:15)고 말씀하셨다. 다른 사람으로부
> 터 무언가를 바라는 사람은 '종'이며 그것을 주는 사람은 '주인'이다. 최
> 근에 나는 하느님으로부터 무엇인가를 받거나 원할 것인가에 대해 숙고
> 해 보았다. 나는 이에 대해 곰곰이 생각해 볼 것이다. 왜냐하면 만약 내가
> 하느님으로부터 무언가를 받는다면 나는 그 밑에서 종이 될 것이며 주는
> 그는 주인이 되기 때문이다. 영생에 있어서는 우리가 그래서는 안 된다.[7]

그러나 에크하르트가 말하는 이 주체는 모든 것을 대상화하여
자신의 목적을 위한 수단으로 삼고 닦달하는 근대적인 폭력적 주체
가 아니라 자기도 사물도 신도 있는 그대로 내버려 두는 주체 아닌
주체이다. 에크하르트는 전통적인 타율의 신도 거부하고 근대적 자
율의 주체도 거부한다. 다만 자기 안의 신성을 발견하고 거기에 뿌
리를 두고 무한한 자유를 누리며 일상을 살아가는 "종교적 휴머니
즘"의 길, 제3의 길을 제시하고 있다.

---

7 같은 곳.

인격적 속성을 지닌 신(Gott)과 초인격 혹은 탈 인격적 신성 (Gottheit)을 구별하면서도 양자를 포괄하는 에크하르트의 사상은 현대의 종교 다원적 상황에서 새로운 의미로 부각된다. 다신 숭배에서부터 시작하여 유일신 신앙에 이르기까지 인간이 만들어 놓은 그 다양한 신들의 이름과 모습이 우리에게 지닌 의미는 무엇인가? 무수히 많은 신의 이름과 형상들은 우리에게 무엇을 말해 주고 있으며, 오직 한 분뿐이라는 신이 그렇게도 많은 상반된 주장들의 대상이 되고, 그렇게도 다양한 모습으로 그려지는 이유는 무엇일까? 이 모든 것은 한낱 부질없는 인간 욕구들의 투사들인가, 아니면 그런 대로 신이 지닌 다양한 얼굴들인가? 삼위의 얼굴을 지닌 하느님과 하느님의 본질(essentia)로서의 '하나'(unum)를 구별하는 에크하르트의 신관은 다양한 종교 현상 속에서 일치를 그리고 일치 속에서 다양성을 보는 새로운 종교관을 낳을 수 있다. 이러한 신관은 힌두교 전통에서도 발견되며, 현대 종교철학자 존 힉은 이러한 전통적 사상에다 현상계(phenomenon)와 본체계(noumenon), 현상(appearance)과 실재(reality)를 구별하는 칸트 철학의 통찰을 가미하여 종교 다원주의 신학 내지 종교철학을 전개하기도 했다.[8]

나를 에크하르트로 끌어들인 또 하나의 이유는 그리스도인으로서 내가 가지고 있는 불교에 대한 관심이다. 불교와 그리스도교라는 매우 이질적인 두 종교가 어떻게 만날 수 있을지에 대하여 고심해 오던 나에게 에크하르트는 문자 그대로 하나의 계시였다. 나는 에크하르트가 둘의 접촉점을 제공하며 양자의 훌륭한 매개자가 될

---

8 길희성, "존 힉의 철학적 종교 다원주의론," 「종교연구」 15, 277-312 참조.

수 있다고 확신했고, 나는 그러한 접촉점을 13세기 일본의 정토 사상가 신란親鸞, Shinran에서 확인한 바 있다.9 신란은 인간의 죄악성에 한없이 고민하다가 아미타불 신앙에 귀의하게 되었다. 아미타불의 본원에 귀의하는 그의 철저한 타력신앙에서 나는 하느님의 은총에서 구원의 빛을 보는 기독교의 신앙을 엿볼 수 있었다. 하지만 아미타불 신앙은 불교의 본령은 아니다. 따라서 나는 선불교와 그리스도교가 만날 수 있는 길을 모색해 오던 중 에크하르트의 대안적 그리스도교 사상에서 그 가능성을 확인할 수 있게 되었다. 아니 선불교에 대한 나의 관심과 사랑이, 나 자신의 종교인 그리스도교 내의 신비주의 사상의 매력을 발견하게 했다고 말하는 편이 더 옳을 것이다. 나의 기독교 신앙이 신란의 정토 사상에 마음을 열게 했다면 선불교에 대한 나의 관심이 나로 하여금 에크하르트의 메시지에 귀를 기울이게 만든 것이다.

사실 에크하르트와 선불교 사이의 간격도 그 철학적 배경만 고려한다면 엄청나다. 무엇보다도 에크하르트의 신학을 지배하고 있는 중세 스콜라철학의 실체론적 사고와 신·인간·사물의 실체성을 부정하고(空, 'śūnyatā), 사물을 있는 그대로 취하고자 하는 불교의 연기론적 존재론 사이에는 건너기 어려운 강이 놓여 있다. 그럼에도 우리가 에크하르트의 설교집을 읽으면서 선의 어록을 읽는 듯한 착각에 빠질 정도로 깊이 공감하는 이유는 무엇일까?

그것은 에크하르트와 선사들이 한결같이 외치는 죽어야 산다, 아니 죽는 것이 곧 사는 길이라는 사즉생死卽生(stirb und werde)의 메시

---

9 길희성, 『일본의 정토 사상』.

지가 들리기 때문이다. 끊임없이 초탈과 방하放下(lassen)를 호소하는 에크하르트의 목소리에서 우리는 선사들이 말하는 무념無念, 무주無住의 세계로 가는 길을 발견할 수 있으며, 모든 언어와 개념이 사라져 고적한 황야와도 같은 신성의 무無에서 일체의 상을 여읜 무상無相, 무언無言의 법신불法身佛을 만난다. 또 에크하르트가 말하는 모든 상像(Bild)을 여읜 순수하고 투명한 지성(intellectus)에서 우리는 맑고 밝은 거울과도 같은 공적영지空寂靈知의 불성佛性을 발견한다. 어디 그뿐인가? 모든 것을 벗어버리고 "비고 자유로운"(ledig und frei) 삶, 아무 목적이나 "이유 없는"(ohne Warum) 삶을 살라는 에크하르트의 말에서 우리는 선사들이 추구하는 무심無心, 무사無事의 경지를 발견한다. 성속聖俗의 거추장스러운 분별을 벗어던지고 단지 '한 진정한 인간'(ein wahrer Mensch)으로 살라는 에크하르트의 설교는 우리에게 무의도인無衣道人, 무위진인無位眞人의 삶을 호령하던 임제臨濟 선사의 힘찬 목소리를 듣게 한다.

현대 그리스도교는 위기에 처해 있다.[10] 이 위기의 근본 원인은 무엇보다도 그리스도교의 메시지 자체, 특히 그 근본이 되어 온 전통적인 초자연적 인격신의 관념 자체가 흔들리고 있기 때문이다. 근대 자연과학의 발달과 계몽주의 이래 현대인들은 신을 우주의 정점으로 한 중세 형이상학적 세계관을 더 이상 믿지 못하게 되었으며, 특정한 민족의 역사에 개입하여 기적을 행하면서 인류 구원의 드라마를 주도하는 성서적 신 관념 또한 설득력을 상실했다. 우리

---

10 이러한 위기의식을 반영하며 대안적 신학을 모색한 예로서, 존 쉘비 스퐁, 『기독교 변하지 않으면 죽는다: 교회 감독이 유배당한 신자들에게 고함』; J. S. Spong, *A New Christianity for a New World: Why Traditional Faith Is Dying and How a New Faith Is Being Born*. 참조.

는 에크하르트의 신비신학에서 하나의 대안 내지 탈출구를 만난다. 그에게는 물론 교부들에 의해 형성된 삼위일체 교리나 그리스도론에 대한 확고한 믿음이 있었고, 중세 스콜라철학의 형이상학적 사고 또한 강하게 작용하고 있다. 그는 또한 성서에 전개되는 구원사적 이야기와 사건들을 모두 수용한다. 그러나 그의 주된 관심은 교리에 대한 논증도 아니고 외적 역사로서의 구원사도 아니다. 말씀이 육신이 된 성육신(Inkarnation)의 엄청난 사건이 아무리 사실이라한들, 내가 하느님의 아들이 되지 않는 한 나와 무슨 상관이 있느냐고 에크하르트는 묻는다.[11] 하느님이 인간이 되신 것은 인간이 하느님이 되기 위함이고, 하느님의 아들이 인간으로 태어난 것은 우리 영혼에 하느님의 아들이 탄생하기 위함이라고 에크하르트는 말한다. 이것이 그가 증언하고자 했던 유일한 진리라 해도 과언이 아니다.

에크하르트의 관심은 어떤 특수한 역사적 사건보다는 보편적 진리, 외적 사건보다는 인간 내면의 진리, 문자적 의미보다는 상징적 의미에 있다. 에크하르트에게 구원사란 나 밖에서 나를 구원하기 위해 이루어진 특별한 외적 사건이 아니라 인간 영혼 안에서 일어나는, 그리하여 누구에게서나 일어날 수 있는 보편적 진리이다. 여기서 에크하르트의 대안적 그리스도교는 내 마음이 곧 부처임(心卽佛)을 말하며 모든 중생의 불성을 말하는 선불교와 만난다. 내 마음의 본바탕이 부처임을 깨닫는 것이 선의 요체라면, 내 영혼의 근저에 이미 각인되어 있는 하느님의 모상(imago dei)을 자각하고 실현하

---

11 『요한복음서 강해』 Expositio sancti evangelii secundum Ioannem, Lateinische Werke III(1994) 101-102. Lateinische Werke I(1964), II(1992), III(1994), IV (1956)는 에크하르트 라틴어 저술의 권위 있는 편집본이다(이후 LW로 표기).

여 하느님의 아들로 탄생하는 것이 곧 에크하르트 신비주의의 핵이기 때문이다.

이 점에서 에크하르트 사상은 비단 불교뿐만 아니라 전 동양 사상과도 만난다. 힌두교든 불교든 유교든 도교든 모든 동양 종교의 핵심 진리는 거짓 자아의 허상에서 벗어나 참 자아를 발견하고, 진정한 인간성을 회복하는데 있기 때문이며12 이것이 에크하르트가 증언하고자 했던 유일한 진리였기 때문이다. 참다운 인간이 되는 것, 이것이 에크하르트가 이해하는 그리스도교 진리의 본령이다. 그것은 휴머니즘이다. 그러나 근대의 세속적 인간관에 기초한 인본주의가 아니라 영적 인간관에 기초한 영적 휴머니즘이다. 에크하르트와 동양 종교들은 여기서 만난다.

20세기에 들어와서 본격적으로 전개되기 시작한 세계종교들 간의 만남과 대화는 앞으로 인류의 영적 지도를 완전히 바꿀 세계사적 사건이다. 무지와 편견 속에서 한 종교만을 고집할 수 있던 시대는 급속히 사라지고 있다. 특히 20세기 후반부터 이루어지기 시작한 불교와 그리스도교의 활발한 만남은 인류 종교사에서 하나의 획기적인 사건이 될 것이다.13 앞으로 이 만남이 두 종교 전통에 어떠한 영향을 미치게 될지 그 파장의 폭을 현재로서는 가늠하기 어려우나, 적어도 한 가지 확실한 점은 불교적 영성과 실재관이 그리스도교 신관이나 영성에 커다란 영향을 끼칠 것이며, 수많은 서구

---

12 이에 대한 포괄적 논문으로 Tu Wei-Ming, "The 'Moral Universal' from the Perspectives of East Asian Thought," *Confucian Thought: Selfhood as Creative Transformation*을 볼 것.

13 이 만남과 역사와 의미에 대한 개괄적 검토로서, 길희성, "불교와 그리스도교: 창조적 만남과 궁극적 일치를 향하여," 「종교연구」21.

불자들의 출현 또한 불교의 모습을 상당히 바꾸어 놓을 것이라는 점이다. 에크하르트에 대한 일본 불교 사상가들—스즈키(鈴木大拙), 니시다(西田啓治), 우에다(上田閑照) 등—의 지대한 관심이 이미 보여 주듯 이 만남에서 에크하르트가 지니는 의미는 앞으로도 매우 클 것이다. 나는 이 점을 드러내기 위해 에크하르트의 사상을 논하면서 수시로 불교적 관점을 자연스럽게 도입하여 두 종교의 대화를 촉진하고자 한다.

마지막으로 나는 에크하르트가 오늘의 한국 그리스도교에 주는 메시지에 주목하고자 한다. 한국 그리스도교는 1970~1980년대를 통해 급성장하면서 한국 사회의 주류 종교로 자리 잡았다. 그러나 급속한 양적 성장과 더불어 심각한 병폐를 노출하고 있다. 많은 문제가 지적되고 있으나, 나는 무엇보다도 한국 기독교가 겸손하고 소박한 신앙을 상실했다는 점을 지적하고 싶다. 성장과 성공의 신화에 매달려 크고 화려하고 풍요로운 것을 하느님의 축복으로 간주하면서 물신주의에 빠져 세상에 대하여 대안적 가치를 제시하고 추구해야 할 사명을 저버리게 된 것이다. 이 점에서 에크하르트가 제시한 철저한 가난의 영성은 한국 기독교에 대해 특별한 의미를 지닌다. 에크하르트의 영성은 무엇보다도 그가 초탈 혹은 초연이라고 부르는 가난(Armut)의 영성이다. 세상과 자기 자신에 대한 집착은 물론이요 심지어 하느님마저 놓아 버리는 그의 철저한 가난의 영성은 보이는 것에 눈이 멀어 보이지 않는 것을 볼 수 있는 영적 눈을 상실한 오늘의 한국 기독교에 강한 호소력과 진한 감동으로 다가온다. 한편으로는 천박한 물질주의를 숭배하면서 다른 한편으로는 세상에 대한 맹목적 혐오와 매도를 일삼는 한국 기독교계에 에크하르트의 깊은 영성은 세계와 인생 그리고 하느님을 새롭게 보는 영안을 제공할 것이라 확신한다.

물질적 풍요에 대한 집착은 물론 비단 한국 교회와 사회만의 문제는 아니다. 물질적 풍요를 누리면 누릴수록 현대인은 소유욕으로부터 헤어나지 못하고, 점점 더 욕망의 늪에 빠져 괴로워하며 진정한 자유를 갈망한다. 소유를 통해 자기 확장을 꾀하면 꾀할수록 현대인은 심한 자기 소외를 경험하며 진정한 자기를 찾아 방황한다. 현대인은 새로운 차원의 영성을 요구하고 있으며, 최근 에크하르트 사상에 관심이 고조되고 있는 것은 동양 종교의 영성에 대한 관심과 더불어 이를 반영하고 있다. 에크하르트 사상에서 큰 영향을 받은 현대 사상가 에리히 프롬이 현대 산업사회의 소유 중심적 삶의 양식을 비판하면서 에크하르트의 "가난"의 영성에서 탈 근대적·탈 마르크스적·탈 프로이트적 휴머니즘의 길을 암시받고 있는 것도 에크하르트 사상이 지닌 현대적 의의에 대한 하나의 증언이다.[14]

---

14 E. Fromm, *To Have or To Be?*

제2장

에크하르트 해석의 중심 문제들

신비주의적인 영적 경험에 입각한 에크하르트의 사상은 그리스
도교의 정통 교리를 벗어나는 듯한 대담한 표현과 파격적 언사로
인해 말년에 그를 이단 심문으로까지 몰고 갔으며, 결국 그의 사후
에 일부가 가톨릭교회에 의해 이단으로 선포되었다. 그러나 확신과
영감에 찬 그의 설교들은 많은 사람들에 의해 수집되고 필사되어
전수되면서 끊임없이 사람들의 마음을 사로잡았다. 그의 신비 사상
은 타울러Johannes Tauler(1300~1361년 경)나 조이제Heinrich Seuse(1295~1366년
경)와 같은 제자들을 통해 독일 신비주의의 한 흐름을 형성하는가
하면, 다른 한편으로는 니콜라우스 쿠자누스, 피히테, 헤겔 그리고
하이데거, 융, 에리히 프롬 등과 같은 많은 현대 독일 사상가들에게
도 영향을 끼쳐 왔다.[1]

---

1 이에 대해서는 G. Wehr, "Zur Rezeptions-und Wirkungsgeschichte," *Meister
  Eckhart*; O. Davies, "The Influence of Meister Eckhart," *Meister Eckhart: Mystical*

에크하르트 사상을 다루는 많은 연구서는 그의 사상의 정통성과 이단성 문제에 깊은 관심을 가지고 있다. 특히 그의 사상이 가톨릭 교회로부터 이단 판정을 받았기 때문에 가톨릭 측 연구가들에게 이 문제가 특별한 관심의 대상이 되는 것은 쉽게 이해가 간다.[2] 그러나 나는 솔직히 말해서 그러한 문제에 별 관심이 없을 뿐 아니라 시시비비를 가릴 능력도 없다. 오히려 에크하르트가 나의 관심을 끄는 것은 바로 전통적 그리스도교 교리와 사상의 테두리를 뛰어넘는 듯한 그의 파격적 사상과 대담한 생각들이다. 에크하르트 사상의 진수는 거기에 있지, 누가 정통 신학을 배우려 에크하르트를 읽겠는가? 이런 점에서 볼 때 에크하르트 사상의 해석에서 항시 거론되는 문제 중의 하나에 대한 대답도 나에게는 자명하다.

현대 에크하르트 연구가들은 그의 체계적인 라틴어 저작집과 설교와 논저들(Traktate)을 중심으로 한 그의 독일어 저술들이 그의 사상을 이해하는 데 차지하는 비중에 대하여 거의 예외 없이 한마디씩하고 넘어간다. 오늘날 대다수 학자들은 대체로 두 가지 점에서 일치하고 있다. 하나는 라틴어 저술과 독일어 저술 중 어느 하나에만 치우쳐서 에크하르트를 이해해서는 안 된다는 점이며, 다른 하나는 양자 사이에 근본적 차이점은 없지만 아무래도 독일어 저술들

Theologian; R. Woods, "The Legacy," *Eckhart's Way*; E. Soudek, "Meister Eckhart im Spiegel der Nachwelt bis zur Reformation," *Meister Eckhart* 참조.
2 정통 토미즘의 입장에서 에크하르트 사상을 부정적으로 평가한 데니플레(Heinrich Seuse Denifle, 1846-1905) 이후 가톨릭의 부정적 평가를 극복하고 에크하르트에 대한 긍정적 해석의 길을 개척한 사람은 카러(Otto Karrer)와 템프(Alois Dempf)였다. 최근 연구가들은 대체적으로 에크하르트의 정통성을 옹호하는 경향을 띠고 있다. 에크하르트 해석사에 대한 간단한 소개로 E. Soudek, *Meister Eckhart*, 51-73 참조. 더 자세한 연구로는 I. Degenhardt, *Studien zum Wandel des Eckhartbildes* 참조.

이 사상의 내용이나 표현에 있어서 훨씬 더 자유롭고 과격하다는 점이다. 나는 이 두 점을 인정하면서도 양자 사이의 차이를 강조하는 편에 서고 싶다. 양자의 조화와 일치를 강조하는 견해에는 아무래도 에크하르트 사상의 "이단성"을 완화시키려는 의도가 작용하고 있다는 인상을 지우기 어렵기 때문이다.[3] 특히 그가 이단 심문을 받았을 때 자기의 정통성을 주장하며 제출한 라틴어로 된 『변명서』는 그의 사상을 이해하는데 도움이 되면서도 매우 신중하게 사용되어야 한다.[4] 중요한 사실은 그의 라틴어 저작들이 역사적으로 거의 아무런 영향을 끼치지 못했음에 반해, 그의 독일어 설교와 저술들은 그의 사후 부준히 필사되고 유포되면서 서양 신비주의의 한 중요한 흐름을 형성해 왔으며 현대에까지 많은 사상가에게 영향을 주어 왔다는 사실이다.[5] 신비주의 영성이 그의 독일어 설교와 저술에서만 발견되는 것은 아니지만[6] 학문적 언어인 라틴어와는 달리 대

---

3 에크하르트 신비주의 연구의 대가 맥긴도 다른 많은 학자들처럼 중도적 입장을 취하는 듯하나, 그가 에크하르트 신비 사상의 핵심을 근저(Grund) 개념에서 찾고 있다는 점은 그가 독일어 설교들에서 에크하르트 신비 사상의 특징을 보고 있음을 반영한다. 이 문제는 곧 다시 언급될 것이다. B. McGinn, *The Mystical Thought of Meister Eckhart: The Man from whom God Hid Nothing*, 33-34.

4 이 문서의 14세기 사본이 발견되어 A. Daniels에 의해 *Eine lateinische Rechtfertigungsschrift des Meister Eckhart*로 출간된 것은 에크하르트 연구사에서 획기적 사건이었다. 이 문헌은 에크하르트 연구가 O. Karrer에 의해 독일어로 번역 · 출간되었다. O. Karrer, H. Piesch, *Meister Eckharts Rechtfertigungsschrift vom Jahre 1326, Einleitungen, Übersetzung und Anmerkungen*, 부분적 영역은 E. Colledge and B. McGinn, *Meister Eckhart: The Essential Sermons, Commentaries, Treatises, and Defense* (이후 *Essential Sermons*로 인용), 71-77 참조.

5 에크하르트 사상의 핵심 주제들을 이해하는 데 독일어 설교와 저술이 지닌 중요성에 대한 논의와 여러 학자들의 증언은 P. Reiter, *Der Seele Grund: Meister Eckhart und die Tradition der Seelenlehre*, 35-43 참조.

6 K. Ruh는 에크하르트의 신비주의를 독일어 문헌에 국한시키고 있다. *Meister Eckhart: Theologe, Prediger, Mystiker*, 189.

중 언어인 독일어는 그의 신비 경험의 폭발성과 직접성을 거침없이 표현하도록 하는 "영적 부가가치"[7]를 지니고 있는 언어였다.

양자의 차이를 보여주는 단적인 예를 몇 가지 들어 보자. 에크하르트 사상의 가장 특징적인 면 가운데 하나이며 그것 없이는 그의 사상이 지닌 파격성이 사라진다 해도 과언이 아닐 신(Gott)과 신성 (Gottheit)의 구별이 라틴어 저작집에서는 분명하게 발견되지 않는다.[8] 물론 이것은 신성의 개념에 해당하는 말이 그의 라틴어 저작집에 없다는 뜻이 아니다.[9] 앞으로 보겠지만 스콜라철학의 정교한 논리로 전개되는 그의 신론은 라틴어 저작에서도 성서적 인격신보다는 오히려 신성의 개념을 중심으로 하여 전개된다. 그러나 인격적 신과 탈 인격적 신성의 세계를 뚜렷이 구별하는 에크하르트 사상이 지닌 종교적 함의는 그의 독일어 설교와 저술에서 가장 충격적으로 우리에게 다가온다. 하나(unum), 존재(esse), 지성(intellectus) 등을 중심으로 하여 전개되는 그의 형이상학적 신관도 우리가 사유할 수 있는 모든 이름과 상像, 개념과 속성을 초월한 신성의 무(das Nichts der Gottheit)에서 그 극한을 드러내며 우리를 침묵으로 이끈다.

그런가 하면 에크하르트 신비 사상의 핵인 '근저'(Grund)라는 개념 또한 그의 라틴어 저작에서는 찾아보기 어려우며,[10] 이와 밀접하게 관련된 또 하나의 중요한 주제, 즉 영혼의 근저 혹은 신성의 심연

---

7 K. Ruh의 표현, 같은 책 194.

8 R. Schürmann, *Meister Eckhart: Mystic and Philosopher*, 116.

9 라틴어로 신성(神性, Gottheit)의 개념에 해당하는 표현은 아마도 '벌거벗은 신' (deus nudus)이라는 말일 것이다. *LW* IV, 225.

10 이 중요한 사항에 대해서 McGinn, *The Mystical Thought of Meister Eckhart*, 40-44 의 심도 있는 논의를 볼 것.

(Abgrund)으로 뚫고 들어가는 '돌파'(Durchbruch)의 개념 역시 에크하르트의 라틴어 저작에서는 발견되지 않는다. 이뿐이 아니다. 에크하르트의 전 독일어 설교와 저술들을 통해 가장 자주 그리고 일관성 있게 등장하는 초탈(Abgeschiedenheit)의 개념이나 '영혼 속 하느님의 탄생'(Gottesgeburt in der Seele)의 주제도 그의 라틴어 저작에서는 명시적으로 찾아보기 어렵다.11 이와 같은 사실들을 감안해 볼 때 그의 독일어 설교집과 라틴어 저작집 사이의 차이를 무시하고 근본적 일치만을 강조하는 견해는 온당하지 않다. 그것은 에크하르트의 정통성을 옹호하려는 동기와 무관하지 않다는 인상을 준다.

놀파의 개념은 에크하르트 신비주의에서 항시 신싱과 근저의 개념과 함께 간다. 에크하르트 신비주의의 대담성과 극단성은 전적으로 이 개념들에서 온다 해도 과언이 아니다. 따라서 이 점을 무시하거나 경시하는 에크하르트 해석, 가령 신성과 삼위로서의 신 개념 사이의 거리를 무시하거나 축소시킴으로써 신의 궁극적 신비 영역인 신의 근저 혹은 신성의 깊이로까지 돌파해 들어가는 에크하르트 신비주의의 철저함과 과단성을 약화시키는 에크하르트 해석은 그야말로 그의 신비주의의 가장 특징적이고 매력적인 면을 도외시하는 결과를 초래한다. 이런 면에서 맥긴이 에크하르트 신비주의의 특성을 '근저의 신비주의'(mysticism of ground)라고 부르는 것은 정곡을 찌르는 말이다. 근저는 에크하르트 신비주의에 있어서 종래의 신비적 언사들의 한계를 돌파해 버리는 하나의 '폭파의 메타포'

---

11 K. Albert, *Meister Eckhart und die Philosophie des Mittelalters: Betrachtungen zur Geschichte der Philosophie*, Teil 2, 471; B. Weiss, *Die Heilsgeschichte bei Meister Eckhart*, 61.

(Sprengmetapher)요. 하느님과 인간의 관계를 묘사하는 그의 다양한 언어 전략들을 하나로 집중시키는 '주 메타포'(master metaphor)이다.[12]

자신의 모어인 독일어로 마구 쏟아 내는 에크하르트의 설교들에서 우리는 정통 교리의 이름으로 그어졌던 사고의 금줄을 때로는 의도적으로, 때로는 자기도 주체할 수 없는 충동으로 돌파해 버리는 한 자유사상가의 저항 정신을 역력히 읽을 수 있다. 정교하게 다듬어진 스콜라철학의 언어로 쓰인 그의 라틴어 저작들에서는 이러한 정신이 적어도 수면 위에서 움직이지는 않는다. 같은 설교라 하더라도 그의 라틴어 설교에는 독일어 설교를 특징짓는 역설과 재치가 엿보이지 않으며, 언어의 한계에 도전하는 듯한 자신만의 독특한 신조어나 말놀이도 찾아보기 어렵다.[13] 아무래도 에크하르트는 당시 학계와 교계의 공용어인 라틴어로 자신의 사상을 표현할 때는 훨씬 더 신중하게 처신했을 가능성이 있다. 그러나 동료 신학자들의 눈길을 의식할 필요 없이 대중을 상대로 했던 그의 독일어 설교에서는 마치 억눌렸던 사상이 폭발이나 하듯 그는 자기 생각을 마구 쏟아 낸다. 진정한 에크하르트를 우리는 바로 이런 데서 만나야 하지 않을까? 신비주의의 힘과 매력이 극단의 논리 · 역설의 논리에 있다면 우리는 그의 신비 사상의 진면목을 그의 설교에서 만난다.

---

12 B. McGinn, *The Mystical Thought of Meister Eckhart*, 35-38. E. Waldschütz, *Denken und Erfahren des Grundes: Zur philosophischen Deutung Meister Eckhart* 도 근저(Grund) 개념을 중심으로 한 에크하르트 철학 연구서이다.

13 에크하르트의 창의적인 언어 사용에 관해서는 F. Tobin, *Meister Eckhart: Thought and Language*, V장 "Master of Language" 참조. 에크하르트 연구의 대가 퀸트는 이러한 에크하르트의 파격적 언사를 언어의 한계를 넘어서는 신비 경험을 표현하는 방식으로 보았다. J. Quint, "Die Sprache Meister Eckharts als Ausdruck seiner mystischen Geisteswelt" 참조.

그의 라틴어 저작들과 스콜라철학이 후세 사람들에 의해 거의 전적으로 외면당한 반면 그의 설교가 끊임없이 사람들의 마음을 사로잡은 까닭도 여기에 있으며, 그가 받은 이단의 혐의가 대부분 그의 독일어 저술 때문이었다는 사실 또한 쉽게 이해된다.[14] 거기서 우리는 자기 자신의 체험에 바탕을 두고 확신에 찬 어조로 진리를 증언하는 인간 에크하르트의 소리를 700년이 지난 오늘에도 생생하게 들을 수 있다. 거기서는 늘 신선한 자극과 도전, 새로움과 놀라움이 발견된다. 에크하르트 연구의 대가 피셔의 말은 특히 그의 독일어 설교에 타당한 말이다.

> 그의 사상은 오늘날까지 새로움의 성격을 보존하고 있다. 그 이유는 그
> 것이 그토록 긴박성과 일관성을 가지고, 그러나 동시에 이미 당시 동시
> 대인들에게 종종 불편함을 주었고, 추종자들에게는 언제나 새롭게 주목
> 을 끌고, 언제나 새롭게 함께 생각하고 묻게 하는 엄청난 박식함을 가지
> 고 말해졌기 때문이다.[15]

이와 관련하여 에크하르트 신비주의에 대해 제기되는 또 하나의 중요한 문제는 그 자신의 신비 체험에 관한 문제 그리고 그의 신비주의의 근본 성격에 관한 문제이다. 그는 과연 스스로 신비 체험을 한 사람이었는가? 했다면 그것은 어떤 성격의 것인가? 이와 같은 문제가 제기되는 것은 그의 신비주의가 여느 신비주의와는 달리 다

분히 사변적이고 지적인 성격이 짙기 때문이다. 이것은 한편으로는 그가 사용했던 스콜라철학의 언어와 사고방식에 기인하며, 다른 한 편으로는 그가 인간의 사랑과 의지(voluntas)를 강조하는 프란치스 코회의 전통보다는 지성(intellectus)을 강조하는 도미니코회의 주지 주의적 전통에 속했다는 사실에 기인한다.16

에크하르트 신비주의에는 흔히 신비 체험을 수반하는 기이한 환 상이나 고조된 사랑의 감정 혹은 탈아경(ecstasy)에 빠지는 현상 등 은 거의 발견되지 않는다. 그는 자신의 종교 경험에 관한 자전적 이야기를 별로 남기지 않았다. 이러한 이유로 인해 에크하르트에게 과연 실제로 신비적 합일(unio mystica)의 경험이 있었는지, 경험은 없고 단지 사변적으로만 신비 사상을 전개한 것이 아닌지 혹은 그 가 일상에서 분리된 어떤 특별한 신비 체험을 한 것은 아니고 영혼 안의 하느님의 현존이라는 고전적 전통에 따라 단지 지속적이고 일 상적인(habitual) 하느님 체험만을 주장한 것이 아닌지 생각하는 학 자들도 있다.17

---

16 O. Davies, *Meister Eckhart: Mystical Theologian*, 85-95 참조.
17 R. Kieckhefer, "Meister Eckhart's Conception of Union with God"은 이 문제를 집중적으로 논의한 논문이다. 그는 에크하르트 신비주의에 양면이 다 존재함을 인정 하면서도, 하느님과의 특별하고 일시적인 탈아적 합일(ecstatic union)보다는 일상 적이고 지속적은 합일(habitual union)의 성격이 더 강하다고 결론짓는다. 그리고 이것은 설교, 교수, 수도원 행정 등 매우 활동적인 삶을 살았던 그의 봉사의 삶에 기 인한다고 한다. 나는 이런 견해에 대체로 동의하면서도, 위 논문이 에크하르트 자신 의 영적 체험을 과소평가하고 있다는 생각이다. 논문의 결정적인 결함은 에크하르트 신비주의의 가장 파격적 측면인 이른바 "돌파"(Durchbruch)의 주제를 소홀히 취급 하고 있다는 점이다. 앞으로 고찰하겠지만, 신성(Gottheit)의 깊이에서 하느님과의 완벽한 일치를 이루는 영혼의 경지에 대한 에크하르트의 대담한 언사들은 단지 과장 법이 아니고 그 자신의 특별한 영적 경험이나 신비 경험의 절정을 전제로 하지 않으 면 이해하기 어렵다.

에크하르트가 비록 자신의 신비 체험을 묘사하는 자전적 글을 별로 남기지 않았다 해도[18] 우리는 그의 글에서 하느님과 하나가 될 수 있는 길과 방법에 대한 실천적 가르침을 발견할 수 있으며, 나아가서 그 자신의 신비 체험을 반영하는 듯한 표현들도 다수 발견할 수 있다. 예를 들어 "지복"(Seligkeit), "엄청난 기쁨", "측량할 수 없는 달콤함과 충만함", "너무나 큰 기쁨과 아무도 말로 다 할 수 없고 드러낼 수도 없는 측량할 길 없는 희열"과 같은 표현들이 발견된다.[19] 그런가 하면 에크하르트는 그의 설교 도처에서 자신의 직접적 경험에 근거하지 않고서는 나올 수 없는 확신에 찬 일인칭(Ich)적 언어의 승언들을 석지 않게 하고 있다.[20] 특히 '진리에 대한 그의 확언'[21]은 그 자신의 체험을 전제로 하지 않는 한 나오기 어려운 말들일 것이다.

그대들이 나의 마음을 가지고 인식한다면 내가 하는 말을 이해할 것이

---

18 아마도 에크하르트의 글 가운데서 그 자신의 어떤 신비적 탈아경의 체험을 암시하는 듯한 구절을 찾는다면, 우리는 그가 사도 바울로의 신비 체험(2고린 12, 2)을 언급하면서 "만약 그대가 어떤 사물이든 전혀 의식하지 않을 수 있다면 그대는 바울로에게 일어났던 것처럼 그대 자신의 몸을 잊을 수도 있을 것이다"(Quint, 420)라는 구절을 가리켜 "에크하르트 자신의 명상 체험의 성격을 알 수 있는 한 실마리가 될 수 있다"고 말한다. M. O'C. Walshe, *Meister Eckhart: German Sermons and Treatises*, vol. 1, 13, 주 10.

19 P. Reiter, *Der Seele Grund*, 63.

20 Ueda Shizuteru는 *Die Gottesgeburt in der Seele und der Durchbruch zur Gottheit: Die mystische Anthropologie Meister Eckharts und ihre Konfrontation mit der Mystik des Zen-Buddhismus*, 23-24에서 에크하르트의 신비 사상이 그의 체험에 근거하는 것임을 강조하면서 여러 예를 인증하고 있다.

21 "Wahrheitsbeteuerungen." K. Ruh의 표현으로, 그는 이러한 확언들이 에크하르트의 신비 경험을 강하게 증언하고 있다고 본다. *Meister Eckhart*, 190-193.

다. 왜냐하면 그것은 진리이고 진리 자체가 그것을 말하고 있기 때문이다.[22]

이 말을 이해하지 못하는 자는 그 때문에 마음 쓸 필요가 없다. 왜냐하면 우리가 이 진리와 같아지지 않는 한, 이 말을 이해하지 못할 것이기 때문이다. 그것은 하느님의 마음에서 직접 나온 숨김없는 진리이기 때문이다.[23]

자기가 하는 말이 자기가 하는 것이 아니고 진리가 말하는 것 혹은 하느님의 마음으로부터 나온 것이라는 이런 대담한 발언은 그 스스로가 "진리와 같아지는" 경험 없이 혹은 하느님과 하나가 되는 신비적 합일의 경험 없이 나올 수 있는 말이 아니다. 에크하르트에게 있어서 진리는 자신과 무관한 객관적 진리가 아니라 자신의 영혼에 관한 진리이며, 그에게 인식과 존재는 하나였다.

자기가 증언하고 있는 진리에 대한 이러한 확신은 에크하르트로 하여금 하느님을 모독하는 듯한 발언으로까지 몰고 갔다. 그가 깨달은 진리는 너무도 확실하기에 그는 "하느님이 이 진리에 등을 돌린다면 나는 진리에 매달리고 하느님을 떠나기를 원할 것이다"라고 말할 정도로 확신에 차 있었다.[24] 이 진리는 에크하르트의 내면 깊은 곳에서부터 자기도 주체할 수 없는 힘으로 터져 나왔기 때문에 그는 말하기를 "이 자리에 아무도 없다 해도 나는 이 헌금 상자를

---

22 Quint, 163.
23 Quint, 309.
24 Quint, 383.

향해서라도 이 설교를 했을 것이다"라고 말할 정도였다.[25]

　다만 우리는 우에다의 지적대로 에크하르트가 이렇게 신과 하나되는 체험의 신학적 근거와 의미를 물음으로 "신비신학"을 전개했으며, 자신의 체험을 "사유를 통해 자기화"함으로써 그의 신비주의는 사유와 경험이 밀접히 연결되는 "사변적 신비주의"의 모습을 띠게 되었다는 점을 부인할 수 없다.[26] 그러나 굳이 그를 규정지으려고 한다면 우리는 그를 "신비적 스콜라철학자"라기보다는 "스콜라철학적 신비가"였다고 해야 할 것이다.[27] 라이터의 지적대로 에크하르트에게는 합리적 인식과 신비적 직관이 둘이 아니라 하나가 됨으로써 그의 신비주의는 단순히 경건한 믿음과도 다르고 맹목적인 감정적 신비주의와도 차이를 보인다. 그리고 바로 이 점이 그의 신비주의를 소수의 사람들에게만 주어지는 밀의적 경험이 아니라 모두에게 개방된 보편성을 띠게 만든 것이다.[28]

　에크하르트가 자신의 종교 경험에 대해 비교적 침묵을 지키는 중요한 이유는 그가 온 힘을 다해 증언하려 했던 핵심적 진리 그 자체와 무관하지 않을 것이다. 앞으로 고찰하겠지만 에크하르트 신비주의의 핵심은 인간 영혼의 근저에서 이루어지는 완벽한 신인합일神人合一이다. 그에게 궁극적 관심이 되는 것은 모든 인간에게 이러한 합일을 가능하게 하는 보편적 인간성(humanitas) 그 자체이지, 한 개인의 우연적 인격이나 성품이 아니다. 전통적인 성육신 사상에

---

25 Quint, 273.

26 Ueda, *Die Gottesgeburt*, 25; F. Tobin, *Meister Eckhart: Thought and Language*, 31.

27 퀸트의 표현, Soudek, 66.

28 P. Reiter, *Der Seele Grund*, 65.

따라 인간성 일반에 대한 확고한 믿음을 지녔던 그로서는 자기 자신의 개인적 체험이나 삶의 이야기는 하찮은 일에 불과했을 것이다. 게다가 그의 지배적 관심은 어떤 특별한 종교적 경험 자체에 탐닉하기보다는 어떻게 하면 우리가 진정한 인간성을 발휘하는 본질적 삶을 살 수 있는가 하는 실천적 영성에 있었다.[29] 에크하르트가 신비적 체험에 대하여 침묵하고 있는 것은 오히려 그의 신비 경험의 반증으로 해석될 수 있다. "자기로부터의 자유"(Losgelöstheit vom Ich)를 진정한 신비 체험의 한 기준으로 제시하면서, 에크하르트 연구의 대가 하스는 이렇게 말한다.

'자기로부터의 자유'라는 기준은 에크하르트에게 초탈이 그의 가장 중심적 요구 가운데 하나였다는 사실을 전혀 도외시하고도 그가 얼마나 자기 자신과 자기의 자전적 상황에 대해 침묵할 줄 아는지를 보아도 그에게 들어맞는다. 여기서 우리는 가르침과 삶의 완전한 일치를 확인할 수 있다: 다른 사람들에게 자기 자신과 자기들의 개인적 운명을 도외시하라고 촉구하는 그는 자기의 개인적 실존에 대해 큰 몸짓으로 말할 수 있는 경우 어디서든 무명성을 지키고 있는 것이다.[30]

---

29 에크하르트 신비주의와 영성의 실천적 성격을 보여 주는 연구로 D. Mieth, *Die Einheit von Vita Activa und Vita Contemplativa in den deutschen Predigten und Traktaten Meister Eckharts und bei Johannes Tauler: Untersuchungen zur Struktur des christlichen Lebens; D. Mieth, Einheit im Sein und Wirken.*

30 A. M. Haas, *Nim Din Selbes War: Studien zur Lehre von der Selbsterkenntnis bei Meister Eckhart, Johannes Tauler und Heinrich Seuse*, 67. Kurt Ruh 역시 에크하르트가 자신의 신비 경험에 대해 침묵하는 것을 오히려 그의 진정한 신비 경험의 반증으로 간주한다. *Meister Eckhart*, 189.

그러나 다른 한편 에크하르트는 자신의 경험에 대해 증언하지 않을 수 없었다. 하스는 이러한 불가피한 이중성을 이렇게 본다.

> 그는 한편으로는 가능한 한 자신의 사적·전기적 자기를 도외시한다. 그러나 다른 한편으로 그는 자기, 곧 그의 영혼의 근저를 중심으로 하여 자신의 경험에 대해 증언해야만 한다. 다른 말로 하면 에크하르트에게는 개인적인 것을 일반적인 것, 객관적인 것, 신학적 교설 속으로 지양시키려는 경향과 이에 못지않게 개인적 경험에 대해 증언하려는 강한 필요성이 구별하기 어렵게 섞여 있다. 즉, 신비주의와 신학이 이미 완전히 분리된 것으로 보이는 정신사적 시점에서 에크하르트는 신비가이자 신학자였던 것이다. 그는 발타사르Balthasar가 말하는 전인적 인격의 소유자에 속한다: "이들은 자기가 가르치는 것을 삶으로 살기 때문에 그 둘이 직접─단순하게라고는 말하기 어렵지만─ 일치해서 그 후 시대에 보이는 교리와 영성 사이의 대립은 그들에게 낯선 것이었다."[31]

에크하르트의 사상이 제아무리 위대하다 해도 역시 한 특정 시대의 산물일 수밖에 없다. 신비 경험 자체는 초역사적일지 모르나 신비주의자들이 사용하는 언어나 신비신학의 사상은 역사적 제약을 벗어나기 어렵다. 13세기 중세 유럽의 도미니코회 소속 수도승이었던 에크하르트가 접했던 특정한 신관과 인간관은 그의 신비 경험의 배경과 전제가 되었고, 동시에 그것을 표현하는 언어가 되었다. 신비 경험이 아무리 순수하다 해도 인간의 경험인 한 결코 시간

---

31 Haas, 같은 책 70-71.

과 공간을 초월할 수 없으며, 더군다나 특정 문화적 배경과 종교적 전통을 벗어날 수는 없다. 전통은 단순히 신비 경험을 표현하는 언어적 수단 정도가 아니라 경험 자체에 영향을 주기 때문이다.[32]

에크하르트 신비주의는 확실히 그 근본 성격과 표현에 있어서 지적 · 사변적 · 스콜라철학적이다. 칼 알버트Albert의 지적대로 중세는 이단 심문과 마녀사냥만 있었던 시대가 아니라 장엄한 고딕식 성당이 지어졌고 대학이 설립되었으며, 철학과 신비주의가 결합되어 인생과 존재의 근원까지 파고드는 심오한 사상이 꽃핀 시기였다.[33] 이 철학적 신비주의는 경건한 감정보다는 인식이 중심이었으며, 단순한 합리적 인식이 아니라 지성에 바탕을 둔 관조적 인식, 영적 직관이 중심이었다.[34] 에크하르트는 이러한 철학적 신비주의의 정점에 서 있던 인물이었다.

그러나 에크하르트 신비주의가 지닌 바로 이러한 지적이고 철학적인 성격으로 인해 그가 과연 진정한 신비주의자였는지 아니면 단지 하나의 사변적 철학자였는지 하는 문제가 연구가들 사이에 제기되는 것이다.[35] 하지만 이것은 그의 신비주의 내지 영성에 대한 오해에서 기인한다. 그에게는 지성과 영성, 철학과 신비주의가 별개의 것이 아니라 근본적으로 하나이다. 에크하르트에게는 또한 신학과 철학, 계시와 이성, 성서의 메시지와 철학적 사변이 궁극적으로 둘이 아니라 일치한다. 이러한 구별들은 에크하르트에게는 궁극적으

---

32 S. T. Katz(ed.), *Mysticism and Philosophical Analysis* 참조.

33 K. Albert, "Meister Eckharts These vom Sein," *Meister Eckhart und die Philosophie des Mittelalters*, Teil 2, 7.

34 같은 곳.

35 B. McGinn, *The Mystical Thought of Meister Eckhart*, 21-24 참조.

로 무의미하다. 중세 신학자요 철학자요 수도자요 설교가요 신비가인 에크하르트에게는 선배 도미니코회 신학자요 철학자였던 토마스 아퀴나스와는 달리 계시와 이성, 초자연과 자연의 계층적 구별이 중요하지 않았다. 양자는 동일한 진리를 말하고 있으며 궁극적으로 일치한다고 생각했기 때문이다. 따라서 그는 성서 해석에 있어서 철학자들의 '자연적'(이성적) 논증들을 아무 주저 없이 사용했다. 유명한 요한복음서의 첫 구절을 해석하면서 에크하르트는 다음과 같이 말한다.

이 말과 다음에 나오는 다른 말들을 해석함에 있어 지자[에크하르트]의 의도는 그의 다른 모든 저술에서와 마찬가지로 여기서도 거룩한 그리스도교의 신앙과 신구약성서가 가르치는 것을 철학자들의 자연적 근거들을 도움으로 하여 해석하려는 것이다.[36]

이에 따라 성서는 철학자들이 사물의 본성과 속성들에 관해 써 놓은 것과 일치하도록 해석되는 것이다. 특히 존재에서든 인식에서든, 성서에서든 자연에서든 모든 참인 것은 하나의 원천과 하나의 진리의 뿌리로부터 나오기 때문이다.[37]

에크하르트에게 지성과 영성, 철학적 사변과 신비 체험이 구별되기 어려울 정도로 얽혀 있으며 이 둘은 동시에 성서의 계시적 진리와 일치할 뿐 아니라 서로를 증언해 주고 조명해 준다. 종교개혁

---

36 *LW* III, 4.
37 *LW* III, 154-155(*Expositio sancti evangelii secundum Ioannem*).

이후 서구 신학—적어도 개신교 신학—에서 계시와 이성이 날카롭게 대립하며 다른 길을 가야 했고, 데카르트 이후 근대 철학에서 영성과 지성이 이질적인 것이 되어 버렸다는 사실을 감안할 때, 에크하르트는 동양 전통 사상에서와 마찬가지로 지성과 영성이 하나이고 철학과 신비주의가 일치하며 이성과 신앙이 같이 갈 수 있었던 행복한 시대에 살았다.

오직 하나의 진리 그 자체만이 문제였던 에크하르트에게는 인간에게 주어진 다양한 능력과 길은 한결같이 하나의 뿌리로부터 왔으며 그리로 다시 우리를 이끌어 주는 힘이다. 그것들은 구별은 되지만 하나의 진리를 증언할 뿐이다.[38] 신비적 경험이든 신학이든, 설교든 혹은 철학적 사변이든 에크하르트의 단 하나의 관심, 단 하나의 주제는 인간 영혼과 하느님과의 관계, 더 정확히 말해서 그 근저로의 돌파에서 확인되는 '일치'의 문제였다. 그가 '하나'(unum)라고 부르기를 좋아했던 하느님 혹은 진리와 하나가 되는 진리이다. 이 단 하나의 진리를 증언하기 위해 에크하르트는 설교는 물론이요 스콜라철학, 신학, 성서 주해 그리고 심지어 비非그리스도교 사상가들의 말까지도 자유롭게 활용했다. 그에게는 이 모든 것들이 결국 단 하나의 진리를 증언하고 있다는 근본적 일치에 대한 믿음이 있었기 때문이다. 그의 스콜라철학은 신비 철학이며 그의 성서 해석은 신학이자 철학이고, 그의 설교는 영적 성서 해석이자 사변적 철학이며 영혼 내면에서 확인되는 하느님과 인간의 신비적 일치에 대한 증언이었다.

---

38 E. Colledge and B. McGinn, *Essential Sermons*, 27.

진리를 증언하고 확인하는 다양한 길 가운데서도 에크하르트에게 가장 중요했던 것은 무엇보다도 성서 해석과 설교였다. 설교자 수도회에 속했던 에크하르트는 다른 무엇이기에 앞서 성서의 본문을 해석하는 설교가였다. 그러나 그의 성서 해석의 관심은 성서의 사건들이나 이야기들, 비유들이나 이미지들에 있는 것이 아니었다. 그의 관심은 성서의 문자적 의미나 혹은 도덕적 교훈에 있지 않고 철학적 · 알레고리적 해석을 통해 영혼과 하느님에 관한 진리를 발견하는데 있었다.[39] 그는 성서의 표피를 뚫고서 그 내면적 의미, 영적 의미로 돌파해 들어간다.[40] 그가 성서를 읽는 법은 표피적 의미를 벗겨 내는 심층적 독법이고, 문자적 의미에 얽매이지 않는 영적 독해이며 신비적 해석이다. 그러면서도 그는 성서 구절의 문자 하나하나에서 심오한 의미를 읽어내며 구절 하나하나에서 그가 이해하는 성서 전체의 진리를 발견한다. 그는 이러한 독법을 통해 성서 전체가 증언하고 있는 그리고 인간의 이성과 철학이 증언하고 있는 단 하나의 진리인 하느님의 말씀 그 자체, 즉 로고스logos를 만나며 다른 이들로 하여금 이 말씀을 듣게끔 하고자 한다. 그에게서 해석자와 본문은 불가분적으로 만난다. 그는 본문의 문자적 각질과 자기 자신을 '돌파해' 들어가서 성서의 참 '저자'인 하느님 자신이 뜻하는 참된 의미를 발견하고자 하는 것이다.[41] 그것은 곧 '하나'와 하나가 되는 진리다.

---

39 P. Reiter, *Der Seele Grund*, 28.

40 에크하르트의 성서 해석에 대해서는 B. McGinn, *The Mystical Thought of Meister Eckbart*, 24-29의 심오한 논의를 볼 것. 아래 논의는 이에 근거하고 있다.

41 같은 책, 28.

나는 종종 말해 왔다: 껍질이 깨어져야만 하고 그 안에 있는 것이 나와야만 한다. 왜냐하면 그대가 그 핵을 가지고자 할진대 그대는 그 껍질을 깨야만 하기 때문이다. 그리고 그다음: 그대가 자연을 은폐 없이 발견하고자 할진대, 모든 모상이 부서져야만 한다. 그리고 우리가 더 깊이 침투하면 할수록 그만큼 더 우리는 본질(Sein)에 가깝다. 영혼이, 모든 것이 그 안에서 하나인 "하나"(das Eine)를 발견할 때, 영혼은 이 "하나"안에 거한다.[42]

우리는 에크하르트의 사상을 단지 하나의 사상으로만 보아서는 안 된다. 그의 사상과 언어는 단 하나의 진리에 대한 증언이었으며 우리로 하여금 그와 같이 스스로 그 진리를 체험하도록 이끌기 위한 것이었다. 자기가 말하는 진리와 같아지지 않는 한 자기 말을 결코 이해하지 못하리라는 그의 말은 그가 증언하고자 하는 진리의 직접성과 실천성을 강조하는 말이다. 한 에크하르트 연구가의 말은 적절하다.

마이스터 에크하르트는 항시 그의 설교와 저술들을 통해서 인간에게 중요한 것은 자기의 정상적인 일상적 사고를 뛰어넘는 일이라는 점에 주목하도록 했다. 자신의 의식의 확대를 통해서 비로소 인간은 실재의 심층적 차원을 꿰뚫어 볼 수 있고 진리를 구명하며, 이로써 그의 가르침을 올바른 빛에서 볼 수 있으며, 이러한 방식으로 비로소 그것을 참으로 이해할 수 있다는 것이다. 그리하여 영혼의 보모 에크하르트는 그의 제자

---

42 Quint, 265.

들에게 자기 설교를 올바로 파악하기 위한 근본 조건으로서 "사람이 이 진리와 같아지지 않는 한 이 말을 이해하지 못할 것이다"라고 말한 것이다.[43]

에크하르트의 말과 사상이 그 정통성을 의심하는 심문관들에 의해 끝내 이해되지 못하고 이단으로 낙인찍힌 것도 결국 그들에게 일상적 사고의 제약을 넘어서는 의식의 확대가 결여되어 있었고, 언어에 의한 교리적 표현을 넘어서는 영혼의 진리를 공감하지 못했기 때문이었을 것이다. 그리고 이것은 어쩌면 모든 신비주의자의 공통된 운명일지도 모른다.

에크하르트는 자기가 깨달은 신비적 일치의 진리를 여러 시각에서 다양한 언어로 표현했다. 우에다는 이를 다음과 같이 말한다.

따라서 에크하르트는 신과 하나가 되는 자신의 경험에 몰려서 영혼과 신과의 합일을 사유하면서 파악하고자 시도한다. 경험을 개념적으로 파악한다는 말은 불가언적인 것을 말한다는 것을 뜻한다. 즉, 극한과 파악 불가능한 것과 언표 불가능한 것과의 투쟁이며 여기서 그는 그가 전수받은 모든 개념적 장치들, 스콜라철학, 신플라톤주의 전통, 아랍과 유대교 철학을 동원한다. 에크하르트는 또한 새로운 독일어 개념들을 만들어 내는 과제에 직면한다. 그가 다양한 유래를 가진 개념들의 도움으로 자기 내면의 근본적인 종교적 경험을 표현하고 개념적으로 전개하는 말들 가운데서 우리는 우선 두 가지 유형을 구별해야 한다. 즉, "탄생의 주제"

---

43 E. Wolz-Gottwald, *Meister Eckhart oder der Weg zur Gottesgeburt im Menschen: Eine Einführung*, 11.

와 "돌파의 주제"로서. … 첫째 유형은 "하느님은 자기 아들을 영혼에 낳으며 이를 통해서 영혼을 자기 아들로 낳는다"는 식인 반면, 둘째 유형은 "영혼이 신의 근저로 돌파해 들어가 거기에서 신을 벌거벗은 채 하나인 그 자체에서 파악한다"는 식으로 말한다. 첫째 유형에서는 영혼과 신과의 합일을 말하며 둘째 유형에서는 영혼의 근저와 신의 근저가 하나임을 말한다. 첫째 유형에서 하느님과 영혼 사이에 아버지와 아들의 관계가 문제 된다면 둘째 유형에서는 모상성을 완전히 벗어 버린 관계가 문제가 된다. 첫째 유형이 영혼의 절대적 수동성에 관한 것이라면 둘째 유형은 영혼의 극도의 활동성에 관한 것이다. 첫째 유형에서 에크하르트는 "나는 하느님의 아들이다"라고 말하는 데 반하여 둘째 유형에서는 "나는 신도 아니고 피조물도 아니다"라고 말한다. 이렇게 에크하르트에서는 어떤 발언들이 이 두 가지 유형으로 일정한 형식을 띠고 주제화되며 동시에 항상 새로운 개념들과 언제나 풍부한 비유의 언어로 반복된다.[44]

우리는 여기서 에크하르트 해석의 가장 핵심적인, 그러나 매우 까다로운 문제에 접한다. 문제의 핵심은 에크하르트에게 인간 영혼과 신과의 합일 내지 일치가[45] 그리스도교의 전통적인 삼위일체적 인격신관의 테두리 내에서 경험되고 이해되는 것인지, 아니면 인격신마저 초월하여 그 근저인 신성에까지 파고드는 탈 인격체적 신관

---

44 Ueda, *Die Gottesgeburt in der Seele*, 25-26.
45 신비주의에서 일치(unity, Einheit, Eins-Sein)와 합일(union, Vereinigung)은 엄밀한 의미에서는 구별되어야 한다. 합일은 본래부터 양자 사이의 차이 혹은 개별성을 전제로 해서 둘이 합쳐진다는 뜻임에 반하여, 일치란 본래부터 둘 사이에 아무런 구별이나 차이도 존재하지 않는다는 것으로서, 훨씬 더 과격한 신비주의 사상이다. 에크하르트에게는 두 가지 유형이 다 존재하며, 돌파의 주제는 후자, 하느님 아들의 탄생은 전자에 속한다.

에 따라 경험되고 파악되는 것인지에 있다. 우에다의 연구는 이 문제를 "탄생의 주제"(Geburtsmotiv)와 "돌파의 주제"(Durchbruchmotiv)의 주제 사이의 관계에 대한 문제로 첨예화시켜 제기함으로써 에크하르트 연구에 이미 하나의 필독서가 되었다.

우에다가 제기하는 문제는 실로 에크하르트 해석에 있어서 가장 중대한 문제이다. 그것에 관해서 어떤 입장을 취하는가에 따라 에크하르트 사상이 그리스도교의 전통적 사상의 테두리 내에서 수용되느냐, 아니면 그 한계를 넘는 그야말로 '이단적'이고 파격적인 사상이 되느냐 하는 문제가 달려 있기 때문이다. 분명히 표현상─그리고 아마도 종교 경험상─ 두 유형에 뚜렷한 차이가 있음은 부인하기 어렵다. 그러면서도 에크하르트에게는 양자가 공존 내지 혼재하고 있는 것도 부인할 수 없는 사실이며[46] 그는 신성과 신, 특히 성부로서의 하느님을 확연히 구별하면서도 때로는 그렇지 않은 경우도 많다.[47] 따라서 에크하르트 연구가들은 이 문제에 관해서 각기 상이한 해석을 제시하거나 모호한 입장을 취하는 경우도 허다하다. 이 문제는 회피할 수 있는 성질의 문제는 아니다. 그것을 어떻게 보느냐에 따라 에크하르트 사상 해석의 근본 방향이 좌우된다 해도 과언이 아니기 때문이다.

이미 언급했듯이 이 문제에 관한 우에다의 문제 제기와 입장은 매우 뚜렷하다. 그는 삼위일체적 신관을 에크하르트 사상의 토대

---

46 문제를 선명하게 제기한 우에다 자신도 이 점을 인정한다. 예컨대 우에다는 탄생의 주제에 대한 다양한 표현들 가운데는 돌파의 사상에 대한 여러 싹이 인식될 수 있다고 말한다. 같은 책, 121; 上田閑照, 「"神の子の誕生"と"神性への突破"」『ドイシ神祕主義研究』.

47 E. Colledge and B. McGinn, *Essential Sermons*, 36-38.

(Unterbau)로 간주하며 '하나'(unum, Eins)로서의 신성 사상이 그 상부 구조(Überbau)로 세워진 것으로 본다. 따라서 탄생의 주제는 기조基調요 돌파의 주제는 주조主調[48] 혹은 전자로부터 후자로의 이행을 신비 경험의 강화(Steigerung)로 보면서 후자를 전자의 완성으로 간주한다.[49] 다시 말해 그는 탄생과 돌파를 영혼의 근저이자 신의 근저인 신성에 도달하는 초탈의 길이 따르는 두 단계(과정)로 간주하면서 돌파야말로 신성의 무無에서 영혼과 하느님 사이에 상존하는 아버지와 아들의 이원적 구별마저 완전히 극복되는 최고의 경지라고 보는 것이다.

우에다가 제기한 문제에 명시적인 반응을 보이며 그와는 다른 입장을 취하는 학자로 미국의 철학자이며 에크하르트 연구가인 카푸토Caputo를 들 수 있다. 그는 에크하르트에게 있어서 신비적 합일이 그리스도교와 신플라톤주의의 영향 아래 두 가지로 표현되고 있음을 지적하면서[50] 탄생과 돌파의 주제를 상보적 관계로 보면서도 궁극적으로는 탄생의 우위를 말한다.[51] 탄생은 돌파를 전제로 하며 돌파는 탄생으로 이어져야 한다는 점에서 양자는 상보적이지만, 결국 탄생이 돌파의 완성이라는 점에서 탄생의 우위를 인정하는 견해이다. 카푸토는 우선 탄생과 돌파가 동일한 경험이나 경지는 아니지만, 그 둘을 가능하게 하는 영혼의 조건이 동일하다는 사실에 주

---

48 Ueda, *Die Gottesgeburt in der Seele*, 143.

49 같은 책, 140-145 참조.

50 J. D. Caputo, *The Mystical Element in Heidegger's Thought*, 106.

51 이 문제에 관한 에크하르트의 해석은 J. D. Caputo, "Fundamental Themes in Meister Eckhart's Mysticism," 222-224; *The Mystical Element in Heidegger's Thought*, 132-134 참조.

목한다. 탄생이든 돌파든 영혼이 자기 자신과 모든 피조물을 초탈하여 비고 가난해질 때 비로소 가능하다. 카푸토에 따르면 바로 영혼의 근저가 신의 근저이기 때문에 신이 영혼에 아들을 탄생시킬 수 있다. 다시 말해서 신과 영혼이 완전히 하나인 근저로의 돌파는 곧 아들의 탄생을 위한 것이라는 말이다. 탄생이나 돌파나 모두 초탈을 전제로 한다는 데는 우에다와 견해를 같이하지만, 돌파를 탄생보다 더 높은 경지로 보는 우에다와 달리 카푸토는 오히려 돌파를 탄생의 조건으로 봄으로써 탄생을 돌파의 완성으로 간주하는 것이다. 카푸토는 영혼의 상태를 가리키기 위해 에크하르트가 사용하는 '처녀'와 '아내'의 메타포에 주목하면서 자식을 생산하는 아내의 경지가 처녀의 경지보다 더 숭고하다는 에크하르트의 말에 근거하여 열매를 맺는 것이 처녀성을 완결짓듯이 아들의 탄생이 돌파에 의한 신성과의 일치를 완결짓는다고 말한다.[52]

우에다는 문제를 선명하게 부각시키는 데 공헌했으나 나는 일단 카푸토의 해석이 더 설득력이 있는 것으로 본다. 문제의 핵심은 에크하르트에 따르면 아들의 탄생 혹은 신의 탄생, 말씀의 탄생은[53] 아무 영혼에서나 이루어지는 것이 아니고, 우리가 철저한 초탈을 통해 영혼의 근저에 접할 때 비로소 이루어진다는 데 있다. 카푸토는 말한다.

만약 성부가 그의 말씀을 영혼 속에 "말하고자" 한다면 영혼은 침묵 속에

---

52 J. D. Caputo, "Fundamental Themes in Meister Eckhart's Mysticism," 222-224.
53 에크하르트는 이 셋을 같은 뜻으로 사용한다. 말씀은 로고스(logos)로서, 곧 성자 하느님이기 때문이다.

있어야 한다. 즉, 모든 상像과 개념을 벗어나고 모든 피조물에 대한 집착을 떠나 순수해야만 한다. 따라서 성부는 영혼의 기능들 어느 것에서도 말을 할 수 없고, 오직 영혼의 근저에서만 말을 할 수 있다. 왜냐하면 영혼의 기능들이란 피조물과 그 상들에 관여하고 있기 때문이다.[54]

사실 우에다도 이 점을 언급하고 있지만, 그것이 이 중대한 문제의 해석에 결정적 역할은 하지 못하고 있다. 그도 다음과 같이 지적하고 있다.

그러나 영혼은 우선 자신의 근저가 신의 근저와 동일하다는 것을 알지 못한다. 영혼의 근저가 자기 자신에게 감추어져 있는 것이다. 영혼 속의 신의 탄생을 통해서—그리고 이것은 바로 영혼의 근저에서 이루어진다— 이 근저가 바로 근저로서 드러나야만 한다. "신이 자기 아들을 영혼의 근저에 탄생시킨다"는 말은 신이 영혼의 근저로 돌파해 들어간다는 말이고, 이를 통해 영혼의 근저가 돌파에 임하게 되고 영혼 측에서는 신의 근저에 도달하기 위해서 신을 돌파한다. 왜냐하면 영혼의 벌거벗은 본질(nuda essentia animae)인 영혼의 근저는 신으로 만족하지 않고 신의 벌거벗은 본질(nuda essentia dei)을 갈망하고 있기 때문이다.[55]

---

54 J. D. Caputo, "Fundamental Themes in Meister Eckhart's Mysticism," 219;
Quint, 416-417. 여기서 영혼의 "기능"이라고 번역한 것은 이성, 기억, 의지처럼 감각기관들을 통해 외부 사물들과 관여하는 영혼의 저급한 힘들(Kräfte)을 말하며, 영혼의 근저는 앞으로 고찰하겠지만 영혼의 고차적 부분으로서 영혼의 불꽃(Seelenfüklein) 혹은 지성(intellectus)을 가리킨다.

55 Ueda, *Die Gottesgeburt in der Seele*, 120.

우에다는 여기서 신이 영혼의 근저로 그리고 영혼이 신의 근저로 돌파해 들어가는 것이 영혼의 근저에서 일어나는 아들의 탄생 조건이며, 탄생은 곧 영혼이 돌파를 통해 자신의 근저를 깨달아 근저가 근저로서 드러나는 것임을 말하고 있다. 그럼에도 우에다는 여전히 돌파를 탄생보다 더 높은 경지로 보고 있다. 이것은 아무래도 그가 선불교적 관점에서 에크하르트를 보기 때문인 것 같다. 신과 인간이 탈인격적 신성神性의 무無에서 완전히 하나가 되는 불이不二의 세계가 선불교적 관점에서 보면 성부와 성자의 인격적 관계보다 더 높은 경지로 보일 것이다.

하지만 에크하르트에게 돌파는 초탈의 궁극적인 경지이며 초탈과 돌파야말로 영혼에 일어나는 신의 탄생의 조건이다. 초탈은 단순히 자기 자신과 피조물에 대한 집착으로부터 벗어나는 것일 뿐 아니라 하느님으로부터도—적어도 하느님에 대한 온갖 헛된 관념과 상像들로부터— 벗어남을 뜻한다. 돌파까지 포함하는 이러한 철저한 초탈을 통해서 영혼이 완전히 비고 순수해질 때 그리하여 영혼이 그 근저에서 "처녀"와 같은 순수성을 드러낼 때 비로소 거기서 하느님의 탄생이 이루어지는 것이다. 우에다도 돌파를 초탈의 한 단계로 보지만 그것이 탄생의 조건이 된다는 점은 충분히 강조하지 않는다.

문제의 핵심은 에크하르트에서 돌파와 탄생이 경험상 시간적 선후의 문제이지 신비적 경지의 높고 낮음으로 해석되어서는 안 된다는 점이다. 이 점에서 탄생을 돌파의 완성으로 보는 카푸토의 견해 역시 전적으로 만족스러운 것은 못 된다. 에크하르트에게 신성은 결코 정적靜的 실재가 아니라 무한한 생명력을 가지고 다양성의 세계를 산출해 내는 역동적 실재이다. 신성은 그것으로부터 인격 신적 삼위—성부, 성자, 성령—가 출원出源(*exitus*, bullitio)하여 흘러 나오고(*effluxus*, ausfliessen) 세계 만물이 넘쳐나며(*ebullitio*) 말씀이 육화(incarnate)되는 모든 것의 근원이다. 그리고 이렇게 출원한 충만한 세계가 다시 그리로 환원還源하여 흘러들어가기(*refluxus*, ingang, durchbrechen)를 갈망하는 모든 것의 고향이요, 귀착지와도 같다. 흘러나옴은 흘러들어가기 위함이요, 흘러들어가는 것은 다시 흘러나오기 위함이다. 이것이 살아 움직이는 생명의 세계이며 모든 것을 산출하며 모든 것을 흡수하는 신성의 세계이다. 따라서 신과 영혼의 근저로의 돌파는 고향으로 되돌아가는 환원의 극점이지만 동시에 곧 다시 흘러나옴으로서의 탄생을 위한 전 단계이기도 하며, 출원의 한 계기로서 탄생한 하느님의 아들들은 다시 초탈과 돌파를 통해 신성으로 환원하기 원한다. 돌파는 탄생을 위함이요 탄생은 돌파를 위함이다. 이렇게 끊임없이 순환하는 생명의 움직임 속에서 높고 낮음이란 존재하지 않는다. 다만 어느 시점, 어느 시각에서 이 움직임을 보느냐 그리고 운동의 어느 지점에 나의 경험을 맞추느냐 하는 문제만 있을 뿐이다.

이렇게 볼 때 이 문제에 대한 최근 맥긴의 논의 또한 불만족스럽다. 그는 이렇게 말한다.

그러나 환원 과정의 세 가지 기본 활동—초탈, 탄생, 돌파—을 상호적이고 변증법적 관계를 가진 것으로 보는 것이 중요하다. 모두 영원한 현재 속에서 셋은 동시적이며 동시적으로 상호 의존적이다. 한편으로는 모든 소유의 상실과 탄생의 실현 없이는 돌파가 없으며, 다른 한편으로는 영혼 안에 말씀의 탄생과 완전한 초탈적 삶은 돌파를 통해 성취된 근저에서의 [하느님과 영혼의] 일치를 표현한다.[56]

이러한 맥긴의 견해는 몇 가지 문제점을 지니고 있다. 첫째, "상호적"·"변증법적"이란 말이 나타내듯 이 중요한 문제에 대한 그의 입장이 다소 애매하다. 둘째, 그는 초탈과 돌파를 별개로 취급하는 경향을 보이고 있는데 이는 잘못이다. 앞으로 우리가 보겠지만 에크하르트에게 초탈은 단지 피조물들과 자기 자신에 대한 집착으로부터 떠나는 것만을 의미하지 않고 하느님마저 떠남(Gott lassen)을 의미한다. 따라서 돌파는 초탈의 극한이며 같은 과정 혹은 행위의 다른 국면을 가리킬 뿐이다. 셋째, 탄생과 돌파가 영원한 현재 속에서 동시적이라는 것은 하느님의 초월적 시각에서는 맞는 말일지 모르나, 하느님과의 일치를 추구하는 인간의 경험이나 수행의 관점에서는 문제가 있다. 따라서 탄생 없이는 돌파가 없다는 그의 말은 에크하르트에서 두 주제가 지니는 대립 내지 긴장 관계를 무시하는 견해이다. 맥긴 자신이 누누이 강조하듯 탄생이 영혼의 근저에서 일어나는 현상이라면 근저로의 돌파가 탄생에 선행해야 하기 때문이다. 그리고 이것은 앞에서 지적한 대로 양자 사이의 우위성 문제와는 무관하다. 하지만 둘은 분명히 에크하르트 신비주의에 있어 경험적으로 상이하며 시간적으로 구별되는 현상이다. 둘은 환원과 출원이라는 만물의 두 운동 방향과 궤를 같이하는 인간 영혼의 두 가지 상이한 움직임이기 때문이다.

---

56 B. McGinn, *The Mystical Thought of Meister Eckhart*, 142-143.

나는 이러한 시각에서 에크하르트의 사상을 서술해 나가고자 한다. 돌파와 탄생이 양대 주제가 되는 것은 두말할 필요도 없다.

그러나 이러한 영혼의 신비적 합일의 경험을 다루기 전에 에크하르트의 신관과 영혼관에 대해 먼저 고찰할 필요가 있다. 신과 영혼은 도대체 어떤 본성을 지니고 있으며, 어떠한 관계에 있기에 그러한 합일이 가능한 것인가? 왜 합일을 위해서는 초탈과 돌파가 필요하며 초탈과 돌파는 어찌하여 탄생으로 이어질 수밖에 없는가? 도대체 영혼에 신이 탄생한다는 말은 무슨 뜻인가? 이러한 문제들에 답하기 위해서는 에크하르트가 신과 인간의 영혼 그리고 피조물의 세계를 어떻게 파악하고 있는지 먼저 논해야 한다.

이제 에크하르트를 그토록 강력하게 사로잡아 때로는 정교한 철학적 사변을 통해, 때로는 자신도 주체하기 어렵게 터져 나오는 확신에 찬 설교로 그 당시 그어져 있던 사상적 금줄을 아슬아슬하게 넘나들면서 증언하고자 했던 이 "하나"의 진리가 과연 무엇인지 그의 말을 들어 보자.

나는 다음과 같은 순서로 에크하르트의 사상을 다루고자 한다. 먼저 그가 살았던 후기 중세의 역사적 상황과 그의 삶을 살펴본 후(3장) 그가 전수받은 스콜라철학·신학 사상과 그의 신비 사상에 나타난 그의 신관·세계관 그리고 영혼관에 대하여 살펴보기로 한다(4-5장). 이를 배경으로 나는 에크하르트 영성과 신비 사상의 핵인 초탈과 돌파(6장) 그리고 아들의 탄생(7장)에 대하여 고찰한 후 마지막으로 신과 하나가 된 사람의 삶의 모습이 어떠한지를 살펴보고자 한다(8장).

에크하르트 사상을 고찰하고 서술함에 있어 나는 할 수 있는 한 독자들로 하여금 에크하르트 자신의 목소리를 듣게 하고자 한다. 그러기 위해 그의 글과 설교를 많이 인용할 것이다. 언어의 귀재였던 에크하르트였기 때문에 때로는 우리말 번역이 어렵다 못해 거의 불가능에 가깝게 여겨질 때도 많다. 전문적 용어나 표현들의 경우 번잡스러움을 무릅쓰고 독일어나 라틴어 원어를 많이 병기했다. 나는 에크하르트 사상을 해석하면서 동양 사상, 특히 선불교 사상을 종종 끌어들여 동서 사상의 자연스러운 대화를 시도할 것이다.[57] 에크하르트와 유불도 및 힌두교 고전 사상은 크게 말해 모두 중세적 세계관과 인생관을 공유하고 있지만, 그것들에게서 발견되는 중세적 영성은 근대를 넘어서 새로운 사상석 방향을 모색하고 있는 현대인들에게 오히려 신선한 자극으로 다가오리라 확신하기 때문이다.

---

57 에크하르트와 동양 사상과의 비교는 이미 에크하르트 사상을 다루는 저서들에서 부분적으로 혹은 단편적으로 많이 이루어지거나 언급되고 있다. 이에 관한 문헌들을 일일이 소개하는 것은 너무 번거롭고, 다만 에크하르트 사상과 선 양쪽에 정통한 학자는 찾아보기 쉽지 않다는 점만을 지적하고 싶다. Suzuki Daisetsu, *Mysticism: Christian and Buddhist*가 자주 언급되고 있지만, 그의 에크하르트 이해는 극히 초보적이고 피상적 수준을 벗어나지 못하기 때문에 거의 언급할 만한 가치가 없다. 이 문제에 관해서 가장 수준 높고 중요한 연구를 한 학자는 우에다 시즈테루(上田閑照)이다: *Die Gottesgeburt in der Seele und der Durchbruch zur Gottheit: Die mystische Anthropologie Meister Eckharts und ihre Konfrontation mit der Mystik des Zen-Buddhismus*; "Der Zen-Buddhismus als 'Nicht-Mystik' unter besonderer Berücksichtigung des Vergleichs zur Mystik Meister Eckhart," *Transparente Welt*, hrsg, von. G. Schulz(Stuttgart 1965); "Das 'Nichts' bei Meister Eckhart und im Zen-Buddhismus, unter besonderer Berücksichtigung des Grenz-bereichs von Theologie und Philosophie," *Transzendenz und Immanenz*, hrsg. von D. Papenfuss, J. Söring(Stuttgart 1978); "Eckhart und Zen am Problem 'Freiheit und Sprache'," *Luther und Shinran-Eckhart und Zen*, hrsg, von M. Kraatz(Köln: E. J. Brill 1989). 우에다는 동양 사상 전반보다는 선과의 비교에만 관심이 있고, 선과의 유사성에도 불구하고 에크하르트의 실체론적 사고의 한계를 지적하는 입장을 취하고 있다.

제3장
에크하르트의 시대와 삶

에크하르트는 1260년경 중부 독일 튀링겐Thüringen 지방의 호흐하임Hochheim이라는 마을에서 태어났다. 호흐하임이라는 이름의 마을은 두 곳이 있는데 하나는 에르후르트Erfurt 근처에 있고 다른 하나는 고타Gotha 부근에 있다. 에크하르트는 고타 부근의 호흐하임에서 태어난 것으로 보인다.[1] 불행하게도 우리는 그의 출생 연도부터 시작하여 그의 삶의 중요한 사건이나 시기에 대하여 정확히 알지 못하는 것이 허다하다. 그는 당시 비교적 잘 알려진 중요한 인물임에도 불구하고 중세라는 시대가 한 개인의 삶에 대한 관심이 현대와는 사뭇 달랐기 때문이었는지 혹은 그의 가르침이 사후에 이단으로 낙인찍혔기 때문인지는 몰라도 그의 전기를 구성할 수 있을 정도의 기록은 우리에게 남아 있지 않다. 따라서 우리는 당시의 여러 가지

---

1 K. Ruh, *Meister Eckhart*, 21.

정황에 근거한 추측에 어느 정도 의존할 수밖에 없다.[2]

에크하르트는 15세 경에 설교자수도회說敎者修道會(Ordo fratres praedicatorum, Predigerorden)인 도미니코회에 들어간 것으로 추정되며, 파리로 가기 전까지 수도회의 규정에 따라 1년간의 허원기許願期를 마치고 정식으로 입회한 후로 2년 동안 수도회의 규칙과 정신을 배우면서 라틴어, 논리학, 성서 등 기초 교육과 훈련을 받았을 것으로 보인다. 도미니코회는 당시 그리 오랜 역사를 가지고 있지 않았으며, 다른 전통적 수도회와는 달리 주로 도시에서 활동하는 탁발 수도회로 설교와 학문에 치중했다. 유명한 토마스 아퀴나스(약 1224~1274)도 에크하르트의 대선배가 되는 도미니코회 회원이었으며, 토마스가 신학과 철학으로 불후의 업적을 남긴 반면 에크하르트는 주로 설교가로 명성을 떨쳤다.

도미니코수도회는 이단적 사상을 척결하기 위한 목적으로 창립된 수도회로 기도와 노동(ora et labora)에 힘쓰는 전통적 수도회와는 달리, 수도자들로 하여금 설교와 학문에 전념할 수 있도록 노동의 의무로부터 풀어 주고 도회지를 중심으로 하여 활동하도록 만든 수

---

2 자료 부족으로 현재로서는 에크하르트의 생애를 연대기적으로 정확히 알 수 없다. 확실한 출생 연도조차 모른다. 에크하르트 전기에 대한 가장 권위 있는 연구는 J. Koch, "Kritische Studien zum Leben Meister Eckharts," *Kleine Schriften*, Bd. 1, 247-347(원래 *Archivum Fratrum Praedicatorum* 29(1959), 30(1960)에 수록). 간략한 것: J. Koch, "Zur Einführung," *Meister Eckhart der Prediger: Festschrift zum Eckhart-Gedenkjahr*, 5-24 참조. W. Trusen, *Der Prozess gegen Meister Eckhart: Worgeschichte, Verlauf und Folgen*은 여러 점에서 코흐와 견해차가 있다. 에크하르트에 관한 단행본들은 대부분 그의 전기를 다루고 있다. 나는 에크하르트의 전기에 관한 한 주로 코흐의 상기 연구들과 우에다 시즈테루(上田閑照)『エクハルト: 異端ト正統の間デ』(이후 『엑카르트』로 표기); K. Ruh, Meister Eckhart: *Theologe, Prediger, Mystiker*, 그리고 최근 연구 성과를 반영하고 있는 B. McGinn, *The Mystical Thought of Meister Eckhart*, 2-19("Eckhart's Life and Works")에 의존했다.

도회였다. 이 탁발 수도회는 수도사들이 한곳에 정주하며 수도에 전념하기보다는 여러 곳을 돌아다니면서 순회 설교를 할 수 있도록 기동성을 갖춘 수도회였다. 도시를 중심으로 한 수도회였기 때문에 수도사들은 자연히 도시 수공업자들과의 접촉을 통해 도회지의 자유로운 분위기에 영향을 받아 진취적 성격을 지녔다. 비슷한 시기에 탄생한 프란치스코수도회와 마찬가지로 도미니코회도 청빈을 중시하여 종래 수도원들의 경제적 기반이었던 장원들과의 관계를 끊고 도시 수공업자들의 지지를 받으며 활동했다.3 에크하르트의 설교 가운데 철저한 가난을 강조하는 설교가 많다는 것은 이같은 수도회의 전통과 무관하지 않다.4

중세 가톨릭교회는 12~13세기에 그 번영과 영광의 절정에 달했다. 이와 동시에 교회의 세속적 부패와 성직자들의 도덕적 타락이 심각한 문제로 대두되면서 일각에서는 초대교회 사도들의 엄격한 청빈을 이상으로 삼는 운동이 일어나 교회를 곤혹스럽게 만들었다. 엄격한 고행과 금욕을 강조하는 카타리파Katharer 운동이나 그리스도의 청빈을 실천하고자 전개된 발도파Waldenser 운동이 대표적이었다. 교회는 처음에 이러한 사도적 청빈 운동을 이단으로 간주했으나, 인노센트 III세(1198~1216)는 이 문제에 대하여 적극적인 자세를 취하여 청빈 운동을 어느 정도 교회 안으로 흡수하고 양성화하

---

3 도미니코회의 성격에 관해서는 우에다, 『엑카르트』, 33-36 참조.

4 우에다는 그러나 가난에 대한 두 수도회의 차이를 말하기를, 프란치스코회가 물질을 자발적으로 포기하는 물질적 가난을 강조했다면, 에크하르트는 "소유한다고 하는 존재 방식의 방기(放棄), 즉 주체의 소유주라고 하는 아성('我'性, Eigenschaft)으로부터의 탈각(脫却)이 핵심이 되고 있다"고 말한다. 즉, "내적 가난" 혹은 "세속 내의 금욕"을 강조한다는 것이다. 앞으로 이 문제는 자세히 검토할 것이다. 같은 책, 57-58.

는 한편, 극단적 세력은 이단으로 배척하는 방식으로 대처했다. 성 프란치스코가 주도하는 프란치스코회가 창설된 것은 이러한 배경 하에서였다.

그러나 중세 가톨릭교회를 괴롭힌 "이단" 운동은 비단 사도적 청빈 운동뿐만이 아니었다. 시기를 달리하며 다른 주요 문제들이 부상하여 교회의 대처를 강요했으며, 프란치스코회와 도미니코회는 이에 대처하는 선봉에 선 수도회였다. 우에다는 에크하르트 사상을 이해하는 배경으로 중세 교회가 대면했던 주요 이단 운동을 세 가지로 정리하고 있다.

> 정통·이단의 긴장을 일으킨 문제도 역사적 연관 속에 있다. 에크하르트 사상에 직접 관련되는 한 그 배경이 되는 역사적 연관을 보면 문제의 주제가 언제나 중첩되지만 그 중심은 점차 옮겨 간다. 13세기 전반은 12세기 이래의 "청빈" 문제, 13세기 후반에는 아리스토텔레스 철학의 수용에 의한 자율적 "이성"의 문제, 14세기로 들어가서는 "자유"의 문제가 특히 전면에 부상한다. 그리하여 그때마다 해당 문제를 둘러싸고 많은 사도적 청빈 운동이 이단으로 간주된 반면 청빈 무소유의 아시시의 프란치스코를 교회가 받아들임으로 해서 교회의 혁신이 실현되었고, 다음 문제로는 라틴 아베로에스Averroes파가 이단으로 된 반면 자율적 이성을 위한 공간을 신앙 안으로부터 열어 준 토마스를 정통으로 삼음으로써 교회는 영속적인 사상적 기반을 획득했고, 더 나아가 그다음 국면에서는 "자유심령파"를 이단으로 철저히 탄압한 교회가 "탈각의 자유"(ledig und frei)를 설하는 에크하르트를 … [결국 이단으로 본 것이다].5

에크하르트가 살다 간 시대는 찬란했던 서양 중세 문명이 쇠퇴하기 시작하던 시기로 교황과 황제를 정점으로 했던 중세의 보편적 질서가 붕괴되면서 큰 정치적 혼란이 시작되던 시기였다. 신성로마 제국 황제 프리드리히 2세의 죽음과 더불어 이른바 대공위시대大空位 時代(1256~1273)가 시작되면서 교황권이 강화되는 듯했지만, 프랑스나 영국과 같은 왕국들이 민족의식을 바탕으로 하여 독자적 행보를 취하게 되면서 교황은 이제 황제 대신 왕들과 권력 다툼을 벌이게 되었다. 급기야 1303년에는 프랑스 왕 필립 4세가 그를 파문하려 했던 교황 보니파시오 8세(1294~1303)를 체포하는 일까지 발생했으며, 1309년에는 프랑스인 교황 클레멘스 5세(1305~1314)를 옹립하고 교황청을 프랑스 남부의 아비뇽으로 옮기는 사태까지 벌어지게 되었다. 이로써 약 70년간 이른바 교황의 "아비뇽 포수"기가 시작된 것이다. 에크하르트가 이단 심판을 받기 위해 출두했던 곳도 바로 이 아비뇽이었다.

그런가 하면 위에 언급한 이른바 "자유심령파"(secta spiritus libertatis) 운동도 교회를 괴롭힌 이단으로, 하느님과 직접적이고 내면적인 교제를 하는 영적인 사람은 교회의 모든 외적 규제와 도덕적 규범으로부터 자유롭다는 일종의 "반도덕주의"(antinomianism)의 성격을 띤 운동이었다. 실제로 이 운동이 얼마나 퍼져 있었는지에 관하여 학자들 사이에 이견이 있지만,6 이와 관련하여 에크하르트 사상의 이해에 더 직접적인 연관이 있는 것은 이른바 베긴Beginen들이라 불리는

---

5 우에다, 『엑카르트』, 46-47.

6 R. E. Lerner, *The Heresy of the Free Spirit in the Later Middle Ages*는 자유심령파의 역사적 실체에 대해 회의적인 견해를 표명한다.

평신도 여성 영성운동으로 이 운동은 12세기 말부터 라인강 주변을 거점으로 하여 쾰른이나 슈트라스부르크와 같은 대도시에서 크게 번성했다. 베긴들은 정식 수녀회에 속하거나 수도자의 규율을 지키지는 않았지만, 자기들끼리 공동체를 형성하여 수도자나 성직자 못지않은 열정으로 청빈과 독신의 삶을 살면서 영적 개발에 헌신했다. 그들 가운데서 브라방의 하데위치Hadewijch of Brabant(1240년경), 막데부르크의 메히트힐트Mechthild of Magdeburg(약 1212~1294), 마게리트 포레트Marguerite Porete(?~1310)와 같은 뛰어난 영성가들도 출현하여 자신들의 생각을 라틴어가 아닌 지방어로 자유롭게 표현했다.7

베긴들의 영성운동은 기존의 수녀회에 정식으로 수용되지 못하고 교황으로부터 인가도 받지 못했기 때문에 교회 밖의 외곽 단체와 같은 존재로 번성했다. 교회는 이들을 한편으로는 백안시하거나 위험시했으며, 다른 한편으로는 그들을 지도하여 교회의 질서 내에 수용하고자 했다. 그러나 결국 베긴과 베가르드Begharenden(남자 수도사들 같은 존재)들은 1311년과 1317년에 이단으로 단죄되었다. 베긴들과 자유심령파를 혼동해서는 안 되지만 양자 모두 영적 자유와 내면의 윤리를 강조한다는 점에 있어서는 친화성이 있었던 것으로 보인다. 마게리트 포레트와 같은 여성 베긴 지도자를 이단으로 보고 화형에 처했다는(1310) 사실은 양자 사이의 거리가 그리 멀지 않았다는 사실을 말해 주고 있다. 한 영국 출신 베네딕도회 소속 사가에 의하면 에크하르트가 태어나기 얼마 전인 1243년에 쾰른에는 적어도 169개의 베긴 공동체 그리고 슈트라스부르크에는 일곱 개의 도

---

7 B. McGinn(ed.), *Meister Eckhart and the Beguine Mystics: Hadewijch of Brabant, Mechthild of Magdeburg, and Marguerite Porete.* 참조.

미니코회 수녀원 외에 약 83개의 베긴 공동체가 있었다 하니 그 세력과 열기를 가히 짐작케 한다.[8] 평신도 영성의 시대라 불릴 정도로 그들은 이제 신앙의 진리를 단지 교권에 맡기지 않고, 자신들의 직접 체험으로 확인하고자 했던 것이다. 이러한 일련의 평신도들의 종교적 자각 운동 배후에는 교회의 도덕적 권위의 상실 못지않게 중세 후기의 경제적 번영과 더불어 성장한 중세 도시 시민층이 있었다.

중요한 것은 에크하르트가 속한 도미니코회가 이 베긴 단체들을 사목적으로 돌보는 임무를 띠고 있었으며, 에크하르트 자신도 말년에는 10여 년간 퀼른과 슈트라스부르크에서 도미니코회 소속 수녀들과 베긴들을 돌보는 일에 관여했다는 사실이다. 그의 독일어 설교 상당 부분이 이들 베긴 여성들과 수녀들에게 행했던 것으로 당시 교회의 공식 언어인 라틴어로 정식 신학교육을 받지 못했던 여성들에게 에크하르트는 그들이 알아들을 수 있는 독일어로 자유롭게 자신의 사상을 피력하면서 그들을 지도했던 것이다. 그러면서 그들과 에크하르트 사이에는 자연히 영적 공감대가 형성되었고 에크하르트 사상에는 베긴 신비주의자들의 영향이 엿보이기도 한다.[9] 특히 중세 신비주의에 상당한 영향을 끼친『단순한 영혼들의 거울』(Mirror of Simple Souls)의 저자 포렛트는 영적 가난에 대한 관념에서 에크하르트에게 직접적인 영향을 끼친 것으로 보인다.[10] 한 학자의 말대로 "도미니코회의 한 '마이스터Meister'인 에크하르트는 수녀들

---

8 H. Grundmann, *Religiöse Bewegungen im Mittelalter*, 533.
9 McGinn, 같은 책; O. Davies, *Meister Eckhart: The Mystic Theologian*, 51-79.
10 McGinn, 같은 책, 12-13; Davies, 같은 책, 65-68.

과 다른 여인들에 대하여 행정적 그리고 신학적으로 감독하는 위치에 있었으나, 13세기 후반 여성 영성의 강력한 흐름들을 다스리기보다는 오히려 거기에 참여했다."[11] 또 다른 학자는 이를 다음과 같이 표현한다.

대중적 언어로 된 에크하르트의 사변적 신비주의는 특히 [영적] 완전성, 하느님의 사랑, 영적 가난에 대하여 종교적으로는 가치가 있으나 신학적으로는 대부분 불순하게 표현된 베긴 신비주의 사상을 신학적으로 확보하여 영적 힘으로 보존하려는 시도이다.[12]

"종교적 삶"과 "세속적 삶"이라는 중세적 구별을 초월하여 전개된 베긴들의 "민주적"이고 "세속적인" 영성은 에크하르트 신비주의와 영성의 특징이기도 하다.[13] 그러나 그의 도미니코회 선배 신학자 토마스가 급진적 아리스토텔레스주의자들과 전통적 신학자들을 매개하려다 실패했던 것처럼 에크하르트 역시 이 거센 영성의 바람과 교회의 경직된 교리와 도덕을 조화시키려다 결국 이단으로 몰리게 된 것이다.[14]

다시 에크하르트의 생애로 돌아가서 그는 에르후르트 수도원에서 3년의 기초 교육을 마친 후 파리로 간 것으로 보인다. 도미니코회 수도승은 3년의 기초 수련 후 5년의 철학 교육과 3년의 신학 수업

---

11 M. Sells, "The Pseudo-Woman and the Meister"에 나오는 말. McGinn, 같은 책 8에서 재인용.
12 Kurt Ruh의 말. E. Wolz-Gottwald, *Meister Eckhart oder...*, 20, 주 12에서 재인용.
13 McGinn, 같은 책, 10-11.
14 McGinn, *The Mystical Thought of Meister Eckhart*, 10.

을 받도록 되어 있었는데, 도미니코회에서 지방별로 수련생 두 명을 선발하여 당시 유럽 지성의 중심지인 파리 대학으로 유학을 보내는 관례에 따라 철학, 논리학, 수사학 등 인문교육 일반을 위해 파리로 보내졌던 것으로 추측된다. 이는 아마도 1277년 이전의 일인 것 같다. 왜냐하면 그는 1277년에 파리에서 일어난 한 유명한 신학 관계 사건을 직접 경험한 듯한 발언을 남기고 있기 때문이다.[15] 당시 파리에는 이슬람 철학자 아베로에스Averroes를 통해 매개된 아리스토텔레스 철학이 아우구스티누스 이래 중세 신학과 철학을 주도해 온 플라톤주의를 대체하는 새로운 철학으로 부상하고 있었다. 이에 경도되어 있던 파리 대학의 인문학부 교수 브라방의 시게루스Sigerus of Brabant와 역시 이 새로운 사조를 수용한 토마스 아퀴나스 등의 입장을 나타내는 219개의 명제들이 파리의 대주교 스테판Stephan Tempier에 의해 이단으로 단죄받는 사건이 1277년에 발생했다. 에크하르트는 50년의 세월이 지난 후 자기 사상의 정통성을 옹호하면서 자신의 운명을 이때의 토마스에 비하고 있다. 토마스는 비록 이단 혐의를 받았지만, 나중에 그 혐의가 풀렸을 뿐만 아니라 에크하르트가 이단으로 단죄되기 불과 몇 년 전(1323) 교황 요한 22세에 의해 성인의 반열에까지 올랐다. 여하튼 에크하르트는 그의 첫 번째 파리 체류에서 5년간 철학 수업을 받은 것으로 사료되며, 그 후 쾰른으로 옮겨 그곳에 있는 도미니코회 신학교(Studium generale)에서 신학 수업을 받게 된다.[16] 이 신학교는 1248년에 도미니코회의

---

15 Koch, "Zur Einführung," 2.

16 "Studium generale"란 당시 각 지방의 재능 있는 수도생들이 입학할 수 있는 보편성을 띤 학교라는 뜻으로, 탁발 수도회의 고등교육 기관이었다. 우에다, 『엑카르트』, 104-108 참조.

또 하나의 위대한 학자인 알베르투스 마뉴스Albertus Magnsu에 의해 창설된 학교로 일찍이 토마스 아퀴나스도 여기 알베르투스 밑에서 신학을 배웠다. 에크하르트 역시 알베르투스로부터 직접 들은 듯한 말을 인용하고 있는 것으로 보아 알베르투스가 사망한 1280년 전에 쾰른으로 간 것으로 추정된다.17 에크하르트는 여기서 3년간 신학 의무교육을 받았을 것이다. 그 가운데서 1년은 성서 공부에 바치고 나머지 2년은 롬바르두스Petrus Lombardus의 『명제집』(命題集, *Libri quattuor sententiarum*)을 공부하도록 되어 있었다. 『명제집』은 1147년에서 1150년 사이에 롬바르두스에 의해 저술된 책으로 신학의 주제들을 신, 피조물, 구원, 성례전과 종말의 4부로 나누어 다루고 있으며, 주로 교부들과 라틴 신학자들의 저술들로부터 따온 인용문들과 롬바르두스 자신의 설명을 담고 있다. 이 책은 종교개혁 때까지 중세 신학 교육의 표준 교과서와도 같은 것이었다. 이렇게 3년의 신학 공부를 마쳐야 신학사가 되는 것이다.

쾰른에서 공부를 마친 후 약 10년간 에크하르트가 무엇을 했는지 확실하지 않으나 아마도 에르푸르트로 돌아가서 젊은 수도승들을 지도하는 일을 하지 않았나 생각된다. 그는 1293년에서 1294년까지 파리 대학에서 『명제집』 강사(lector sententiarum) 생활을 하게 되는데 그의 두 번째 파리 체류인 셈이다. 『명제집』 강의는 당시 최고 학위인 신학박사(magister, Meister)가 되기 위한 필수 과정이었다. 그 외에도 성서 강의와 신학 토론 등이 의무로 주어졌다. 그는 파리의 도미니코 회관에서 유숙했으며 그곳은 토마스가 한 세대 전

---

17 Koch, 같은 곳; McGinn, *The Mystical Thought of Meister Eckhart*, 2-3.

에 머물렀던 곳이기도 하다.

1294년에 에크하르트는 다시 에르푸르트로 돌아와서 1298년까지 튀링겐 지역의 교구장과 에르푸르트 수도원의 원장직을 겸하게 된다. 1298년에는 수도원장직과 교구장직의 겸직이 금지되었으므로 1300년에 다시 파리로 보내질 때까지 에크하르트는 수도원장직만 맡았던 것으로 보인다. 그의 최초의 독일어 저술 『훈화집』(*Die Rede der Untersecheidung*)은[18] 이 기간에 지은 것으로 보이며 그가 수도원장으로서 젊은 수도자들에게 주는 교훈들을 담고 있다. 그 서문은 이렇게 밝히고 있다.

> 이것은 튀링겐의 교구장이며 에르푸르트 수도원장인 설교 수도자회의 에크하르트 수사가 그의 영적 자녀들과 나눈 대화로서 저녁때 그들을 가르치기 위해 마주 앉아 그들이 제기한 많은 것들에 대해 답한 말들이다.[19]

에크하르트 연구의 대가 퀸트J. Quint의 지적대로 에크하르트가 30대 중반에 쓴 이 책에는 이미 "학문의 대가"(Lesemeister)이자 "인생의 대가"(Lebenmeister)로서의 그의 면모가 여실히 드러나 있으며, 그의 사상의 중요한 특징과 핵심 주제들이 거의 모두 모습을 드러내고 있다.[20] 우리는 여기서 영혼의 깊이에 호소하는 언어의 힘과 번뜩이는 영적 통찰력을 지닌 한 종교적 천재의 모습을 만날 수 있다. 몇 마디

---

18 현대 독일어로는 *Reden der Unterweisung*.
19 Quint, 53.
20 Quint, 12-13; Koch, 7.

예를 들어 보자.

> 우리는 생각의 하느님으로 만족해서는 안 된다. 왜냐하면 생각이 사라
> 지면 하느님도 사라지기 때문이다. 그보다도 우리는 인간과 모든 피조
> 물의 생각을 뛰어넘는 본질적 하느님을 지녀야 한다.

> 사람들은 무엇을 "해야" 할까 숙고할 필요가 없다. 사람들은 오히려 자기
> 가 어떤 "존재"인지를 염려해야 한다.

> 왜냐하면 일이 우리를 성스럽게 만드는 것이 아니라 우리가 일을 성스럽
> 게 해야 하기 때문이다.[21]

『훈화집』은 비록 에크하르트가 중세의 수도자들을 위해 준 교훈
들을 담고 있지만, 오늘의 모든 그리스도인에게도 놀라울 정도의
호소력과 설득력을 지니고 있다. 에크하르트 연구가 루Ruh는 다음과
같은 말로 이 책에 대한 고찰을 마치고 있다.

> 에크하르트의 『훈화집』은 "바른" 삶을 살고자 노력하는 그리스도인들
> 에게 지극히 높은 요구들을 하고 있으나, 그럼에도 금욕주의적 경직성
> 은 없다. 지옥·악마 그리고 형벌에 대한 관념이 전혀 발견되지 않고, 고
> 난은 하느님이 함께 지며 죄가 인간을 파괴할 필요가 없고, 선의 힘이
> 악의 힘과 마찬가지로 강하며 하느님은 항상 가까이 계시다: 이것은 전

---

21 이 구절들은 젊은 에크하르트가 도달한 영적 깊이를 보여 주는 예로서, 『훈화집』에서
   인용되었다. Quint, 12-13.

반적으로 제도화되고 법적으로 고착화되며 새로이 창시된 수도회들도 점점 길들여져 가고 있던 13세기 후기 그리스도교에서 놀라운 지도 원리이다. 에크하르트는 인간에게서 실존의 불안을 제거하고, 인간을 그가 하느님에게 속하고 자기 자신에게 속하려 하지 않는 한, 본질성으로 되돌린다. 그는 전적으로 영에 의해 규정된 그리스도교, 순수한 그리스도교를 전한다.[22]

1300년경, 에크하르트는 파리 대학의 신학부(Studium generale St. Jacques)로 파견되어 1302년에 파리 대학 신학부에서 신학박사 학위(magister in theologia)를 취득하고 동 신학부 도미니코회 교수직(magister actu regens)에 취임하게 된다. 이는 당시의 최고 영예로 학자로서의 에크하르트 생애의 정점이었다 해도 좋다. 이때부터 그는 통상 "박사 에크하르트"(Meister Eckhart)로 불리게 된다. 이 시기에 그가 벌였던 신학 논쟁 3편이 우리에게 남아 있다.[23] 하나는 신에 있어서 존재(esse)와 지성(intelligere)이 동일한가라는 문제에 대한 논의로 에크하르트는 신은 존재라기보다는 지성이라는 과감한 견해를 펼치면서 토마스와 다른 입장을 취하고 있다.[24] 또 하나는 천사의 지성과 존재가 일치하는가의 문제였고, 마지막은 에크하르트와 같은 시기에 파리 대학 신학부의 프란치스코회 교수직에 취임했

---

22 K. Ruh, *Meister Eckhart*, 46.

23 A. A. Maurer, *Master Eckhart: Parisian Questions and Prologues* 참조.

24 데이비스는 지성을 강조하는 에크하르트의 입장이 알베르투스(Albertus)와 디트리히(Dietrich) 같은 독일 도미니코회의 신학 전통에 따른 것이라고 한다. O. Davies, *Meister Eckhart: Mystical Theologian*, 85-95("Meister Eckhart and the German Dominican School").

던 스페인 출신 곤살부스Gonsalvus와 함께 지성과 의지 가운데 어느 것이 우위인가에 대해 벌인 논쟁으로25 에크하르트는 도미니코회의 전통에 따라 지성의 우위를 주장했다.

에크하르트의 파리 체류는 얼마 가지 않았다. 수도회는 에크하르트를 다시 불러 행정직을 맡기게 된다. 1303년에 그는 당시 하나였던 독일 도미니코회 관구가 북쪽 작소니아Saxonia 관구와 남쪽 튜토니아Teutonia 관구로 분할됨에 따라 47개의 수도원을 지닌 작소니아 관구장이 되어 1311년까지 봉직한다. 이 기간 동안 그는 세 개의 수녀원을 신설했으며 1307년에는 도미니코회 총장 대리자로서 보헤미아 지방의 수도원을 개혁하는 일에도 헌신하게 된다. 이 기간에는 또 많은 독일어 설교가 신과 지성을 주제로 하여 행해진 것으로 보이며26 『집회서 설교 및 강독』(Sermo et Lectiones super Ecclesiastici)과 같은 중요한 라틴어 저술도 이루어졌다.27 이 모든 일은 에크하르트가 학자나 설교가는 물론이요, 행정가로서도 탁월한 능력을 지니고 있었음을 입증해 주고 있다. 1310년에는 튜토니아 관구장으로도 선출되었으나 도미니코회 총장의 만류에 따라 무산된 일이 있을 정도로 에크하르트는 수도회에서 인기 있는 지도자였다. 관구장은 직무상 수많은 교구와 수도원을 방문해야 했기 때문에 그가 얼마나 건강하고 활동적이었는지 짐작하고 남음이 있다. 오늘날처럼

---

25 논쟁의 정확한 제목은 "천상에서의 하느님에 대한 찬양이 지상에서의 그에 대한 사랑보다 더 뛰어난가?"였다.
26 32개의 독일어 설교가 1340년경에 에르푸르트 수도원에서 편찬된 『지성적 영혼의 천국』(Paradisus animae intelligentis)의 일부로 전해진다. McGinn, *The Mystical Thought of Meister Eckhart*, 5; K. Ruh, *Meister Eckhart*, 60-71 참조.
27 McGinn, *The Mystical Thought of Meister Eckhart*, 6.

발달된 교통수단이 없었다는 사실을 감안해야 하기 때문이다. 에크하르트는 이 점에 있어서 우리가 흔히 가지는 신비주의자의 이미지와는 전혀 다른 유형의 사람이었다. 앞으로 우리가 그의 사상을 고찰할 때 보겠지만 그의 신비주의는 조용한 관조적 삶에 집착하는 정적주의静寂主義와는 거리가 멀었다.

1311년 5월 14일, 에크하르트는 나폴리에서 열린 도미니코회 총회의 결정에 따라 또다시 파리 대학의 신학 교수직을 맡게 된다. 이렇게 두 번씩이나 파리 대학의 교수직을 맡은 것은 도미니코회에서 오직 토마스만이 누렸던 영예로 행정가일 뿐 아니라 학자로서의 에크하르트의 실력과 명성을 말해 주는 것이다. 2년간―1311년 가을 학기부터 1313년 여름 학기까지― 교수직을 수행하는 동안 그는 주로 성서 강의를 했으며, 그의 많은 성서 주석서 가운데 일부가 이때 씌어졌을 가능성이 크다.[28] 또 그의 『삼부작三部作』(Opus tripartitum)도 이 시기에 어느 정도 골격과 기본 내용을 갖추지 않았나 추정된다.[29] 에크하르트는 그의 『삼부작』이 그가 강의나 설교 그리고 일상적 대화 속에서 한 말들을 글로 써 달라는 부지런한 수도승들의 오랜 요청

---

[28] 에크하르트의 성서 강해로는 『창세기 강해』(Expositio libri Genesis), 『창세기 비유서』(Liber parabolarum Genesis), 『출애굽기 강해』(Expositio libri Exodi), 『지혜서 강해』(Expositio libri Sapientiae), 『요한복음서 강해』(Expositio sancti Evangelii secundum Ioannem), 『집회서 설교 및 강독』(Sermones et Lectiones super Ecclesiastici)이 있다. LW I-III에 수록.에크하르트의 성서 강해로는 『창세기 강해』(Expositio libri Genesis), 『창세기 비유서』(Liber parabolarum Genesis), 『출애굽기 강해』(Expositio libri Exodi), 『지혜서 강해』(Expositio libri Sapientiae), 『요한복음서 강해』(Expositio sancti Evangelii secundum Ioannem), 『집회서 설교 및 강독』(Sermones et Lectiones super Ecclesiastici)이 있다. LW I-III에 수록.

[29] K. Ruh, Meister Eckhart, 72. 맥긴은 현존 『삼부작』의 상당 부분이 에크하르트의 첫 번째 교수직 시기, 즉 1300년에서부터 10년 동안에 이루어진 것으로 본다. McGinn, 같은 책, 7.

에 부응해서 시작한 것이라고 말한다.30 그러나 『삼부작』은 완성되지 못하였고, 그 총 서문(Prologus generalis) 및 1부와 2부의 서문만이 남아 있다.

제1부는 "명제론집命題論集"(Opus propositionum))으로서 형이상학과 신학에 관한, 천 개 이상의 명제들을 열네 개 논고(tractatsu)로 나누어 다루려는 구상이었으나 실제로 남아 있는 것은 그 서문뿐이다. 제2부 "논제론집論題論集"은 신학적 논점들을 토마스의 『신학대전』(神學大全)의 순서에 따라 정리해 놓은 것으로서 실제로 어느 규모의 저술이었는지는 알 수 없다. 니콜라우스 쿠자누스Cusanis에 의하면 에크하르트는 수많은 논점을 다룬 글들을 썼다고 하는데 모두 이 "논제론집"에 들어 있었을 것이다.31 그러나 남아 있는 것은 앞서 언급한 파리에서의 논쟁을 포함하여 다섯 개뿐이다.32 제3부 "주해집註解集"(Opus expositionum)은 주석집과 설교집으로 구성되어 있는데 현재 서문만 남아 있다. 에크하르트는 창세기, 출애굽기, 지혜서, 집회서,33 요한복음서에 대한 주석을 남겼는데 필시 주석집에 포함될 것이었다고 생각된다. 설교집은 젊은 수도승들에게 성서 본문을 설교에 사용하는 법을 보여 주기 위해 라틴어로 된 모범적 설교들을 모은 것이었다. 성서에서 뽑은 구절들에 대한 상세한 주해 내지 강해로 구성되었을 것이라 여겨진다. 현존하는 56편의 라틴어 설교

---

30 같은 책, 7-8.

31 같은 책, 11.

32 같은 책.

33 『지혜서』(智慧書, Wisdom of Solomon)와 『집회서』(集會書, Sirach, Ecclesiasticus)는 외경(外經, Apocrypha)에 속한다. 이들은 히브리 성서에는 포함되지 않으나 라틴어 성서(Vulgata)에 포함되어 중세 가톨릭 전통에서는 구약성서의 일부로 간주되어 왔다.

는 그의 독일어 설교와는 달리 주로 대학에서 교회력에 따라 신학생, 사제, 수도자들을 상대로 라틴어로 한 설교들로 대부분 미완의 설교 초안들이다. 하지만 우리는 그의 라틴어 설교에서 형식적이고 체계적인 그의 여타 라틴어 저작들로부터 더 즉흥적이고 영감 어린 독일어 설교로 넘어가는 중간 단계를 읽을 수 있다.[34] 에크하르트는 『삼부작』총 서문에서 형이상학을 다룬 "명제론집"이 나머지 둘, 즉 "논제론집"과 "주해집"의 기초가 된다고 밝히고 있다.[35]

에크하르트는 1314년부터 슈트라스부르크에서 도미니코회 총장 대리로 일하는 한편, 도미니코회 소속 수녀원들을 비롯하여 남부 독일과 라인강 상류의 여성 수도 단체들이나 일반 신도들을 지도하는 설교가로 혹은 영성 지도자로서 크게 명성을 떨쳤다. "고귀한 인간에 대하여"(Vom edlen Menschen)를 비롯하여 그의 독일어 설교의 많은 부분이 이때 이루어진 것으로 추정된다. 특히 그는 이 시기에 남편을 잃고 슬픔에 잠겨 있던 헝가리 왕비 아네스Agnes를 위해 『하느님의 위로의 책』(Das Buch der Göttlichen Tröstung)을 헌정했는데, 일반 신도를 위해 쓴 책이라고는 믿어지지 않을 정도로 높은 신학적, 철학적 사변을 담고 있다. 에크하르트 자신도 이 점을 의식한 듯 책의 말미에서 다음과 같이 말한다.

---

34 우에다, 『엑카르트』, 159. 에크하르트의 라틴어 설교 56편은 LW IV권에 독일어 번역과 함께 수록. 6편의 영역본은 B. McGinn(ed.), *Meister Eckhart: Teacher and Preacher*에 수록.

35 LW I, 156. 삼부의 조직과 상호 연관에 대해서는 K. Albert, "Meister Eckharts These von Sein," *Meister Eckhart und die Philosophie des Mittelalters*, 30-35 참조.

사람들은 그러한 (높은) 가르침들을 무식한 사람들을 위해 말해 주고 저술해서는 안 된다고 할 것이다. 나는 이에 대해 말한다: 무식한 사람들을 가르치지 않으면 아무도 유식하게 되지 못할 것이고, 그렇게 되면 아무도 가르치거나 저술할 수 없을 것이다. 무식한 사람들을 가르치는 것은 그들이 유식한 사람들이 되도록 하기 위해서다. 새로운 것이 존재하지 않는다면 옛것도 존재하지 않을 것이다. "건강한 자는 의사가 필요 없다" (누가복음 5:31)고 우리 주님은 말씀하신다.[36]

에크하르트는 또한 "우둔한 사람들"이 자기가 쓴 많은 것이 참이 아니라고 비난하겠지만 그것은 그들의 무지 때문이며 "내가 말하고 쓰는 것이 나와 하느님 안에서 참이면 내게는 족하다"고 말한다.[37] 코흐는 당시 이 책이 준 충격이 에크하르트에 대한 이단 심문의 발단이 되었다고 지적한다.[38]

1323년 말 혹은 1324년 초, 60대 중반의 에크하르트는 슈트라스부르크를 떠나 다시 쾰른으로 가서 그가 옛날 공부했던 도미니코회 신학교에 머물게 된다.[39] 슈트라스부르크와 마찬가지로 쾰른도 당시에 베긴들과 "위험한" 신비주의 운동의 중심지 가운데 하나였는데 에크하르트 말년의 비극은 여기서 시작된다. 쾰른 대주교 비르네부르크의 하인리히Heinrich von Virneburg는 당시 널리 퍼지고 있던 이단적 운동들, 특히 베긴이나 베가르들 그리고 이른바 "자유정신

---

36 Quint, 139.
37 Quint, 138.
38 Koch, 12.
39 그가 이 신학교를 이끌었는지, 또 왜 쾰른으로 갔는지는 알 수 없다. McGinn, *The Mystical Thought of Meister Eckhart*, 14.

의 형제들"(Brüder vom freien Geiste)을 단속하는 데 열성이었다. 그는 1326년 9월 26일, 에크하르트가 사람들에게 신앙에 위험한 이단적 가르침들을 퍼뜨린다는 혐의로 심문을 개최토록 한다. 에크하르트 의 저술이나 설교 등에서 이단 혐의가 있다고 여겨지는 수많은 명제들이 수집되어 심문관들에 의해 제시되었으며[40] 에크하르트는 이에 대해 『변명서』를 제출한다.[41] 거기서 그는 자신의 명성과 도미니코 수도회의 면책특권을 상기시키면서 이단이란 지성보다는 의지의 문제이며 자기가 오류를 범했을는지는 몰라도 결코 이단이 될 수는 없다고 항변한다. 대주교는 교황의 판결을 위해 혐의가 있는 조항들을 에크하르트의 해명과 함께 묶어 아비뇽으로 보낸다. 1327년 2월 13일, 에크하르트는 쾰른에 있는 도미니코회 성당에서 성명서를 발표하여 무죄를 주장하면서 자신에 대한 이단 심문에 항의하는 한편, 만약 자기가 한 말이나 저술에 오류가 있다면 철회하고 수정할 의사가 있음도 밝힌다. 그리고 그는 심문관들의 자격을 의문시하면서 교황에게 직접 호소하고자 도미니코회 회원 몇을 동반하고 아비뇽으로 향한다.

아비뇽에서 에크하르트는 이단 심문을 받기 위해 불려 온 영국의 프란치스코회 회원이자 서양 철학사에서 유명론唯名論(nominalism)으로 잘 알려진 옥캄의 윌리엄William of Ockham—그는 사제들의 엄격한 청빈을 주장한다는 이유로 소환되었다—과 함께 판결을 기다리다

---

40 이 명제들은 1326년 수차에 걸쳐 수집되었으며, 이 작업에는 엑카르트의 동료 도민코회 수사들도 관여했다. 같은 책, 15.

41 O. Karrer und H. Piesch, *Meister Eckharts Rechtfertigungsschrift vom Jahre 1326: Einleitungen, Übersetzung und Anmerkungen*, 부분적 영역문은 E. Colledge and B. McGinn, *Essential Sermons*, 71-77 참조.

가 결말을 보지 못한 채 죽음을 맞이한다. 1328년 1월 28일이었으며 이날은 공교롭게도 가톨릭 달력에 따르면 토마스 성인의 축제일이었다.[42] 그러나 최종 판결이 공포된 것은 1329년 3월 27일이었다. 사후에 이단으로 단죄된 것이다.

교황 요한 22세에 의해 공포된 〈주님의 밭에서〉(In agro dominico)라는 최종 판결문은 "필요 이상으로 알고자 했으며 신중하지 못했고 신앙의 원칙을 어겼다"고 그를 단죄하고 있다.[43] 그 증거로 판결문은 28개의 명제를 제시하고 있는데[44] 그 가운데서 26개는 에크하르트가 자신이 한 말로 인정한 것이라고 하며 나머지 둘은 부인한 것으로 되어 있다. 인정한 26개 명제 가운데서 첫 15개 조항과 인정하지 않은 두 개 조항은 명백하게 오류거나 이단적이라고 판정받았고, 나머지 11개 조목은 경솔하고 이단의 냄새가 있지만, 많은 추가적 설명을 붙인다면 교회의 가르침으로 해석될 수도 있는 것으로 판결되었다.[45] 이 문서의 말미에는 에크하르트가 사망 직전에 자신의 오류를 인정하고 자기가 한 말들을 취소했다고 밝히고 있다. 에크하르트는 "신자들의 마음에 이단적이거나 그릇된 생각을 일으키고 참된 신앙에 해가 되는 생각을 일으킬 수 있는 한" 자기가 한 말로 인정한 26개 조항 모두와 그 외에 자기가 가르친 어떤 것이

---

42 그의 사망 일자는 한동안 알려지지 않았으나 17세기 도미니코회의 한 자료에 의거, 독일 수도원에서는 1328년 1월 28일을 그의 기일로 지키고 있었음이 최근 연구에 의해 밝혀졌다. McGinn, *The Mystical Thought of Meister Eckhart*, 18.

43 Quint, 449.

44 28개 조의 독일어 번역은 Quint 449-455, 영어 번역은 M. O'C. Walshe, *Meister Eckhart*, vol. 1, clvii-li; E. Colledge and B. McGinn, *Essential Sermons*, 77-81에 수록.

45 Quint, 454; McGinn, 같은 책, 80.

든 취소하고 통탄했다는 것이다.[46] 그러나 물론 이 "일으킬 수 있는
한"이라는 단서가 문제이다. 에크하르트가 자기 말이 제대로 이해
되지 못했다는 생각을 끝까지 포기하지 않았음을 암시하는 단서일
수 있기 때문이다.[47]

평생을 교회를 위해 헌신하고 교회의 가르침을 거스를 의사라고
는 추호도 없었다고 항변한 수도자, 위대한 설교가이고 신학자인
에크하르트가 그다지 존경받을 만한 형편에 있지도 못했던 당시 가
톨릭교회에 의해 비록 사후이지만 이단으로 단죄된 것은 하나의 커
다란 아이러니다. 그러나 그의 신비 사상과 영성은 이단 판정에도
불구하고 생명력을 상실하지 않고, 그의 제사 조이세와 타울러 그
리고 뤼스브뢰크Jan van Ruysbroeck(1293~1381) 등 이른바 라인강 변과 네
덜란드 지방의 신비주의자들을 통해 면면히 이어졌으며 독일 신학
과 철학에 지금까지 많은 영향을 끼쳐 오고 있다.

에크하르트 연구가 하스의 말은 에크하르트의 삶을 가장 적합하
게 평가하는 것 같다.

그러나 에크하르트는 도미니코회의 영성이 은연중 촉구하고 있는 바를
모범적으로 실현했다. 즉, 행위 속에서 명상적이고 명상 속에서 활동적
이며, 그리하여 명상한 바 – 성서에서 묵상한 바 – 를 사람들에게 전해
주는 일이었다.[48]

---

46 같은 책, 81.
47 맥긴의 논의 참조. 같은 책, 14-15.
48 A. M. Haas, *Meister Eckhart als normative Gestalt geistlichen Lebens*, 14.

한마디로 말해서 그의 영성은 그의 삶과 분리되지 않았고 그의 학문과도 배치되지 않았다. 그의 영성은 그를 "학문의 대가"이자 진정한 "인생의 대가"로 만들었던 것이다.

제4장
신과 세계: 하나, 존재

역동적 존재론

시카고 대학의 버나드 맥긴은 에크하르트 사상의 전체 구도를 간명하게 두 단어로 요약한다. 출원出源(*exitus, emanatio, effluxus,* ausfliessen)과 환원還源(*reditus,* restoratio, *refluxus,* ingang, durchbrechen)으로서 만물이 그 근원으로부터 나와서 그리로 되돌아가는 에크하르트의 역동적 존재론을 표현하는 말이다.1 에크하르트가 신과 세계의 관계를 파악하고 있는 기본 개념이다. 그러나 에크하르트는 인간 영혼과 하느님의 일치를 추구하는 신비주의자로서 그의 존재론은 단순한 철학적 사변이 아니라 신비적 합일을 위한 구도다. 이 합일의 길을 에크하르트는 두 가지로 제시한다. 하나는 초탈과 돌파이고, 다른

---

1 E. Colledge and B. McGinn, *Essential Sermons*, 30-32.

하나는 하느님 아들의 탄생(der Geburt des Gottessohnes)이다.[2]

출원과 환원의 관념은 그리스도교의 창조론을 신플라톤주의적 시각에서 이해한 것이다. 신플라톤주의에 의하면 세계 만물은 일자 一者(to hen)라는 궁극적 실재로부터 흘러나오며 고향을 찾아가듯 다시 그리로 되돌아가고자 한다. 만물이 궁극적 실재로부터 넘쳐 흘러나온다는 이론은 무로부터의 창조(creatio ex nihilo)를 주장하는 전통적인 창조론과 더불어 아우구스티누스, 위 디오니시우스 Pseudo-Dionysius, 에리우게나John S. Eriugena 등을 통해 그리스도교 신학 사상에 공존해 왔으며 에크하르트 사상의 중요한 배경을 이룬다.

이러한 사상은 매우 오래되고 보편적인 것으로 힌두교 경전 우파니샤드에서는 우주의 궁극적 실재인 브라만Brahman을 만물이 그것으로부터 나왔다가 그것으로 되돌아가는 만물의 알파와 오메가로 간주한다.

> 그것으로부터 실로 이 존재들이 태어나는 것, 그것에 의해 태어난 것들이 살고 있는 것, 죽을 때 그것들이 그리로 들어가는 것, 그것을 알고자 하여라. 그것은 브라흐만이다(Taittiriya Upanishad III.1.1).

노자 『도덕경』에서도 도道를 우주 만물의 근원적 실재이며 만물의 모태 혹은 유有를 산출하는 무無로 간주한다. 사도 바울의 표현대로 "만물이 그로부터, 그를 통해서 그리고 그를 향해 존재한다"(로마

---

2 J. D. Caputo는 이러한 구도에 근거하여 에크하르트 신비주의 사상의 요체를 다루고 있다. "Fundamental Themes in Meister Eckhart's Mysticism," *The Thomist* 42, 197-199. "돌파"와 "하느님 아들의 탄생"의 주제, 특히 그 관계는 앞으로 우리가 다시 다룰 주요 관심사이다.

서 11:36). 혹은 하느님은 우리가 그 안에서 "살고 움직이고 존재하는" 그런 실재다(사도행전 17:28). 이런 세계관에 의하면 존재하는 모든 유한한 사물들은 덧없는 것들이며, 어떤 무한하고 영원한 근원적 실재로부터 나왔다가는 다시 그들 존재의 뿌리, 혹은 근원을 갈망하여 거기로 회귀하고자 한다. 일종의 순환적 세계관이며, 여기서는 세계 만물과 그 궁극적 실재 사이에는 영원과 시간의 차이에도 불구하고 대립이나 차이 못지않게 일원적 일치와 연속성이 존재한다.

에크하르트에게도 신은 우주 만물의 알파요 오메가이다. 만물이 거기로부터 흘러나오는 근원(Ursprung)이고 그리로 되돌아가는 최종 귀착지다. 신의 창조는 자기 밖의 어떤 사물을 만들어 내는 외적 행위가 아니라 존재 자체인 자기 자신 안에서 일어나는 자연스러운 내적 행위로 간주된다. 창조는 건축가나 공예가가 자기 밖의 어떤 작품을 만드는 행위보다는 품었던 자식을 생산하는 어머니의 출산 행위에 더 유사하다.3 에크하르트는 하느님의 창조를 다음과 같이 논한다.

> 그가 태초에, 즉 자기 자신 안에서 창조했다는 것은 다음에서 드러난다: 창조는 존재를 주거나 부여하는 것이다. 그런데 존재(존재 자체)는 모든 것의 시작이요 먼저이다. 존재 이전과 밖에는 아무것도 없다. 그리고 그것(존재)은 신이다. 그러므로 그는 태초에, 즉 자기 자신 안에서 만물을 창조했다. 즉, 그는 만물을 태초이자 신 자신인 존재 안에서 창조한 것이

---

3 에크하르트는 물론 그리스도교 전통에 따라 하느님의 부성을 주로 말하지만, 사실상 그의 신관은 오히려 모성에 더 가깝다. 에크하르트 자신이 이 문제를 의식하고 있으며 다소 애매한 입장을 보이고 있다. McGinn, *The Mystical Thought of Meister Eckhart*, 84-85의 논의 참조.

다. 우리는 여기서 신은 창조하고 일하고 행하는 모든 것을 자기 자신 안에서 일하고 행하는 것임을 알아야 한다. 왜냐하면 신 밖에 있는 것, 그 밖에서 되는 것은 존재 밖에서 있고 되는 것이기 때문이다. 그렇다, 그것은 모두 아무것도 아니게 된다. 왜냐하면 되는 것의 범위가 존재이기 때문이다. 아우구스티누스는 그의 『고백록』 4권에서 "하느님은 만물을 창조하셨다: '그는 만물을 창조하고 떠나신 것이 아니라 만물이 그로부터 나왔고 그 안에 있다'"고 말한다. 공예가들은 다르다. 건축가는 자기 밖에 집을 짓는다. 첫째, 그의 밖에 다른 사물들이 존재하기 때문이며 둘째, 집을 만드는 재료인 나무나 돌들이 건축가로부터 오거나 그의 안에 있는 것이 아니라 다른 사람으로부터 오거나 다른 사람 안에 있기 때문이다. 따라서 우리는 하느님이 마치 피조물들을 자기 밖으로 던지거나 혹은 자기 밖의 어떤 무한한 [공간]이나 진공 속에서 창조한 것처럼 잘못 생각해서는 안 된다. … 따라서 신은 공예가들이 하는 식으로 만물이 자기 밖에 혹은 옆에 혹은 멀리 있도록 창조하지 않고, 자기 안에서 존재를 발견하고 받고 소유하도록 만물을 무로부터, 즉 비존재로부터 존재로 불렀다. 스스로 존재이기 때문이다.[4]

여기서 에크하르트는 하느님이 세상을 창조한 "태초"(principium)를 시간적 개념이 아니라 하느님 자체로, 존재 자체(esse ipsum)로 해석하면서 창조는 하느님 밖에서 이루어지는 외적 행위가 아니라 자신 안의 내적 활동으로 파악하고 있다. "무로부터의 창조"(creatio ex nihilo)라고 할 때 마치 "무"가 하느님 밖의 어떤 실재인 양 착각해

---

4 LT I, 160-162.

서는 안 되고, 존재 자체인 하느님 밖에는 그야말로 아무것도 존재할 수 없기 때문에 무로부터의 창조란 곧 존재 자체인 하느님으로부터의 창조이며, 하느님 안에서의 창조일 수밖에 없다는 것이다. 굳이 인간 행위에 빗대어 말하자면 창조는 자기 밖의 재료를 사용해서 공예품을 만드는 공예가의 행위보다는 자식을 자기 안에 품고 있다가 내보내는 어머니의 출산 행위에 유사한 셈이다. 하느님은 존재 자체로서 하느님 밖은 존재의 밖이기에 아무것도 존재할 수 없고, 존재하는 모든 것은 하느님을 떠나 독자적으로 존재하는 것이 아니라 하느님 안에서 존재를 누리도록 존재를 부여(collatio) 받았다는 것이다. 여기서 당연히 하느님의 존재와 만물의 존재 사이의 관계 그리고 피조물들의 존재론적 위상 내지 가치의 문제가 제기되지만, 이는 나중에 고찰하기로 하고 나는 이러한 신관을 일단 범재신론凡在神論(panentheism)이라 부르고자 한다. 세계와 만물이 근본적으로 하느님을 떠나 존재할 수 없고 하느님 안에 존재한다는 신관이다.[5]

이렇게 존재 자체 혹은 존재의 근원으로부터 존재를 부여받아 흘러나온 모든 유한한 사물은 다시 자기들의 궁극적 완성을 위해 끊임없이 자기 자신을 넘어서 하느님을 향해 움직인다. 에크하르트에게 하느님은 만물 안에서 만물을 움직이는 동력이며 만물을 자기

---

5 범재신론은 만물이 그대로 신이라는 범신론(pantheism)과 구별해서 사용하는 개념이다. 힌두교의 대종을 이루고 있는 신관으로서, 오직 신(Brahman)만이 실재한다고 주장하여 현상 세계의 존재론적 가치를 부정하고 단지 환상(māyā)으로 보는 불이론적(不二論的) 베단타(Avaita Vedānta) 사상도 이러한 신관의 한 극단적 형태라고 할 수 있다. 앞으로 보겠지만, 에크하르트도 때로는 피조물들을 "순전한 무"(ein lauteres Nichts)라고 부른다. 베단타 철학에 대해서는 길희성, 『인도철학사』, 199-240 참조.

에게로 끌어들이는 인력과도 같다.

알지어다, 모든 피조물은 본성상 하느님을 닮기 위해 그를 향해 치닫고 활동한다. 별들로 수놓은 하늘은 하느님을 향해 혹은 하느님을 닮기 위해 치닫거나 추구하지 으면 결코 돌지 않을 것이다. 하느님이 만물 안에 있지 않으면 자연은 그 어떤 사물도 활동하지 않을 것이며 아무런 욕구도 가지지 않을 것이다. 왜냐하면 좋든 싫든, 그대가 알든 모르든, 자연은 그 가장 깊은 내면에서 몰래 하느님을 향해 움직이고 있기 때문이다.[6]

하느님 자신은 변하지도 않고 움직이지도 않는 고정불변의 실재이지만, 만물을 자신에게로 움직이고 치닫게 하는 역동적 힘이다. 보에티우스Boehtius의 말을 인용하면서 에크하르트는 이것을 다음과 같이 표현한다.

보에티우스는 "하느님은 만물을 움직이지만, 가만히 계시는 선善이다"라고 말한다. 하느님이 가만히 계시다는 것, 이것이 만물을 달리게 한다. 그 자체는 부동이지만 만물이 움직이고 쫓아가며 달리게 하여 그것들이 흘러나왔던 곳으로 되돌아가게 하는 어떤 것, [그것들을] 아주 행복하게 하는 어떤 것이 있다.[7]

에크하르트는 만물의 존재 근거요 존재 그 자체(ipsum esse)인 무한한 신과 유한한 피조물과의 관계를 내적(intimus) 친밀성과 외적

---

6 Quint, 346.
7 *DW* I, 481.

(extimus) 초월성으로 표현하면서 피조물들은 자기 존재의 근원인 신을 끊임 없이 먹고살면서도 또 끊임없이 배고파한다고 말한다.

신은 존재이기 때문에 만물의 가장 안에 있으며, 따라서 모든 존재는 신을 먹고산다. 신은 또 가장 밖에 있다. 왜냐하면 모든 것을 초월하며, 따라서 모든 것의 밖에 있기 때문이다. 만물은 신을 먹고산다. 신은 가장 안에 있기 때문이며 만물은 신에 굶주려 있다. 신은 가장 밖에 있기 때문이다. 모든 것 안에 있기 때문에 모든 것은 신을 먹고산다. 모든 것 밖에 있기 때문에 모든 것은 신에 굶주려 있다.[8]

피조물의 존재 근거이기에 피조물이 한시라도 먹지 않으면 존재할 수 없는 너무나도 가까운 신, 모든 생명의 근원인 신, 그러나 동시에 이 유한한 존재들에게 끊임없이 배고픔을 자아내는 신의 양면성을 표현하는 말이다. 유한한 존재들의 이 배고픔, 이 존재론적 갈망은 먹을수록 더 배고파지는 굶주림으로 "영적인 것에는 만족이란 없다"고 에크하르트는 말한다.[9] 그러나 하느님은 그 자신이 기쁨이다.[10]

모든 피조물은 마치 고향을 찾아가듯 자기 존재의 근원인 하느님을 찾고 있다. 하느님을 찾는 것은 곧 자기 자신을 찾는 것이다. 피조물들은 그들이 흘러나왔던 곳으로 되돌아가고자 외치고 있으며 "그들의 온 생명과 존재가 그들이 왔던 곳으로 되돌아가려는 부

---

8 *LW* II, 282-283.

9 Quint, 371.

10 Quint, 279.

름이요 서두름이다."11 하느님은 만물의 출발점이자 귀착점이며 만물의 시작이요 종말이기 때문이다.

하느님은 우리의 모든 활동과 존재의 시작일 뿐 아니라 모든 존재의 종착이며 안식이다. 안식(Ruhe)은 모든 피조물이 궁극적으로 찾고 원하는 것이며 창조의 목적이다.

사람들이 나에게 창조주가 모든 피조물을 창조하신 목적이 무엇인가 묻는다면 나는 단적으로 안식이라 말할 것이다. 사람들이 두 번째로 나에게 성 삼위일체께서 그들의 모든 활동을 통틀어 찾는 것이 무엇인가 묻는다면 나는 안식이라 대답할 것이다. 사람들이 세 번째로 나에게 영혼이 그의 모든 움직임 속에서 찾는 것이 무엇이냐고 묻는다면 나는 안식이라고 대답할 것이다. 사람들이 나에게 네 번째로 모든 피조물이 그들의 모든 자연스러운 노력들과 움직임들에서 찾는 것이 무엇인가 묻는다면 나는 안식이라고 대답할 것이다.12

만물의 시초는 곧 만물의 종착지이며 만물의 완성이다. 이 종착지는 만물의 저편에 있기에 우리의 인식을 초월해 있는 신비한 세계, 만물뿐 아니라 삼위일체 하느님마저도 찾고 있는 "영원한 신성의 감추어진 어둠"(das verborgene Dunkel der ewigen Gottheit)이다. 창세기와 요한복음의 첫마디 "태초에"라는 말을 해석하면서 에크하르트는 다음과 같이 말한다.

---

11 설교 53, *DW* II, 733.
12 Quint, 366.

"태초에"라는 말은 내가 학교에서 말했듯이 독일 말로 모든 존재의 시작을 뜻한다. 나는 더 나아가서 말하기를 그것은 모든 존재의 종말이라고 했다. 왜냐하면 처음 시작은 최종 목적을 위해 존재하기 때문이다. 그렇다, 하느님 자신도 그가 처음 시작인 곳에서 쉬지 않으시고 오히려 그가 최종 목적이며 만물의 안식인 곳에서 쉬신다. 그렇다고 이 존재가 거기서 무無가 되는 것이 아니라 오히려 그 최종 목적에서 그 최고의 완전성으로 완성된다. 무엇이 그 최종 목적인가? 그것은 영원한 신성의 감추어진 어둠으로 인식되지 않고 인식된 적도 없고 결코 인식되지도 않을 것이다. 하느님은 거기서 인식되지 않은 채 자기 자신 속에 거하며 영원한 성부의 빛이 그 안을 항시 비추어 왔지만, 어둠은 그 빛을 파악하지 못한다(요한복음 1:5).[13]

이 어둠은 만물의 죽음과도 같지만, 그것은 죽음이 아니라 참생명, 무한한 생명이 있는 곳이다. 하느님은 생명과 존재의 하느님이며 하느님 안에는 죽음은 없고 생명만이 있다.[14]

이상과 같은 역동적 신관, 신을 만물의 근원이요 귀착지로 보는 신관에서는 신과 세계는 떼려야 뗄 수 없는 관계를 지닌다. 신 없는 세계를 생각할 수 없듯이 세계를 산출하지 않는 신 혹은 세계 없이 홀로 거하는 신을 생각할 수 없고, 나아가서 세계를 창조할 수도 있고 하지 않을 수도 있는 신이 어느 한 시점에 임의적 결단으로 창조 행위에 돌입한다는 생각도 있을 수 없다. 에크하르트가 세계의 영원성을 가르친 혐의로 고발된 것도 이런 신관 때문이다. 그에

---

13 Quint, 260-261. 이와 유사한 구절로 *DW* I, 490을 볼 것.
14 Quint, 193.

대한 이단 심문의 결과 공포된 판결문 〈주님의 밭에서〉에 나오는
첫 번째 항목은 다음과 같다.

한번은 왜 하느님이 더 일찍 세계를 창조하지 않으셨는가라는 질문을
받자, 그때 그는 지금과 마찬가지로 대답하기를 하느님은 세계를 더 일
찍 창조하실 수 없었다. 왜냐하면 존재하기 전에는 아무것도 활동할 수
없기 때문이다. 그러므로 하느님은 존재하자마자 세계를 창조하셨다.[15]

이 말이 지니는 심오한 영성적 의미를 오버만Oberman은 다음과
같이 해석한다.

여기서 하느님은 자유로운 힘을 지닌 창조주가 아니라 신비하게 [자신
의 모습을] 드러내는 필연적 존재(Sein), 즉 세계의 비밀로 받아들여진
다. 단 하나의 존재가 하느님과 세계를 포섭하고 있다. 이 일치
(Eins-Sein)의 구조가 인간이 하느님께 치솟아 오르는 것을 가능하게 한
다. 그리하여 에크하르트는 "인간에 본질적으로 존재하는 것, 그것은 신
적이다. 그렇다, 그것은 그의 안에 있는 하느님 자신이다"라고도 말할
수 있는 것이다.[16]

그리스도교 신학자로서의 에크하르트의 신관에서 특이한 점은

---

15 Quint, 450.

16 H. A. Oberman, "Die Bedeutung der Mysik von Meister Eckhart bis Martin
Luther," *Von Eckhart bis Luther über mystischen Glauben*, 14. 여기서 "존재"(Sein)
란 사물을 가리키는 말이 아니라 존재 자체(ipsum esse) 혹은 필연적 존재로서의
신성(Gottheit)을 가리키는 말.

그가 비단 신과 피조물의 관계만을 출원과 환원의 관계로 파악하는 데 그치지 않고 나아가서 신성과 삼위일체 신과의 관계도 그러한 구도 속에서 파악하고 있다는 놀라운 사실이다. 맥긴의 말을 들어 보자.

> 비록 출원出願과 환원還源의 모형은 에크하르트가 오랫동안 존중되어 온 신학적 전통과 공유하고 있는 것이지만, 그가 이러한 일반적 주제를 자기 것으로 만드는 방식을 구체적으로 지적하는 것이 더 중요하다. 체계화해서 말하는 것은 항시 어느 정도의 인위성을 띨 수밖에 없지만, 만물이 신의 근저로부터 흘러나오는 과정을 크게 두 단계로 보면 에크하르트 사상에 맞는다. 첫째는 삼위일체 위격들의 내적 – 신성 내에서의 출원 – 혹은 에크하르트가 내적 비등(bullitio)이라 부르는 것이 있고, 둘째는 같은 형태로 만물의 창조 혹은 외적 비등(ebullitio)이 있다. 마찬가지로 만물이 하느님께 귀환하는 과정도 크게 두 단계로 진행된다고 할 수 있으며, 이는 영혼이 자신의 신적 근저로의 회귀(reditus)를 묘사한다. 즉, 영혼 안에 말씀의 탄생 그리고 "돌파", 즉 영혼이 "하느님 너머의 하느님"인 신의 근저로 침투하는 일이다.[17]

여기서 우리가 주목할 점은 에크하르트에게 있어서 만물의 알파와 오메가는 창조주 하느님, 즉 삼위일체 내의 성부 하느님이 아니라 그보다도 더 궁극적이고 원초적인 신의 근저, 즉 신성 혹은 '하느님 너머의 하느님'(God beyond God)이라는 사실이다. 에크하르트 사상의 모든 특성과 과격성은 여기서 온다 해도 과언이 아니다. 앞으

---

17 E. Colledge and B. McGinn, *Essential Sermons*, 30-31.

로 우리가 자세히 고찰하겠지만 신을 넘어서 혹은 신을 떠나(lassen) 불가언적 신의 근저로까지 돌파하지(durchbrechen) 않고는 만족하지 못하는 에크하르트 영성의 과격성과 철저함과 순수성이 바로 이로부터 도출되기 때문이다. 그는 말한다: "나는 지금까지 말한 적이 없는 것을 다시 말하나니 신과 신성은 하늘과 땅처럼 서로 다르다."[18] 신성은 모든 변화를 초월하는 절대적 실재 그 자체인 반면 신은 피조물들과 인간과의 "관계" 속에서 "생성되고"(werden) "해체되는"(entwnerde) 말하자면 "상대적" 존재이며 신은 활동을 하지만(Wirken) 신성은 아무런 활동도 없는(Nichtwirken) 고적한 실재이다. 에크하르트는 신을 넘어 신성으로의 환원 혹은 돌파가 신성으로부터의 출원보다 훨씬 더 고귀하다고 말한다.

신은 모든 피조물이 "신"이라고 말할 때 신이 된다. 그때 신이 되는 것이다. 내가 아직 [신의] 근저, 바닥, 신성의 강과 그 원천에 있었을 때는 아무도 내가 어디로 가려 했는지 혹은 무엇을 했는지 묻지 않았다. 나에게 물을 사람이 아무도 없었던 것이다. 그러나 내가 (거기로부터) 흘러나왔을 때 모든 피조물은 "하느님!" 하고 말했다. 사람들이 나에게 "에크하르트 수사님, 언제 집에서 나오셨는지요?"라고 묻는다면 나는 그 안에 있었다고 말할 것이다. 이렇게 모든 피조물이 신에 대해서 말한다. 그러면 왜 사람들은 신성에 대해서 말하지 않는가? 신성에 있는 모든 것은 하나이며, 그것에 대해서 우리는 아무것도 말할 수 없다. 신은 활동을 하나 신성은 활동을 하지 않으며 할 일도 없고 그 안에는 활동이 없다. 신성

---

18 Quint, 272.

은 한 번도 일을 엿본 적이 없다. 신과 신성은 활동과 비활동에서 구별된다. 내가 신에게 돌아오되 거기에 머물러 있지 않는다면 나의 돌파는 나의 출원보다 훨씬 더 고귀하다. … 내가 [신의] 근저, 바닥, 강 그리고 신성의 원천으로 들어가면 아무도 내가 어디서 오는지 혹은 어디 갔다 왔는지 묻지 않는다. 거기서는 아무도 나를 찾지 않으며 거기서는 신이 해체된다.[19]

에크하르트는 피조물과 상대되는 하느님, 삼위의 관계와 일치 속에서 파악되는 하느님에 만족하지 않고, 그 근저 혹은 "신의 벌거벗은 본질"로까지 돌파해 들어가는 경지에 대해 말하고자 한다. 신과 인간과 피조물이 모두 순전한 하나(ein lauteres Eins)가 되는 신성의 세계이다. 이 신성의 세계는 삼위일체적 구도 자체를 초월한다. 그것은 세 위격(persona)을 하나로 묶어 주는 신의 본성(natura)보다도 더 깊은 세계이다.[20] 에크하르트의 말을 들어 보자.

하느님 자신도 위격들의 양태와 속성을 가지고 존재하는 한 결코 단 한 순간도 그 안—신성, 근저—을 엿보지 못할 것이며 일찍이 엿본 일이 없다. 이것은 쉽게 이해할 수 있다. 왜냐하면 이 단일한 "하나"는 양태와 속성이 없기 때문이다. 따라서 하느님이 한 번이라도 그 안을 엿보려 한다면 그는 신으로서의 그의 모든 이름과 인격적 속성들을 대가로 지불해야 한다. 그 안을 엿보려면 그것들을 몽땅 밖에 놔두어야만 한다. 아니

---

19 Quint, 273.
20 우에다 시즈테루(上田閑照), 「"神の子の誕生"と "神性への突破"」『トイシ神祕主義研究』, 129.

그가 단순한 "하나"로서 아무런 양태나 속성도 없듯이 이런 의미에서 성부도 성자도 성령도 아니지만 그는 이것도 저것도 아닌 어떤 것이다.[21]

에크하르트에 의하면 인간 영혼은 그 어떤 다양성이나 차별성도 용납하지 않는 이 순전한 하나, "어떠한 양태와 속성도 없는"(ohne alle Weise und Eigenschaft) 순수하고(purum) 벌거벗은(nudum) 하나, "단일한 하나"(ein einig Ein)의 세계를 무한히 갈망하며, 거기까지 돌파해 들어가기 전에는 결코 만족할 수 없다. 거기서는 자기 영혼의 근저가 곧 신의 근저로서 하나의 근저이며, 하느님을 찾는 인간 영혼의 움직임은 결국 진정한 자기를 찾는 행위이다. 이제 이 "하나"로서의 신에 대한 에크하르트의 견해를 더 자세히 살펴보자.

하나

에크하르트에게 신은 오직 한 분뿐이라는 유일신 종교의 근본 진리가 신플라톤주의 철학과 결합하여 "하나"라는 개념으로 강화되고 순화되어 핵심적 위치를 점하면서 그 의미가 깊이 천착된다. 일체의 이름과 형상, 속성과 양태를 초월한 신성의 순수성을 표현하기 위해 에크하르트가 가장 선호하는 개념은 "하나"라는 개념이다. "한 하느님: 하느님이 하나라는 데서 신의 신성은 완성된다"고 그는 말한다.[22]

에크하르트에게 "하나"라는 개념은 신의 순수성에 대한 숫자적

---

21 Quint, 164.
22 Quint, 254.

표현이다. 그러나 그것은 둘이나 셋과 대비되는 뜻에서, 즉 숫자적 의미에서 하나가 아니라 절대적 의미에서 하나이다. 그것은 "숫자가 아니라" "모든 숫자의 원천이고 근원"으로서의 하나다.[23] "모든 것의 시작이고 끝이지만 그 자체는 시작도 끝도 모르는" 하나다.[24] 그것은 "숫자 없는 숫자"이며 "하나임이 없는 하나" 혹은 "하나임을 넘어서는 하나"로서[25] 삼위 하느님의 하나 됨, 즉 삼위가 일체라는 뜻에서의 하나마저 초월하는 하나다.[26] 피조물들의 세계를 특징짓고 있는 일체의 차별성과 다양성을 초월한 순수한 하나다. 카푸토는 이것을 다음과 같이 설명한다.

> 에크하르트는 우리가 신에게 부여할 수 있는 최고의 이름은 그를 이름 없는 "하나"라고 부르는 것이다. 그 안에서 신의 모든 속성이 융합되는 하나이다. 신을 하나라고 부르는 것은 우리가 신을 이름할 수 없음을 인정하는 것이다. 그것은 신의 모든 속성이 신 자신과 같고, 또 서로 간에 같다는 것을 인식하는 것이다. 신이 참으로 무엇인지는 우리가 그에게 붙이는 속성들 뒤로 물러나 에크하르트가 즐겨 신의 "황야" 혹은 "신성"이라 부르는 어떤 신비롭고 어두운 하나 됨의 밤 속으로 들어가 버린다.[27]

---

23 *LW* II, 487(Expositio libri Sapientiae).
24 같은 곳. 여기서 에크하르트는 마크로비우스(Macrobius)라는 사람의 말을 인용한다.
25 *LW* II, 366(Expositio libri Sapientiae). 이 세 표현들은 에크하르트가 의(義, justitia)가 모든 의로운 사람들에게 있어서 하나의 의임을 강조하면서 사용한 것이지만, 그에게 의나 지혜와 같은 영적 완전성이 하느님 자체임을 감안할 때, "하나"로서의 하느님에 대한 표현으로 취해도 무방하다.
26 같은 곳.
27 Caputo, "Fundamental Themes in Meister Eckhart's Mysticism," 197.

에크하르트에 의하면 "하나"라는 말은 신의 무차별성(indistinctio)을 가리키는 말이다. 유한한 사물들은 모두 서로를 구별해 주는 차별성(distinctio)을 지니고 있지만, 무한한 신은 그러한 차별성을 초월한 실재로서 "하나"라고 표현할 수밖에 없다. 신에게는 차별성이 없기 때문에 신은 "하나"이다.

우리는 "하나"라는 말이 무차별적인 것과 마찬가지 말임을 알아야 한다. 왜냐하면 차별적인 것은 모두 둘 혹은 그 이상임에 반하여 무차별적인 것은 모두 하나이기 때문이다. 나아가서 하느님은 무한하며 종류나 사물의 한계와 제약에 의해 한정되지 않기 때문에 본성상 무차별적이다. 반면에 피조물들은 바로 창조되었기 때문에 본성상 한정되고 제약된 존재들이다.[28]

무한한 신은 역설적이게도 바로 그 무차별성에 있어서 한정성과 차별성을 지닌 잡다한 사물들과 차별화된다. 에크하르트는 말한다.

하느님만큼 숫자와 수로 세거나 셀 수 있는 것, 즉 피조물과 차별되는 것은 없으며 어떤 것도 그렇게 [하느님처럼] 무차별적인 것은 없다. 첫째 이유는 무차별적인 것은 두 개의 차별적인 것의 차이보다도 더 차별적인 것과 차별적이다. 예를 들어 색깔이 없는 것은 색깔 있는 두 개 사이의 차이보다도 더 색깔 있는 것으로부터 멀다. 무차별성은 하느님의 본성에 속하는 반면 차별성은 위에서 말했듯이 피조물의 본성과 개념에

---

28 *LW* II, 482.

속한다.[29]

에크하르트는 차별성과 차별화되는 무차별성으로서의 "하나"를 다른 말로 표현하여 "부정의 부정"(negatio negationis)이라고 한다.[30] 모든 유한한 사물들, 특징과 구별과 차별성을 지닌 존재들은 다른 사물들과 구별된다는 의미에서, 즉 다른 것들이 아니라는 점에서 그 안에 부정성을 지니고 있다고 에크하르트는 말한다: "모든 피조물은 그 안에 부정을 안고 있다: 하나가 다른 하나가 아니라고 부정하는 것이다."[31] 그러나 "하나"로서의 신은 다른 사물들과 구별되는 차별성이 없다는 뜻에서 부정의 부정이다. 부성은 제한성, 나수성, 차별성, 관계성 내지 상대성을 의미한다. 따라서 신에게 합당한 유일한 부정은 바로 이러한 부정을 초월한다는 의미에서의 부정이며 이는 동시에 모든 유한한 사물들을 포용하는 순수한 긍정·무한한 긍정·절대적 긍정이다.[32] 에크하르트는 이러한 순수한 "하나"에 대한 추구를 그리스도교의 전통적 삼위일체 신관에까지 적용하여 삼위 간의 위격적 구별이나 관계마저 여읜 절대적 "하나"로까지 추구해 들어간다.

절대적 "하나", 하나라고도 말할 수 없는 하나로서의 신성은 모든 잡다한 이름과 형상을 초월하고, 모든 이름과 양태를 초월한 그야말로 이언절려離言絕慮의 세계로 인간의 사고와 인식을 초월하는

29 LW II, 489.

30 "Verneinen des Verneinens," Quint, 252.

31 같은 곳.

32 A. A. Maurer, *Master Eckhart: Parisian Questions and Prologues*, 33 Introduction.

"감추어진 신성의 어둠"이다.[33] 우리가 온갖 속성과 술어를 붙여 파악하고 논하는 신이 아니라 벌거벗은 신, 신 아닌 신, 일종의 초신(Übergott), 초존재(Überwesen)이며 비신(Nichtgott)이다. 아니 "전혀 아무것도 아니다"(gar nichts): "그가 선도 존재도 진리도 하나도 아니라면 그는 도대체 무엇인가? 그는 전혀 아무것도 아니다. 그는 이것도 저것도 아니다."[34]

"하나"로서의 신성은 신의 근저根底라 하나 이 근저는 "바닥 없는 근저"(der Grund, der grundlos ist), 하나의 무저無底(Abgrund)이다. 그것은 "어떤 차별성도 들여다보지 못한, 성부나 성자나 성령도 들여다보지 못한 적막한 사막"과도 같다고 에크하르트는 말한다.[35]

신은 이름이 없다. 그의 이름은 모든 이름을 초월하기에 어떤 이름도 붙일 수 없는 이름(nomen innominabile)이다. 노자 『도덕경』의 첫 구절처럼 도가도비상도道可道非常道, 명가명비상명名可名非常名의 세계이다. 에크하르트에게도 신을 "하나"라 부르는 것은 부를 수 없는 것을 부르는 억지 이름일 뿐이다. 신은 감추어진 존재(esse absconditum)이기 때문이다. 에크하르트에 의하면 신이 모세에게 전해 준 "나는 나인 자이다"(ego sum qui sum)라는 말도 더 깊은 의미에

---

33 *DW* I, 490. "어둠"이라는 주제는 서양 신비신학의 원조와도 같은 위(僞) 디오니시우스(Pseudo-Dionysius)가 즐겨 사용하는 표현이다. 그는 『신비신학』(*Mystical Theology*)에서 모세가 시내 산정에서 하느님을 만나는 체험을 논하면서 그가 모든 가시적(可視的)·가지적(可知的) 세계를 넘어 "참으로 신비한 무지의 어둠으로 침잠한다"고 말한다. P. Rorem, *Pseudo-Dionysius: The Complete Works*, 137. 디오니시우스의 부정신학(apophatic theology)은 토마스 아퀴나스와 에크하르트에게 큰 영향을 미쳤다. 14세기 영국의 한 무명 저자에 의해 씌어진 『무지의 구름』(*The Cloud of Unknowing*)이라는 신비주의의 고전도 이런 흐름에 서 있다.

34 *DW* I, 522.

35 Quint, 316.

서는 자기 이름을 감추기 위한 이름, 말하자면 이름 아닌 이름이다.36
에크하르트는 말한다.

자, 주목해 보라. 하느님은 이름이 없다. 왜냐하면 아무도 그에 관해서
무엇을 말하거나 인식할 수 없기 때문이다. 그러므로 한 이방인 대가는
"우리가 최초 원인에 대해 인식하거나 말하는 것은 최초 원인에 관한 것
이기보다는 우리 자신에 관한 것이다. 왜냐하면 그것은 언표와 이해를
넘어서기 때문이다"라고 말한다. 따라서 내가 "하느님은 선하다"라고 말
한다면 이는 참이 아니다. 내가 오히려 선하지, 하느님은 선하지 않다.
… 내가 또 "하느님은 지혜롭다"라고 말한다면 이는 참이 아니다. 나는
그보다 더 지혜롭다! 만약 내가 또 "하느님은 존재다"라고 말한다면 이는
참이 아니다. 그는 오히려 하나의 초존재적 존재이며 초존재적 무
(Nichtheit)이다! 따라서 성 아우구스티누스는 말하기를37 인간이 하느
님에 대하여 말할 수 있는 가장 아름다운 것은 내적 풍요의 지혜로 침묵
하는 데 있다고 한다. 그러므로 침묵하고 하느님에 대하여 지껄이지 말
라. 왜냐하면 하느님에 대하여 지껄임으로 인해 그대는 거짓말을 하며
죄를 짓기 때문이다. … 그대는 또한 하느님에 대해 아무것도 알려 하지
말라. 왜냐하면 하느님은 모든 인식을 초월하기 때문이다. 한 대가(아우
구스티누스)는 "만약 내게 알 수 있는 하느님이 있다면 나는 그를 결코
하느님으로 간주하지 않을 것이다!"라고 말했다. 그러니 그대가 하느님
에 대하여 무언가 안다면 그는 그것이 아니며 그대는 그에 대하여 무엇
인가 알았다는 것으로 인해 무지에 빠지며 그러한 무지로 인해 어리석음

---

36 Maurer, 40.
37 실제로는 디오니시우스의 말이다. Walshe II, 335, 주 6 참조.

에 빠진다.[38]

그렇다면 이러한 신성의 어두운 세계에 대하여 우리가 과연 무슨 말을 할 수 있는가? 우리는 신 앞에서 잠잠할 수밖에 없으며 신학을 포기해야만 하는가? 하느님을 알려고 하지 말아야 한다면 어떻게 하라는 말인가? 에크하르트는 계속해서 이렇게 말한다.

"아, 그러면 나는 어떻게 해야 합니까?" 그대는 그대의 "그대 됨"을 벗어나 그의 "그 됨"으로 융해되어야 하며, 그의 생성되지 않은 존재성(unge-wordene Istigkeit, Seinsheit)과 그의 이름할 수 없는 무성(Nichtheit)을 그와 함께 영원히 인식하도록 그대의 "그대 것"이 그의 "그의 것" 속에서 전적으로 "나의 것"이 되어야만 한다.[39]

하느님에 대한 참다운 인식은 단순한 대상적 인식으로는 불가능하고, 신과 인간이 하나가 되는 신비적 합일의 경지로 들어가야만 함을 에크하르트는 말하고 있다. 하느님을 알려면 우리는 우리 자신을 벗어나 하느님 자신이 되어야 한다는 것이다. 모든 차별상과 매개와 개념들을 초월한 순전한 "하나"로서의 하느님을 우리가 인식하고 사랑하려면 보통의 인식과 보통의 사랑으로는 안 된다. 주객의 분리를 떠나 직접적으로 인식하고 순수하게 사랑할 수 있어야 하며 그러기 위해서는 나의 존재가 그의 존재가 되고, 그의 존재가 나의 존재가 되는 경지로 들어가야만 한다는 말이다.

---

38 Quint, 353.
39 Quint, 353-354.

그대는 그(하느님)를 상像 없이 직접 그리고 유사한 것 없이 인식해야 한다. 내가 하느님을 그런 방식으로 직접 인식하고자 한다면 나는 단적으로 그가 되어야 하고 그는 내가 되어야 한다. 더 정확히 말하자면 하느님은 단적으로 내가 되어야 하며 나는 단적으로 하느님이 되어야 한다. 이 "그"와 이 "나"가 하나가 되고 하나이어서 이 존재성 속에서 영원히 하나의 일을 할 수 있도록 완전히 하나이어야 한다. … 그대는 하느님을 사랑할 만한 가치가 있는지에 상관없이 사랑해야 한다. 즉, 그가 사랑할 만하기 때문이 아니다. 왜냐하면 하느님은 사랑할 만하지 않기 때문이다. 그는 모든 사랑과 사랑할 만함을 초월하여 숭고하다. "그러면 나는 어떻게 하느님을 사랑해야 한다는 말입니까?" 그대는 하느님을 비정신직으로 (ungeistig) 사랑해야 한다. 즉, 그대의 영혼이 비정신적이 되고 모든 정신성으로부터 벗어나야 한다. 왜냐하면 그대의 영혼이 정신의 형태를 취하는 한 상像을 가지기 때문이다. 상을 가지는 한 매개체를 가지며 매개체를 가지는 한 단일성(Einheit)도 단순성(Einfachheit)도 가지지 못한다. 단순성을 가지지 않는 한 하느님도 결코 올바로 사랑한 것이 아니다. 왜냐하면 올바로 사랑한다는 것은 일치성(Einheitlichkeit)에 달려 있기 때문이다. 그러므로 그대의 영혼은 모든 정신으로부터 벗어나야 하며 비정신적이 되어야 한다. 왜냐하면 그대가 하느님을 하느님으로, 정신으로, 인격으로 그리고 상으로 사랑한다면 이 모든 것을 집어치워야 한다. "그러면 나는 그를 어떻게 사랑해야 한다는 말입니까?" 그대는 그를 비신(Nicht Gott)·비정신(Nicht-Geist)·비인격(Nicht-Person)·비형상 (Nicht-Bild)인 채로 아니 더 나아가서 그가 하나의 순전하고 순수하고 밝은 "하나"인 채로 일체의 이원성을 떠나 사랑해야 한다. 그리고 우리는 이 "하나" 속에서 "어떤 것으로부터 무로"(vom Etwas zum Nichts) 영원

히 침잠해야만 한다.[40]

무엇이라고 말하기 어렵고 기껏해야 "비非"(Nicht) 혹은 "무"(Nichts) 아니면 "하나"(unum)라고 밖에는 표현할 수 없는 이 신비, 그러면서도 동시에 모든 다양성의 세계를 산출해 내는 만물의 근원인 이 "하나"에 대해 우리는 무슨 말을 할 수 있으며 도대체 어떤 술어를 붙일 수 있을까? 우리가 사용하는 언어와 개념들은 모두 피조물의 세계와 사물들에 관한 것인데 과연 그것들을 통해 신에 관해서도 무엇을 말할 수 있을까? 그리고 할 수 있다면 어떤 식으로 가능한 것일까? 이 문제는 중세 신학의 가장 근본적인 문제 가운데 하나였으며 에크하르트 또한 이것을 가지고 고심했다. 이에 관한 에크하르트의 견해를 살펴보기 전에 우선 에크하르트가 신성을 파악하고 드러내기 위하여 사용했던 술어들 중에서 대표적이고 핵심적인 것 몇 가지를 살펴보자.

만약 신과 사물에 대하여 우리가 공통적으로 사용할 수 있는 개념들이 있다면 그것은 신의 보편성과 초월성 그리고 완전성에 걸맞는 가장 포괄적인 개념이어야 한다는 것이 중세 스콜라철학 전통에 속한 신학자들의 공통적 견해였다. 존재(esse), 진리(verum), 선(bonum), 하나(unum)와 같은 이른바 보편 범주들(termini generales, Allgemeinbegriffe) 혹은 초월 범주들(termini transcendentales, Transcendentalien)이 그런 것이었다.[41] 이들은 아리스토텔레스가 말하는 10

---

40 Quint, 354-355.

41 이 개념들은 스콜라철학에서 상호 교환 가능한(convertuntur) 것으로 간주되며, 에크하르트에게는 그 자체가 하느님과 동일하다. K. Albert, "Meister Eckharts These vom Sein," *Meister Eckhart und die Philosophie des Mittelalters*, 151-168

종 범주, 일반 사물들에 적용되는 범주들 밖에 있는 초월적 범주들로 어느 특정한 사물에만 적용되는 것이 아니라 존재하는 모든 것에 적용될 수 있는 보편 개념들이다. 플라톤 철학의 강한 영향 아래 있었던 에크하르트에게는 이 보편 개념들은 단순히 우리의 지성이 사물들로부터 추출한 추상적 관념들이 아니라 눈에 보이는 여타 사물들보다도 더 리얼하게 실재하는 것이며, 사물들보다는 하느님에게 본래적으로 적용될 수 있는 범주들이다. 그것들은 개별적 사물들에 선행하여 실재하며 개별적 존재들을 가능하게 하는 원인이다.[42] 보편 개념들은 결코 사물들이 존재한 후에 추가되거나 도출되는 속성이 아니다.[43] 그것들은 본래 하느님만의 고유한 속성들로 사물들은 전적으로 하느님에 의해 그러한 성질을 부여받는다.

> 따라서 우선 알아야 한다: 첫째, 하느님만이 본래적 의미에서 존재이며 하나이며 참이며 선이라는 점, 둘째, 그로부터 만물이 존재하며 하나이며 참이며 선하다는 점, 셋째, 만물이 존재하며 하나이며 참이며 선한 것은 직접적으로 하느님으로부터 온 것이라는 점이다.[44]

따라서 우리가 적어도 부정신학(theologia negativa)의 길에 머물지 않고, 하느님에 대하여 무언가 적극적으로 언표하고자 한다면 이들 초범주들이야말로 하느님에 대하여 가장 적합한 개념들이다.

참조; F. Tobin, *Meister Eckhart: Thought and Language*, 31-35 참조.

42 Tobin, *Meister Eckhart*, 58.

43 *LW* I, 152.

44 *LW* I, 167-168.

그것들은 신 자신의 완전성에 기초하는 개념들이며 신은 존재 자체, 선 자체, 진리 자체, "하나" 자체이다. 신은 순수한 "하나"로서 사물들에서 발견되는 차별성이 존재하지 않으므로 이 범주들은 신에 있어서 호환적이며 동일하다. 이 점에서 에크하르트는 토마스와 견해를 같이했다. 다만 이들 완전성을 표현하는 다수의 개념들과 "하나"로서의 신과의 관계를 이해하는데 있어 양자는 견해를—아니 성향이라고 해야 더 적합할지 모르지만— 달리했다.

토마스에 의하면 우리는 신의 단일성(unitas)을 희생하지 않으면서도 그에게 다수의 완전성을 인정할 수 있다. 이러한 다수의 이름은 실제로 신에 존재한다. 적어도 "신 안에 이들 개념에 상당하는 어떤 것이 실재한다는, 즉 그러한 개념들이 참되게 그리고 합당하게 신에게 술어로 부착될 수 있을 만큼 신에게 절대적 완전성이 있다는" 의미에서 그러하다는 것이다. 그러나 에크하르트의 생각에는 이는 신의 단일성을 손상하는 것처럼 보인다. 우리가 신에 관하여 상이한 의미를 지닌 다수의 개념을 사용할 수는 있지만 이것이 하느님 안에 어떤 차별성을 상정하는 것이 되어서는 안 되고, 신에 관한 사유 속에서도 우리는 그러한 구별을 해서는 안 된다고 에크하르트는 본다. 신에게는 차별성이란 존재하지도 않으며 생각조차 해서도 안 된다는 것이다. "이원성과 차별성을 보는 자는 하느님을 보지 못하기" 때문이다.[45] 한마디로 말해 에크하르트는 토마스보다 신의 순일성純一性을 더 강조했다고 보아야 한다. 맥긴은 이 차이를 다음과 같이 간략히 서술한다.

---

45 토마스와 에크하르트의 이러한 차이점에 관해서는 Maurer, 13-14를 참조했음.

신의 속성들, 예컨대 존재·단순성·선·진리 등이 신의 본질이 지닌 무궁한 풍부함에 기초한다고 보는 토마스와는 달리 에크하르트에게는 복수성이란 오직 우리가 신을 생각하는 방식의 빈곤에서 올 따름이다.[46]

이러한 경향은 실제로 에크하르트의 저술들을 살펴보면 거의 일관되게 나타난다. 그가 신에 관한 속성들 가운데서 존재(esse)와 지성(intellectus, intelligere)을 역설하는 것도 결국은 신의 단일성 때문이며 그것을 드러내기 위함이다. 여기서 우리는 토마스와 또 하나의 미묘한 차이를 발견한다. 토마스에게는 우리가 신에 관하여 사용하는 여러 개념 가운데서 "존재"가 어디까지나 우선권을 가신다. 진리도 선도 지성도 모두 우선 신이 존재이어야 하고 존재이기 때문에 가능하다. 순수 존재로서의 신은 당연히 다른 모든 완전성을 지닌다. 존재가 다른 완전성들의 근거인 것이다.[47] 에크하르트에게도 역시 신은 존재이며 존재가 신이다(esse est deus). 그리고 존재, 하나, 진리, 선은 호환 가능하게 동일하다. 그러나 존재에 우선권을 부여하는 토마스와는 달리 에크하르트는 "하나"에 우선권을 준다. 그에게는 선과 진리는 존재에 근거해 있고, 존재는 하나에 근거해 있다.[48] 하나는 우리가 신에 대하여 적용할 수 있는 가장 순수한

---

46 Colledge and McGinn, *Essential Sermons*, 36.

47 Maurer, *Master Eckhart: Parisian Questions and Prologues*, 14-15.

48 Maurer, 32. 에크하르트 사상에 있어서 하나(unum)와 존재(esse) 개념 중 어느 것이 우선적인가에 대해서는 간단히 말하기 어렵고, 다양한 견해가 가능하다. Karl Albert, "Meister Eckharts These vom Sein"은 에크하르트의 형이상학을 단일성의 형이상학(Einheitsmetaphysik)보다는 존재의 형이상학(Seinsmetaphysik)이라면서 존재(esse) 개념의 우위성을 주장한다. "하나도 순수 존재"에 대한 것이라고 보는 것이다. 하지만 알버트도 이 문제가 그렇게 단순하지 않음을 인정하고 있다

개념이다. 에크하르트는 이렇게 말한다.

> 사도 바울은 "한 하느님"이라고 말한다. "하나"는 선과 진리보다 더 순수
> 한 어떤 것이다. 선과 진리는 [신에게] 무엇을 덧붙이지는 않는다. 그러
> 나 생각 속에서는 [무엇인가를] 덧붙인다. 생각을 하는 순간 무엇인가 덧
> 붙이는 것이다. 이에 반하여 "하나"는 하느님이 성자와 성령으로 흘러나
> 오기 전 그 자신으로 있는 곳에 아무것도 덧붙이지 않는다. … 어떤 대가
> 는 "'하나'는 부정의 부정이다"라고 말했다.[49]

만물의 근원을 "하나"에서 찾는 신플라톤주의의 영향을 강하게
받은 에크하르트에게 "하나"는 다른 어떤 속성보다 신에게 근본적
이고 우선적이다.[50] 에크하르트의 신비 사상은 이 "하나"의 순수성
에 대한 끈질긴 추구라 해도 과언이 아니다. 내가 그의 신론을 논하
면서 존재보다는 하나 개념을 먼저 다루는 것도 바로 이 때문이다.
이는 다시 말해서 에크하르트가 토마스보다 신의 초월성과 불가언
성을 더 강하게 의식했다는 말이 된다. 존재, 진리, 선 등의 형이상
학적 개념들로 하느님을 논하는 것의 한계를 에크하르트는 더 강하
게 자각했고,[51] 그가 강조하는 "하나"는 그야말로 개념의 극한에서
사용되는 개념 아닌 개념, 언어의 경계에 위치한 개념이라 해도 좋다.

(164-168). 나는 에크하르트 신비 사상의 근본 성격에 비추어 "하나"의 우선성을
강조하는 쪽이다.

49 Quint, 252.

50 Colledge and McGinn, *Essential Sermons*, 32.

51 벨테는 이 점을 강조한다. 그는 존재, 진리, 선 등의 형이상학적 개념들이 에크하르트
에게 있어서 어떤 긴장(Spannung)을 자아낸다고 말한다. B. Welte, *Meister
Eckhart: Gedanken zu seinen Gedanken*, 101-104.

에크하르트가 때로는 "하나"보다는 존재를 신성의 순일함을 나타내는 개념으로 사용하는 것도 사실이다. 예를 들어 그는 초월 범주들을 삼위 하느님께 배속시키면서, 존재는 하느님처럼 "부정의 부정"으로서 출산되지도 출산하지도 않으며, 하나는 출산되지는 않지만 출산하는 성부, 진리는 출산되지만 출산하지는 않는 성자 그리고 선은 출산되지도 출산하지도 않는 성령으로서 외부 사물들을 산출하는 존재로 파악한다.[52] 그러나 다른 한편으로 그는 존재를 성부, 진리를 성자, 선을 성령에 배속시키면서 "하나"는 삼위를 초월하는 신의 본질 혹은 근저를 나타내는 개념으로 사용하고 있다. 에크하르트는 따라서 "하나"라는 개념을 두 가지로 사용하고 있다. 한편으로는 아우구스티누스처럼 성부를 가리키는 개념으로 그리고 다른 한편으로는 성부까지도 넘어서는 신성의 순일함과 깊이를 가리키는 개념으로 사용하고 있다.[53] 그리고 이러한 경향은 그가 신과 신성의 개념을 하늘과 땅의 차이라고 날카롭게 구별하면서도 때로는 둘을 혼용하기도 하는 경향과 무관하지 않다.[54] 그러나 그의 신비 사상 전체를 볼 때 우리는 역시 삼위일체 신마저 돌파하는 "하나"의 개념에서 그의 과격하고 파격적인 "근저의 신비주의"의 진수를 볼 수 있다.[55]

---

52 McGinn, *The Mystical Thought of Meister Eckhart*, 82-83.
53 같은 책, 84.
54 신성, 신의 근저는 삼위 하느님과 만물이 흘러나오기 이전의 고요하고 순수한 잠재태(potentiality)의 세계를, 성부는 출원의 역동적 근원을 가리키는 것으로 보는 것이 대체로 바른 해석일 것이나, 때로는 양자가 엄밀하게 구별되지 않는 경우가 있는 것이 사실이다. McGinn, 79-86 참조.
55 맥긴은 "근저의 신비주의"가 에크하르트 신비주의의 특징임을 말하면서도 이 점에 대하여 확실한 입장을 취하지 않고 있다.

에크하르트가 "하나"로서의 하느님을 강조하는 것은 언뜻 보면 매우 추상적인 관념처럼 보이지만 거기에는 사물을 평등적 시각에서 보는 매우 실천적 관심이 깔려 있다. 그것은 차별상에 얽매여 다툼과 분쟁을 일삼고 사는 우리에게 하느님의 초월적 평등성의 지혜를 일깨워 주는 진리이다. 에크하르트가 사물을 보는 시각은 만물의 존재 근원인 하느님의 시각이며 만물을 통일하는 "하나"의 시각이다. 에크하르트의 "하나"(一)는 "여럿"(多)을 배제하지 않는다.56 여럿에 대립되고, 여럿을 배제하는 하나는 상대적 하나이지 절대적 하나가 아니다. 에크하르트에게 있어서 "하나"는 바로 부정의 부정인 고로 유한한 차별적 사물들과는 달리 전체가 될 수 있으며 여럿을 품을 수 있다. "하나"로서의 하느님에게는 타자란 있을 수 없으며 어느 것에도 타자가 될 수 없다(non-aliud, Nicht-Andere).57 신은 바로 그의 비非타자성으로 인해 여타 사물들과 구별되면서 동시에 감쌀 수 있는 것이다.

신은 존재의 충만을 안고 있는 근원적 하나로서 그로부터 혹은 그것에 근거하여 다양성과 차별성의 세계가 펼쳐진다. 그러나 이 차별성은 평등성과 대립된 세계가 아니라 하느님이라는 평등성과 비타자성을 바탕으로 하고 있기 때문에 일치 속에서의 차이이다. 에크하르트에게 있어서 하느님과 세계, 영원과 시간, 일—과 다多,

---

56 이것이 에크하르트의 "하나" 개념을 신플라톤주의의 일자(一者) 개념과 구별하는 매우 중요한 차이점이다. W. Pannenberg, "The One God and the Trinitarian Doctrine of the Church," *Theology in the Context of Modern Culture*, 55-57 참조. 판넨버그는 W. Beierwaltes, *Platonismus im Christentum* (1988)을 언급하고 있다.

57 에크하르트의 사상을 계승한 쿠자누스(Nikolaus Cusanus)는 이 사상에 의거하여 *De Nonaliud*를 저술했다. W. Pannenberg, 같은 글, 57; B. Mojsisch, *Meister Eckhart: Analogie, Univozität und Einheit*, 92-94 참조.

평등과 차별은 배타적이 아니라 변증법적 관계에 있다.[58] 그러므로 하느님 안에서는 사물들 간의 차이들이 상대화된다. 개체들 사이의 차별이 있는 그대로 긍정되지만 결코 그들 간의 우열이나 갈등은 존재하지 않는다. 사물들의 차이가 영원의 빛 속에서 혹은 하느님의 눈으로 조명되기 때문이며 사물들이 그 근원에서 파악되기 때문이다.

하느님은 만물에 평등하게 주시며 그들은 하느님으로부터 흘러나오기 때문에 평등하다. 그렇다, 천사와 사람과 모든 피조물이 그 최초 출원에서 하느님으로부터 평등한 것으로 흘러나온다. 사물들을 그 최초 출원에서 취하는 자는 모든 사물을 평등하게 취한다. 그들이 이미 시간 속에서 평등하다면 영원 속 하느님 안에서는 더욱더 평등하다. 우리가 파리한 마리라도 하느님 안에서 취한다면 그것은 하느님 안에서 최고의 천사가 그 자체에서 고귀한 것보다 더 고귀하다. 모든 사물은 하느님 안에서 평등하고 하느님 자신이다. 여기 이 평등성을 하느님은 너무 즐거워하셔서 그는 자기 안의 전 본성과 존재를 평등성 속으로 부어 넣으신다. 하느님은 마치 평탄한 푸른 목장에 풀어놓은 말처럼 이것을 즐거워하신다. … 그는 평등성 속으로 그의 본성과 존재를 전적으로 부어 넣는다. 그는 평등성 자체이기 때문이다.[59]

같은 진리를 에크하르트는 스콜라철학의 추상적 언어로 표현한다.

---

58 Welte, 203-215.
59 Quint, 215. 여기서 평등성(Gleichheit)이란 말은 동시에 닮음, 즉 하느님의 아들 혹은 모상이라는 뜻도 함축하고 있다.

(어떤 것이든) 창조되었다는 것만으로도 차별화되며 차별화되기 때문에 불평등하고 다수이다. 왜냐하면 창조된 것은 "하나"이며 무차별적인 것으로부터 하강했다는 사실만으로도 "하나"로부터 탈락해서 차별성으로 떨어지며, 따라서 불평등성으로 떨어진다. 그 반대로 창조되지 않은 것은 탈락과 하강을 모르기 때문에 항시 하나 됨과 평등성과 무차별성 속에 거한다. … 나아가서 우리는 피조물들이 다수이고 차별적이고 불평등하다는 사실로부터 하느님은 무차별적이고 다수가 아니며 불평등하지 않다는 사실이 따라 나온다는 것을 알아야 한다. 그리고 또 모든 피조물은 어떤 식으로든 하나이고 평등하며 무차별적이라는 사실도 따라 나온다. 이렇게 말한 모든 것의 근거는 "높은 것의 본성에 관하여"라는 논문이 밝히고 있듯이 상위의 것은 그 본성에 따라 언제나 하위의 것을 규정하되 어느 면으로든 그것에 의해 규정되지는 않는다는 것이다. 그러므로 창조주 하느님은 모든 피조물을 그의 하나 됨, 평등성 그리고 무차별성을 통해 규정한다. 프로클루스의 말에 의하면 "모든 다수성은 어떤 식으로든 하나 됨에 참여한다." 다른 것으로부터 갈라진 것이 그 자체에 있어서는 갈라져 있지 않은 것이다.[60]

하지만 이러한 추상적 언어 속에서 영성의 대가 에크하르트는 이스라엘 백성이 하늘로부터 내린 만나를 받았을 때 "많이 거둔 사람도 남지 않고, 적게 거둔 사람도 모자라지 않았다"는 말의 의미를 해석하면서 이스라엘의 영적 공동체성의 메시지를 놓치지 않는다.

---

60 *LW* II, 359-360(*Expositio libri Sapientiae*).

한 사람이 덜 가지고 다른 사람이 더 많이 가지는 경우가 생긴다면 의롭고 신적이고 선한 것이 없고 사랑으로 된 것도 아니다. 그 첫 번째 이유는 그런 사람은 자기가 사랑하는 것들 속에서 하느님만을 사랑하지 않으며 하느님 안에서 사랑하지도 않는다. "하느님은 한 분이시다"(갈라디아서 3:20); 그는 "하나"이다. "하나" 안에는 많고 적은 것이 없다. 왜냐하면 위에 말한 바와 같이 모든 "차이는 하나 밑이기" 때문이다. 둘째로 그런 사람은 선 그 자체를 사랑하지 않고 특정한 선한 것들을 사랑하기 때문이다. … 셋째로 하느님 안에는 많이 주고 적게 주고 하는 것이 없다. 오히려 사물들이 그 자체로서 많고 적게 소유하지만, 그들은 "하나" 안에서처럼 하느님 안에서 그리고 하느님을 통해 하나의 존재가 되고 하나의 존재를 받는다. … 그 자체로서 많고 적게 보이는 것도 하느님 안에서는 하나가 된다. 왜냐하면 열등한 것 속에서 나뉘어진 것들이 우월한 것 속에서는 언제나 하나이기 때문이며 "하나" 안에 있으면서 "하나"와 하나가 된 것은 모두 확실히 하나이기 때문이다. 하느님은 그의 전 존재로 가장 작은 것이나 가장 큰 것 속에 전부 그리고 통째로 현존하신다. 그러므로 모든 사물 속에서 하느님을 사랑하는 의로운 사람에게 그가 다른 어떤 것보다 사랑하는 하느님이 통째로 현존하고 있는 어떤 작은 것이라도 있다면 더 크고 더 작은 것을 찾는 것이란 헛된 일이다. … "하느님은 무한한 지성知性의 원구로서 중심들만큼이나 많으며 중심은 어디든지 있되 원주는 어디에도 없다. 그는 가장 작은 부분에도 전체로 존재한다."[61]

잡다성 · 다수성 · 차별성 · 시간성 속에서 사는 피조물들이 "하

---

61 McGinn(ed.), *Meister Eckhart: Teacher and Preacher*, 74-75의 영문 번역에서 재번역.

나"로서의 하느님으로부터 분리되는 순간 존재와 선이 결핍되어 악이고 타락이고 무無이지만, "하나"로서의 하느님 안에서는 하느님의 하나 됨과 존재와 진리와 선에 참여함으로써 유한성과 허무성을 극복하고, 막힘과 차별성도 사라져 그 자체에서보다도 더 빛나고 아름답게 된다. 이것이 에크하르트에 의하면 하느님 안에서 긍정되는 세계의 놀랍고 신비로운 모습이다. 마치 화엄華嚴 사상에서 말하는 이사무애理事無礙와 사사무애事事無碍의 세계와 흡사하다고 할 수 있지 않을까?

그리스도교의 유일신 신앙이 근래에 흔히 종교적 배타성과 제국주의적 폭력성의 근원으로 지탄받는 경향이 있다면 적어도 에크하르트가 이해하는 "하나"로서의 유일신 하느님은 이와는 무관하다. 하느님은 배타성보다는 평등성, 차별성보다는 무차별성의 실재이며, 존재하는 모든 것을 하나로 묶어 주어 자식처럼 품고 보듬는 위대한 어머니 같은 존재이다. 에크하르트가 이러한 진리를 그의 스콜라철학의 언어로 어떻게 표현하고 있는지 좀 더 살펴보자.

인간 존재를 포함한 모든 유한한 피조물의 운명은 자신들의 근원이자 종착지인 "하나"로부터 떨어져 나왔다가 다시 그리로 되돌아가기를 갈망한다. 인간의 행복은 잡다한 피조물들은 물론이고 진리나 선 같은 초월 개념도 넘어서고 심지어 삼위의 하느님마저 그 차별적 속성들을 상실해 버리는 "하나"와의 관계에 달려 있다.[62] "하느님은 한 분이시다"는 말(갈라디아서 3:20; 신명기 6:4)에 대한 에크하르트의 라틴어 설교는 그가 "하나"로서의 하느님의 의미에 얼마

---

62 Quint, 123.

나 깊게 천착하는지를 여실히 보여 준다. 메마르고 추상적인 스콜라철학적 담론 속에서 우리는 심오한 영성을 발견하며 우리로 하여금 유일신 신앙에서 하느님 사랑의 의미를 깊이 반추하도록 한다. 다소 길지만 인용해 보면 다음과 같다.

하느님은 그의 단순성 속에서 무한하고 그의 무한성 속에서 단순하다. 그러므로 그는 어디나 계시며 어디나 전체로서 계시다. 그의 무한성으로 인해 어디나 계시면 그의 단순성으로 인해 어디나 전적으로 계시다. 하느님만이 만물 속으로 흘러들며 그 본질 속으로 흘러든다. 그러나 여타 사물들은 어느 것도 다른 것으로 흘러들지 않는다. 하느님은 각 사물의 내면에 있으며 오직 내면에만 있고 그만이 "한 분"(unus)이시다. 모든 피조물은 하느님 안에 있는 "하나"를 사랑하며 "하나" 때문에 그를 사랑한다는 것 그리고 그가 한 분이시기 때문에 사랑한다는 것을 알아야 한다. 첫째는 존재하는 모든 것이 하느님 닮기(dei similitudinem)를 사랑하고 추구하기 때문이다. 닮음이란 일종의 단일성(unitas) 혹은 어떤 것들의 일치인 것이다. 둘째로 "하나" 안에는 결코 고통이나 형벌이나 괴로움 그리고 수난이나 죽음의 가능성이 존재하지 않기 때문이다. 셋째로 "하나" 안에는 그것이 하나인 한 모든 것이 존재하기 때문이다. 모든 다수성은 "하나" 안에서 "하나"를 통해 하나이기 때문이다. 넷째로 우리는 권능이나 지혜나 선 아니 존재라 할지라도 그것들이 우리와 하나가 되고 우리가 그것들과 하나가 되지 않는 한, 그 자체를 사랑하지는 않을 것이다. 다섯째로 진실로 사랑하는 자는 오직 하나만을 사랑한다. 그러므로 "하느님은 한 분이시다"라는 본문 다음에 "너희는 너희의 주 하느님을 너희의 온 마음으로 사랑해야 한다"는 말이 따라 나오는 것이다. 확실히 어떤 것을 전적으로 사랑하는 자는 그것이 단 하나 뿐이기를 바랄 것이다. 여섯째로 그는 사랑하는 것과 하나가 되기를 원하며 그것이 하나가 아니라면 이것은 불가능하기 때문이다. 더욱이 하느님은 그가 한 분이시며 한 분이시라는 이유 외에는 어느 것과도 하나가 되기를 원치 않는다. 또 그가 한 분이라는 바로 그 이유로 인해 그는 반드시 모든 것을 하나로 만들고 자기 안에서 자기와 하나로 만들어야 한다. 일곱째로 "하나"는 모든 것과 무차별적(indistinctum)이기 때문이다. 따라서 무차별성 혹은 일치성으로 인해 그 안에는 모든 것과 존재의 충만이 있다. 여덟째로 "하나"는 본래 전체적이고 완전한 것과 관계함을 알아라. 그러므로 그 안에는 아무것도 결핍된 것이 없다. 아홉째로 "하나"는 본질적으로 존재 자체 혹은 단일한 본질에 관계함을 알아라. 왜냐하면 본질은 항시 하나이며 이 단일성으로 인해 하나 됨 혹은 하나 될 수 있음이 그것에 속하기 때문이다.

이에 따라 하느님을 진정으로 "하나"로서 하나를 위해 그리고 하나 되기 위해 사랑하는 자는 더 이상 하느님의 전능성이나 지혜에 관심을 가지거나 귀히 여기지 않음을 알아라. 왜냐하면 그것들은 다수이며 다수성에 관계하기 때문이다. 그는 선 일반에 대해서도 관심을 가지지 않는다. 선은 밖에 있는 것과 사물에 있는 것에 관계하기 때문이며 "하느님께 매달리는 것이 나에게 선이다"(시편 72:28)는 말씀과 같이 집착에 있기 때문이다.[63]

---

63 *LW* V(*Sermo* XXIX), 263-266, McGinn, *Meister Eckhart: Teacher and Preacher*, 223-226에도 영문 번역 수록.

존재

"하나"가 그 순수성에도 불구하고 다양성과 차별성만을 보고 사는 우리들로서는 붙잡을 곳 없는 다분히 추상적 개념이라면 존재 (esse, Sein)라는 개념은 추상적이기는 해도 신에 대하여 우리에게 무엇인가를 알려 주는 개념이다. "하나"가 근본적으로 부정신학의 전통에 속한 개념이라면 존재는 긍정신학적 개념이다. 앞서 인용한 "하느님은 한 분이시다"라는 구절에 대한 라틴어 설교에서 에크하르트는 계속해서 다음과 같이 말하고 있다.

열 번째로 "하나"는 선 그 자체보다 높고 앞서고 단순하다는 것 그리고 존재 그 자체와 하느님께 더 가깝다는 것 혹은 그 이름이 말해 주듯 존재 그 자체에서 또는 그것과 더불어 하나의 존재임을 알아라. 열한 번째로 하느님은 한 분이시기 때문에 아낌없이 풍성하시다. 왜냐하면 그는 "하나"라는 이유로 최초요 최고이기 때문이다. 그러므로 "하나"는 모든 사물 하나하나로 내려가되 언제나 하나로 머물고 갈라진 것을 하나로 만든다. 그러므로 여섯은 둘 곱하기 셋이 아니라 하나 곱하기 여섯이다. "들어라, 이스라엘아, 그대의 하느님은 한 분 하느님이시다." 여기서 하느님 혹은 "하나"는 지성만의 고유한 것이며 고유성임을 알아라. 물질적인 것은 부피를 가지고 있거나 형상과 질료로 구성되어 있는 한 하나이자 하나가 아니다. 비물질적인 것, 가령 지적인 것들 역시 본질과 존재가 동일하지 않거나 혹은 아마도 그 존재와 앎(지성)이 동일하지 않기 때문에 하나가 아니다. 그것들은 존재와 본질 혹은 존재와 앎으로 구성되어 있다(『원인에 관하여』에서 마지막 명제를 볼 것). 따라서 당연히 "그대의 하느님은 한 분 하느님이시다." 이스라엘의 하느님, 보시는 하느님, 보는 자들의 하느님, 아시는 하느님이며 오직 지성에 의해서만 알려지는 하느님, 전적으로 지성이신 하느님이라고 하는 것이다.[64]

여기서 에크하르트는 "하나"와 "존재"와 "지성"이 밀접히 연결되어 있음을, 아니 하나임을 말하고 있다. 복합적 존재이며 한계성을 지닌 피조물들과는 달리 만물의 시초요 원인인 하느님은 존재 자체이자 지성 자체로 단순하고 순수한 "하나"라는 것이다. 에크하르트에게 이런 초월 범주들은 하나이며 상호 교환이 가능하다. 다만 각각의 범주에 따라 신 관념의 어떤 면이 부각되고 강조될 따름이다. 나는 우선 존재 개념을 중심으로 에크하르트의 신관을 살펴본 후 지성의 개념을 고찰하고자 한다.

존재는 서양 중세 철학에서 가장 널리 사용된 신에 대한 개념이다. 토마스 아퀴나스에게도 하느님은 존재 자체다. 그러나 에크하르트는 "명제론집"(Opus propositionum)의 첫째 명제에서 토마스보다 한 걸음 더 나아가서 "존재는 신이다"(Esse est deus)라는 명제를 제시한다. 이 명제는 그의 "논제론집"(Opus quaestionum)과 "주해집"(Opus expositionum)을 포함한 『삼부작』 전체의 주제라 해도 과언이 아니다. 실제로 그는 『삼부작』 총 서문에서도 이 명제를 상세히 다루고 있다.[65] 그만큼 에크하르트는 존재를 둘러싼 중세 스콜라철학의 사변을 그의 신학의 중심으로 삼는 한편, 존재가 신이라고 함으로써

---

64 *LW* V, 266-267.

65 *LW* I, 156, 158. 알버트의 "Meister Eckharts These vom Sein"은 "존재는 신이다"(esse est deus)라는 명제가 에크하르트 형이상학 전체의 핵심임을 논하는 연구다. B. Mojsisch, *Meister Eckhart: Analogie, Univozität und Einheit*, 42-47 참조.

더한층 과격한 입장을 나타내고 있다. 이 명제에는 두 가지 의미가 함축되어 있다. 존재가 신이고 존재와 신이 동일하다면 신의 존재는 두말할 필요 없이 자명하다는 것이며, 존재인 신을 떠나서는 아무것도 존재할 수 없다는 것이다. 그리고 더 나아가서 어떤 사물이든 존재하는 한, 존재 자체로서의 신에 의존하고 참여하며 그만큼 신성을 지니고 있다는 것이다.

우선 "존재는 신이다"라고 할 때 존재란 물론 차별성을 지닌 이런저런 구체적 사물(ens hoc et hoc, das Seiende)을 가리키는 말이 아니라 존재 자체를 가리킨다. 모든 존재하는 것을 존재하게 하는 만물의 제일 원인(prima causa)으로서의 존재이다.[66] 플라톤 철학의 영향 아래 있던 중세적 사고에서는 하얀 것들(white things)이 하얌(white-ness)이라는 보편적 실재에 참여함으로써 하얗게 되듯 모든 존재하는 개별자들은 존재 자체에 참여함으로써만 존재할 수 있다.[67] 존재 자체로서의 신은 모든 구체적 존재자들을 존재하게 하는 존재의 근거이다. 따라서 신은 이런저런 구체적 사물과 같은 의미의 존재가 아니다. 그는 무한하고 순수한 존재이다. "인간이 하느님에게 덧붙이는 것(속성들)은 모두 하느님을 가둔다(제한한다). 인간이 무엇을 더 하든 순수 존재를 제외하고는 하느님을 가둔다"라고 에크하르트는 말한다.[68]

---

66 에크하르트는 하느님이 만물의 능동인(causa efficiens)·목적인(causa finalis)임을 부정하지 않지만, 능동인을 강조하는 토마스와는 달리 형상인(causa formalis) 혹은 본질적 원인(causa essentialis)을 중요시한다. McGinn, *The Mystical Thought of Meister Eckhart*, 100-102. 신을 본질적 원인이라 함은 신이 자신 안에 모든 사물들의 보편적 형상들(forms, ideas)을 원인으로서 지니고 있다는 뜻이다. 신은 만물의 이데아들을 품고 있는 로고스(logos)이다.

67 Albert, "Meister Eckharts These vom Sein," 62-66 참조.

『삼부작』의 총 서문은 "존재는 신이다"라는 명제에 대하여 다음과 같이 논증하고 있다.

이 명제는 우선 다음으로부터 명백하다. 만약 존재가 신과 다른 어떤 것이라면 신은 존재하지 않든가 혹은 신이 아니다. 왜냐하면 존재가 그와 다르고 [그에게] 외적이고 [그와] 구별된다면 어떻게 그가 존재하거나 혹은 어떤 것일 수가 있겠는가? 그렇지 않고(즉, 존재가 신이 아니고) 만약 신이 존재한다면 그는 어떤 경우든 다른 어떤 것을 통해 존재할 것이다. 왜냐하면 존재가 그와 다른 어떤 것이기 때문이다. 따라서 우리의 전제에 반하여 신이 신 자신이 아니고 그 이전의 다른 어떤 것이며 그렇다면 그것이 그의 존재의 원인이다.[69]

이것은 신의 존재에 대한 증명이 아니다. 신은 타에 의존하지 않는 자존적 존재이며 이러한 신의 존재는 이미 자명한 것으로 전제되고 있는 논증이다. 이러한 두 전제를 놓고 볼 때 존재와 신이 다르지 않고 완전히 일치한다는 것은 자명하다는 논증이다.[70] 신은 존재하며 신은 신이기 때문에 존재와 신은 다를 수가 없다는 말이

---

68 *DW* II, 740.

69 *LW* I, 156-157. 이 구절 전반부의 해석은 *LW*의 독일어 번역을 따르지 않고 W. Bange의 번역을 취했다. 번역의 문제에 대해서는 Albert, "Meister Eckharts These vom Sein," 55-56의 논의 참조.

70 에크하르트의 신 존재 증명은 간단명료하다. "만약 신이 존재하지 않는다면 아무것도 존재하지 않을 것이다. 결론이 허위이며 따라서 신이 존재하지 않는다는 전제도 허위이다." *LW* I, 179. 여기에도 원인 없는 결과는 없다는 전제, 그리고 신은 만물의 원인으로서 타자에 의해 존재하지 않는 자존적 존재라는 전제가 깔려 있음을 알 수 있다.

다. 호프Hof는 이를 다음과 같이 다시 표현한다: "존재는 신이다. 아니라면 신은 존재하지 않기 때문이다. 그리고 신이 어떤 다른 것, 타자로부터(ab alio) 존재를 가진다면 그는 최초가 아닐 것이며 따라서 신이 아닐 것이다. 존재하는 신이 될 수 있으려면 그는 존재 자체이어야 한다."[71]

존재가 신이라면 신의 존재는 자명하다. 비록 위의 명제가 신의 존재를 증명하려는 것은 아니지만 존재를 신으로 간주하는 에크하르트에게 신의 존재는 안셀무스의 경우와 마찬가지로 자명한 진리가 된다.[72] 신이 자기 이외의 존재로부터 존재를 취하지 않는 자존적 존재이며 존재 그 자체라면 신의 존재는 의심의 여지 없이 자명하기 때문이다. 신은 타에 의존하는 존재, 따라서 존재할 수도 있고 안 할 수도 있는 우연유인 "이런저런 존재자"들과는 달리 존재 자체이기 때문에 존재하지 않을 수도 있다고는 생각할 수 없는 필연적 존재이다. 존재하지 않는 신은 모순적 개념이라는 말이 된다. 신이 존재한다는 명제는 사람이 사람이라는 명제와 같이 동어반복(tautolyog) 혹은 개념 분석적 진리라는 것이다.[73]

토마스 아퀴나스도 그의 유명한 신 존재 증명에서 모든 우연적 존재들의 존재론적 근거가 되는 필연적 존재로서의 신 존재를 입증하고자 했다. 그러나 에크하르트나 안셀무스에게 신의 존재가

---

71 H. Hof, *Scintilla Animae: Eine Studie zu einem Grundbegriff in Meister Eckharts Philosophie mit besonderer Berücksichtigung des Verhältnisses der Eckhartschen Philosophie zur neuplatonischen und thomistischen Anschauung*, 112-113.
72 카푸토는 이것을 에크하르트식 "존재론적 증명"(ontological argument)이라고 부른다. *The Mystical Element in Heidegger's Thought*, 104.
73 *LW* I, 158.

거의 개념 분석적으로 자명한 진리였다면 토마스에게는 그렇지 않았다. 토마스에게는 인간이 지상에 존재하는 한 그와 같은 자명성은 주어지지 않고, 신의 존재는 피조물인 세계와 사물의 일반적 성격에 미루어서 입증되어야 할 문제였다. 오직 천상에서 신을 직접 대면할(visio dei) 수 있을 때에만 신의 존재는 우리에게 자명하게 된다.[74] 따라서 토마스는 에크하르트와 달리 사물들의 존재의 우연성으로부터 필연적 존재로서의 신의 존재를 미루어 증명하고자 했던 것이다.

존재가 신이라면서 신의 존재를 자명한 진리로 간주하는 에크하르트에게도 인간 존재를 포함한 모든 피조물의 우연성에 대한 강한 의식이 있다. 신은 존재할 수도 있고 하지 않을 수도 있는 우연적 존재들과는 차원이 다른 필연적 실재이다. 신은 피조물들과는 달리 존재 근거를 그 자체 안에 가지고 있다. 다른 말로 하면 일반 사물들과는 달리 신에게는 존재와 본질이 완전히 일치한다는 것이다. 존재는 신의 본질이다(esse estessentia dei).[75] 신의 존재는 순수하고 차별성이 없어서 그의 존재를 제약하는 어떠한 속성도 지니지 않으므로 타자와 구별되는 어떤 특정한 본성(quidditas, Sosein)을 가지고 있지 않다. 신은 본성 자체가 존재(anitas, Dasein)인 실재이며 따라서 그의 비존재는 생각조차 할 수 없다. "어떤 (사물의) 본질이 존재를 본성으로 가지고 있다면 그것은 필연적 존재가 될 것이다"라고 에크하르트는 말한다.[76] 반면에 모든 피조물은 존재 근거를 자신 안에

---

74 이 점은 모러의 지적이다. Maurer, *Parisian Questions and Prologues*, 31-32.
75 *LW* I, 159.
76 McGinn, *Teacher and Preacher*, 48.

가지고 있지 않는 존재, 의존적 존재들이다. 에크하르트는 하느님이 모세와 대면하여 알려 준 이름 "나는 나인 나다"(ego sum qui sum; Ich bin, der ich bin)라는 이름이 뜻하는 바는 바로 이러한 필연적 존재로서의 신을 말해 주는 것이라고 해석한다. 이 명제에서 "sum"을 계사(copula)가 아니라 술어로 해석하면서 에크하르트는 다음과 같이 진술한다.

> 신이 "ego sum"이라고 말할 때, "sum"은 여기서 명제의 술어이며 두 번째 위치에 있는 것임을 알아야 한다.[77] 그것은 매번 순수하게 존재하고 벌거벗은 존재가 주어에 있고 주어로부터 오며 주어 그 자체, 즉 주어의 본질임을 뜻하는 것이다. 그것은 또 본질과 존재가 동일하다는 것을 뜻하며 이것은 아비첸나가 말하듯 무엇임(quidditas, what-it-is)과 있음(anitas, that-it-is)이 동일한 신, 그리하여 있음 이외에는 그 어떤 무엇임도 가지고 있지 않는 신에게만 속하는 일임을 뜻한다.[78]

그러나 에크하르트에 따르면 이렇게 모든 속성을 여읜 벌거벗고(nudum) 순수한(purum) 존재 자체인 신성은 세계와 단절된 정적 실재가 아니라 거기로부터 이 다양성의 세계가 산출되는 창조적이고 역동적인 실재이다. "Ego sum qui sum"이라는 말에서 "sum"이 반복되는 의미를 논하면서 에크하르트는 말한다.

---

77 "두 번째 위치"(secundum adiacens)란 "sum"(esse)이 문법적으로 계사가 아니라 술어로 사용되고 있다는 뜻이다. McGinn, "Meister Eckhart on God as Absolute Unity," 130-131 참조.

78 McGinn, *Teacher and Preacher*, 45-46.

반복은 신으로부터 모든 부정을 배제하는 순수 긍정을 나타낸다. 그것은 또 신의 존재가 자기 자신 안으로 자신으로의 반성적 회귀(*reflexiva conversio*) 그리고 자신 안에 거하고 머무는 것을 나타낸다. 더 나아가서 그것은 비등沸騰(bullitio) 혹은 자기 자신의 산출 — 자기 안에서 달아오르고 녹아서 자기 안에서 자기 안으로 끓고 있음 — 을 뜻한다. 그것은 [자기] 빛 속에서 [다른] 빛 속으로 완전히 침투해 들어가는 빛이며 어디서든 전적으로 자기 자신으로 되돌아오고 반사하는 빛이다. … 그러므로 요한복음 1장 [4절]은 "그 안에 생명이 있었다"라고 말한다. 생명이란 어떤 것이 팽창하여 자기 밖으로 넘치기 전에 자기 속에서 부풀어 올라 먼저 자기 속에서 자신의 모든 부분에까지 철저히 침투하는 일종의 밀어냄을 뜻한다. 이 때문에 신성 안에서의 위격들의 유출(emanatio personarum)이 창조의 선행하는 근거이다. 그리하여 요한복음 1장 [1절]은 "태초에 말씀이 있었다"고 말하고 그다음 "만물이 그를 통해 만들어졌다"고 말하는 것이다.[79]

반복에 의해 모든 부정성이 배제되고 순수 긍정이 된다는 말은 신은 부정의 부정, 즉 차별성을 지닌 우연적 존재들이 지닌 부정성과는 무관한 순수한 긍정, 즉 존재 자체라는 뜻이다.[80] 다음으로 이 반복은 신의 자기 회귀성 혹은 자신 안에 머묾을 뜻한다고 에크하르트는 해석하고 있는데 이것은 성자 하느님으로서의 로고스를 가리킨다. 요한복음에서는 로고스와 생명과 빛이 동의어로 사용되고

---

79 같은 책, 46.
80 Maurer, 33; V. Lossky, *Théologie négative et connaissance de Dieu chez Maître Eckhart*, 68, 주 103.

있는데 신의 자기 회귀로서의 로고스를 신이 자기 안에서 자기에게로 끓어오르는 생명 그리고 자기 자신을 비추는 빛으로 파악하고 있는 것이다. 결국 이것은 신의 자기 인식, 즉 성자 혹은 로고스 안에서의 성부의 자기 인식을 가리킨다. 그리고 이것은 우리가 다음 장에서 고찰할 신의 지성적 본성과 관계되는 것인데 에크하르트에 의하면 신은 지성으로서 빛의 반조적 성격과 같이 자기를 인식하는 존재이며 로고스이다. 그리고 이 신성 안에서 일어나는 생명의 비등은 신성 밖으로 넘쳐흘러 세계의 산출로 이어진다. 따라서 신의 자기 회귀, 자기 머묾으로서의 로고스는 창조에 "선행하는 근거", 즉 "만물이 그를 통해 만들어진" 창조의 원리이다. 결론적으로 말해 에크하르트는 여기서 순수 존재로서의 신성은 그 자체의 끓어오르는 생명의 역동성으로 인해 삼위의 위격들을 유출할 뿐 아니라 외부 만물을 산출하는(ebullitio) 존재론적 근거임을 말하고 있는 것이다.

에크하르트는 신과 세계와의 관계를 창조와 피조, 원인과 결과의 관계로 파악한다. 필연적 존재, 존재 그 자체인 신은 모든 사물의 존재 근거이며 원인이다. 존재하는 모든 사물은 그 존재를 오직 신에 의존하여 존재한다. 창조는 무로부터 존재를 주는(dare esse ex nihilo) 혹은 존재를 부여하는(collatio esse) 행위다.

> 더욱이 존재 이전에는 무다. 따라서 존재를 주는 것은 창조하는 것이고 창조자다: 창조는 실로 무로부터 존재를 주는 것이다. 확실히 하얀 것이 모두 하얌에 의해 하얗듯이 모든 것은 존재 자체에 의해 존재를 소유한다.[81]

에크하르트는 불필요한 오해를 불식하고 피조물들이 창조 이전에는 순전히 아무것도 아님을 강조하기 위해서 "무로부터의 창조"라는 개념에서 "무로부터"라는 말은 실제로 불필요한 반복에 지나지 않는다고 말한다.

창조는 존재의 수여이며 "무로부터"라는 말을 덧붙일 필요도 없다. 왜냐하면 존재 이전에는 아무것도 없기 때문이다. 확실히 사물들에 존재가 수여되는 것은 존재에 의해, 다른 것이 아니고 오직 존재에 의해서이다. 그러므로 하느님이 그리고 오직 그만이 존재이므로 그만이 창조하거나 혹은 창조했다.[82]

피조물들이 그 존재를 존재 자체인 하느님으로부터 부여받는 한 에크하르트는 피조물들의 존재를 부인하지 않는다. 비록 의존적 존재이기는 하지만, 피조물로서의 실재성을 어느 정도 인정받는다. 이 점에서 에크하르트는 토마스와 다르지 않다. 엄밀히 말해 에크하르트에게는 피조물들은 존재(Sein)와 무(Nichts) 사이에 있는 존재자들이다. "나는 나인 나다"라는 말에 대한 해석에서 에크하르트는 하느님을 충만한 존재(plenum esse), 순수한 존재(purum esse)라 하면서 피조물들을 다음과 같이 묘사하고 있다.

하느님 저편에 있는 것은 모두 존재 저편에 있는 것이기 때문에 존재하면서도 존재하지 않으며(est ens et non ens), 존재 아래 그리고 존재

---

81 *LW* I, 157.
82 *LW* I, 160.

저편에 있기 때문에 각기 어떤 존재가 부정된다. 따라서 그것에는 부정이 어울린다.[83]

불교식으로 말하자면 피조물들은 연기적 존재로서 유이무有而無, 무이유無而有의 묘유妙有다.[84] 따라서 존재 자체인 하느님과는 달리 우리는 피조물들에서 "허무의 그림자를 느낀다"고 에크하르트는 말한다.[85] 그것들은 무로부터 존재를 부여받았기 때문이다.

그러나 에크하르트는 다른 한편으로 토마스와 달리 같은 논리에 의해 피조물들의 존재론적 가치를 극단적으로 폄하하기도 한다. 왜냐하면 피조물들은 그 자체의 존재 근거를 가지고 있지 않고, 전석으로 신에 의존하여 존재하기 때문이다. 사물들의 존재는 신으로부터 빌린(verleihen) 임시적인 것이라고 에크하르트는 말한다. 하지만 그는 여기서 그치지 않고 피조물들은 아예 존재하지 않는 "순전한 무"(ein lauteres Nichts)라고까지 극언한다.

모든 피조물은 하나의 순전한 무이다. 나는 그것들이 하찮다거나 혹은 어떤 것이라고 말하는 것이 아니다. 그것들은 하나의 순전한 무이다. 존재를 가지고 있지 않은 것은 무이다. 모든 피조물은 아무런 존재도 가지고 있지 않다. 왜냐하면 그들의 존재는 하느님의 현존에 달려 있기 때문이다.[86]

---

83 *LW* II, 77(*Expositio libri Exodi*).
84 다만 불교에서는 의타적(依他的) 존재가 아닌 자존적(自存的) 존재 혹은 존재 그 자체로서의 신을 인정하지 않는다는 것이 결정적 차이이다.
85 *LW* III, 17(*Expositio sancti evangelii secundum Ioannem*).
86 *DW* I, 444.

피조물들이 필연적 존재인 하느님에게 존재를 의존한다는 것은 토마스도 물론 인정하지만 그는 사물들에 어느 정도의 독자성과 존재론적 가치를 부정하지 않았다. 이런 의미에서 모러Maurer가 지적하는 대로 에크하르트에게는 토마스와는 달리 신과 무 사이의 중간 존재로서의 피조물의 존재에 대한 관념이 없다고 해야 할 것이다.[87] 이것은 어쩌면 "존재는 신이다"라고 규정할 때부터 이미 도출되는 자명한 결론이다. 신을 스스로 존재하는 자기 자신의 존재(deus est suum esse)로 이해하며 피조물들을 신에 의존하는 혹은 신의 존재에 참여하는 존재로 이해하는 토마스와는 달리 존재가 신이라고 규정하는 에크하르트에게는 피조물들은 이미 본질적으로 존재에서 배제되어 버린 것이나 마찬가지이기 때문이다.[88] 존재와 신이 동일시되면 신 이외의 것은 존재할 수도 없고 자동적으로 비존재가 되기 때문이다. 에크하르트는 말한다.

> 하느님 밖에 있는 것은 무엇이든 그것이 존재 밖에 있는 한 [신과] 다른 어떤 것이 아니라 아무것도 아니다. 왜냐하면 존재 밖에 있는 것은 무엇이든 무無이고 존재하지 않기 때문이다.[89]

사물의 존재를 부인하는 듯한 에크하르트의 이러한 극단적 표현을 이해하려면 우리는 그의 유비(analogia)에 관한 이론을 이해해야

---

87 "No intermediary created existence by which they 'creatures' exist," Maurer, 36. 이것은 앞에서 말한 "존재하면서도 존재하지 않는다"는 것과 모순되지 않는다.
88 J. D. Caputo, "Fundamental Themes in Meister Eckhart's Mysticism," 220.
89 *LW* III, 181.

한다. 도대체 우리는 신과 사물들을 같은 의미에서 "존재"라고 말할 수 있는가? 신이 존재라면 사물들은 어떤 의미에서 존재라고 말할 수 있는가?

중세 철학자들은 우리가 어떤 개념이든 신과 사물들에 동일한 의미로 사용할 수는 없다는 데 인식을 같이했다. 신과 사물들의 질적 차이를 감안할 때 결코 동의적同義的으로(univoce) 사용할 수 없다는 것이다. 부정신학은 바로 이러한 이유에서 신에 대하여 일체의 적극적 표현을 거부하고 부정적 언사만을 고집한다. 사실 에크하르트는 물론이고 토마스도 이런 부정신학, 특히 디오니시우스의 부정신학에서 강한 영향을 받았다.

그러나 신학은 물론 부정으로만 만족할 수는 없다. 엄격히 말해서 부정신학도 우리가 이미 신에 대하여 모종의 견해를 가지고 있기 때문에 가능하다. 부정 자체가 모종의 긍정을 함축하고 있기 때문이다. 더군다나 신의 계시를 믿는 신학자의 입장에서 부정의 길만을 고수할 수는 없다. 부정신학은 신에 대한 우리의 언어와 생각을 정화하고 고양시키는 길은 되지만 그 자체로 목적이 될 수는 없다. 신에 대한 부정적 언사들은 결국 만물의 근원이며 원인인 신에 대하여 한 차원 높은 긍정, 더욱 순수한 긍정을 하기 위함이다.

우리가 신에 대하여 언어를 동의적으로 사용할 수 없다 해서 전혀 이의적異義的으로(aequivoce) 사용한다면 이것은 신에 대하여 사용하는 우리의 언어가 전적으로 자의적임을 뜻하며 언어로서의 기능이 상실되는 부조리를 초래한다. 신과 세계, 원인과 결과가 아무리 차원이 다르다 해도 전혀 무관한 것이 아닌 한 우리가 세계에 대하여 사용하는 말은 신에 대하여도 어느 정도 타당성을 지닐 수 있다.

따라서 에크하르트와 토마스를 포함하여 중세 사상가들은 공통적으로 신에 관한 인간의 언어가 유비적으로(analogice) 사용한다는 데 의견을 같이했다. 문제는 이 유비적 관계를 좀 더 정확하게 어떻게 이해할 것인가에 있었으며 이를 둘러싸고 복잡한 이론들이 전개되었다. 에크하르트의 유비론은 그의 사상 이해에 있어서 결정적 중요성을 지니고 있다.[90]

간단히 일반화시켜 말하자면 토마스에 의하면 우리가 신에 대하여 사용하는 하나(unum), 존재(esse), 진리(verum), 선(bonum) 등의 개념은 신과 사물들에 대하여 둘 다 정식으로(formaliter) 적용될 수 있다. 신과 사물들의 관계는 원인과 결과의 관계로 양자 사이는 차이에도 불구하고 어떤 유사성이 존재하기 때문이다. 우리는 신 자체를 인식하지는 못하지만, 피조물에 나타난 여러 속성들을 보고 거기서부터 출발하여 그 원인인 신에 대하여 어느 정도 인식할 수 있다. 특히 존재, 하나, 선, 진리와 같이 창조 세계의 보편적인 초월 범주들 혹은 생명(vivere)이나 지성(intellectus)과 같이 어떤 피조물에서 발견되는 특별한 활동 그리고 의(justitia)나 지혜(sapientia)와 같은 완덕完德 혹은 영적 완전성들(perfectiones spirituales)은 그것들의 원인이며 모든 완전성을 다 갖추고 있는 하느님에 대하여 사용하기에

---

90 에크하르트의 유비론에 대해서: J. Koch, "Zur Analogielehre Meister Eckharts," *Kleine Schriften* I, 67-97 참조. Ueda, *Die Gottesgeburt in der Seele*, 93-96도 에크하르트의 귀속의 유비론(analogia attributionis)을 간단명료하게 소개하고 있다. H. Hof, *Scintilla Animae*는 귀속의 유비(analogia attributionis, Attributio-analogie)라는 에크하르트의 유비 개념으로 그의 전 사상을 풀이한다. 이와는 대조적으로 B. Mojsisch, *Meister Eckhart: Analogie, Univozität und Einheit*는 그것만으로는 하느님과 피조물에 대한 에크하르트의 다양한 사상을 수렴할 수 없다고 보면서 유비·동의성·단일성의 세 개념으로 에크하르트의 사상을 해석하고 있다.

적합한 개념들이다.[91] 하지만 신에게는 우리가 사용하는 술어들이 그에게 합당하게 내재하며 완전하고 탁월한 방식으로 존재하는 반면 피조물들에게는 그것에 참여 혹은 분유分有하는 정도에 따라 각기 알맞게 비례적으로 불완전하게 존재한다. 따라서 우리는 피조물로부터 도출된 개념들을 이른바 탁월성의 길(via eminentiae) 혹은 비례성의 유비(analogia proportionalitatis)에 따라 신에게 적용해야 한다는 것이다.[92]

에크하르트도 신과 세계와의 관계를 토마스처럼 원인과 결과의 관계로 파악하지만, 초월 범주들은 본래 오직 하느님에게만 타당한 범주들이므로 그는 피조물에서 출발하여 신에게로 올라가는 상향적인 비례성의 유비를 무시하고, 하향적인 귀속의 유비(analogia attributionis)에 따라 피조물의 허무성 내지 무력성 그리고 전적인 의존성을 강조한다. 그가 유비론을 가장 명확하고 상세하게 전개한 곳은 구약 외경인 집회서集會書 24장 21절에 나오는 "나를 먹는 사람은 다시 배고픔을 느낄 것이며 나를 마시는 사람은 다시 갈증을 느낄 것이다"라는 구절에 대한 주해로 여기서 그는 귀속의 유비를 다음과 같은 예로 설명하고 있다.

일례로 생물에 있는 동일한 하나의 건강이 바로 그것이 음식과 소변에 있되 실로 음식이나 소변에는 건강으로서의 건강은 돌에 없는 것과 마찬가지로 전혀 없다. 소변이 건강하다고 하는 것은 오로지 생물에 있는 저

---

91 R. Imbach, *Deus est Intelligere: Das Verhältnis von Sein und Denken in seiner Bedeutung für das Gottesverständnis bei Thomas von Aquin und in den Pariser Quaestionen Meister Eckharts*, 101-105 참조.

92 토마스 아퀴나스의 유비론에 대해서는 Hof, 80-89 참조.

동일한 건강을 가리키기 때문이다. 마치 포도주가 들어 있지 않은 화환이 포도주를 가리키는 것과 마찬가지이다. 존재자 혹은 존재 그리고 모든 [영적] 완전성들, 특히 보편적인 것들 가령 존재·하나·진리·선·빛·의義 그리고 이와 유사한 것들은 신과 피조물들에게 유비적으로 말해진다. 따라서 [피조물들의] 선과 의 그리고 이와 유사한 것들은 전적으로 그들이 유비적 관계에 있는 그들 밖의 어떤 것, 즉 신으로부터 그 선 등을 가진다.[93]

이 에크하르트 유비론의 핵심은 주 유비항 A(primum analogatum)에 적용되는 속성(analogon)이 부차적 유비항 B나 C에는 실제로 합당하게(formaliter) 내재하지 않는다는 점이다.[94] 생물에는 건강이 실제로 들어 있지만, 소변이나 약에는 그렇지 않고, 단지 건강의 원인 혹은 징표라는 점에서 그렇게 귀속시킬 뿐이라는 것이다. 이와 같이 존재, 하나, 진리, 선 등의 초월 범주들은 피조물들에게는 실제로 존재하지 않고 오직 주 유비항인 하느님에게만 있고 전적으로(totaliter) 그로부터 온다는 것이다. 이것이 에크하르트의 이른바 귀속의 유비이다. 한 에크하르트 연구가가 간명하게 말하듯이 "유비가 토마스에게서처럼 연결의 관계가 아니라 의존의 관계이다. 유비가 어떤 것이 무엇인지를 설명하는 것이 아니라 그것이 어디

---

93 *LW* II, 280-281(Sermones et Lectiones super Ecclesiastici); Hof, 90; F. Tobin, *Meister Eckhart: Thought and Language*, 44; 田島照久, 『マイスターエシクハルト研究』, 123 참조. 여기서 화환은 주막집에 걸어놓은 것으로서 포도주를 판다는 표시였다고 한다.
94 에크하르트는 유비를 "In those things which are said to be related by analogy, what is in one of the things in a real and proper sense 'formaliter' is not so in the other"이라고 설명한다. Tobin, *Meister Eckhart*, 44.

로부터 오는지를 설명한다."[95] 또 다른 연구가는 이를 다음과 같이
표현한다.

에크하르트에게는 하느님과 피조물이 서로 유비적이라는 말은 존재,
선, 진리 혹은 그 밖에 무엇이든 신과 피조물이 공통적으로 소유하는
존재는 하느님 안에 있는 것과는 적극적 성질은 하나도 없다는 말이다.
피조물들이 소유하는 존재는 하느님 안에 있는 것과는 본질적 유사성
이 없다. 만약 피조물들을 존재한다고 말할 수 있다면 하느님에 대하여
언급하려면 어떤 전혀 다른 술어가 사용되어야 한다. 피조물들을 존재
라고 부르는 언어적 상황에서는 하느님은 존재 이상이며 존재의 순수
함이다. 혹은 더 빈번하게는 하느님만이 존재라고 말할 것이다. 피조물
들은 그 자체에 있어서 혹은 그들이 피조물인 한(inquantum) 단순히
무無이다.[96]

카푸토의 지적대로 이렇게 하느님과 피조물의 단절을 강조하는
에크하르트는 토마스와 달리 피조물들에게 그 고유한 비례적 존재
성을 인정하지 않고 단지 그 의존성과 그림자 같은 실재성만을 강
조할 뿐이다. 에크하르트에게는 비례성의 유비는 없고 오직 귀속의
유비만이 존재하는 것이다.[97] 코흐는 이러한 차이가 단순히 유비론
에 대한 견해차를 넘어서 양자의 사상사적 배경과 사고방식의 차이

---

95 Dietmar Mieth의 말, McGinn, *The Mystical Thought of Meister Eckhart*, 92에서 재
   인용.
96 Tobin, *Meister Eckhart*, 63.
97 J. D. Caputo, "Fundamental Themes in Meister Eckhart's Mysticism," 221; Hof,
   110.

에서 기인한다고 지적한다. 토마스가 아리스토텔레스 철학을 배경으로 구체적 사물들로부터 시작해서 신에 대해 사유하는 "상향식" (von unten) 사고를 한다면 에크하르트는 신플라톤주의 사상을 배경으로 하여 하느님으로부터 시작하는 "하향식"(von oben) 사고를 한다. 그는 존재, 선, 진리, 하나 등의 초월 범주들의 분석을 통해서 하느님의 본질을 더 정확히 규명하려는 것이 아니다. 에크하르트에게는 이 범주들은 단지 하느님 안에 존재하는 어떤 것이 아니라 하느님 그 자체이다. 그들은 피조물들에 앞서 실재하며 그들이 유한한 사물들에 존재한다면 그것은 오로지 하느님으로부터 부여받은 것이다.[98]

다시 앞서 든 유비의 예로 돌아가자. 우리가 관심을 가져야 할 사항은 약이나 소변에 실제로 건강이 존재하느냐 아니냐가 아니다. 중요한 것은 돌의 예에서 보듯이 에크하르트가 분명히 아니라고 생각했다는 사실이다. 이것을 존재 개념에 적용해 볼 때 에크하르트는 사물의 존재성을 돌과 건강 혹은 화환과 포도주와의 관계 정도로 희박하게 보았다는 것이다. 존재는 오직 하느님에게만 타당할 뿐 사물들에서는 돌에 건강이 없듯이 본래 결핍되어 있다. 이런 뜻에서 에크하르트는 피조물들을 "순전한 무"라고 대담하게 말한 것이다. 그리고 그것들이 무가 아니고 존재한다고 말한다면 그것은 전적으로 하느님이 부여한 것으로서 존재한다는 것이다. 마치 소변의 건강이 사실은 전적으로 생물의 건강일 뿐이듯….

비단 존재만 그러한 것이 아니다. 하나 · 지성 · 진리 · 선 등 모든

---

98 J. Koch, *Kleine Schriften* I, 378.

초월 범주들 그리고 의나 지혜 같은 완덕들도 이러한 귀속의 유비에 따라 하느님과 피조물에 적용되고 있다. 이것이 에크하르트 존재론의 기초이며 앞으로 우리가 보겠지만 에크하르트 사상 전체를 지배하는 매우 중요한 시각이다. 다시 한번 그 의미를 정리해 본다.

세 가지 사항에 유의할 필요가 있다. 첫째, 모든 초월 범주들이 오직 주 유비항인 하느님에게만 실제로 합당하게 해당되며 피조물들에게는 전적으로 하느님으로부터 주어진 것으로서만, 즉 의존적으로 빌려 온 것으로서만 존재한다는 사실이다. 따라서 하느님은 피조물의 존재와 선 자체이며, 그들도 존재하는 한(inquantum) 존재 자체, 선한 한 선 자체, 의로운 한 의 사체인 하느님으로부터 "태어난" 것이기에 하느님의 존재와 의와 선과 조금도 다름없다. 즉, 하느님 자신과 똑같은 존재 · 의 · 선 등을 지닌다는 것이다. 둘째, 그러나 피조물들에게는 존재 · 선 · 의 등이 본래적으로 있는 것이 아니기 때문에 피조물은 그 자체에 있어서는(in se) 아무것도 아닌 "순전한 무"이다. 셋째, 창조주와 피조물의 관계는 역동적 관계의 존재론으로 파악되며 여기에 신플라톤주의 사상이 개입된다. 신은 존재 · 선 · 의 등을 피조물에게 유출해 주고(emanation) 유입시켜 주고(hineinfliessen) 부어주며(eingiessen) 창조주와 피조물 사이에는 동형(configuratio), 합치(conformatio), 변화(transformatio), 동화(assimilatio)의 역동적 관계가 성립된다.[99] 아니 이보다 더 나아가서 그 어떤 피조물이든 특히 인간의 경우 그것이 존재하는 한 그리고 선 · 진리 · 지혜 · 의로움 같은 덕목을 속성으로 지니고 있는 한 하느님과 피조물 사이에

---

99 Hof, 110-111.

는 완전한 일치(Einheit) 혹은 "동일성의 관계"가 성립된다. 하느님과 피조물은 동일한 존재, 동일한 선, 동일한 의 등을 공유하기 때문이다. 물론 이 동일성은 단순히 정적이고 평면적인 동일성이 아니라 하나가 다른 하나에 전적으로 의존하는 역동적 일치이고 비대칭적 동일성이며 역설적 동일성이다.100 에크하르트는 이것을 다음과 같이 표현한다.

첫째로 하느님만이 본래적으로 존재이며 하나이며 진리이며 선이다. 둘째로 그로 인해 만물이 존재하며 하나이며 참이며 선이다. 셋째, 만물이 존재하며 하나이며 참이며 선인 것은 직접적으로 그에 의한 것이다. 넷째, 내가 이 존재, 이 하나 혹은 저 하나, 이 참 혹은 저 참이라고 말할 때 "이" 혹은 "저"는 존재·하나·진리·선에 어떤 존재성이나 하나임이나 참됨이나 선함도 더하거나 첨가하지 않는다.101

우에다가 지적하는 대로 에크하르트의 귀속의 유비론은 창조주와 피조물 사이의 유사성과 비유사성에 기초하여 각기 합당한 속성을 인정하는 비례성의 유비론과는 달리 유사성을 동일성으로 그리고 비유사성은 순전히 무로 각각 철저화한 셈이다.102 하느님과 피조물이 한없이 멀게 그러면서도 동시에 한없이 가깝게 파악되는 것이다.

---

100 A. M. Haas, "Transzendenzerfahrung: Buch der göttlichen Tröstung," *Sermo Mysticus: Studien zu Theologie und Sprache der Deutschen Mystik*, 193-194.
101 *LW* I, 169.
102 Ueda, 96.

하느님과 인간의 완벽한 일치를 설하는 에크하르트 영성의 과단성은 부분적으로는 이러한 존재론에 기초하고 있다. 그는 귀속의 유비론이 함축하는 바 하느님과 인간ー피조물ー 사이에 성립하는 유사성과 비유사성의 두 측면 가운데서 유사성을 강조하면서 그것을 성부 하느님과 성자 하느님의 관계에 준해서 이해한다. 성자가 성부와 본성상 완전히 하나이듯 우리들도 의로운 한 의로부터 태어난 의의 아들이며 선한 한 선의 아들로서 선 자체인 하느님과 조금도 다름없는 하느님의 아들이라는 것이다.[103]

우리는 여기서 귀속의 유비론이 지닌 존재론적 함의에 하나의 놀라운 반전을 보게 된다. 에크하르트에게 피조물들은 피조물인 한 순전한 무이다. 그러나 이와 동시에 피조물이 하느님으로부터 존재·진리·선 그리고 의 등을 부여받아 하느님 안에서(in Gott) 그것들을 소유하고 있는 한 전적으로 하느님과 마찬가지로 존재 자체, 진리 자체, 선 자체라는 정반대의 결론이 도출된다. 이 점에서 에크하르트 사상 가운데서 피조물에 관한 생각만큼 미묘하고 파악하기 어려운 것이 없다는 루돌프 오토의 경고는 실로 의미가 있다.[104] 첫째,

---

103 *LW* III, 15(*Expositio sancti evangelii secundum Ioannem*). 에크하르트의 『하느님의 위로의 책』(*Buch der göttlichen Tröstung*)은 전적으로 이러한 유비론적 존재론에 의거하여 인간이 고난을 극복하는 정신적 길을 제시하는 책이다. Haas, 앞의 논문은 이에 관한 고찰이다. 그러나 에크하르트는 다른 한편으로, 성부와 성자의 일치는 귀속의 유비 관계 이상임을ー적어도 하느님에 대한 피조물의 절대 의존성에 초점을 맞출 때ー 말한다. *LW* III, 7. 이단 혐의에 대한 변명에서도, 에크하르트는 우리들에 있어서는 선한 자와 선이 유비적으로(analogically) 하나임에 비하여, 성부와 성자의 경우에는 그 둘이 일의적으로(univocally) 하나라고 하여 구별하고 있다. Colledge and McGinn, *Essential Sermons*, 73. 그러나 우리가, 앞으로 보겠지만, 성부로부터 태어난 성자와 선으로부터 태어난 선한 인간을 이렇게 차등적으로 구별하는 것은 그의 참뜻이라고 보기 어렵다.

104 R. Otto, *Mysticism East and West: A Comparative Analysis of the Nature of*

에크하르트는 사물들이 아무것도 아니라고 말할 때 우리는 그가 "그 자체에 있어서" 혹은 "피조물인 한"이라는 조건적(inquantum) 표현을 달고 있다는 점에 유의해야 한다. 물론 에크하르트가 항시 이 점을 분명히 하고 있는 것은 아니고 열띤 설교 가운데서 종종 이런 단서를 무시하는 경우도 있지만 그가 말하려는 참 의도에 관해서는 한 점의 의심도 있을 수 없다. 그는 피조물이 무조건 존재하지 않는다는 것이 아니라 그 "자체"에 있어서, 즉 그들 존재의 근원인 창조주 하느님을 떠나서는 존재하지 않는다는 오히려 너무나도 당연한 말을 하고 있는 것이다. 그리고 이것을 뒤집어서 보면 피조물들은 그 무성無性에도 불구하고 실제로 존재하는 한 전적으로 하느님 덕분에 존재하며 하느님의 존재에 참여하는 놀라운 신적 존재들이라는 것이다.

피조물들은 항시 존재의 근원인 하느님으로부터 존재를 부여받고 있다. 단 한순간도 피조물은 그 자체로 존립할 수 없다. "하느님이 한순간이라도 모든 피조물에 등을 돌리면 그들은 무가 된다"고 에크하르트는 말한다.105 피조물의 존재는 항시 그 근원인 하느님께 의존하고 있고 그로부터 흘러나온 것이기 때문이다. 이런 의미에서 에크하르트는 지속적 창조(creatio continua)를 말한다. 창조는 과거 어느 한순간에 일어난 사건이기보다는 항시 일어나고 있는 사건이라는 말이다.106

Mysticism, 105.

105 Quint, 171.

106 Welte, *Meister Eckhart*, 178-179; McGinn, *The Mystical Thought of Meister Eckhart*, 103-104.

그러나 바로 이 때문에 하느님으로부터 주어진 존재를 누리고 있는 모든 피조물은 한결같이 하느님을 가리키며 지향하고 있다. 피조물들은 그 안에 하느님이 나타나 있는 하느님의 현현이요 형상이 된다.[107] "피조물 하나하나가 하느님으로 가득 찬 책이다."[108] 아무것도 아닌 것으로 평가절하되었던 피조물들이 이제 하느님의 생명이 그 안에서 살아 움직이고 그의 빛이 비추이는 신적 존재로 엄청나게 격상된다. 피조물은 바로 그 자체로 아무것도 아니기 때문에 그 존재가 전적으로 하느님을 드러내고 증언하는 아름다운 것이 되는 것이다.

> 하느님을 이렇게 그 존재에서 소유하는 자는 하느님을 신적으로 취하며 그에게는 모든 사물에서 하느님이 빛을 비춘다. 왜냐하면 그에게는 모든 사물이 하느님 맛이 나고 모든 사물로부터 하느님의 형상이 드러나기 때문이다.[109]

> 그는 오직 하느님만을 소유하며 오직 하느님만을 목적하기 때문에 그에게는 모든 사물이 순전한 하느님이 된다. 그러한 사람은 그가 하는 모든 일에서 그리고 모든 곳에서 하느님을 지니며 그가 하는 모든 일은 오직 하느님만이 하신다.[110]

---

107 "하느님의 현현"(Erscheinen), "형상"(Bild)은 Welte의 표현, 182-184.
108 Quint, 200.
109 Quint, 60.
110 Quint, 59.

그러므로 우리는 피조물을 떠나서 하느님을 찾을 것이 아니라 바로 피조물 속에서 하느님을 만난다. 벨테는 이것을 다음과 같이 표현한다.

그런즉 사물들은 그 참 존재를 이해하는 사람에게는 다름 아닌 바로 하느님의 형상이다. 그 안에는 하느님으로부터 발하는 생명, 그러므로 하느님의 찬란한 빛, 하느님의 형상이 끊임없이 빛난다. 사물들의 이러한 형상성, 즉 그것들이 하느님의 형상이며 하느님의 생명을 발한다는 것은 따라서 사물들에게 외적으로 더해지는 어떤 것이 아니고 단지 추가적으로 생각되거나 느껴지는 것도 아니다. 그것은 오히려 사물의 존재 그 자체로서 그들로 하여금 본래적으로, 본질적으로 그리고 전적으로 그들이게끔 만드는 것이다. 이러한 뜻에서 모든 사물은 순전한 하느님이며, 따라서 그들 자체 이상이며 이는 그것들이 그 자체에 있어서 아무것도 아니며, 따라서 그들 자체보다도 훨씬 못하다는 것과 전적으로 일치한다. 그렇다면 사람은 이러한 사물의 비밀을 발견하고 그것에 맞게 세상 사물들과 관계하면서 사는 것이 중요하다.[111]

에크하르트에 의하면 우리가 사물을 제대로 보자면 "하느님 안에서 사물들을" 보아야 하고 "사물들 안에서 하느님을" 볼 수 있어야 한다. 그 자체로서는 "순전한 무"였던 피조물들이 이제 하느님 안에서 새로운 빛을 발하며 되살아나는 것이다. 에크하르트에게 피조물이 가지는 이러한 양면성을 누구보다도 예리하게 파악하고 있

---

111 B. Welte, 184.

는 루돌프 오토는 다음과 같이 그 역설적 성격을 말한다.

에크하르트에게는 모든 종교의 특성인 사물에 대한 묘한 이중적 가치
평가가 존재한다: 사물들과 사람들은 피조물인 한, 즉 그 자체에 있어서
는 무가치하고 단순히 아무것도 아니다. 그러나 하느님에 의해 창조되
고 하느님으로부터 오는 한 그들은 존재를 가지고 있고 선하고 신적이
다. 이것이 에크하르트가 "…인 한"이라는 말을 즐겨 사용하는 이유이
다.112

에크하르트에서 "…인 한"(inquantum)이란 표현은 피조물의 두
가지 면을 강조하는 말이다. 하나는 피조물을 그 자체보다 낮게 평
가하는 데 쓰이고, 다른 하나는 그 자체보다 더 높게 평가하는 데도
쓰인다. 우선 피조물은 피조물인 한, 즉 피조물 그 자체로서는 아무
것도 아니라는 뜻이다. 그러나 이것은 피조물의 한 면에 불과하고,
다른 한편으로는 피조물이 문자 그대로 하느님의 피조물인 한, 즉
하느님으로부터 존재를 부여받은 한 피조물은 문자 그대로 신적 존
재들이다. 에크하르트는 따라서 그의 글에서 종종 "하느님 안에서"
라는 표현을 사용하면서 피조물들에 대한 적극적 자세를 표한다.
피조물들은 결코 우리가 허무하다고 피할 존재가 아니라 그들에게
존재를 부여한 하느님 안에서 긍정하고 사랑하고 받아들이고 함께
살아야 하는 아름다운 존재들이다. 하느님을 떠나 죽었던 피조물들
은 다시 하느님 안에서 아름답고 찬란한 모습으로 부활한다. 피조

---

112 R. Otto, *Mysticism East and West*, 113.

물은 바로 그 자체로 아무것도 아니기 때문에 하느님으로 가득 차 그 자신 이상으로 아름다운 것이다. 이를 두고 에크하르트 신비주의 전통에 서 있는 한 시인은 "세상은 하나의 놀랍도록 찬란한 무無이다"라고 말했던 것이다.113 다시 말해서 피조물은 하느님과의 관계 속에서 부정과 긍정을 동시에 경험한다. 바로 부정되기 때문에 가장 강력하게 긍정되는 것이다.114 에크하르트 자신의 말을 들어보자.

> 결함이 있는 모든 것은 존재(sein, esse)로부터의 탈락이다. 우리들의 생명 전체가 존재이어야 한다. 우리들의 생명은 존재인 한 하느님 안에 있다. 우리들의 생명이 존재에 감싸여 있는 한 그것은 하느님과 연관되어 있다. 한 생명이 아무리 보잘것없다 해도 그것이 존재로 여겨지는 한 살아 있었던 [다른] 모든 것들보다도 더 고귀하다. 나는 확신한다: 가장 보잘것없는 것이라도 한 영혼이 존재를 가진 것을 인식한다면 그는 결코 다시는 단 한순간도 거기서 눈을 떼지 못할 것이다. 아무리 보잘것없는 것이라도 우리가 하느님 안에 있는 것으로 인식하는 한 그렇다, 단지 한 송이 꽃이라도 하느님 안에서 존재를 가지고 있는 대로 인식한다면 그것은 온 세계보다도 고귀할 것이다. 하느님 안에 존재하는 것은 가장 하잘

---

113 "Die Welt ist ein wunderherrliches Nichts!" 독일 신비가 안겔루스 실레시우스 (Angelus Silesius, 1624-1677)의 말. A. M. Haas, "Die Welt—Ein wunder-schönes Nichts," *Sermo Mysticus*, 389.

114 이 부정을 통한 긍정을 무시할 때, 에크하르트 사상을 이른바 범신론(pantheism)이라고 오해한다. 이런 오해는, 하스가 지적하는 대로, 그의 귀속의 유비론 (analogia attributionis)을 제대로 이해하기만 하면 있을 수 없는 일이다. Haas, *Sermo Mysticus*, 250. 에크하르트에게는 세계에 대한 부정과 긍정, 하느님과 피조물 사이의 단절과 연속 혹은 차이와 동일성이 동시에 있음을 기억해야 한다.

것없는 것이라 해도 그것이 하나의 존재인 한 누군가 천사를 인식할 때
보다도 더 좋다.[115]

이보다 더 아름답고 강한 세계에 대한 긍정과 사랑을 찾아볼 수
있을까? 적어도 에크하르트 사상에서는 세계를 떠나서 하느님을 찾
는다는 것은 있을 수 없다. 중세 사상 혹은 그리스도교가 너무 신
중심적이고, 세계를 포기하고 도피한다는 비난은 성립되지 않는다.
오히려 세계의 찬란한 복권이 이루어지고 있다고 해야 옳을 것이다.
모든 피조물은 하느님이 부여한 존재를 소유하고 있는 한 선하다.
존재는 선이기 때문이다. 에크하르트는 "하느님이 모든 피조물 안
에서 하실 수 있는 가장 고귀한 것은 존재이다"라고 말하면서 심지
어 지옥의 가룟 유다도 천국에서 다른 존재가 되기보다는 자기 존
재를 유지하기 원한다고 말한다.[116] 어떤 존재도 자기 존재를 미워
하거나 부정할 수 없기 때문이다.[117] 사물들은 신으로부터 존재를
빌리는 한 그 자체의 존재성이 전혀 없음에도 불구하고 아니 바로
그렇기 때문에 고귀하고 신적 아름다움으로 눈부시게 빛난다. 에크
하르트의 이러한 긍정성을 흔히 신비주의에서 발견되는 세계 도피
성과 대비하면서 오토는 다음과 같이 평한다.

그러나 에크하르트는 말한다. "나는 (세상) 마지막 날까지 기꺼이 여기
머물 것이다." 그에게는 생사生死가 이미 열반涅槃이며 둘은 하나가 된다.

115 Quint, 192.
116 설교 47, *DW* II, 401.
117 "denn das Sein verleugnet sich selbst nicht." 같은 곳.

그는 구원을 [하느님의 빛으로] 새로이 피어나는 바로 이 세상에서 발견한다. 성 프란시스코에게서 큰 비중을 차지하며 때때로 루터의 설교 역시 흡하게 만들고, 불교든 힌두교든 인도적 세계관에서 그렇게도 자주 등장하는 이 세계와 육체에 대한 비탄의 노래가 에크하르트에게서 발견되지 않는다는 것은 특별하다. 에크하르트에게는 올바른 인식을 얻자마자 하느님이 모든 피조물 속에서 빛을 발한다. 그리고 그에게는 "모든 것이 하느님이 되어 버렸다"고 할 수 있는 힘을 얻는 것이다.[118]

사물을 보는 에크하르트의 시각이 생사즉열반生死即涅槃을 말하는 대승불교가 말하는 공空 세계와 유사하다는 오토의 통찰은 실로 놀랍다. 대승과 에크하르트의 실재관이 같다는 말은 물론 아니다. 그러나 부정과 긍정을 통해 사물을 새롭게 보는 시각은 마찬가지이다. 색즉시공色即是空이 사물에 대한 부정이라면 공즉시색空即是色은 부정을 그대로 둔 채 새로운 차원에서의 긍정이다. 하느님과의 관계 속에서 만물이 죽었다가 다시 살아나듯 무차별적 공의 세계 속에서 차별적 세계인 색이 긍정되는 것이다: "산은 산이요 물은 물이로다!"
만물 안에서 하느님을 보고 하느님 안에서 만물을 보는 시각에는 차별 속에 평등이 보이며 평등 속에 차별이 보인다. "하나" 안에서 사물을 보는 눈에는 무차별적 차별의 세계가 열리며 모든 것이 중심이자 원주가 되는 원융무애圓融無礙의 세계가 펼쳐진다. 크고 작은 것이 없으며 작은 것도 무한히 귀한 것이 된다. 에크하르트는 이것을 주님의 몸이 참여자의 몸 가운데 가장 작은 부분에도 전적

---

118 R. Otto, *West-östliche Mystik*, 244-245.

으로 고스란히 현존하는 성만찬에 비유한다.[119]

　문제는 우리가 어떻게 이와 같은 하느님의 시각을 확보하느냐이다. 일상적 사고에 길들여진 우리들이 어떻게 그러한 초월적 시각을 얻을 수 있으며, 온갖 욕망과 이기심으로 가득 찬 우리 마음이 어떻게 피조물들의 찬란한 빛과 순수한 아름다움을 볼 수 있으며, 차별의 세계를 넘어 평등한 세계를 보는 눈을 가질 수 있는가 하는 것이다. 이는 에크하르트가 말하는 초탈超脫에 관련된 실천과 수행의 문제로서 앞으로 우리가 고찰해야 할 문제이다. 마음을 비우지 않으면 우리는 결코 사물의 모습을 있는 그대로 볼 수 없기 때문이다. 피조물이 아무것도 아닌 무이지만 신적 아름다움으로 충만하듯이 우리 자신의 죽음을 통하지 않고서는 세계를 바로 보는 새로운 눈을 결코 얻을 수 없다는 것이 에크하르트의 메시지이다.

　피조물의 세계를 긍정하는 에크하르트의 논리는 여기서 그치지 않는다. 우리가 그의 창조론을 자세히 고찰하면 할수록 그에게 이 피조물의 세계는 놀랄 만한 존재론적 가치를 지니고 있음을 깨닫게 된다. 사실 그에게는 신과 세계는 따로 분리해서 생각할 수 없을 정도로 밀접하게 연관되어 있다. 신 없는 세계도 생각할 수 없지만, 세계 없는 신도 생각할 수 없다. 이미 우리는 에크하르트가 말하는 신성神性(Gottheit)이 결코 정적 실재가 아니라 그 자체에서 부글부글 끓어오르는 창조적 역동성(비등, bullitio, *ebullitio*)을 지닌 생명임을 보았다. 따라서 이 세계는 신이 느닷없이 어느 한순간 창조하기로 결정하여 생겨난 "우연적" 존재가 아니다. 에크하르트의 신관에 의

---

119 McGinn, *Teacher and Preacher*, 75.

하면 세계는 존재로 충만한 신의 본성에서부터 넘쳐흘러 나온 하나의 자연스러운 결과이다.

구체적으로 에크하르트의 창조론은 요한복음의 로고스론과 플라톤의 이데아론 그리고 신플라톤주의적 유출론이 혼합된 형태로 전개되고 있다. 신은 사물들을 그 이데아적인 원형에 따라 창조하며 이데아들은 하느님의 마음속에 창조 이전부터 선재한다. 신의 자기 인식, 자기 머묾으로서의 로고스는 이 이데아들의 총화이며 신은 이 말씀을 통해 세상을 창조한다. 세계는 이 로고스, 곧 신의 모사인 셈이며 로고스로서의 신은 세계의 모범이다(Deus est exemplar mundi). 사물들은 이 로고스에 선재하는 영원한 이데아에 참여함으로써 존재하는 것이다.

우리가 이미 고찰한 대로 로고스는 신의 말씀이자 아들이며 곧 신의 자기 인식이다. 신은 로고스 속에서 자기 자신을 인식하고 이데아로서의 세계(mundus idealis)를 인식하며 이 영원한 인식이 곧 창조(creare)이다. 따라서 에크하르트에게는 창조가 이중구조를 가지고 있다. 신의 영원한 창조, 즉 그의 영원한 말씀 혹은 아들로서의 로고스라는 일차적 창조와 이데아로서의 세계가 시간과 공간 속에서 실현되는 이차적 창조이다. 하나는 영원한(in principio)[120] 창조이며, 다른 하나는 시간적 창조이다. 하나가 신성의 내적 끓어오름(bullitio)이라면 다른 하나는 신성의 외적 끓어오름(ebullitio)이다. 전자의 의미에서 세계는 영원하다. 문제는 오토가 지적하듯 에크하르

---

120 에크하르트는 그의 『창세기』와 『요한복음』 주해에서 이 태초(principium)라는 말을 시간적으로 이해하지 않고 존재론적으로, 즉 라틴어 'principium'이라는 단어가 가지는 양의성(兩義性)을 활용하여 그것을 로고스의 뜻으로 해석하고 있다. Colledge and McGinn, *Essential Sermons*, 94-143 참조.

트가 흔히 양자를 명확히 구별하지 않는다는 데 있고,[121] 이 때문에 그는 창조를 부정하고 세계의 영원성을 주장했다는 이유로 이단 판결을 받았던 것이다.

여하튼 에크하르트에게 이 세계는 신의 자의적 결단에 따라 생긴 우연도 아니고 단순한 허무도 아니다. 창조된 세계 만물은 신 안에 그의 말씀으로서 영원한 원형을 가지고 있다. 이제 로고스론을 주축으로 하는 에크하르트의 창조론을 좀 더 확실하게 이해하기 위해서 우리는 그의 신론의 다른 측면을 고찰해야만 한다. 지성으로서의 신 개념이다.

---

121 R. Otto, *Mysticism East and West*, 109.

제5장
신과 영혼: 지성

에크하르트에게 신과 인간의 관계는 신과 세계의 관계와는 다른 특별한 관계를 지니고 있다. 그것은 신과 인간이 지성을 공유하고 있는 영적 실재이기 때문이다. 신과 세계가 창조주와 피조물, 원인과 결과로 맺어진 관계라면 영적 존재인 인간, 특히 영혼과 신과의 관계는 단순히 창조나 인과관계 이상의 특별한 관계를 가진다.[1] 우리는 지성(intellectus, intelligere)의 개념을 통해 존재 개념으로는 잡히지 않는 에크하르트 신관의 또 다른 측면을 엿볼 수 있다. 존재가 유비의 개념으로 신과 인간의 관계를 논한다면 지성은 유비나 관계 개념을 넘어서 하느님의 모상으로서의 인간 영혼을 가리키며 신과 인간이 완전히 하나가 되는 세계이다. 이는 후에 고찰할 하느님 아들의 탄생이라는 주제와 직결된다. 그리고 한 걸

---

1 R. Imbach, *Deus est Intelligere*, 197.

음 더 나아가서 신과 인간이 "하나가 될"뿐 아니라, 둘이 완전히 "하나인" 세계가 열린다.

에크하르트의 가장 체계적 저술인 『삼부작』의 주제는 신은 존재이며 존재가 곧 신이라는 명제다. 이는 토마스 아퀴나스 등 대부분의 중세 그리스도교 사상가 그리고 아비첸나Avicenna(980~1037)나 마이모니데스Maimonides(1135~1204) 같은 이슬람이나 유대교 철학자들까지 공유하는 사상이었다. 그러나 에크하르트에게는 신의 본질을 존재보다는 지성(intellectus) 혹은 앎(intelligere)에서 찾는 시각이 공존한다.2 이는 특히 그의 초기 저술인 『파리 토론집』이 다루고 있는 다섯 문제3 중 앞의 세 토론에서 가장 뚜렷하게 제시되고 있다. 첫번째 토론의 주제는 신에게 존재와 앎이 동일한가라는 문제였다. 에크하르트는 도미니코회 대선배 토마스와 마찬가지로 이 물음에 긍정적으로 답한다. 양자 모두 신은 내적 차별성이 없는 순일한 존재이므로 존재와 앎의 구분이 있을 수 없으며 신에게는 존재와 본질이 일치하듯 존재와 앎도 완전히 일치한다.4 그러나 놀라운 것은 존재보다는 지성에 우선성을 두는 듯한 다음과 같은 에크하르트의 발언이다.

---

2 에크하르트는 지성(intellectus), 앎(intelligere) 그리고 "Vernunft", "Vernünf-tigkeit", "Bekentnisse", "Verständnis" 등을 흔히 동일한 의미로 사용하고 있다. 불필요한 오해를 피하기 위해서 나는 "지성"과 "앎"이라는 용어만을 사용하고자 한다. "지성"이 실체성을 강조하는 말이라면 "앎"은 지성의 활동성을 강조하는 말로서 둘은 불가분적이다.

3 첫 세 문제는 1302-1303년에, 그리고 넷째, 다섯째 문제는 1311-1314년 사이에 이루어진 토론이다.

4 Maurer, *Parisian Questions and Prologues*, 43. 토마스의 견해에 대해서는 R. Imbach, *Deus est Intelligere*, 97-107 참조.

셋째로 나는 더 이상 신이 존재하기 때문에 아는 것이 아니라 오히려 알기 때문에 존재하는 것 같다는 점을 보여 줄 것이다. 그리하여 신은 지성이고 앎이며 앎이 그의 존재 기반이다.[5]

신은 존재하기 때문에 인식하는 것이 아니라 인식하기 때문에 존재하는 것 같다는 이 말은 당시 젊은 에크하르트로서는 실로 대담한 발언이었다. 그것은 존재와 인식의 순서를 뒤집음으로써 상식에 반하는 말처럼 들릴 뿐 아니라 토마스의 사상에 정면으로 도전하는 듯 보이기 때문이다. 토마스도 물론 신은 지성이라고 생각한다. 그러나 지성으로서의 신의 성품은 존재로서의 그의 성품에 포함되며 존재가 어디까지나 우선적이다.[6] 모든 완전성은 순일한 그의 존재에 다 포함되어 있으며 존재가 그의 모든 활동과 완전성의 기반이다.[7] "더 이상 아니다"(non modo)라는 표현은 카푸토의 지적대로 에크하르트도 이제까지는 토마스와 같이 존재의 우선성을 믿었지만 이제 생각을 달리하게 되었다는 것을 나타낸다.[8] 이제 에크하르트는 신은 지성이고 그의 앎의 행위(intelligere)가 그의 존재 기반이라고 하며 지성의 우선성을 주장하고 있는 것이다.

---

5 J. D. Caputo, "The Nothingness of the Intellect in Meister Eckhart's Parisian Questions," *The Thomist* 39(1975), 89에서 인용. Maurer의 번역 *Parisian Questions*, 45와는 차이가 있다.

6 토마스에 있어서 존재의 우위성에 관해서는 R. Imbach, *Deus est Intelligere*, 135-139 참조.

7 Maurer, 14.

8 J. D. Caputo, "The Nothingness of the Intellect," 89. 알버트도 이 점을 지적하면서, 에크하르트의 입장이 그 후 『삼부작』을 저술할 즈음 또다시 존재 우위로 되돌아갔다고 본다. K. Albert, "Meister Eckharts These von Sein," 106.

사실 그는 『파리 토론집』뿐 아니라 성서 주석서 다른 곳에서도 신의 본성은 지성이고 그의 존재가 앎이라고 말한다.9 혹은 신의 초절성超絕性(separatus)과 부잡성不雜性(immixtus)을 강조하면서 "신은 순수 지성(intellectus purus)이며 그의 전 존재(esse totale)가 앎 자체 (ipsum intelligere)이다"라고 한다.10 신에게는 존재와 본질이 일치하 듯 지성과 본질이 일치하며 존재와 앎이 완전히 일치한다. 만약 신에게 지성과 존재가 구별되고 지성과 다른 어떤 존재가 있다면 그는 복합적(compositum)이고 "단적인 하나"(simpliciter unum)가 아니다.11 신에게는 지성 혹은 앎 자체가 존재이며 앎을 떠나서 혹은 앎과 다른 어떤 존재가 있을 수 없다.

그러므로 하느님만이 본래적 의미에서 존재하고, 그는 지성 혹은 앎이며 다른 어떤 존재가 없는 순수하고 단적인 앎이라는 것이 분명하다. 그러므로 하느님만이 지성을 통해 사물들을 존재하게 한다. 오직 그에게서만 존재가 지성이기 때문이다. 나아가서 그 외에는 아무것도 순수한 앎이 될 수 없다. 그 외의 것은 앎과 다른 존재를 가지고 있다. 그렇지 않으면 그것은 피조물이 아닐 것이다. 왜냐하면 앎은 창조될 수 없기 때문이며 "존재는 창조된 것들 가운데 첫째이기" 때문이다.12

신의 지성은 인간의 지성처럼 외부 사물을 향해 인식하는 것이

---

9 *LW* I, 52.
10 *LW* I, 314.
11 *LW* IV, 268.
12 같은 곳.

아니라 그 안에 모든 것을 가지고 있으며, 그의 눈은 자신을 향하며 아무런 상(Bild)의 매개 없이 직접 자기 안에서 자기 자신을 인식하는 순수한 지성이다.[13]

에크하르트는 나아가서 신은 아예 존재가 아니라고까지 말한다. 신을 존재라고 부르는 것은 합당치 않다는 것이다. 한 설교에서도 에크하르트는 존재(Sein)에 대한 지성(Vernunft)의 우위를 다음과 같이 말한다.

> 우둔한 대가들은 말하기를 하느님은 순수한 존재라고 한다. 하느님은 최고의 천사가 한 마리 모기보다 위에 있듯이 존재 저 위에 있다. 만약 내가 하느님을 존재라고 부른다면 그것은 태양을 창백하다거나 검다고 부르는 것과 같이 잘못된 것이다. 하느님은 이런저런 것(사물)이 아니다. 한 대가는 "누구든 하느님을 인식했다고 믿으면서 무언가를 인식했다면 그는 하느님을 인식한 것이 아니다"라고 말한다. 그러나 만약 내가 하느님이 존재가 아니며 존재를 초월한다고 말한다면 나는 이로써 하느님에게 존재를 부인한 것이 아니라 오히려 그에게서 그것을 더 높인 것이다.[14]

더 나아가서 에크하르트는 말한다.

> 우리가 하느님을 존재로 취한다면 우리는 그를 그의 앞마당에서 취하는 것이다. 왜냐하면 존재는 그가 거하는 그의 앞마당이기 때문이다. 그렇

---

13 Ueda, *Die Gottesgeburt in der Seele*, 57.
14 Quint, 196.

다면 그가 성스럽게 빛을 발하고 있는 그의 성전은 어디인가? 지성이 하느님의 성전이다. 또 다른 대가가 말하듯 하느님은 아무도 자기를 건드려 본 적이 없는 단지 자기 자신 속에 거하면서 "오직 자기 자신의 인식 속에 사는 지성이다." 왜냐하면 그는 거기서 홀로 정적 속에 있기 때문이다. 하느님은 자기 자신의 인식 가운데서 자신 안에서 자신을 인식한다.[15]

이상과 같은 문제를 두고 에크하르트 연구가들 사이에는 그의 견해의 모순성을 지적하기도 하고 혹은 그의 입장이 바뀐 것이 아닌지 하는 의문을 제기하기도 했지만, 지금까지의 연구 결과에 의하면 전혀 그런 것이 아니고 다만 같은 문제를 보는 시각이 다를 뿐이라는 것이다.[16] 위에서 에크하르트 자신이 밝히듯 그는 하느님이 존재가 아니라고 말함으로써 결코 하느님이 존재임을 부정한 것이 아니라 오히려 그것을 더 높였다는 것이다. 따라서 문제의 핵심은 "존재"라는 말을 어떤 의미로 사용하는가에 있다. 이는 에크하르트가 어떤 의미에서 신에 대하여 존재를 부정하는지를 보면 분명해진다. 그는 다음과 같이 말하고 있다.

이에 근거하여 나는 신에게는 존재(esse)나 존재자(ens)가 없다는 것을 제시한다. 원인이 만약 참 원인이라면 어떤 것도 원인과 결과 [모두]에 실제로 합당하게 내재하지 않기 때문이다. 그런데 신은 모든 존재의 원인이다. 그런고로 존재는 신에 실제로 합당하게 내재하지 않는다. 물론

---

15 Quint, 197. Walshe II, 152는 대가의 인용문을 퀸트와는 달리 "하느님은 오직 자기 자신의 인식 가운데서 사는 지성이다"로 ㅎ나정시키고 있다. 나는 이를 따른다.

16 이 문제를 둘러싼 다양한 견해들: Imbach, *Deus est Intelligere*, 290, 주 42 참조.

그대가 앎을 "존재"라 부르고 싶으면 나는 괘념하지 않는다. 하지만 나는 만약 신에게 그대가 존재라고 부르고 싶은 것이 있다면 나는 그것이 그의 지성을 통해 그에게 속한다고 주장한다.[17]

여기서 에크하르트가 말하는 존재는 유한한 사물로서의 존재자(Seiende) 혹은 "이런저런 존재"(esse hoc et hoc)로서의 피조물을 가리키는 것이 분명하다.[18] 신은 피조물의 원인으로서 피조물이 존재라면 신에게는 당연히 존재라는 개념을 사용해서는 안 된다는 말이다. 원인과 결과, 창조주와 피조물은 엄연히 차원이 다르기 때문이며 존재라는 개념은 결과에만 본래적으로 적용되는 개념으로서 원인과 결과 모두에 본래적 의미로 적용될 수 없기 때문이라는 것이 에크하르트의 논리이다. "하느님은 필연적으로 존재를 넘어서는 어떤 것으로서 그 자체는 아무도 필요로 하지 않지만 모든 사물이 그를 필요로 한다"는 한 대가의 말을 설명하면서 에크하르트는 이렇게 말한다.

존재, 시간 혹은 장소를 가진 것은 하느님을 접하지 못한다. 그는 그 위에 있다. 하느님은 모든 피조물이 존재를 가지고 있는 한 그 안에 있으나, 그럼에도 그 위에 있다. 모든 피조물 안에 있음으로 인해 그는 그들 위에

---

17 Maurer, 48. "참 원인"의 개념에 대해서는 K. Albert, "Meister Eckharts These vom Sein," 113-115 참조.
18 임바흐는 파리 논쟁에서 에크하르트가 전제로 하는 존재(esse, ens)의 개념을 면밀히 검토한 후, 그것은 다른 어떤 것으로부터 유래하는(abkünftiges) 것. 유적(類的) 특징(gattungsbestimmtes)을 지닌 것이라고 결론짓는다. 즉, 구체적 사물들을 가리키는 말이라고 한다. R. Imbach, *Deus est Intelligere*, 167-172. 알버트의 견해도 마찬가지이다. K. Albert, "Meister Eckharts These vom Sein," 106.

있다: 다수의 사물 안에서 "하나"인 것은 필연적으로 사물들을 넘어 있는 것이다.[19]

창조주와 피조물, 원인과 결과 사이에 존재의 연속성을 인정하면서 동시에 존재를 넘어서는 하느님의 초월성을 설명하는 구절이다. 이 초월성에 초점을 둘 때 신이 존재가 아니라는 입장은 신의 존재를 부정하는 것이 아니라 오히려 높이는 셈이 된다. 그리고 이런 의미에서 에크하르트는 존재를 초월하는 하느님을 무(Nichts)라고도 표현한다. 하지만 이것은 엄격히 말해서 존재에 반대되는 의미에서의 무가 아니다. 하느님은 "모든 존재를 넘어서는 존재", "존재 없는 존재"이기 때문이다.[20]

이렇게 볼 때 신이 존재가 아니라는 파리 논쟁에서의 에크하르트의 입장은 신을 필연적 존재이며 존재 자체(ipsum esse)로 보는 그의 견해와 모순적이 아니라 동일한 진리를 시각을 달리해서 서술한 것뿐이다. 모러가 롯스키의 해석에 따라 지적하는 바와 같이 『파리 토론집』에서는 에크하르트가 지성과 존재를 대치시키면서 피조물에 대한 신의 초월성을 강조하기 위해 신이 존재임을 부정하는 상향적(ascending) 시각을 채택한 반면 『삼부작』에서는 하향적(descending) 시각에서 신을 존재로 보면서 피조물은 그 자체로서 무無라는 입장을 취하는 것이다.[21] 이제 에크하르트는 신의 지성성을

---

19 Quint, 195.
20 Quint, 407. Walshe II, 115의 번역에 따라 퀸트와는 달리 "ein weiseloses Sein"을 "ein weselos(wesenloses) Sein," 즉 "존재 없는 존재"로 읽었다. DW III, 583.
21 Maurer, 36.

강조하면서 신이 존재가 아님을 주장하고 있는 것이다. 하나의 진리를 놓고 에크하르트는 시각을 달리하면서 지성으로서의 신을 말할 때는 신을 무라고, 존재로서의 신을 말할 때는 피조물을 무라고 보는 것이다. 그러나 비록 에크하르트가 귀속의 유비론에 따라 피조물들을 "순전한 무"라고 부르지만, 사실은 신에 의존하는 존재들임을 우리는 보았다.

결론적으로 말해 에크하르트는 신의 초월성을 강조할 때는 지성으로서의 신을, 신의 내재성 내지 피조물과의 연속성을 염두에 둘 때는 존재로서의 신을 강조하는 것이다. 하스는 신을 보는 에크하르트의 다양한 입장들을 정리해서 다음과 같이 표현한다.

> 그러나 우리는 일단 근본적으로 다음과 같이 말할 수 있다. 시각의 변화에 따라 신의 아주 다른 술어들이 가능하다. 에크하르트는 신의 존재를 강조할 때는 신과 모든 존재자와의 밀접한 유비론적 관계를 부각시킨다. 그들은 존재에 참여하기 때문에 하느님과 유사하고, 따라서 하느님을 향해 달리는 것이다. 반면에 모든 피조물에 대한 하느님의 배타성은 창조되지 않은 순수한 신적 인식으로서의 [영혼의] 신적 지성에서 드러난다. 그리고 신의 단일성이라는 측면에서는 존재와 인식이 신 안에서 상호 교환 가능하다는 제3의 가능성이 나타난다. 그러나 사실상은 [에크하르트에게] 신의 이 세 술어들이 등가적인 것은 아니다. [만물을 포괄하는] 신의 포괄적 지성성이 분명하게 우선권을 지닌다.[22]

---

22 Haas, *Nim Din Selbes War*, 18-20.

에크하르트는 신이 존재이기보다는 지성이라는 진리의 성서적 근거를 요한복음의 "태초에 말씀이 있었으며 말씀은 하느님과 함께 있었고 그 말씀은 하느님이었다"라는 구절과 "나는 진리다"라는 그리스도의 말씀에서 찾는다. 성서는 "태초에 존재가 있었다"거나 "나는 존재다"라고 말하지 않으며 "말씀"이나 "진리"는 모두 지성에 관련된 개념이라는 것이다.[23] 그리고 말씀을 통해 만물이 만들어졌다면 존재가 먼저 말씀에 의해 주어졌다는 뜻이며, 따라서 그 원인인 말씀 자체는 존재일 수 없다고 논한다.[24]

에크하르트에 의하면 지성은 신의 내적 본성이며 생명이다: "하느님은 오직 자기 자신의 인식 속에 사는 지성이다. 왜냐하면 그는 거기서 홀로 정적 속에 있기 때문이다. 하느님은 자기 자신의 인식 가운데서 자신 안에서 자신을 인식한다."[25] 신은 모든 사물을 인식하지만, 사물들은 그를 인식하지 못한다. 지성으로서의 신은 이런 의미에서 인식의 대상이 아니고 존재가 아니다. 지성은 사물을 산출하고, 사물과 관계하기 이전의 신 그 자체의 순수한 모습이며 홀로 자기 인식 가운데 거하는 고고한 실재다. 자기 인식은 지성으로서의 신의 완벽하고 자기 충족적인 활동과 생명을 뜻한다. 에크하르트는 생명에 대하여 다음과 같이 말한다.

자기 자신으로부터 혹은 내적 원리에 의해 그리고 그 자체에서 움직이는 모든 것은 생명이 있는 혹은 살아 있는 것이라고 말한다. 그러나 단지

---

23 Maurer, 45-46.
24 같은 곳.
25 Quint, 197; Walshe II, 152.

외부로부터밖에 움직여지지 않는 것은 살아 있지도 않고 살았다고 말할 수도 없다. 이로써 분명한 것은 자기 이전에 혹은 자기 위에 능동인能動因 (causa efficiens)을 가진 것 혹은 자기 밖에 자기와 다른 목적인目的因 (causa finis)을 가진 것은 모두 본래 살았다고 말할 수 없다는 것이다. 모든 피조물이 그렇다. 오직 (만물의) 최종 목적(finis ultimus)이며 운동의 제일 원인(movens primum)인 하느님만이 살아 있으며 생명이다.[26]

카푸토의 지적대로 "자기 자신을 사유하는 사유는 전적으로 자족적이며 신적 지성 그 자체의 시작이며 끝이다. 그것은 따라서 에크하르트에게 '생명'의 최고 형태이다."[27] 지성은 자기 밖에 그 어떤 능동인도, 목적인도 필요로 하지 않는 신의 자족적 생명 그 자체라는 것이다.

지성의 신적 성격

지성이 아무리 신의 순수한 본성을 말해 준다 해도 역시 인간 현상으로부터 취한 개념으로 보이며 인간 지성에 준해서 신에게 적용된 개념이라는 생각을 지우기 어렵다. 그리고 이것은 인간 지성의 신성성을 말하는 것이기도 하다. 그렇다면 인간 지성의 어떤 면이 신적이며 무엇 때문에 에크하르트가 그토록 신이 지성임을 강조했는가 하는 것이다.

---

26 *LW* III, 51; Caputo, *The Mystical Element in Heidegger's Thought*, 108 참조.
27 Caputo, 108. 카푸토는 "자기 자신을 사유하는 사유"라는 개념에서 아리스토텔레스 -도미니코 수도회-에크하르트-헤겔로 이어지는 서구 사상사의 연결을 본다.

에크하르트에 따르면 그것은 지성이 만물의 원인으로서의 존재, 모든 존재를 초월하며 모든 존재를 품는 존재, 존재 아닌 존재, 무한하고 순수한 존재인 하느님, "하나" 하느님의 성품과 완벽히 일치하기 때문이다. 에크하르트는 "지성은 존재보다 우월하며 존재와는 다른 질서에 속한다"고 말한다.[28] 지성은 존재의 질서상 여타의 사물들보다 한 단계 고차적이라는 것이다: "나는 지성 그 자체와 지성에 관계된 것은 무엇이든 존재와는 다른 질서에 속한다고 주장한다."[29] 자연의 모든 일은 지성이 하는 일이고, 모든 움직이는 것들은 지성적 존재에 의한 것이며, 따라서 지성을 가진 것은 그렇지 않은 것보다 더 완전하며 고차적이라는 것이다.[30]

그러나 이보다 중요한 사실은 인간 지성이 순수 지성으로서의 하느님의 모습을 닮았다(deiformatio)는 점이다. 에크하르트는 당시 파리 대학의 프란치스코회 신학자 곤살부스와 벌인 논쟁에서 도미니코회 전통에 따라 의지에 대한 지성의 우위를 논하는 가운데 "지성적 인식은 어떤 신을 닮음 혹은 신을 닮게 됨이다. 왜냐하면 신은 지성적 인식이며 존재가 아니기 때문이다"라고 말했다.[31] 인간 지성이 존재가 아니라는 점에서 신의 지성을 닮았다는 것이다. 여기서 "존재"라 함은 이런저런 성격을 지닌 구체적 존재자를 가리키며 지성은 그런 존재자가 아니라는 말이다. 왜 그런가? 이

---

28 Maurer, 46.

29 Maurer, 47.

30 Maurer, 46.

31 "Ipsum intelligere quaedam deiformitas vel deiformatio, quia ipse deus est ipsum intelligere et non est esse." Albert, 125. 곤살부스와의 논쟁에 대해서는 Albert, 127-133; Maurer, 55-67 참조. 지성의 우위를 논하는 에크하르트의 15개 논증을 곤살부스는 11개로 요약했다.

것이 핵심이다.

지성은 여타의 유한한 사물들과는 달리 투명하고 순수하다. 이로 인해 지성은 만물을 상대하여 그 형상을 취할 수 있고 인식할 수 있으며 형상을 통해 인식 대상과 하나가 된다.[32] 지성은 이런 뜻에서 신과 같이 제한성을 지닌 구체적 사물들을 초월하는 무한성과 초월성과 보편성을 지닌다. 신적 지성과 마찬가지로 인간 지성은 한계성을 지닌 구체적 사물이 아니다. 이런 점에서 지성은 "존재"가 아니라 무無이다. 바로 이 점이 지성으로 하여금 모든 사물을 상대하여 인식할 수 있게 만드는 것이다. 에크하르트는 이것을 다음과 같이 표현한다.

> 지성은 지성인 한 그것이 인식하는 것의 어떤 것도 아니다. 지성은 어떤 것과도 섞여서는 안 되고, 『영혼론』 3권에서 말하듯 모든 것을 인식할 수 있으려면 어떤 것과도 공통적이어서는 안 된다. 마치 시각이 모든 색깔을 볼 수 있으려면 그 자체는 색깔이 없어야 하는 것과 마찬가지이다. 그러므로 지성이 지성으로서 무라면 지성은 결과적으로 어떤 존재도 아니다.[33]

이같은 지성의 순수성과 초월성 그리고 존재를 넘어서는 무성無性을 감안할 때 에크하르트에게 신이 지성이라는 것은 자명한 진리다. 사실 그에게는 지성이 신의 본성이기 때문에 인간보다 신에게

---

32 Ueda, *Die Gottesgeburt in der Seele*, 56-57 참조.

33 *LW* V, 50; Maurer, 51. 『영혼론』(*De Anima*)은 아리스토텔레스의 저서로서, 에크하르트가 이 중요한 사상에 있어서 아리스토텔레스의 영향을 받고 있음을 알 수 있다.

더 본래적이고, 인간의 지성은 하느님의 모상으로서 단지 신의 지성을 닮은 것일 뿐이다.[34] 신이 인간의 지성을 닮은 것이 아니라 인간의 지성이 지성으로서의 신을 닮은 것이다. 인간이 하느님의 모상으로 창조되었다는 창세기 1장 27절의 말을 해석하면서 에크하르트는 다음과 같이 말한다.

이제 우리는 이성적 혹은 지성적 피조물들이 그 아래 있는 모든 것들과 어디서 차이가 나는지 알아야 한다. 후자는 하느님 안에 있는 어떤 것의 모상에 따라 만들어졌으며, 하느님 안에 그들의 고유한 이데아들이 있어서 사람들이 말하듯 그것들에 따라 창조되었다. 이 이데아들은 그러나 본성상 서로 차별적 종류에 따라 제한적이다. 그러나 지성의 본성은 하느님 안에 이데아로 존재하는 어떤 것이 아니라 하느님 자신을 닮은 모상이다. 그 이유는 "지성 그 자체가 모든 것이 될 수 있는 힘이기 때문이며" [사물의] 종류에 따라 이런저런 것에 제한되지 않기 때문이다.[35]

여기서 에크하르트는 플라톤주의적 신학 전통에 따라 로고스로서의 하느님이 모든 사물의 원형인 이데아들을 품고 있는 것으로 보면서, 지성은 그런 사물들과는 달리 하느님 자신을 원형으로 하는 하느님의 모상임을 말하고 있다. 그리고 그 이유는 지성이 로고스 하느님과 같이 이런저런 특성을 지닌 사물들이나 이데아들에 한정되지 않고, 모든 것을 인식할 수 있는 보편성과 초월성을 지닌

---

34 Maurer, 18; U. Kern, *Die Anthropologie des Meister Eckharts*, 43.
35 *LW* I, 270. 여기서 "모상"이라고 번역된 것은 "similitudo," 즉 "닮음"이라는 말로서, "imago"와 같은 뜻으로 취했다.

실재이기 때문이라고 한다.

지성은 그 활동이 특정한 사물에 국한되지 않고 보편적이다. 지성은 무엇이든 생각할 수 있으며 무엇이든 인식할 수 있다. 지성은 특정한 부류의 사물이나 존재에 국한되지 않고, 존재하는 모든 것을 사유 대상으로 삼을 수 있으며, 정신적 존재까지도 대상으로 삼을 수 있다. "정신은 모든 것과 자기 자신을 알지만, 육체는 아무것도 모른다"는 파스칼의 말은 이를 두고 한 말일 것이다. 인간은 갈대와 같이 연약한 존재이지만, 온 우주를 생각하고 품을 수 있는 "생각하는 갈대"인 것이다. 시인 디킨슨Dickinson은 이러한 정신의 위대성을 다음과 같이 재미있게 표현한다.

두뇌는 하늘보다 넓다. 왜냐고?
둘을 같이 놓아 보아라.
하나는 쉽게 다른 하나를 품을 것이고,
그대까지 품을 것이기 때문이다.[36]

인간의 지성은 이런 의미에서 하나, 존재, 진리, 선 등의 초월범주들과 마찬가지로 신의 보편성과 초월성을 지닌다. 신은 물질적 존재가 아니기에 더욱 그러하다. 그런데 지성이 이렇게 한 사물에 국한되지 않고 모든 사물을 상대할 수 있는 것은 그 자체가 일반 사물들과는 달리 제약성과 특성을 지닌 제한적 존재가 아니라 무한하고 투명하고 순수하기 때문이다. 신적 지성처럼 인간의 지성도

---

36 The brain is wider than the sky, for put them side by side. The one the other will contain with ease and you beside(Emily E. Dickinson).

"이런저런" 잡다한 사물들과 섞이지 않고(immixtus) 초절적(separatus)이다. 여기에 지성의 가장 중요한 특징이 있으며 지성을 신성으로 보는 가장 중요한 이유가 있다.

에크하르트는 인간 지성에 관한 그리스 철학의 오랜 전통에 따라 지성이 어떤 사물을 인식하려면 그 자체는 텅 비어 있어야 한다는 사실에 주목한다.[37] 지성의 본질은 그 순수성, 그 비어 있음에 있다는 것이다. 마치 시각이 어떤 색깔을 인지하려면 그 자체는 특정한 색깔을 지니고 있지 않아야 하듯이 지성은 그 자체가 비어 있기 때문에 구체적 사물들이 지닌 제약성을 넘어 모든 사물을 인식하는 보편성을 지니는 것이다. 토마스에게는 이것은 지성이 감각적 성격을 초월하며 비물질적임을 입증한다. 그러나 모러의 지적대로 에크하르트는 이로부터 훨씬 더 과격한 결론을 도출한다: 지성은 존재가 아니라 무(nihil)이다.[38] 토마스에게는 지성이 존재의 한 양태이지만, 에크하르트에게 지성은 신과 같이 존재의 반대이며 일종의 비존재이다.[39] 왜냐하면 모든 존재하는 것은 제한된 특성 내지 차별성을 가지고 있지만 지성은 그런 특성이 없으므로 "무엇"이라고 규정할 수 없는 "어떤 무한정적인 것"(aliquid indeterminatum)이기 때문이다.

존재자란 어떤 한정적인 것이다. 그러므로 유(genus) 개념은 존재자가

---

37 아낙사고라스나 아리스토텔레스 등의 견해.

38 Maurer, 19.

39 J. D. Caputo, "The Nothingness of the Intellect in Meister Eckhart's Parisian Questions," 91, 94. 카푸토의 이 논문은 지성의 무성(無性)에 대한 심도 있는 논문이다. 특히 독일 관념론이나 현상학 같은 현대 철학 사상과의 대비는 매우 흥미롭다.

아니다. 어떤 한정적인 것이 아니기 때문이다. 그런데 지성과 지성 활동
은 어떤 무한정적인 것이다. 그러므로 그것은 존재자가 아니다.[40]

지성은 사물들의 특성과 차별성을 인식하지만, 그 자체는 다양
성과 차별성이 없다. 이런 면에서 지성은 "하나" 하느님처럼 순일하
다. 지성은 신과 같이 무차별적이고(indistinctus) 부정의 부정이다.
이것이 바로 지성과 신이 공유하는 차별적 사물들과의 차별성이며
초월성이다.[41] 에크하르트는 말한다.

> 지성은 본래 신의 것이며 신은 "하나"이다. 따라서 인간이 지성이나 사유
> 능력을 가진 것만큼 신을 가지며, 그만큼 "하나"를 가지며, 그만큼 신과
> 더불어 하나 됨을 가진다. 왜냐하면 하나로서의 신은 지성이며 지성은
> 하나로서의 신이기 때문이다.[42]

특성이 없는 것은 존재가 아니라 무이다.[43] 지식은 유有이지만
지성 자체는 무無이다.[44] 신이 존재가 아니듯 지성도 존재가 아니다.
이제 우리는 왜 에크하르트가 그의 『파리 토론집』에서 신이 존재가
아니고 지성임을 그토록 강조하는지 알 수 있다. 카푸토의 말대로
"에크하르트가 존재를 피조물과 동일시하기로 결정하고, 신은 존재

---

40 *LW* V, 53; Maurer, 54.

41 Imbach, *Deus est Intelligere*, 190-193 참조.

42 *LW* IV, 269. "Deus enim unus est intellectus, et intellectus est deus unus."

43 Caputo, "The Nothingness of the Intellect in Meister Eckhart's Parisian
Questions," 100.

44 같은 곳.

가 아니라고 주장하는 가장 근본적인 이유는 신이 지성이고 앎이며 지성의 성격이 바로 비존재이기 때문이다."[45]

지성의 본질은 그 텅 빈 순수성, 그 무성에 있다. 그럼으로써 지성은 모든 사물을 인식할 수 있다. 지성이 지닌 이러한 순수성은 에크하르트 당시 잘 알려진 사실이었지만 그는 그 의미를 지성의 무성과 신성神性으로 강화시켰다.[46] 우리가 앞으로 보겠지만 이것은 에크하르트 신비주의에서 신과 인간 영혼의 일치에 결정적 의미를 지니게 된다.

영혼의 근저와 지성

지성의 순수성과 신의 순수성은 닮은꼴이다. 그러기 때문에 지성은 신을 그 순전한 존재(lauteres Sein), 순수한 존재(reines Sein)에서 인식한다.[47] 아무런 옷을 걸치지 않은 신, 그야말로 "벌거벗은" 신을 인식하며 인간의 지복至福은 바로 여기에 있다.

그때 다른 학파의 스승은 의지가 지성보다 더 숭고하다고 말했다. … 그러나 나는 말한다. 지성이 의지보다 숭고하다고. 의지는 신을 선善이라는 옷을 입은 채 받아들이지만, 지성은 신을 선과 존재를 벗어 버리고 벌거벗은 채 받아들인다. 선은 신을 감추는 하나의 옷이며, 의지는 신을 선함이라는 옷을 입은 채 받아들인다. 신에게 선이 없다면 나의 의지는

---

45 같은 논문, 94.
46 같은 논문, 98.
47 Quint, 393.

그를 원하지 않을 것이다. … 나는 신이 선하기 때문에 행복한 것이 아니며, 나는 또 결코 신이 나를 그의 선으로써 행복하게 만들기를 바라지도 않는다. 나는 오직 신이 지성적이며 내가 이것을 인식하기 때문에 행복하다.[48]

지성은 신의 순수한 모습을 발견할 때까지 그를 감싸고 있는 일체의 속성들과 옷, 심지어 진리와 선의 옷마저 벗겨 버리고 벌거벗은 신의 순수한 모습 그대로를 붙잡을 때까지 신의 근저까지 돌파해 들어가기 전에는 결코 만족하지 못한다.

자, 잘 들어 보시오. 지성은 신성의 구석구석까지 들여다보고 돌파하여 아버지의 품과 근저에서 아들을 받아서 그를 자신의 근저에 놓는다. 지성은 파고든다. 지성은 선이나 지혜나 진리나 심지어 하느님 자신으로도 만족하지 않는다. 그렇다. 진실로 지성은 돌 한 덩어리나 나무 한 그루에 만족할 수 없듯이 하느님으로 만족하지 못한다. 지성은 휴식을 모르고 선과 진리가 발현해 오는 그 근저 속으로 돌파해 들어가서 그것(신적 존재)을 그 근원에서 포착한다. 선과 진리가 아직 그 어떤 이름도 얻기 전 그리고 발현하기 전, 선과 진리가 출발하는 원초에서 붙잡는다. 선과 진리보다도 더 높은 근저에서 그것을 붙잡는다. 지성의 자매인 의지는 신이 선한 한 신으로 만족한다. 그러나 지성은 이 모든 것을 끊어 버리고 들어가 아들이 솟아오르고 성령이 개화하는 그 뿌리 속으로 돌파해 들어간다.[49]

---

48 Quint, 198-199.
49 Quint, 348.

신과 같이 순수하고 신과 같이 보편성을 지닌 지성, 삼위의 하느님마저 돌파하여 신성의 근저까지 들여다보기 전에는 결코 만족하지 못하는 지성은 에크하르트에게는 당연히 단지 한 피조물적인 존재가 아니라 신적 존재다. 인간은 이 지성을 가지고 있는 한 신과 같은 존재이다. 지성이 신의 성전이라면 그것은 또한 인간 존재의 핵이요 가장 귀한 부분이다: "인간이 인간인 것은 지성을 통해서이다"라고 에크하르트는 말한다.50

신의 근저, 신의 성전으로서 영혼 안에 있는 가장 높고 가장 고귀하고(das Edelste) 가장 은밀한(das Verborgenste) 것이다.51 거기는 침묵과 안식만이 있으며 어떤 피조물도, 어떤 상像(Bild)도 거기에 들어가지 못한다. 거기서는 영혼의 모든 활동과 인식이 중지되며 영혼은 자기 자신이나 피조물에 관한 그 어떤 상도 알지 못한다.52 그것은 신적 본질(das göttliche Sein) 외에는 그 어느 것도 수용하지 않는다.53 오직 하느님만이 이 영혼의 근저를 건드릴 수 있으며 하느님은 부분이 아니라 전체로서 거기에 들어간다. 하느님은 거기서 그의 말씀(Wort)을 발하며 그의 아들을 낳는다.54

에크하르트는 영혼의 근저 혹은 본질로서의 지성을 여러 가지 이름으로 부른다: 최고의 이성(die oberste Vernunft), 영혼의 가장 깊

---

50 "Homo id quod est, per intellectum est." *LW* I, 579. 이것은 본래 알베르투스 마뉴스(Albertus Magnus)의 *De Intellectu et Intelligibili*에 나오는 말이다. O. Davies, *Meister Eckhart*, 87과 주 6을 볼 것.

51 Quint, 416.

52 같은 곳.

53 Quint, 417.

54 Quint, 417-418. 말씀의 탄생 혹은 하느님 아들의 탄생은 물론 에크하르트의 중심 사상으로서, 앞으로 별도의 장에서 다루게 될 것이다.

은 내오內奧(das Innerste), 영혼의 작은 성(Bürglein), 영혼의 작은 불꽃 (Seelenfünklein, scintilla animae), 이성의 불꽃(das Fünklein der Vernunft), 신적인 빛(ein göttliches Licht) 혹은 단순히 빛(ein Licht)이라고도 한다.55 그러나 그 어느 이름도 영혼의 이 신비스러운 본질을 그대로 표현 하지 못한다. 에크하르트는 여러 가지 표현들을 열거한 다음 곧, 이어서 그것은 "이것도 아니고 저것도 아니다"라고 말하는가 하면 단지 "영혼 안에 있는 어떤 것"(etwas in der Seele, aliquid in anima)이라 부르기도 한다.56 이 영혼의 근저로서의 지성은 신 혹은 신성 그 자체처럼 단순하고 순수해서 모든 이름을 초월한 불가언적 실재다.

---

55 에크하르트 저술 곳곳에 자주 등장하는 다양한 표현들로, 일일이 그 전거를 열거하기 어려울 정도다. 다음 인용문을 볼 것. 에크하르트 해석에 있어서 가장 혼란스러운 문제 중 하나는 이 다양한 개념들이 동일한 실재를 가리키는 것인가 하는 문제이다. 나는 일단 퀸트를 비롯한 다수 학자들의 견해를 따라 영혼의 근저와 지성, 영혼의 불꽃 등이 동일한 실재를 지칭한다고 본다. Quint, 24-28; M. O'C. Walshe, *Meister Eckhart: Sermons & Treatises*, vol. I, xxxvi, xxxvii 참조. B. Dietsche, "Der Seelengrund nach den deutschen und lateinischen Predigten," *Meister Eckhart der Prediger*, P. Reiter, *Der Seele Grund*도 역시 같은 견해. 영혼의 근저 와 영혼의 불꽃을 명확히 구별해야 한다는 견해로는 C. F. Kelly, *Meister Eckhart on Divine Knowledge*, 127, 135 참조. 켈리는 영혼의 근저를 말씀이 현존하는 곳, 말씀 혹은 신적 지성으로서의 영혼의 불꽃이 빛나는 곳으로 파악하면서 양자를 구별한다. 영혼 안에 있는 신의 불꽃인 이 불꽃으로 인해 영혼의 근저가 신적 지성과 하나가 된다고 그는 말한다(137). 켈리에 의하면 이 불꽃은 영혼의 근저와는 달리 영혼의 일부가 아니고 신의 일부로서, "창조되지 않은 은총"(uncreated grace)이다 (135-136). 나는 근저의 개념이 켈리가 생각하는 것보다 에크하르트 신비주의를 이해하는 데 훨씬 더 중심적이라고 생각한다. 영혼의 근저와 영혼의 불꽃을 굳이 구 별하자면, 지성 혹은 영혼의 불꽃은 영혼의 근저이자 신의 근저까지 돌파해 들어가 는 능동적 힘(intellectus agens)이고, 근저는 오직 하느님만을 수용하며 하느님의 탄생이 이루어지는 곳이다. Ueda, *Die Gottesgeburt in der Seele*, 55-66 참조. 둘은 그러나 에크하르트에게서 구별되기 어렵다.

56 Quint, 215.

나는 때때로 말해 왔다. 정신 안에 홀로 자유로운 힘이 존재한다고. 때로는 나는 그것을 정신의 초소라고 말해 왔고, 때로는 정신의 빛, 때로는 하나의 불꽃이라고 말해 왔다. 그러나 나는 지금 말한다: 그것은 이것도 아니고 저것도 아니다; 그럼에도 불구하고 그것은 하늘이 땅보다 높듯이 이것이나 저것보다 숭고하다. 그러므로 나는 이전에 그것을 이름했던 것보다 더 고귀한 방식으로 이름하고자 한다. 그러나 그것은 이런 고귀함이나 방식도 조롱하며 그보다도 더 고귀하다. 그것은 모든 이름을 떠났으며 모든 형상을 여의었고, 신이 그 자신에서 비고 자유롭듯 전적으로 비고 자유롭다. 신이 하나이고 단순하듯 그것은 전적으로 하나이며 단순해서 사람들은 어떤 방식으로도 그 안을 들여다볼 수 없다.[57]

에크하르트는 여기서 영혼 안의 이 불꽃을 "정신에 있는 어떤 힘"(eine Kraft in dem Geiste)으로 간주하고 있다.[58] 그 자체가 모든 형상과 이름을 초월하고 비고 자유로워(ledig und frei) 일체의 속성을 여읜 신성과 마찬가지라고 한다. 그것은 선이나 진리로서의 신에 만족하지 않고 신의 근저까지 파고들어 신을 그 단일성(Einheit)과 단순성(Einfaltigkeit)에서 그 고적한 광야(Einöde) 혹은 황야(Wüste)에서 파악하는 힘이다.[59]

지성과 영혼의 근저에 대한 이같은 에크하르트의 생각은 기본적

---

57 Quint, 163.

58 에크하르트는 힘(Kraft)이라는 말을 보통 영혼의 기능들, 가령 기억·의지·사고·지각 등의 기능을 하는 힘이라는 뜻으로 사용한다. 그러나 여기서 힘은 그런 뜻이 아니라 "모든 이름과 형상을 여의고" 모든 복수성을 떠난 순일한 영혼의 근저, 영혼 안에 하느님의 탄생이 이루어지는 곳을 가리키는 말로 사용하고 있다. Hof, *Scintilla Animae*, 182-183.

59 Quint, 206.

으로 그의 도미니코회 선배 신학자인 토마스나 디트리히Dietrich 등에 의해 전개된 스콜라철학의 영혼관과 일치한다. 토마스에 따르면 영혼은 실체(substantia)와 기능들로 구분된다. 실체는 영혼의 본질(essentia animae)로 그것으로부터 여러 기능들이 흘러나와 활동한다. 에크하르트도 영혼의 실체와 기능을 구별한다. 그러나 에크하르트는 이러한 영혼관으로부터 자신의 독특한 신비주의 사상을 전개했다. 토마스에 의하면 실체는 그 자체로서는 하나의 가능태에 지나지 않고, 기능들을 통해 현실화되어야 한다. 그러나 에크하르트는 영혼의 실체를 영혼의 근저(Grund) 혹은 본질(Sein, Wesen)이라 하여 신과 인간이 교제하는 아니 완전히 하나가 되는 은밀한 영역으로 간주한다. 이성 · 기억 · 의지 그리고 감각기관을 통해 외부 사물과 관여하는 지각 능력들은 모두 영혼의 "존재의 근저로부터"(aus dem Grunde des Seins) 흘러나오는 힘 혹은 기능들(die Kräfte)로서[60] 그것들은 모두 상(Bild)을 매개로 하여 피조물들과 관여하지만, 영혼의 근저 자체는 일체의 상과 매개물이 비고 침묵하는 곳으로서 오직 하느님만을 위한 영혼의 신성한 영역이다.[61]

여기서 우리는 에크하르트의 영혼관에 있어서 혼란을 자아내기 쉬운 하나의 미묘한 문제를 언급해 둘 필요가 있다. 위에서 우리는 지성이 근본적으로 신의 본성 혹은 본질이며 신의 존재 자체임을 보았으며, 지성은 동시에 인간 영혼의 가장 은밀한 곳, 영혼의 근저임을 보았다. 그리고 신의 근저와 영혼의 근저는 순수 지성으로서

---

60 Quint, 417. 여기서 이성(Vernunft)은 사물들을 인식하고 사고하는 능력으로서, 영혼의 근저인 지성(intellectus)과는 구별된다.
61 같은 곳.

하나임을 보았다. 그러나 지성은 동시에 능동적 혹은 활성적 주체 (intellectus agens)로서 영혼의 근저 혹은 신의 근저까지 돌파해 들어 가기 전에는 결코 만족하지 못하는 영혼 안에 있는 어떤 힘(eine Kraft)이라는 것도 보았다. 이와 같은 지성의 두 측면을 우리는 어떻 게 이해해야 할 것인가?

여기서 우리는 에크하르트의 영혼관을 좀 더 자세히 고찰할 필 요가 있다.[62] 이미 언급한 대로 에크하르트도 토마스처럼 영혼의 근저 혹은 실체와 기능을 구분하며 영혼의 기능을 높고 낮은 두 종 류로 구별한다.[63] 에크하르트에게 영혼은 두 얼굴을 가지고 있다. 하나는 세상을 향하고 세상과 관여하는 영혼이고, 다른 하나는 하 느님과 영원한 세계를 향하는 영혼이다. 전자는 감각기관들을 통해 사물들을 접하고 식별하는 저급한 이성(ratio inferior)과 동물들처럼 성내고 욕구하는 기능을 가진 저급한 힘들(niedere Kräfte)로서 에크 하르트는 이를 외적 인간(der äußere Mensch)이라 부르기도 한다. 감 각기관을 통해 외부 사물들과 관여하는 육체적 영혼(Körperseele)이다. 반면에 기억(memoria, Gedächtnis)과 고등 이성(ratio superior, intellectus, intelligentia, Vernünftigkeit)과 의지(voluntas, Wille)는 영혼의 고등한 힘 들(höhere Kräfte)로서 내적 인간(der innere Mensch)을 구성하는 정신 적 영혼(Geistseele, anima intellectiva)이다. 전자는 육체의 종말과 더

---

62 에크하르트의 영혼관은 매우 까다로운 문제로서 지금까지 학자들 사이에 많은 논란 이 있어 왔다. 그러나 에크하르트 사상의 이해에 핵심적인 문제이므로 회피할 수도 없는 문제이다. 아래의 논의는 이 문제에 대하여 지금까지 가장 철저하고 상세한 연구를 한 P. Reiter의 *Der Seele Grund*, 283-326에 의거하여 간략히 정리해 본 것 이다.
63 따라서 에크하르트의 영혼관은 보기에 따라 이분적 혹은 삼분적이라고 할 수 있다.

불어 소멸하지만, 후자는 플라톤 철학의 전통에 따라 불멸하는 것으로 간주되며 하느님의 모상(imago dei, Abbild Gottes)으로서 삼위일체 하느님을 반영한다. 이러한 영혼관은 성 아우구스티누스에게 소급된다.[64]

그렇다면 여기서 말하는 우월한 이성으로서의 지성과 우리가 앞에서 논한 지성, 즉 신의 근저까지 돌파해 들어가기 전에는 만족하지 못하는 지성이 과연 동일한 것인가 하는 문제가 제기된다. 의지에 대한 지성의 우위를 논하는 에크하르트의 논의는 우리에게 지성이 의지보다는 한 단계 더 높은 질서에 속하는 실재임을 말해 주고 있다. 다시 말해 지성은 단지 삼위일체 히느님의 모상인 정신적 영혼의 한 힘이라기보다는 삼위의 하느님을 초월하여 신성의 세계로 파고드는 영혼의 어떤 힘이라는 것이다.

지성은 신에게 아무런 속성도 부여하지 않고 신을 벌거벗은 존재 혹은 본질에서 파악하는 힘으로서 신의 선함과 그에 따른 인간의 의지와 사랑과는 차원이 다르다.[65] 따라서 에크하르트에게 신의 근저까지 파고드는 힘이자 영혼의 근저인 지성이 아우구스티누스가 말하는 영혼의 세 고등 기능 가운데 하나인 지성과 동일 차원의 실재가 아닌 것으로 보인다. 에크하르트가 강조하는 지성은 영혼의 근저 · 본질 · 실체 내지 뿌리로서 삼위의 하느님마저 돌파해 들어가

---

64 Quint, 354-355. 성부, 성자, 성령의 삼위일체 하느님을 기억(memoria), 지성(intellectus), 의지(voluntas)라는 인간 영혼의 세 기능에 준해 파악하는 것은 아우구스티누스에서 확립된 사상이다.

65 "나는 지성이 의지보다 숭고하다고 말한다. 의지는 하느님을 선의 옷을 입은 채 취한다. 지성은 선과 존재라는 옷을 벗은 채 신을 취한다. 선은 그 밑에 하느님이 감추어져 있는 옷이다. 의지는 이 선의 옷을 입은 하느님을 취한다. 하느님에게 선이 없다면 나의 의지는 그를 원하지 않을 것이다." Quint, 198.

는 힘임에 반해, 아우구스티누스가 삼위일체 하느님의 모상으로 제시한 지성은 어디까지나 영혼의 세 가지 힘(Seelenpotenz) 혹은 고등 기능들 가운데 하나처럼 보이기 때문이다. 에크하르트가 아우구스티누스적인 영혼관을 언급하고 있는 것은 사실이지만 그는 거기에 큰 의미를 부여하지는 않는다.66 지성의 우위를 강조하는 에크하르트의 말을 다시 들어 보자.

한 대가는 말하기를 영혼의 최상 부분으로부터 두 개의 힘이 흘러나온다고 한다. 하나는 의지라 부르고 다른 하나는 지성이라 부른다. 이 힘들 가운데 최고의 완성은 지성이라 부르는 최상의 힘에 있다. 지성은 결코 휴식에 이르는 법이 없다. 그것은 하느님도 그가 성령인 한 그리고 성자인 한 원치 않는다. 왜냐하면 하느님은 거기서 이름이 있기 때문이다. 수천의 신들이 있다 해도 지성은 즉시 그들을 돌파해서 하느님이 아무런 이름도 가지지 않은 곳에서 그를 원한다. 지성은 신이 아직 이름을 가지고 있는 한 그보다 더 고귀한 어떤 것, 더 좋은 어떤 것을 원한다.67

여기서 에크하르트는 신성의 깊이로 파고드는 지성의 우위를 말하면서도, 한편으로는 이 지성을 의지와 더불어 "영혼의 최상 부분", 즉 영혼의 근저 혹은 실체로부터 흘러나온 한 "힘"으로 간주하고 있다. 그렇다면 이 신성의 깊이로 파고드는 지성과 영혼의 근저 혹

---

66 Ueda, *Gottesgeburt in der Seele*, 55-56; A. M. Haas, *Sermo Mysticus*, 224.
67 Quint, 385. 에크하르트는 그러나 다음에 이어지는 말에서는 이 이름을 초월한 하느님을 성부(Vater) 하느님으로 부른다. 에크하르트가 신성(Gottheit)과 성부를 확연히 구별하면서도 때로는 혼용하는 좋은 예이다. 하지만 많은 다른 예들로 미루어 볼 때, 여기서는 신성 혹은 신의 근저(Gottesgrund)를 두고 하는 말임은 분명하다.

은 최상 부분으로서의 지성이 별 차이 없이 같다는 말인가? 이 까다로운 문제는 잠시 접어두고 우선 에크하르트가 전자를 하나의 "힘"으로 부른다는 사실에 주목하자. 다시 말해서 그것을 영혼의 고등 기능 내지 힘으로서의 이성(ratio superior)과 동일시한다는 것 같다는 말이다.

에크하르트는 종종 영혼의 불꽃으로서의 지성을 "영혼 안에 있는 어떤 힘"(eine Kraft in der Seele)이라 부른다. 비록 그가 그것을 "영혼의 기능"(eine Kraft der Seele)과 명확하게 구별하기는 해도,[68] 그것을 "힘"이라고 부르는 한 아우구스티누스가 말하는 '우월한 영혼'의 기능 가운데 하나가 아닐지 하는 의문이 생긴다. 실제로 위 인용문이 보여 주듯이 에크하르트가 흔히 양자를 명확히 구별하지 않기 때문에 우리는 문맥에 따라 그가 어느 지성을 가리키는지를 판단해야만 한다.[69]

그러나 하스는 양자를 주저 없이 동일시한다.[70] 그에 의하면 에크하르트에게는 인간의 정신적 능력에 세 가지 활동이 있다: 감각기관들을 통한 동물적 활동(operatio animalis), 지성적 활동(operatio intellectualis) 그리고 신적인 활동(operatio divina)이다. 앞의 둘은 어

---

68 Quint, 243.

69 P. Reiter, *Der Seele Grund*, 37. 라이터는 어느 연구가보다 이 둘의 차이를 강조하고 있다. 309-326을 볼 것. 하나는 기능(Organ) 혹은 능력(Vermögen)으로서의 지성이고, 다른 하나는 영혼의 근저 혹은 뿌리(Wurzel)로서의 순수 지성(intellectus purus)이다. 라이터도 전자의 애매한 위치를 인정하여 그것을 영혼의 고등 기능들과 영혼의 근저를 매개하는 연결고리(Bindeglied)로 간주한다. 나는 혼란을 피하기 위해 영혼의 고등 기능으로서의 지성(ratio superior)을 "이성"으로 번역하며, 지성은 영혼의 근저를 가리키는 말로만 사용할 것이다.

70 아래의 논의는 Haas, *Nim Din Selber War*, 23-26을 요약한 것이다.

디까지나 외부 사물들의 상(Bild)에 관여하는 것이고 "외적 인간"에 속하는 것이지만, 신적 활동은 내향적이고 상의 인식과는 무관한 것으로 보인다. 그것은 천사의 지성과 같은 것이며 "내적 인간"에 속한다. 하스는 이 셋을 스콜라철학의 술어로 각각 지각(sensus), 지성(intellectus), 직관적 지성(intellectus intuitivus)이라고 부르면서 이 가운데서 지성을 "저급한 열등 이성"(ratio inferior)과 동일시하고, 직관적 지성을 "우월한 고등 이성"(ratio superior)과 동일시한다. 결국 하스에 따르면 이 우월한 이성 혹은 직관적 지성, 즉 신적인 활동을 하는 인식은 동일한 것이며, 곧 우리가 지금까지 논한 영혼의 근저로서의 지성과 같은 것이라고 하스는 본다. 이 직관적 지성 혹은 우월한 고등 이성은 외부 사물의 인식과는 아무런 관련이 없고, 오로지 영혼 자체만을 직관하는 순수한 지성이다. 상을 매개로 하는 지각이나 지성은 결코 영혼의 근저를 인식하지 못하고, 신적 지성과 같이 오직 자기 자신만을 향하는 고등 이성, 즉 직관적 지성만인 그것이 가능하기 때문이다. 여기서 인식은 곧 자기 인식이고, 신의 인식이 곧 자기 인식이다. 하스에 의하면 이것이 에크하르트 신비 사상의 핵이다.[71]

하스의 논의는 명확성에도 불구하고 에크하르트의 영혼관에서 발견되는 미묘한 문제들을 지나치게 도식화하고 단순화한다는 인상을 준다. 나는 아우구스티누스의 우월한 이성(ratio superior)과 에크하르트의 지성이 밀접히 연결되어 있음에도 불구하고 구별해야

---

71 앞으로 고찰하게 되겠지만, 하스는 이 신적 인식의 대상은 곧 성육신(incarnatio) 그리스도가 취한 보편적 인간성(Menschheit) 그 자체이며, 이것이 모든 인간의 신인합일(神人合一)의 인간학적·존재론적 근거가 된다. 같은 책, 26 이하 참조.

하지 않을까 생각한다. 영혼의 고등 기능으로서의 이성과 영혼의 근저로까지 파고드는 지성, 삼위의 신마저 돌파하는 지성 혹은 영혼의 불꽃은 당연히 존재론적으로 연결되어 있지만, 지성은 이성의 근저 내지 뿌리로서 거기로부터 흘러나오는(ausfliessen) 이성의 활동과는 구별되어야 하지 않을까? 에크하르트의 지성이 어떤 "창조되지도 않고 될 수도 없는" 것인 반면[72] 고등 이성은 어디까지나 영혼의 일부로서 하느님의 피조물이 아닐까? 다만 이성도 하느님의 모상으로 창조된 것이며, 아우구스티누스의 말처럼 삼위의 하느님을 닮은 것이라는 점에서는 여타 피조물들과 구별된다. 이성은 태초의 로고스를 닮아 그 안에 영원한 이데아들을 품고 관조할 수 있는 힘이며, 하느님으로부터 유출된 것(emanatio) 혹은 태어난(geboren) 피조물인 반면 여타 피조물은 다른 사물들로부터 만들어진(factio) 혹은 순전히 무로부터 존재를 부여받았다는 의미에서 창조된(creatio) 피조물이다.[73] 그러나 에크하르트가 말하는 영혼의 근저까지 파고

---

72 이 문제는 앞으로 더 면밀히 고찰될 것이다.

73 에크하르트의 창조 개념이 이처럼 다양성을 지녔다는 것이 흔히 무시됨으로 인해 종종 많은 곡해와 혼란을 불러왔다. 이에 대해서는 Reiter, 351-360 참조. 우에다는 에크하르트의 세 가지 창조 개념(emanatio, factio, creatio)을 구별하면서, 하느님의 모상(imago dei)으로서의 지성을 "factio"에 배속시키는데, 이는 수긍하기 어려운 견해이다. 앞으로 보겠지만, 에크하르트의 모상(Bild, imago)은 원형(Urbild)과 그 본질(Wesen)과 본성(Natur)에서 조금도 다르지 않다. 따라서 하느님의 모상으로서의 인간 영혼과 하느님의 아들, 즉 성자 하느님, 혹은 영혼의 근저에 태어날 하느님 아들의 본성은 전혀 다름이 없다. 둘 다 성부 하느님으로부터 탄생하는(geboren, emanatio, ungeschaffen) 것이지 만들어지는(gemacht, factio, geschaffen) 것이 아니다. 우에다는 인간 영혼과 성자 하느님을 지나치게 명확히 구별하기 때문에, 인간 영혼을 "factio"에 배속시키고 있다. Ueda, *Gottesgeburt in der Seele*, 52-55 참조. 그러나 우에다 자신도 에크하르트가 하느님의 모상으로서의 영혼과 성자 하느님에 대한 구별을, 적어도 인간 영혼과 여타 피조물들과의 구별만큼 명확히 하고 있지 않음을 인정하고 있다(54).

드는 지성 혹은 영혼의 불꽃은 "창조되지도 않았고 창조될 수도 없는", "영혼 안에 있는 어떤 힘"으로서 삼위의 하느님마저 돌파하여 신의 근저까지 파고드는 힘이다.

에크하르트 자신이 명시적으로 밝힌 것은 아니지만, 라이터Reiter 는 에크하르트의 영혼관을 그의 신관에 연결시키면서 다음과 같은 구도를 도출한다. 기억·지성·의지가 영혼의 고등 기능, 즉 우월한 이성으로서 삼위일체 하느님의 모상이라면 영혼의 실체로서의 근저는 삼위마저 초월하는 하느님의 본질인 신성과 일치한다.74 영혼의 근저로부터 영혼의 기능들이 흘러나오듯이 신의 근저인 신성으로부터 삼위의 하느님이 출원하는 것이다.

이성은 영원한 이데아들을 인식하며 하느님을 향한 인식 능력이지만, 어디까지나 상(Bild)을 매개로 활동하는 데 비해 지성은 아무런 상의 매개 없이 하느님을 직접 그 본성(Natur)과 본질(Wesen, essentia)에서 인식한다. 영혼의 근저로서의 지성은 삼위의 신마저 초월하여 신의 근저, 즉 삼위의 옷을 벗은 신성(Gottheit)으로까지 파고들며 그것과 완전히 하나가 되는 힘으로서 어떤 대상도 용납하지 않는다. 영혼의 근저가 신의 근저가 되는 이 지성의 인식 양태는 주체와 객체의 분리를 초월한 비대상적 인식으로 하느님의 인식이 곧 나 자신의 인식이며, 하느님이 더 이상 대상적으로 인식되지 않는다. 이러한 의미에서 지성은 영혼과 하느님의 존재 혹은 본질 자체이며 지성의 인식 대상은 바로 그 자체이고 나 자신이다. 따라서 "자기 자신을 아는 것"이야말로 에크하르트 영성과 신비 사상의 핵이다.

---

74 P. Reiter, *Der Seele Grund*, 325-326.

겸손한 마음에 대하여 논하면서 에크하르트는 다음과 같이 말한다.

왜냐하면 하느님의 근저, 그의 내오內奧에 들어가려는 자는 먼저 자기 자
신의 근저, 자기의 내오에 들어가야만 하기 때문이다. 아무도 먼저 자기
자신을 인식하지 않으면 하느님을 인식하지 못하기 때문이다.[75]

마치 선불교에서 견성見性이란 것이 불성이 불성을 보는 것이듯[76]
에크하르트의 지성도 지성으로서의 신과 마찬가지로 자기 자신을
인식하는 지성이다. 따라서 "근저로서의 지성"과 거기로 파고드는
활동적 "인식으로서의 지성"은 같은 지성이며 자기 사신을 인식하
는 지성이다.[77] 라이터는 이 점을 다음과 같이 설명한다.

바로 그리고 전적으로 그러기 때문에 이 인식(지성)은 그 직접성에 있어
서 어떤 대상도 더 이상 필요로 하지 않는다. 여기서 영혼은 에크하르트
에 따르면 신─대상으로서의 인격신─마저 여윌 수 있다. 이 본질적인
"순수 지성"에는 이미 그 근저에 [신과 영혼의] 본질적 관계와 일치가 존

---

75 *DW* II, 738.
76 Suzuki Daisetsu, *Zen Doctrine of No Mind* 참조.
77 자기 자신을 인식하는 지성의 개념은 에크하르트와 그의 선배 도미니코회 신학자였
던 디트리히가 공통적으로 지녔던 개념이다. 에크하르트는 이 개념으로 성부와 성
자, 원형(Urbild)과 모상(Bild)의 밀접한 관계 내지 일치를 설명한다. B. Mojsisch,
"'Dynamik der Vernunft' bei Dietrich von Freiberg und Meister Eckhart,"
Abendländische Mystik im Mittelalter: Symposion Kloster Engelberg 1984 참조. 굳이
인식하는 지성과 인식되는 지성을 구별하자면, 에크하르트는 그의 설교 한 곳에서
영혼의 존재(das Sein der Seele)와 영혼의 생명(das Leben der Seele)을 구별하
면서, 후자는 전자에 기초하고(fundiert) 있으며 뿌리를 두고 있다(wurzelt)고 표
현한다. *DW* III, 563.

재하기 때문이다. 왜냐하면 이 본질적 인식과 지성이 이미 근저 그 자체가 아니라면 그것은 그것이 인식하거나 하나가 될 어떤 대상을 필요로 할 것이기 때문이다. 그러나 [지성에] 대상이란 것이 명시적이고 원칙적으로 배제되며 오직 다른 모든 것들로부터의 초탈만이 교시되고 촉구된다면, 이로부터 도출되는 결론은 이 [세 번째] 인식은 그 근본에 있어서 이미 그리고 동시에 지성적 근저이며, 따라서 자기 자신을 인식하는 순수 지성이라는 것이다.[78]

영혼의 근저로서의 지성에 대한 논의를 계속해 보자. 에크하르트에게 지성은 우리가 쉽게 접근할 수 없는 영혼의 가장 깊은 오저(abditum mentis)이고 근저이며 영혼의 감추어진 방, "자그마한 성"이다. 그것은 하느님만을 위해 마련된 인간 안의 비밀스러운 공간이고 성전으로서 일체의 상과 관념을 떠나 신을 그 근저, 그 벌거벗은 본질에서 포착하는 인간 영혼의 고귀한 인식 능력이다. 영혼의 여타 기능들은 감각기관과 저급하고 열등한 이성(ratio inferior)으로 "이런저런" 외부 사물들이나 세상사에 관여하는 이성이지만, 지성은 신만을 위해 남겨 둔 영혼의 신성한 공간, 신이 자기 것으로 성별聖別해 놓아 그만이 머물 영혼의 성스러운 공간이며, 전적으로 하느님만을 받아들이는 영혼의 힘이다.[79] 하느님을 받아들이는 것이 그 본성이다.[80]

---

78 P. Reiter, 338. "세 번째 인식"은 하스의 견해를 소개하면서 언급한 "신적 활동"(operatio divina)으로서의 "직관적 인식"(intellectus intuitivus)에 해당하지만, 라이터는 그것을 하스처럼 고등 이성(ratio superior)과 동일시하지 않는다 (335). 다음 인용문을 볼 것.

79 Quint, 323.

에크하르트도 세 종류의 인식을 구별하고 있다.

하나는 감각적인 것으로서 눈은 자기 밖에 있는 사물을 멀리 있어도 잘 본다. 두 번째는 이성적 인식으로서 훨씬 더 높다. 그러나 세 번째는 영혼의 어떤 숭고한 힘으로서 너무나 높고 고귀하기 때문에 하느님을 그 벌거벗은 존재에서 파악한다. 이 힘은 다른 것들과 아무런 공통점이 없다.[81]

성 아우구스티누스는 세 종류의 인식에 대해서 가르치고 있다. 하나는 육체에 묶여 있어서 [사물을] 보고 상들을 취하는 눈과 같이 상을 취하는 인식이다. 두 번째는 정신적 인식이지만 물체적 사물들의 상들을 취한다. 세 번째는 전적으로 정신에 내면적인 것으로서 상과 모상 없이 인식하며 천사들의 인식과 동등하다. 천사들의 최고위층은 세 부류다. 한 대가는 "영혼은 상 없이 자기 자신을 인식하지 못한다. 왜냐하면 모든 사물은 상과 모상들 속에서 인식되기 때문이다"라고 말했다. 그러나 천사는 자기 자신과 하느님을 상 없이 인식한다. 천사는 말하기를 "하느님은 높은 곳에서 상과 모상 없이 자신을 영혼 속으로 주신다"고 한다.[82]

이 말에 따르면 이 세 번째 인식 능력은 천사와 같이 아무런 상의 매개 없이 자기 자신과 하느님을 인식하는 순수한 지성이다.[83]

---

80 Quint, 224.

81 Quint, 210.

82 Quint, 411-412.

83 여기에 언급되는 세 번째 인식 능력은 전에 언급한 하스의 "직관적 지성"(intellectus intuitivus)과 같은 것이겠지만, 결코 "고등 이성"(ratio superior)과는 동일시될 수

신을 모든 속성을 떠나 삼위의 하느님은 물론이요 심지어 하느님의 통일적 본성이나 본질로도 만족하지 않고, 그야말로 신을 벌거벗은 채 신성의 "고적한 황야"에서 파악하며 그 "단순한 근저"(in den einfaltigen Grund)로 파고드는 인식 능력이다.

나는 가끔 창조되지 않았고 창조될 수도 없는 영혼 안의 어떤 빛에 대해서 말해 왔다. 나는 언제나 나의 설교에서 이 빛을 다루곤 하는데, 바로 이 빛이 하느님을 매개 없이 장식 없이 벌거벗은 채 그 자신 안에 있는 대로 받아들이며 실로 (그의) 탄생 가운데서 받아들인다. … 따라서 나는 말한다: 인간이 자기 자신과 모든 피조물로부터 떠나면 그대가 멀리 떠나면 떠날수록 그대는 시간이나 공간이 일찍이 한 번도 접한 적이 없는 영혼의 불꽃 속에서 하나가 되고 지복을 누린다. 이 불꽃은 모든 피조물을 거부하며, 그 자신으로 있는 하느님 외에는 아무것도 원치 않는다. 그는 성부로도 성자로도 성령으로도 혹은 삼위의 어느 것이든 그 고유한 속성을 가지고 있는 한 만족하지 못한다. 나는 실로 말하나니 이 빛은 하느님의 본성이 지닌 비옥한 품으로도 만족하지 못한다. 그렇다, 나는 한 걸음 더 나아가서 이보다 더 놀랍게 들리는 것을 말한다. 나는 진리, 영원불변한 진리를 두고 말하나니 이 빛은 주지도 않고 받지도 않는 단순하고 고요한 하느님의 본질로도 만족하지 못하여 오히려 이 본질이 어디서 오는지를 알고자 한다. 그것은 차별성이 한 번도 들여다보지 못한, 성부도 성자도 성령도 들여다보지 못한 고적한 황야, 단순한 근저로 들어가고자 한다. 아무도 살지 않는 가장 내적인 곳에서 비로소 이 빛은

없다. 그것은 영혼의 근저(Seelengrund)로서의 지성이기 때문이다.

만족을 얻으며, 거기서－신의 근저에서－그것은 자기 자신에서보다도 더 내적이다. 왜냐하면 이 근저는 그 자체에 있어서는 움직이지 않는 단순한 정적靜寂이기 때문이다. 그러나 이 부동성으로부터 모든 사물은 움직여지며, 이성을 가지고 자기 안에 살고 있는 자들 모두가 생명을 받게 된다.[84]

삼위의 구별마저 초월하여 신성의 깊이까지 파고드는 이 영혼 안에 있는 "창조되지도 않고 창조될 수도 없는" 빛은 어떤 피조물과도 공통성이 없으며, 신과 너무나 밀접하여 "하나이지 하나가 되는 것이 아니다"(eins ist und nicht vereint)라고까지 에크하르트는 말한다.[85] 즉, 신의 근저가 나의 근저인 완전한 일치 혹은 동일성을 말하는 것이다. 여기서 에크하르트의 신비주의는 단지 하느님과 인간 영혼 사이에 의지의 일치나 사랑의 통교 혹은 다른 어떤 형태의 하나 됨을 말하는 합일의 신비주의(mysticism of union)를 넘어서 힌두교의 불이론적不二論的 베단타(Advaita Vedānta) 사상에서 말하는 범아일여梵我一如와 같이 완벽한 동일성의 신비주의(mysticism of identity)로까지 나아가고 있다.[86]

---

84 Quint, 315-316.

85 Quint, 215.

86 신비주의를 이렇게 두 종류로 구분하는 것은 새로운 것이 아니나, 이 두 표현은 나 자신의 것이다. "합일"(union)이라는 개념은 둘의 차이를 이미 전제로 한 것이며, "동일성"(identity)은 문자 그대로 둘이 본래부터 하나라는 말이다. 맥긴은 서양 중세 신비주의에 두 가지 흐름이 있음을 지적하면서, 이 두 가지 형태의 신비적 합일(unio mystica)을 "영적 일치"(unitas spiritus)와 "무차별성의 일치"(unitas indistinctionis)라고 부른다. 전자는 사랑하는 사람들 사이의 일치에 준한 합일이고, 후자는 "실재의 근저"(ground of reality)에서 발전되는 하느님과 영혼의 절대적 동일성(absolute identity)에 기초한 합일로서, 13세기부터 등장하는 새로운 경

에크하르트는 이 영혼 안의 불꽃을 "창조되지도 않고 될 수도 없는" 어떤 신적 힘이라고 분명히 말한다. 비록 그가 이단 심문에서 이런 말을 한 적이 없다고 부인한 것으로 전해지지만 그 자신은 그런 변호를 하지 않았고 그의 저술들을 살펴볼 때 설득력이 없다.[87] 파리 논쟁에서도 그는 명시적으로 "지성은 그 자체로서 창조될 수 없다"고 말하고 있다.[88] 물론 에크하르트가 "영혼이 전부 그와 같다면"이라는 단서를 달고 있는 것도 사실이다. 에크하르트 자신의 말을 들어 본다.

> 내가 이미 자주 말해 온 한 힘이 영혼 안에 있다. 영혼이 전부 그렇다면 영혼은 창조되지도 않고 창조될 수도 없을 것이다. 그러나 그렇지 않다. 영혼은 다른 부분을 통해서는 시간을 향하고 매달리며, 이로써 창조[세계]와 접촉하며 창조된 것이다. 그것(그 힘)은 지성이다. 이 힘은 멀리 있지도 않고 밖에 있지도 않다. 바다 건너편에 있거나 수천 마일 떨어져 있는 것도 내가 서 있는 바로 이곳처럼 그것에 알려지고 현존한다. … 이 힘은 하느님을 전적으로 벌거벗은 채 그의 본질적 존재에서 포착한다. 그것은 [하느님과] 일치 속에서 하나이지 닮음 속에서 닮은 것이 아니다.[89]

영혼의 다른 기능들은 시간의 세계와 접하고 있지만, 지성으로

향이며 마게리트 포레트(Marguerite Porete)와 에크하르트 같은 인물에 특히 강하다고 말한다. McGinn, *Meister Eckhart and the Beguine Mystics*, 12.

87 Colledge and McGinn, *Essential Sermons*, 42.

88 Maurer, 59.

89 Quint, 221.

서의 영혼은 닮음의 관계 속에서 신과 닮거나(gleich) 하나가 되는
(vereint) 정도가 아니라 신성과 완전히 하나(Eins)라는 것이다.

　그러나 에크하르트는 다른 한편, 분명하게 영혼의 섬광도 하느
님에 의해 창조된 것이라는 모순된 견해를 말하기도 한다.[90] 그것은
하느님의 모상으로서 하느님에 의해 아무런 매개 없이 직접 창조되
었다.[91] 이 섬광은 "신적 본성을 지닌 신의 모상"(ein Bild göttlicher
Natur)이며 하느님의 존재 안에(im Sein Gottes) 있다.[92] "*Synteresis*"라고
도 부르는[93] 영혼 안의 이 힘은 두 가지 활동을 한다. 하나는 순수하
지 않은 것, 즉 하느님 아닌 모든 것을 끈질기게 거부하며, 다른
하나는 항시 선을 향하며 하느님께 달라붙는다.[94] 다음은 이 영혼의
빛이 하느님을 닮은 모상이지만 하느님에 의해 창조된 것이라는 가
장 분명한 진술 가운데 하나다.

　비록 이 빛이 하느님의 모상이기는 하나, 그것은 하느님에 의해 창조된
　것이다. 창조주와 피조물인 빛은 다른 것이다. 왜냐하면 하느님이 일찍
　이 피조물을 창조하기 전에는 하느님은 있었으나 빛은 없었고 어둠이

---

90 Quint, 243. 이런 점에서 볼 때, 라이터가 이성과 지성을 명확히 구별하면서 지성의
　비피조성(Ungeschaffenheit)을 아무 주저 없이 말하는 것은 지나친 감이 있다. 이
　성만이 아니라 지성까지 포함한 넓은 의미의 피조성(Geschaffenheit)에 대한 이해
　가 필요하다고 하겠다. 라이터도 에크하르트의 하느님의 모상(imago dei, Bild
　Gottes) 개념이 넓은 의미에서 이성과 지성을 모두 포함하는 것으로 보고 있다.
　360-375를 볼 것. 그렇다면, 하느님의 모상이라는 개념이 어디까지나 창조의 개념
　과 관련해서 등장하는 것임을 유의할 필요가 있다.
91 Quint, 243, 248.
92 Quint, 248.
93 이에 관해서는 Walshe I, xli-xlii; Reiter, 221 참조.
94 Quint, 243, 249.

었다.[95]

이 빛은 하느님이 영혼에게 준 "신적 빛"으로서 "하느님을 닮고 그의 본성과도 같으며" 인간에게 지복至福을 가져다준다. 이 지복은 "영혼을 하느님께로 고양시키고 하느님과 하나가 되게 하며 하느님의 형상으로 만드는 은총에서 온다."[96] 그러나 에크하르트는 이렇게 영혼의 빛이 피조물로서 지복을 누리기 위해서는 은총에 의해 하느님께로 고양되어야 한다고 말하면서도, 다른 한편으로는 은총도 어디까지나 피조물이기에 영혼은 은총으로 만족할 수 없고, 하느님이 그의 본성에서 활동하는 경지에까지 이르러야 한다고 말한다. 그리하여 영혼이 하느님과 하나가 되고 은총은 떨어져 나가 더 이상 은총으로 활동하지 않는다고 말한다.[97]

창조된 것이다 아니다. 이렇게 에크하르트가 모순적으로 말하고 있는 이 영혼의 섬광이란 도대체 무엇을 가리키는 것일까? 이 문제는 에크하르트 사상의 해석에 있어서 가장 까다로운 문제 중 하나이다. 벨테는 그것을 인간 내면의 빛으로서 결코 객체화될 수 없는 인간의 자아로 간주한다.[98] 자기가 자기를 문제 삼을 때도 언제나 잡히지 않고 한 발짝 뒤로 물러서는, 침투하거나 점령할 수 없는 단단한 성과 같은 주체로서의 자기라는 것이다. 마치 인도 고전 우파니샤드에서 말하는 인간의 영원한 자아 아트만ātman을 연상시키는

95 Quint, 405.
96 Quint, 406.
97 Quint, 407.
98 Welte, 151.

해석이다. 순수 의식(cit)으로서의 브라만 혹은 아트만과 같은 존재라는 것이다. 벨테는 이 객체화될 수 없는 빛으로서의 자아를 인간 영혼 안에 비추는 무한하고 영원한 하느님의 빛, 진리의 빛의 반영(Spiegel)으로 보며,[99] 이러한 사상은 아우구스티누스와 토마스에게서도 발견되는 오랜 전통임을 지적한다.[100] 그것은 "하느님과 너무나 가까워 나뉘어지지 않은 단일한 하나지만 모든 피조물의 형상 없는 초형상적 형상들을 그 안에 간직하고 있다."[101] 앞서 강조한 바대로, 그것은 하느님과 "하나가 되는 것이 아니라 하나이다"라는 것이다.

여기서 우리는 에크하르트가 인간 영혼의 지성 혹은 불꽃을 태초의 로고스에 준하여 파악하고 있음을 알 수 있다.[102] 에크하르트는 영혼의 불꽃이 로고스, 즉 성자 하느님처럼 창조된 것이 아니라(ungeschaffen) 만물의 창조 이전에 영원히 태어난(ewiglich geboren)

---

99 Welte, 159.

100 Welte, 163-169. 에크하르트에 있어서 빛의 상징 혹은 빛의 형이상학에 대해서는 Reiter, 104-109 참조.

101 *DW* I, 380-381: "diz vünkelin ist gote also sippe, das ez ist ein einic ein ungescheiden und daz bilde in sich treget aller creaturen, bilde sunder bilde und bilde über bilde." Quint, 258; *DW* I, 518의 현대어 번역과는 차이가 있다. 모든 사물의 형상들을 가지고 있다는 것을 보아, 에크하르트는 여기서 지성의 불꽃을 성자 하느님인 로고스처럼 파악하고 있는 것 같다. 플라톤 철학의 영향을 받은 관념이기 때문에, 이 면에서는 우파니샤드의 아트만 개념과는 다르다.

102 이러한 면에서 볼 때, 라이터는 영혼과 하느님과의 일치(Einheit)를 두 종류 혹은 측면으로, 즉 하나는 이성과 로고스로서의 그리스도—성자 하느님—와의 일치, 다른 하나는 영혼의 근저이자 하느님의 근저인 지성에서 이루어지는 완벽한 일치를 지나치게 도식적으로 구별하고 있다. 394-396을 볼 것. 이러한 구별은 물론, 이미 지적한 대로, 라이터가 이성과 지성을 지나치게 확연히 구별하는 것과 관련된다. 적어도 에크하르트가 하느님과 영혼의 순수지성성을 강조하는 성서적 근거는 『요한복음』의 로고스론임을 기억할 필요가 있다.

것이라고 한다.103 그러한 지성은 하느님의 모상(Ebenbild)으로서 성부가 "영원한 은폐의 감추어진 어둠으로부터 영원히 낳은" 그의 독생자와 조금도 다름이 없다는 것이다.104

　우리는 여기서 에크하르트가 말하는 "창조되지 않은"(ungeschaffen) 이라는 말의 의미를 정확히 포착할 수 있을 것 같다. 즉, 여타 피조 물과는 달리 하느님의 모상인 영혼의 불꽃은 만들어지거나(factio) 창조된(creatio) 것이 아니라 로고스인 성자 하느님처럼 성부 하느님 자신으로부터 흘러나온 혹은 탄생한 것이라는 뜻이다. 다시 말해서 좁은 의미에서 "창조되지 않은" 것이다. 그러나 넓은 의미로는 지성 도 하느님에 의해 신성의 감추어진 어둠으로부터 흘러나오고 탄생 되는 한 창조되었다고 말할 수 있다. 영혼의 불꽃이 로고스처럼 만 물이 창조되기 전에 하느님에 의해 그의 모상으로서 영원히 탄생하 였다는 에크하르트의 이론은 지성으로서의 영혼의 특수성, 즉 그 영원성을 말하면서도 탄생(generatio)으로서의 피조성을 인정하는 견해라고 할 수 있다. 영혼의 불꽃이 순수한 지성인 하느님과 너무 나도 닮은 한 아니 완벽하게 하나인 한 그것은 영원하고 창조된 것 이 아니지만 그래도 하느님에 의해 탄생한 것이고, 하느님의 빛을 반사하는 것인 한 여전히 창조된 것이라고 할 수 있다는 것이다.

　모러는 이 문제를 다음과 같이 해석한다.

　고발자들에 의해 단죄된 에크하르트의 진술들 가운데 하나는 "영혼에

---

103 Quint, 257.
104 같은 곳. 여기서 이 "숨겨진 어둠"은 신성(Gottheit)을 가리키는 표현으로서, 신의 근저이자 영혼의 근저를 가리킨다. 따라서, 여기서는 에크하르트가 영혼의 근저와 영혼의 불꽃을 구별하고 있음을 알 수 있다.

창조되지 않고 창조될 수 없는 어떤 것이 있으며 그것은 지성이다"라는
것이었다. 에크하르트는 그의 비판자들에 대한 응답에서 그것은 인간
지성에 대해서가 아니라 하느님과 같은 순수 지성에 대해서 언급한 것이
라고 해명했다. 인간 영혼은 순수한 지성이 아니다: 그것은 단지 지성적
(intellectual)일 뿐이다. 즉, 하느님의 모상과 형상으로 창조되었으므로
[하느님의] 지성성(intellectuality)에 참여하는 것이다.[105]

모상과 참여라는 의미에서 인간 영혼은 신적 지성의 성격을 지
니고 있으며 그런 의미에서 "창조되지 않은" 것이라는 말이다. 이와
동시에 모상과 참여라는 말은 그것이 자기 자신의 존재 근거를 가
지고 있지 않다는 것을 뜻한다. 이런 점에서 지성은 여전히 창조되
었다고 말할 수 있다. 하지만 모러의 설명은 지성 그 자체보다는
"영혼의 지성성"을 두고 한 말이다. 에크하르트 자신도 "영혼이 전
적으로 그러하다면"이라는 단서를 붙이고 있기 때문에 영혼이 전적
으로 순수한 지성이 아니라는 데는 이의가 없다. 문제는 "영혼 안에
있는 무엇"으로서의 "지성 그 자체"의 성격이다. 그것은 실로 신적
지성인 로고스와 마찬가지로 "창조되지 않은" 어떤 것이 아닌지?
　다른 모든 피조물과 마찬가지로 인간 영혼도 순간마다 하느님으
로부터 지속적으로 존재를 부여받아 존재한다. 그렇다면 지성 혹은
영혼의 불꽃도 마찬가지가 아닐까? 에크하르트가 하느님은 영혼에
그의 전 존재와 본성과 신성으로 현존한다고 말하면서도 "그래도
하느님은 영혼이 아니다"라고 할 때[106] 이것은 곧 하느님이 직접

---

105 Maurer, 18.
106 Quint, 273.

영혼의 근저로 자리 잡고 있고 영혼의 존재론적 근거가 된다는 뜻이다. 그러면서도 영혼의 피조성을 의미한다. 영혼이 육체에 생명을 주듯 하느님은 영혼에 생명을 주신다.[107] 하느님이 우리의 생명임을 에크하르트는 다음과 같이 말한다.

> 그대는 왜 사는가? 생명을 위해서? 그럼에도 그대는 왜 사는지 알지 못한다. 생명은 그 자체가 너무나 바람직하기 때문에 사람들은 그 자체를 위해 그것을 바란다. 지옥에서 영원한 고통을 받고 있는 자라도 자신의 생명을 잃어버리기를 원치 않는다. 악마도 영혼들도. 왜냐하면 그들의 생명은 너무나 고귀해서 하느님으로부터 직접 영혼 속으로 흘러들기 때문이다. 생명이 직접 하느님으로부터 흘러들기 때문에 그들은 살기 원하는 것이다. 생명이란 무엇인가? 하느님의 존재가 나의 생명이다. 나의 생명이 하느님의 존재라면 하느님의 존재는 나의 존재이며 하느님의 본질(Wesenheit, Istigkeit)이 나의 본질이어야만 한다. 그 이상도 그 이하도 아니다.[108]

이것은 영혼의 생명을 두고 하는 말이지만 특히 하느님의 모상인 지성에 합당한 말로 보인다. 지성은 하느님의 생명, 하느님의 존재, 하느님의 본질을 그 존재 근거로 하고 있으며 영혼 안에 있는 하느님의 생명 · 존재 · 본질이다. 지성은 하느님에게 의존하고 하느님으로부터 빛을 공급받은 한 창조된 것이지만 동시에 하느님과 같이 영원하고 창조되지 않은 것이라고도 할 수 있다. 마치 태양의

---

107 Quint, 392.
108 Quint, 184.

빛을 반사하는 거울의 빛이 거울에서는 거울의 빛이고 태양에서는 태양의 빛이듯 영혼과 하느님의 관계도 그러하다고 에크하르트는 말한다. 그러면서도 에크하르트는 강조하기를 거울은 태양이 아니며 하느님은 영혼이 아니라고 한다.[109] 지성으로서의 영혼은 무한한 지성인 하느님으로부터 빛을 공급받는 한 창조되지 않은 어떤 것이다.[110] 따라서 지성 그 자체는 피조물로서의 "영혼의 어떤 힘"이기보다는 "영혼 안에 있는 어떤 힘"이라고 에크하르트는 말한다. 지성은 하느님의 모상이며 영혼에 현존하는 하느님의 생명과 빛으로 실로 "창조되지도 않고 창조될 수도 없는" 어떤 것이다.[111]

사실 호프Hof는 바로 이러한 해석을 귀속의 유비에 근거하여 해석하고 있다. 그에 의하면 지성으로서의 신과 영혼의 불꽃과의 관계는 다름 아닌 의와 의인, 선과 선한 사람의 관계와 마찬가지로 귀속의 유비 관계에 있다. 지성은 본래 신에게만 존재하지만(건강이 본래 생물에게만 존재하듯) 피조물인 인간 영혼에 부어져 영혼의 빛으로, 불꽃으로 현존한다는 것이다. 그리하여 이 빛은 하느님으로부터 빌린 피조물로서 "영혼 안에 있는 어떤 힘"이지만, 다른 한편으로는 지성이 지성인 한(intellectus inquantum intellectus) 영혼 안의 "창조되지도 않고 될 수도 없는 어떤 것"으로 묘사된다. 영혼의 불꽃은 말하자면 영혼 안에 내재하는 신적 지성이다.[112] 영혼에 내재하는

---

109 Quint, 273.

110 이러한 해석으로서 B. Dietsche, "Der Seelengrund nach dan deutschen und lateinischen Predigten," *Meister Eckhart der Prediger*, 248-250 참조.

111 McGinn은 "영혼의 어떤 것"이 아니라는 말이다. McGinn, *The Mystical Thought of Meister Eckhart*, 113. 맥긴은 이 문제를 영혼이 하느님의 모상으로 창조되었다는 전통적인 모상론의 시각에서 풀고 있다.

112 Hof, *Scintilla Animae*, 201-203. 호프의 이 고전적 연구는 신과 사물들과의 관계

하느님 자신이다. 이 때문에 에크하르트는 "사람은 하느님을 자기 자신 밖에 있는 것으로 파악하고 보아서는 안 되고 나 자신의 것으로, 내 안에 있는 것으로 보아야 한다"고 말하는 것이며[113] 또 아우구스티누스의 말을 인용하여 "하느님은 영혼이 자신에게보다도 더 영혼에 가깝다"고 말하는 것이다.[114] 하느님은 그야말로 영혼의 근저이기 때문이다. 하느님은 나의 존재 근거로 나 자신보다도 나에게 더 가깝다는 것이다. 아니 가까운 정도가 아니라 근저에서 하느님과 나는 완전히 하나다. 영혼의 근저가 곧 신의 근저이기 때문이다.

지성은 하느님이 세상을 창조할 때 인간 영혼 안에 불어넣은 생기로서 이 지성의 빛으로 우리는 하느님의 빛을 보며 그것에 의해 보여진다고 에크하르트는 말한다.[115] 또 "하느님을 아는 것과 하느님에 의해 알려지는 것, 하느님을 보는 것과 하느님에 의해 보여지는 것은 사실상 하나다"라고 말하는가 하면[116] "내가 하느님을 보는 눈은 하느님이 나를 보는 눈과 동일하다. 나의 눈과 하느님의 눈은 한 눈이며 한 봄이며 한 인식이며 한 사랑이다"라고도 말한다.[117]

뿐 아니라 신과 영혼과의 관계—주로 "탄생" 혹은 원형과 모상의 관계로 피어나는 —도 귀속의 유비로 일관해서 설명하고 있다. 이는 에크하르트에서 인간 영혼, 특히 영혼의 불꽃이 지닌 특별한 존재론적·인식론적 지위를 무시하는 해석이라는 비판에도 불구하고(라이터, 402-405 참조) 여전히 시사하는 바가 있다고 생각하여 소개한다.

113 Quint, 186.

114 Richard Kieckhefer도 에크하르트가 하느님과 영혼의 지속적인 합일(habitual union) 혹은 영혼 안의 하느님의 내재를 귀속의 유비에 의거하여 존재론적인 해석을 한다고 지적한다. 그의 "Meister Eckhart's Conception of Union with God," 209.

115 P. Reiter, 268에서 재인용.

116 *DW* III, 562.

117 Quint, 216.

다음도 같은 의미의 말이다.

> 하느님을 붙잡으려면 영혼은 자기 자신을 넘어서야만 한다. 왜냐하면
> 영혼이 피조물들을 파악하는 힘으로 제아무리 많은 것을 성취할 수 있다
> 해도 ㅡ 그리고 만약 하느님이 천 개의 하늘과 천 개의 땅을 만들었다 해
> 도 영혼은 그 힘으로 그것들을 잘 파악할 수 있을 것이다 ㅡ 하느님은 파
> 악할 수 없다. 영혼 안에 있는 무한한 하느님, 그가 무한한 하느님을 파악
> 한다. 그렇다면 하느님이 하느님을 파악하고 하느님이 영혼 안에 하느
> 님을 만들며 영혼을 자기 모상으로 만드는 것이다.118

하느님 모상으로서의 지성

이상과 같은 하느님과 영혼, 지성으로서의 신과 지성으로서의
인간 영혼의 특별한 관계 아니 그 일치는 인간이 하느님의 모상
(imago dei)으로 창조되었다는 그리스도교의 오랜 전통적 인간관에
기초하고 있다. 이미 언급했듯이 에크하르트는 영혼과 육체를 합한
인간 존재 전체 혹은 영혼 전체가 아니라 오직 지성으로서의 영혼
만을 하느님의 모상으로 간주한다. 그는 아우구스티누스와는 달리
기억, 지성, 의지와 같은 영혼의 고등 기능들보다는 순수한 지성
그 자체에서 하느님의 모상을 발견한다.119 지성이야말로 인간을

---

118 Walshe II, 259. 월쉬는 이 구절이 영혼 안에 있는 창조되지 않은 어떤 것이라는
　　문제 많은 개념에 대한 에크하르트의 가장 명확한 진술이라고 본다. 그는 우에다를
　　인용하면서(Ueda, 135) 그것을 영혼의 일부분이 아니라 하느님의 일부분, 즉 영
　　혼 안에 있는 어떤 신적인 힘(a divine power)으로 간주한다.
119 Ueda, *Gottesgeburt in der Seele*, 56; 50-62의 논의 참조. 에크하르트에서 하느님

인간답게 하는 것이라고 그는 말한다.[120]

인간이 하느님의 모상으로 창조되었다는 것은 인간을 다른 피조물들로부터 구별하는 인간 존엄성과 고귀함의 근거가 된다. 하느님은 여타 사물들을 로고스 안에 있는 이데아들을 모델로 창조하였지만, 영혼만은 직접 지성 자체인 자기 자신의 모상으로 창조했다. "모든 피조물은 하느님의 발자취이나, 영혼은 본성상 하느님[의 모습]에 따라 만들어졌다"는 것이다.[121]

에크하르트는 한편으로는 아우구스티누스적인 전통에 따라 인간 영혼이 직접 하느님의 모상으로 창조되었음을 말하면서도, 다른 편으로는 인간이 "하느님의 모상에 따라"(ad imaginem dei) 창조되었다는 창세기의 표현을 문자 그대로 취하여 영혼을 "모상의 모상"처럼 간주하는 견해를 보이기도 한다.[122] 그러나 에크하르트 신비 사상의 특성은 전자의 입장에서 더 잘 드러난다.

에크하르트는 모상론을 통해서 신과 인간, 영혼과 하느님의 본질적 혹은 본성상의 일치를 강조하고자 한다. 모상(Bild)은 그 원형(Urbild)으로부터 흘러나온 것(emanatio)으로서 외적 창조의 개념과

의 모상 개념은 결코 단순한 문제가 아니며, 우에다의 논의는 도움이 되지만, 그는 지성이 그대로 하느님의 형상(imago dei)이라는 사상보다는 "하느님의 형상에 따라"(ad imaginem dei) 만들어졌다는 보수적인 견해에 초점을 맞춘다. 그에 의하면, 전자는 영혼에 하느님의 탄생(Gottesgeburt)이 일어난 경우를 가리키는 것으로 해석하고 있는데, 이는 에크하르트의 하느님의 모상 개념에 대한 매우 제한적이고 인위적인 해석으로 보인다.

120 여기서 지성은 영혼의 고등 기능 가운데 하나인 이성(ratio superior)까지 포함해야 한다. 에크하르트의 모상 개념은 다소 애매하여, 넓게는 삼위일체 하느님을 반영하는 영혼의 고등한 세 가지 기능, 즉 기억·이성·의지를 포함하며, 좁게는 지성, 즉 영혼의 근저 내지 불꽃만을 가리킨다. Reiter, 360-375.

121 "naturhaft nach Gott begildet." Quint, 425.

122 McGinn, *The Mystical Thought of Meister Eckhart*, 106-113 참조.

는 달리, 마치 가지가 나무로부터 돋아나듯 원형으로부터 자연적으로 나온 것이다.123 모상과 원형 사이에는 어떤 차이도 없으며 "전능하신 하느님도 그 어떤 차이를 인식하지 못한다"라고 에크하르트는 말한다.124 "모상은 직접적으로 그리고 전적으로 그 존재를 그 원형으로부터 취하고, 원형과 동일한 존재를 가지며 동일한 존재이다."125 에크하르트는 말한다.

> 그러나 하느님은 완전한 기술과 능력을 가지고 있으므로 그대들을 자기와 똑같이(gleich) 자기의 모상으로 만들었다. 그러나 "자기와 같이"라는 말은 무언가 밖에 있고 떨어져 있다는 것을 암시한다. 그러나 인간과 하느님 사이에는 밖에 있거나 떨어져 있다는 것이란 존재하지 않으며, 따라서 인간은 "그와 같은" 것이 아니라 오히려 전적으로 바로 그의 모상(Ebenbild)이며 그의 존재와 동일하다.126

인간은 본질적으로 혹은 본성상, 하느님의 모상이며 하느님의 아들이다.127 우리에게 아들의 존재(Sein, 본질)가 없다면 우리는 결

---

123 *DW* I, 493.

124 *DW* III, 538.

125 *DW* I, 493. 여기서 존재(Sein)라는 말은 본질이라는 뜻으로도 취할 수 있다.

126 *DW* III, 568. 이러한 일련의 말들을 감안해 볼 때, 우에다가 하느님의 모상으로 창조된 인간 영혼의 본성과 성자 하느님 혹은 영혼의 근저에 탄생하는 하느님의 아들과를 구별하는 것은 무리다. Ueda, *Gottesgeburt in der Seele*, 54-62 참조. 하스는 "Mystische Bildlehre," *Sermo Mysticus*, 209-237에서 에크하르트의 모상(Bild) 개념을 분석하면서 모상과 원형의 밀접한 관계를 논하면서도, 다른 한편으로는 우에다의 설에 영향을 받아 영혼이 "하느님의 형상에 따라"(ad imaginem dei) 만들어졌다는 데 초점을 두어 영혼과 성자 하느님 혹은 영혼의 근저에 탄생하는 하느님의 아들과의 차이를 강조하기도 한다(219-221).

코 아들이 될 수 없다고 에크하르트는 말한다.

> 인간이 앎 없이 지혜로울 수 없듯이 하느님 아들의 아들다운 존재 없이
> 는 아들이 될 수 없다. 그가 하느님의 아들 자신이 가지고 있는 동일한
> 존재를 가지고 있지 않는 한 될 수 없다. … 그러므로 나는 말하나니 하느
> 님이 내가 지혜로움 없이 지혜롭게 되도록 하실 수 없듯이 내가 하느님
> 아들의 존재 없이 하느님의 아들이 되도록 만드실 수 없다.[128]

에크하르트에 의하면 하느님의 모상으로서의 지성은 천사와도
같이 아무런 상像(Bild)의 매개 없이 직접 신을 인식한다. 지성으로서
의 신이 자기 자신을 인식하듯 인간의 지성 역시 아무런 상의 매개
없이 신을 그리고 자기 자신을 직접 인식한다. 그것은 지성 자체가
바로 신의 상(Bild, imago)이기 때문이다. 이러한 근본적인 일치를 전
제로 하여 에크하르트는 "만약 내가 하느님을 매개 없이, 상 없이
알려고 하면 하느님은 실제로 내가 되어야 하며 내가 하느님이 되
어야 한다"고 말하는 것이며,[129] 지성으로서의 신과 영혼의 존재론
적 일치와 인식론적 일치를 말하는 것이다. 신학자 몰트만은 이것
을 다음과 같이 표현한다.

> 그의 모상에서 신은 자기 자신을 인식한다. 자기 자신이 이 모상임을 인
> 식하는 자는 자기 안에서 신을 인식하고 자기를 신 안에서 인식하며, 신

---

127 「고귀한 인간에 대하여」(*Vom edlen Menschen*); Quint, 141, 143.
128 *DW* III, 562.
129 *DW* III, 194-195.

은 그 안에서 자기를 인식한다. 그의 자기 안에서의 신 인식은 그 안에서의 신의 자기 인식이며, 신의 자기 인식과 인간의 자기 인식은 하나이다. "내가 신을 보는 눈은 신이 자기를 보는 눈과 동일하다; 나의 눈과 신의 눈은 하나의 눈이고 하나의 봄이며 하나의 인식이고 하나의 사랑이다."[130]

그러나 다른 한편 에크하르트의 모상론이 비록 모상과 원형, 영혼과 하느님과의 본질적 일치를 드러내기 위한 것이지만, 둘의 완전한 일치를 표현하기에는 어떤 한계가 있어 보인다. 에크하르트는 모상이 모상인 한 원형과는 차이가 있음도 지적한다. 거울에 나타난 모상은 원형을 직접 반영하기 때문에 원형과 조금도 다름없지만, 모상은 어디까지나 이차적 존재로서 그 존재 근거를 자체 안에 가지고 있지 않으며 자기 자신으로부터 생겨나지도 않는다.[131] 모상은 원형과 같기도 하지만 다르기도 하다.

원형과 둘도 아니고 하나도 아닌 모상의 모호성 내지 이중성은 에크하르트에서 삼위일체 하느님의 역동성과 인간 영혼의 역동성으로 나타난다. 모상이 모상인 것은 원형과 닮았기(gleich) 때문이다. 따라서 에크하르트는 모상을 닮음(Gleichheit)이라고도 표현한다. 하느님의 모상인 영혼은 하느님을 닮은 존재로서 닮은 자는 끊

---

130 J. Moltmann, "Theologie der mysrischen Erfahrung: Zur Rekonstruktion der Mystik," *Freiheit und Gelassenheit: Meister Eckhart heute*, 135-136. 이 글은 몰트만이 전통적 신학의 입장에서 신비주의 영성, 특히 에크하르트 신비주의를 어떻게 수용하는지를 보여 주고 있다. 특히 신비주의자들의 초탈의 영성과 그리스도와 함께 고난받는 자의 고난의 영성을 대비하고 있는 것이 인상적이다.

131 "Das Bild ist nicht aus sich selbst, noch ist für sich selbst." Quint, 226.

임없이 그 원형을 찾아가려 애쓴다. 모상은 스스로 존재 근거를 가지고 있지 않으며 자기 충족적이지 않기 때문이다. 이 애씀과 갈망이 사랑이며, 에크하르트는 이 사랑을 성령과 동일시한다. 하느님의 모상 혹은 아들로서의 인간 영혼의 닮음 속에서 에크하르트는 "하나" 안에서 전개되는 성부·성자·성령의 삼위일체 관계를 발견하는 것이다.

> 우리는 닮음을 신성 가운데서 성자에게 귀속시키며 열과 사랑은 성령에 귀속시킨다. 닮음이란 모든 사물에 있어서, 그러나 무엇보다도 하느님의 본성에 있어서 "하나"로부터 탄생한다. 하나로부터 하나 안에서 하나와 더불어 [이루어지는] 닮음은 피어나는 불같은 사랑의 시작이며 원천이다. 하나는 모든 시작이 없는 시작이다. 닮음은 오직 하나로부터 시작하며 하나 안에서 그리고 하나로부터 그 존재와 시작을 수여 받는다. 사랑은 본성상 하나로서의 둘로부터 흘러나오고 발생한다. 하나로서의 하나는 둘로서의 둘과 마찬가지로 사랑을 산출하지 않는다. 하나로서의 둘만이 본성상 필연적으로 힘찬 불같은 사랑을 산출하는 것이다.
> 솔로몬이 말하는 것처럼 모든 물들, 즉 모든 피조물은 그 근원으로 역류하여 되돌아간다(전도서 1:7). 따라서 내가 말한 바는 필연의 진리이다: 닮음(성자)과 불같은 사랑(성령)은 "하늘과 땅에 있는" "만물의 아버지"인 "하나"라는 원초적 근원 속으로 영혼을 끌어올리고 이끌어 들어가게 한다. 그래서 나는 "하나"로부터 태어난 닮음은 하느님이 숨겨진 하나됨 속에서 "하나"이듯 영혼을 하느님 안으로 끌어들인다고 말하는 것이다. 그것이 "하나"의 의미이기 때문이다.[132]

여기서 에크하르트는 하느님의 모상 혹은 아들로서의 인간 영혼이 자신의 원형인 하느님, 즉 "하나"와 하나 되기를 갈망하는 사랑의 관계를 성부·성자·성령의 삼위일체 관계로 파악하고 있다. "닮음은 '하나'로부터 흘러나와서 하나의 힘에 의해 그리고 하나의 힘 안에서 이끌리기 때문에 하나 안에서 하나가 되기까지는 이끌고 이끌리는 것 사이에 평화와 만족이 있을 수 없다"고 에크하르트는 말한다.133 에크하르트는 "하나"에 이끌리는 인간 영혼의 에로스적 역동성을 표현하면서 닮은 상태에 있는 영혼은 스스로를 미워한다고까지 말한다.134 인간의 영혼은 결코 그 자체를 사랑할 수 없으며 그 안에 숨겨진 자신의 근원, 즉 참다운 하늘 아버지인 "하나"를 만나 하나가 되기까지는 스스로를 미워할 수밖에 없다는 것이다.

이렇듯 하느님의 모상으로서의 인간 영혼과 하느님과의 관계는 역동적 "관계"이다. 하지만 관계란 아무리 밀접하다 해도 어디까지나 둘을 전제로 한 것이며, 완벽한 일치를 이루는 것은 아니다. 에크하르트의 모상론은 본래 이러한 차이를 전제로 한 관계적 세계를 넘어서 신과 영혼의 완벽한 일치를 말하는 데까지 나아가려는 것이었다. 모상은 그 본질이나 본성에 있어 원형과 조금도 차이가 없기 때문이다. 여기서 우리는 에크하르트 모상론의 모호성 내지 이중성을 발견한다. 단적으로 말해 모상론은 한편으로는 하느님과 인간 영혼의 불가분적 밀접한 관계는 표현하지만, 다른 한편으로는 양자의 완벽한 일치를 표현하기에는 한계가 있어 보인다. 바로 "모상"이

---

132 Quint, 116.

133 Quint, 117.

134 Quint, 118.

라는 단어 자체가 지닌 이중성 때문이다. 사실 에크하르트 자신도 이것을 인식하고 있었던 것으로 보인다. 이 문제를 좀 더 면밀히 고찰해 보자.

에크하르트는 지성이 하느님을 의식하고 맛보는 순간, 다섯 가지 속성을 지니고 있음을 지적한다.[135] 첫째로 지성은 모든 "여기"와 "지금"으로부터 자유롭다. 지성은 시간과 공간의 제약을 받지 않는 보편적이고 초월적 실재라는 것이다. 둘째로 지성은 그 어느 것과도 같지(gleich) 않으며, 바로 이 점에서 지성은 어느 피조물과도 같지 않은 하느님과 같다는 것이다.[136] 모든 피조물은 본성상 은밀하게 그 종착지인 하느님을 닮으려 애쓰고 하느님을 향해 움직인다고 에크하르트는 말한다.[137] 하느님이 그들 안에 있지 않으면 본성은 아무런 욕망도 일으키지 않고 만물은 운동을 멈춘다. 셋째로 지성은 순수하고 잡되지 않다. 하느님이 어떤 혼잡이나 뒤섞임도 용납하지 않듯이 지성도 이질적인 것을 용납하지 않는다. 어떤 것에도 집착하지 않는 사람은 무슨 일이 있든 미동도 하지 않는다. 넷째로 지성은 어디서나 자기 내면을 찾고 내면에서 활동한다. 하느님은 어디서나 가장 내면에 거하는 존재이기에 지성은 사랑하는 것을 구해 밖으로 향하는 의지와는 달리 자기 내면을 찾는다. 그리하여 지성은 하느님이 자기 자신을 보는 바로 그곳에서 하느님을 본다.[138] 마지막 다섯째로 에크하르트는 지성이 모상임을 지적하면서 이

---

135 Quint, 345.
136 Quint, 346.
137 같은 곳.
138 Quint, 347.

것이 자신의 전 설교의 핵심이라고 말한다.[139] 모상과 원형(Urbild)
은 추호의 차이도 없이 하나다. 불이 없는 열이나 태양 없는 빛은
생각할 수 있을지언정 모상과 원형은 아무런 차이가 없으며 함께
나고 함께 죽는다고 에크하르트는 말한다.[140] 그러면서 이 모상으
로서의 지성에 대하여 다음과 같이 말한다.

> 자, 잘 들어 보시오. 지성은 신성의 구석구석까지 들여다보고 돌파하여
> 아버지의 품과 근저에서 아들을 받아 그를 자신의 근저에 놓는다. 지성
> 은 파고든다. 지성은 선이나 지혜나 진리나 심지어 하느님 자신으로도
> 만족하지 않는다. 그렇다. 진실로 지성은 돌 한 덩어리나 나무 한 그루에
> 만족할 수 없듯이 하느님에 만족하지 못한다. 지성은 휴식을 모르고 선
> 과 진리가 발현해 오는 그 근저 속으로 돌파해 들어가서 그것 – 신적 존
> 재 – 을 그 근원에서 붙잡는다. 선과 진리가 아직 그 어떤 이름도 얻기
> 전 그리고 발현되기 전, 선과 진리가 출발하는 시초에서 붙잡는다. 선과
> 진리보다도 더 높은 근저에서 그것을 붙잡는다. 지성의 자매인 의지는
> 신이 선한 한 신으로 만족한다. 그러나 지성은 이 모든 것을 잘라 버리고
> 들어가 아들이 솟아 흐르고 성령이 개화하는 그 뿌리 속으로 돌파해 들
> 어간다.[141]

이미 한 번 인용한 바 있는 이 구절에서 우리는 에크하르트가
지성이 모상임을 말하면서도 "모상" 이상의 경지임을 말하고 있다

---

139 같은 곳.
140 같은 곳.
141 Quint, 348.

는 사실에 주의해야 한다. 모상과 원형, 성자와 성부의 밀접한 "관계"마저 초월하여 선과 진리가 발현하는 곳, 성부와 성자와 성령이 솟아나는 그 근원과 "근저"로까지 "돌파"해 들어가는 지성의 활동을 말하고 있는 것이다. 다시 말해 신과 영혼의 완전한 일치 혹은 하나임(Einheit)의 경지를 말하고 있다.

사실 에크하르트는 성자 하느님이나 인간 영혼의 신비는 결국 하느님의 "모상"이라는 개념으로는 충분히 파악할 수 없다고 생각한다. 그것은 모상 아닌 모상, 초형상적 모상(überbildliches Bild)이다.

> 영혼은 하느님의 형상으로 만들어졌다. 대가들은 성자聖子는 하느님의 "모상"이지만 영혼은 이 모상에 따라 만들어졌다고 한다. 그러나 나는 오히려 성자는 하느님의 초형상적 "모상"이라고 말한다. 그는 그의 감추어진 신성의 "모상"이다. 그런데 영혼은 바로 성자가 하느님의 "모상"인 바에 따라 그리고 성자가 형성된 곳에서 형성되었다. 성자가 받는 동일한 것으로부터 영혼도 받는다. 영혼은 성자가 성부로부터 흘러나오는 곳에조차 머물러 있지 않는다. 영혼은 [모든] 상을 초월하여 숭고하다.[142]

여기서 에크하르트는 지성으로서의 영혼의 근저 혹은 불꽃이 성자 하느님 혹은 로고스 그 자체와 마찬가지로 성부 하느님의 모상이라기보다는 상 없는 신성의 "모상", "초형상적 모상"이며 모든 상을 초월한 어떤 숭고한 것이라고 말한다. 다시 말해 지성에서 영혼은 성자 하느님과 마찬가지로 성부 하느님과 완전한 근저의 일치를

---

142 *DW* III, 549.

이루고 있다는 것이다. 신의 근저까지 파고들어 그것과 완전히 하나임을 확인하는 이러한 경지는 모상과 원형, 성자와 성부의 관계 개념으로 담기에는 너무나 깊은 세계이다. 그것은 성자가 탄생하기 이전의 세계, 성자가 형성되고 흘러나오기 이전의 세계, 삼위 하느님의 관계가 성립되기 이전의 원초적 "하나"의 세계이며 신의 근저가 곧 나의 근저인 세계이다. 하느님이 독생자를 세상에 보내셨다는 요한복음의 말씀에 대한 해석에서 에크하르트는 여기서 "세상"은 외부 세계가 아니라 내적 세계를 가리키는 것이라고 하면서 이렇게 말한다.

> 성부가 실로 자신의 단순한 본성에서 자기 아들을 자연적으로 낳듯이 그는 실로 그를 정신의 가장 깊은 내오內奧에서 낳는다. 이것이 내적 세계이다. 여기서는 신의 근저가 나의 근저이며 나의 근저가 신의 근저이다. 여기서는 하느님이 자기 것으로 살 듯 나도 나의 것으로 산다.[143]

여기서 에크하르트는 "신의 단순한 본성"과 전적으로 동일한 "정신(영혼)의 가장 깊은 내오"에 대해 말하고 있다. "신의 근저가 나의 근저"인 신과 영혼의 완벽한 심층적 일치에 대해 말하고 있는 것이다. 그리고 바로 거기서 하느님 아들의 탄생이 이루어진다는 것이다. 이 문제는 나중에 우리가 고찰하겠지만 여기서 주목할 것은 영혼의 근저가 일체의 이름과 형상을 여의고 텅 비고 자유롭듯 신의 근저 역시 모든 속성과 이름을 떠난 순수하고 단순한 실재로서 둘

---

143 Quint, 180.

은 완전히 하나라는 점이다. 카푸토는 이 근저의 일치를 다음과 같이 표현한다.

> 영혼과 신 사이에는 유사성이 있다. 우리는 영혼의 실체와 기능을 구별하며, 영혼은 그 근저에 있어서 단순하고 초시간적이고 모든 피조물과의 접촉을 벗어난다고 생각한다. 마찬가지로 우리는 이름과 속성들을 가지고 있고 창조된 세계와 관계하고 있는 "신"과 신의 근저인 "신성"과를 구별한다. 신도 역시 그 근저에서는 피조물과 아무런 상관이 없다. 그 역시 절대적으로 하나이며 단순하다. 영혼의 근저와 신의 근저는 자연적으로 닮았고 그 일치는 완벽하다: "여기서 신의 근저는 나의 근저이며 나의 근저는 신의 근저이다." 여기서 하느님과 영혼은 피조물들을 떠났다. 영혼은 이런저런 것들과 아무 상관 없이 세계를 창조하기 이전 존재로서의 하느님과 다시 하나가 된다. 영혼은 더 이상 피조물이 아니며 하느님도 더 이상 창조주가 아니다. 이 세계는 "하느님"과 "영혼"에 관계된 것이 아니라 — 왜냐하면 이들은 창조주와 피조물이기 때문에 — 하느님의 근저와 영혼의 근저에 관계된 것이다. 그리고 이들은 "합일"되어야만 하는 "둘"이 아니라 서로가 하나인, 따라서 그들이 "서로" "합일"되어야 한다고 말하면 그들에게 오류를 범하게 되는 이름도 없고 숫자도 없는 "하나들"이다.[144]

바로 이 근저에로의 돌파가 다음 장에서 우리가 고찰할 주제이다.

---

144 Caputo, "Fundamental Themes in Meister Eckhart's Mysticism," 212-213.

지성과 불성

나는 지성에 관한 에크하르트의 사상을 접할 때마다 중국의 선사 규봉종밀圭峯宗密(780~841)의 "지知" 개념을 생각하지 않을 수 없었다. 지는 종밀이 파악한 불성佛性 개념의 핵으로서 그것을 에크하르트의 지성 개념과 비교하는 것은 선불교와 그리스도교 신비 사상의 상호 이해에 큰 도움이 된다.145 특히 지 개념을 중심으로 한 종밀의 불성론은 고려 시대 보조국사普照國師 지눌知訥(1158~1210)의 선 사상에 결정적 영향을 미쳤고, 그를 통해서 한국 선불교의 핵심 사상으로 자리 잡게 되었다는 사실을 감안힐 때, 이 비교는 더욱 의미가 있다. 불성 사상에 관한 한 지눌은 종밀의 사상을 그대로 계승했기 때문에 나는 여기서 종밀과 지눌의 이론을 굳이 구별하지 않고 그 요점을 소개하고자 한다.146

마음이 곧 부처(心卽佛)임을 말하는 선불교는 불성 사상에 기초하고 있다. 불성은 문자 그대로 부처님의 성품, 부처님의 순수한 마음 바탕으로서 모든 중생이 본래부터 갖추고 있는 마음(本心)이다. 누구든 이 마음을 깨달으면 부처가 된다는 것이 선의 요지다. 불성은 인간의 참마음(眞心)이고 본래 성품(本性)이며 제법諸法의 성

---

145 카푸토도 그의 *The Mystical Elemet in Heidegger's Thought*, 203-217 ("Heidegger, Eckhart, and Zen Buddhism")에서 영혼의 근저 개념을 중심으로 하여 선의 깨달음(satori)과 에크하르트의 하느님 아들의 탄생을 비교하며 논하고 있으나, 그의 선불교 이해가 불충분하며, 지성과 불성을 직접적으로 비교하는 작업은 하지 않는다.

146 이에 관해서는 길희성, 『지눌의 선 사상』 제3장 "심성론"; 慌木見悟, 「宗密の絶對知論知之一字衆妙之門について」, 『南都佛教』 3(1957); P. N. Gregory, *Tsung-mi and the Sinification of Buddhism*, 206-223 참조.

품(法性)으로서 사물의 실재, 혹은 있는 모습 그대로(眞如, tathātā)
이다.

종밀에 의하면 달마대사가 중국에 온 후 이 불성 혹은 부처님의
마음은 제6조 혜능慧能대사(638~713) 때까지는 오직 마음에서 마음으
로만 전해졌고, 각자가 자신의 수행을 통해서 직접 체험했을 뿐,
그것이 무엇인지를 언표하지 않았다고 한다. 그야말로 불립문자 이
심전심不立文字以心傳心으로 밀전密傳되어 왔다는 것이다. 그러다가 사람
들의 근기가 타락하고 약해져서 이 비밀스러운 진리가 멸절 위기를
맞자 하택荷澤 신회神會대사(685~760)가 출현하여 불성의 핵심(體)을 지
知(앎)라는 한 글자로 밝혀 주었다는 것이다. 신회 사상을 계승한 종
밀은 이 진리를 "지라는 한 글자는 모든 묘함의 문이다"(知之一字 衆妙
之門)라고 표현했다.

지눌은 신회와 종밀의 설을 따라 불성 혹은 진심眞心을 공적영지
지심空寂靈知之心이라고 부른다. 공적과 영지 혹은 단순히 적寂과 지知가
진심의 두 본질적 측면이라는 것이다. 다시 말해 일체 중생이 갖추
고 있는 본래적 마음인 이 진심은 모든 번뇌와 생각이 텅 비고 고요
한 마음이며, 동시에 스스로 신령스러운 앎이 있다는 것이다. 이
적과 지는 전통적인 불교 용어로는 정定(samādhi)과 혜慧(prajñā)로 선
에서는 이것이 수행을 통해 비로소 얻어지는 것이 아니라 우리의
성품이 본래부터 갖추고 있는 자성自性의 정과 혜慧로 파악된다. 종밀
은 공적영지의 마음을 깨끗하고 투명한 구슬에 비유한다. 구슬이
티 없이 맑고(공적) 투명해서(영지) 주위 사물들을 비추듯 인간의 진
심은 일체의 번뇌와 망상을 여읜 맑고 깨끗한 마음이며, 동시에 만
물을 비출 수 있는 투명한 거울과 같은 마음이라는 것이다. 지눌은

진심의 본체(體)가 가지고 있는 이 두 측면, 즉 적寂과 지知, 정定과 혜慧를 또다시 체體와 용用의 관계로 해석한다.

이것을 에크하르트의 지성 개념과 대비해 보자. 우선 스콜라철학의 용어로 말하자면 진심의 체는 영혼의 실체(substantia) 개념에 해당한다. 공空사상을 위주로 하는 불교는 물론 일체의 실체론적 사고를 거부한다. 따라서 불성이라 해도 우파니샤드의 아트만atman과 같은 실체는 아니다. 그러나 중국불교에서 전개된 불성 사상, 특히 종밀의 불성론은 실체론적 사고에 매우 근접하고 있음을 부인하기 어려우며 적어도 불성 사상에 기초한 선불교는 실재를 공종空宗의 부정적 개념을 넘어 불성이라는 직극적 개념으로 표현하는 성종性宗에 속한다는 사실을 기억할 필요가 있다. 여하튼 이 실체로서의 신적 지성은 에크하르트에게서도 적寂과 지知, 자성정自性定과 자성혜自性慧의 양면을 지닌다. 지성은 일체의 "이런저런" 제한된 사물들을 떠난 순수한 실재로서 유有가 아니라 텅 빈 무無의 성격을 지닌다는 것을 우리는 보았다. 에크하르트의 표현대로 적막한 광야(stille Wüste)와도 같은 고적한 세계로서 그야말로 공적空寂하다. 그러나 지성은 동시에 앎의 성격을 지닌 것으로 이런저런 잡다한 사물들을 대하고 분별하는 이성(ratio inferior)과 영혼의 여타 기능들과는 다르지만 그 자체는 항시 활성적이다. 이 활동은 모든 사물을 대하되 그 자체는 어떤 것에도 구애받지 않는 맑고 순수하고 투명한 것으로서 그야말로 신령한 앎(靈知)의 성격을 지닌다. 에크하르트의 지성은 문자 그대로 종밀과 지눌의 공적영지지심이다.

지눌에 의하면 정과 혜, 적과 지에서 지知가 특히 중요하다. 지야말로 중묘지문衆妙之門으로 불성 혹은 불심의 체 중의 체, 핵 중의 핵으로 간주된다. 지는 지성과 마찬가지로 온갖 사물을 상대하지만, 그 자체는 사물에 의해 아무런 영향을 받지 않고 순수하고 초연하다. 지는 우리의 일상적 분별지分別知 혹은 상像, 相을 통해 사물을 인식하고 분별하는 이성이 아니다. 지눌에 의하면 지는 또한 깨달음을 얻는 지혜智慧 혹은 반야般若를 가리키는 것도 아니다. 지는 일상적 인식(識)에 의해 알려질 대상도 아니고 지혜에 의해 깨닫는 대상도 아니다. 종밀은 문수보살의 말을 인용하면서 이 지를 다음과 같이 묘사한다.

> "그것은 식識에 의해 알 수 있는 것이 아니며"(非識所能識. 그것은 식에 의해 알 수 없다. 식은 분별의 범주에 속한다. "분별이 된다면 그것은 진지眞知가 아니다", "진지는 단지 무심에서만 볼 수 있다") "마음의 대상이 아니다"(亦非心境界. 그것은 지혜에 의해 알 수 없다. 즉, 그것이 지혜에 의해 깨달을 수 있는 것이라면, 그것은 깨달을 대상의 범주에 속할 것이다. 그러나 진지는 대상이 아니기 때문에 지혜에 의해 깨달을 수 없다).[147]

지는 부처든 중생이든, 성현이든 범부든 누구를 막론하고 공유하고 있는 본래적 참마음(本有眞心)으로서 순수한 앎 그 자체이며 항구불변이다.

이 가르침은 모든 중생이 예외 없이 공적진심空寂眞心을 가지고 있다고 가르친다. 그것은 시작도 없이 본래부터 깨끗하고 빛나고 막힘이 없으며,

---

147 P. N. Gregory, *Tsung-mi*, 218에서 인용. 『大正新修大藏經』 48권, 405a. 괄호는 종밀의 해설, 그 안의 따옴표 부분은 징관(澄觀)의 말을 종밀이 인용한 것.

밝고 환하고 상존하는 앎(常知)이다. 그것은 상주常住하며 무궁토록 결코 멸하지 않는다. 불성이라 이름하며, 또 여래장如來藏, 심체心體 (혹은 心性)라고도 부른다.[148]

에크하르트의 지성 개념으로는 이 지야말로 환한 빛과 같은 "영혼의 불꽃"이며 "영혼 안에 있는 어떤 창조되지 않은 힘"이다. 그것은 영혼의 근저이며 신의 근저로서 신과 영혼, 부처와 중생이 완전히 하나인 경지다.

지는 지눌에게 진심의 세계와 일상생활의 세계를 연결하고 매개해 주는 신비한 실재다. 마치 맑고 투명한 구슬이 바로 그 투명성으로 인해 온갖 바깥의 사물들을 반영할 수 있듯이 진심은 지知라는 자성용自性用으로 인해 다양한 사물들을 연에 따라 변하는 수연용隨緣用으로 산출한다. 이른바 불성의 작용으로서의 용用의 세계가 전개되는 것이다. 그러나 이 역동적 수연隨緣의 세계는 번뇌망상으로 뒤덮인 범부들이 경험하는 일상 세계가 아니라 어디까지나 진심의 묘용妙用으로서 순수한 세계다. 따라서 사事 아닌 사, 상相 아닌 상, 일상 아닌 일상, 시간 아닌 시간의 세계다. 공으로서의 유有이고 이理로서의 사事가 펼쳐진다. 이와 사가 막힘없이(理事無碍) 펼쳐지는 묘유妙有의 세계가 전개되는 것이다.

에크하르트의 지성도 이렇게 일상적 현실과 연결되고 만난다. 지눌에게 일상적 지각 활동이 바로 불성의 작용 그 자체이듯 에크하르트에게도 영혼의 다양한 기능과 힘들의 활동은 영혼의 실체이

---

148 같은 책, 217; 『大正新修大藏經』 48권, 404b.

며 근저인 지성으로부터 흘러나오며, 그 빛을 떠나 독자적으로 기능하는 것이 아니다. 둘은 존재의 통일성(Seinseinheit) 속에 있다고 에크하르트는 강조한다.

나는 때때로 영혼 안에 있는 창조되지도 않고 창조될 수도 없는 빛에 대해서 말해 왔다. 이 빛에 대해서 나는 나의 설교에서 계속 다루곤 한다. 그리고 바로 이 빛이 하느님을 그 자신 속에 있는 대로 아무런 치장 없이 벌거벗은 채 직접 취하며, 이는 실로 그를 출산의 행위 속에서 취한다. 그리하여 나는 진실로 이 빛이 어떤 [영혼의] 힘보다 하느님과 일치성을 가진다고 말할 수 있다. 그러나 그것은 이 힘과 존재의 일치성을 가지고 있다. 왜냐하면 그대들은 나의 영혼의 본질 속에 있는 이 빛이 [영혼의] 가장 비천한 혹은 가장 조잡한 힘, 가령 청각이나 시각 혹은 다른 힘처럼 기아나 갈증, 추위나 더위를 탈 수 있는 힘보다 더 존귀하지 않다는 것을 알아야 하기 때문이다. 그리고 그 이유는 [이 빛과 힘들 사이의] 존재의 일치성 때문이다. 그러므로 우리가 영혼의 힘들을 그 존재(Sein, 본질)에서 취하는 한 그들은 모두 하나이고 동등하게 존귀하다. 그러나 우리가 그 힘들을 그 활동에서 취한다면 하나가 다른 하나보다 훨씬 더 존귀하고 높다.[149]

무슨 뜻인가? 영혼의 실체와 기능, 지성의 빛과 영혼의 다른 힘들을 이원적 대립으로 보지 말라는 뜻이다. 영혼의 기능들이 지성에 뿌리를 두고 있는 한, 지성이 이 기능들보다 조금도 우월하지

---

149 Quint, 315.

않다는 말이다. 이 둘은 "존재의 통일성", 즉 본질상 일치성을 가지고 있기 때문이다. 중요한 것은 영혼의 기능들이 무슨 활동을 하든 같은 영혼의 실체요 본질인 지성에 뿌리박고 있다는 사실이며, 그러는 한 모든 기능과 활동이 똑같이 존귀하다는 것이다. 따라서 우리는 영혼의 기능들을 "그 존재에서 취해야만" 한다. 그러면 다양한 영혼의 일상적 활동들이 모두 지성의 빛 못지않게 존귀하며 지성을 방해하기는커녕 지성의 연장이며 작용일 뿐이다.

바로 이러한 이유로 에크하르트는 위 설교의 결론 부분에서 영혼의 빛이 머무는 "신성의 단일한 근저"(der einfaltige Grund)는 "한정적"(eine einfaltige Stille)이며, 그 자체는 부동이지만 바로 이 부동성에 의해서 만물이 움직인다고 말한다. 여기서 신성의 근저란 물론 만물이 출원하는 근원이자 귀착지로서 만물을 움직이는 힘이지만, 그 자체는 영혼의 근저로서 부동이고, 거기에 뿌리박은 영혼은 진심의 작용처럼 이런저런 사물에 흔들림 없이 자유롭게 자기 일을 수행할 수 있다. 설교 말미에 있는 "우리도 이런 뜻에서 지성에 따라 살도록 하느님이 도우시기를" 하는 에크하르트의 기원도 같은 뜻을 전하고 있다. "지성에 따라 산다"(vernuftgemäss leben)는 말은 영혼의 본질과 근저에 착근하여 흔들림 없이 고요한 지성의 빛에 따라 사물을 대하며 살아간다는 뜻일 것이다.

종밀의 불성 사상이 스콜라철학의 실체론적 사고와 일치한다고는 말하기 어렵지만, 그가 상주불변하는 지知 개념을 그의 선 사상의 중심으로 삼고 있다는 점에서 다분히 실체론적 사고에 근접하고 있는 것은 부인하기 어렵다. 사실 불성 사상 자체가 공 사상을 넘어서 힌두교 베단타 사상의 영적 실체론의 영향 아래 형성된 것이라면,

에크하르트의 지성 개념이 종밀의 불성 사상과 놀라운 유사성을 보이고 있다는 것은 이상한 일이 아니다. 더 나아가서 우리는 에크하르트의 신관이 오히려 힌두교의 베단타 사상의 실재관 내지 인간관에 더 유사하다고 말할 수 있다.150 베단타Vedānta 사상에서 우주의 궁극적 실재 브라만이 모든 것이 거기서부터 와서 거기로 되돌아가는 존재(sat) 자체이고, 순수의식(cit)이며 무한한 기쁨(ānanda)이듯이 에크하르트의 하느님 또한 만물이 출원하고 또다시 그리로 환원하는 "하나" 하느님으로서 존재 자체(esse ipsum)이고 순수지성(intellectus purus)이며 무한한 에너지로서 넘쳐흐르는 생명과 기쁨의 원천이다. 샹카라의 불이론적 베단타 철학이 모든 인격적 속성을 초월하는 "지고의 브라흐만"(parabrahman, nirgunabrahman)과 우주만물을 주관하는 인격신 혹은 주님(Īśvara)으로서의 "낮은 브라흐만"(aparabrahman, saguna brahman)을 구별하듯 에크하르트에게도 일체의 속성과 이름을 초월한 신성과 삼위일체의 인격신이 구별된다. 그리고 무엇보다도 베단타 사상에서 우주 만물의 궁극적 실재인 브라흐만이 곧 나의 참 자아인 아트만이듯 에크하르트에게도 신의 근저와 영혼의 근저는 하나이다. 이렇듯 에크하르트의 영성사상이 세계에서 가장 오래된 신비주의 영성의 보고인 우파니샤드의 사상 그리고 이에 영향을 받은 대승불교의 불성사상과 크게 일치한다는 사실은 그만큼 그의 사상의 보편성과 심오함을 말해 준다.

---

150 Rudolf Otto의 *Mysticism East and West*는 에크하르트와 불이론적(不二論的) 베단타(Advaita Vedānta) 사상의 대가 샹카라(Śankara)를 비교하는 명저로서, 양자의 심오한 일치와 차이를 잘 밝히고 있다. 나는 오토보다는 더 일치점을 강조하고 싶다. 에크하르트 사상과 우파니샤드 사상의 체계적인 비교 연구로서, E. Wolz-Gottwald, *Meister Eckhart und die klassischen Upanishaden*이 있다.

이제 에크하르트의 지성 개념에 대한 논의를 마치고 결론을 맺을 차례이다. 에크하르트에게는 신적 지성의 자기 인식 활동, 신의 생각, 말씀(로고스), 성자 하느님의 탄생 그리고 창조는 모두 신성의 근원 속에서 이루어지고 있는 영원한 "사건"이며 모두 하느님의 말씀(Sprechen)으로 이해된다. 이 모든 것은 존재와 앎이 일치하고 생명으로 충만한 신성의 넘쳐흐르는 출원으로 말미암아 전개되는 것으로서 신적 지성의 생명성과 활동성과 역동성을 말해 준다. 그러나 그것이 결코 신성의 순일성을 해치는 것은 아니다. 영원의 시각에서는 신성의 깊이로부터 발생하는 성자 하느님의 탄생과 나와 너를 포함한 만물의 탄생은 단 하나의 사건이며, 만물은 결코 태초의 순일성을 떠나 독자적으로 존재하는 것이 아니기 때문이다. 만물은 신성 밖에 있으면서도 그 안에 머물러 있다. 말이 생각으로 안에 머물다가 밖으로 나온다 해도 여전히 안에 있듯이 모든 것이 신성의 깊이로부터 흘러나와도 동시에 신성의 깊이 안에 머문다. 그리고 그 안에서는 모든 차별이 사라진 채, 신과 영혼들과 만물이 모두 하나다. 만물은 "하나"에서 나와 "하나"로 되돌아가기를 갈망한다.

> 성부는 그의 온 힘으로 성자를 말씀하시며 성자 안에서 만물을 말씀하신다. 모든 피조물은 하느님의 말씀이다. 돌 하나의 본질도 나의 입과 똑같이 하느님에 대하여 말하고 그를 드러낸다. 우리는 이것을 [피조물들의] 말보다는 활동을 통해 더 잘 안다. … 모든 피조물은 그들의 전 활동 속에서 하느님을 따라 말한다. 하지만 그들이 드러낼 수 있는 것은 아주 적다. 최고의 천사들이 올라가서 하느님을 접촉한다 해도 그들은 하느님 안에 있는 것과는 흰색과 검은색처럼 다르다. 온 피조물들이 [하느님으로부

테] 받은 것은 [하느님 안에 있는 것에 비하면] 그들이 최선을 다해 기꺼이 말한다 해도 비교가 되지 않는다. … 하느님이 영혼 속으로 말씀하실 때 영혼과 하느님은 하나이다. 그러나 이 하나가 [영혼의 기능들과 외부 사물로 인해] 떨어져 나가자마자 [둘은] 갈라진다. 우리의 인식이 높아지면 높아질수록 그만큼 우리는 그(성자) 안에서 하나이다. 그러므로 성부는 언제나 성자에게 일치 속에서 말씀하시며 그 안에서 모든 피조물을 부어내신다. 이들은 모두 흘러나온 곳으로 돌아가라는 부름을 받는다. 그들의 전 생명과 존재는 하나의 부름이며 발원한 곳으로 서둘러 돌아감이다.[151]

인간은 그러나 현실적으로 자기 자신의 존재의 뿌리를 무시하고 표피적 자아에 사로잡혀 현상적 세계만을 바라보며 산다. 심층적 세계를 외면하고 산다. 영혼은 내면을 상실하고 외화 外化 되어 감각적 세계의 잡다한 사물들에 휘둘림을 당한다. 영혼은 자신의 근저를 망각하고 소유와 외적 행위에 매몰되어 산다. 신앙생활을 한다 하면서 인간은 마음대로 끊임없이 "우상"을 만들어 내며 신을 자기 뜻에 따라 부리고 조작한다. 하느님의 이름으로 모든 것을 정당화하며 종교의 이름으로 자유를 억압하고 폭력을 일삼는다. 에크하르트는 우리에게 이런 허구의 세계를 벗어나라고 촉구한다. 참된 자기를 발견하고 참된 하느님을 앎으로써 인간으로서의 존엄을 지키고 자유를 누리라고 말한다.

어떻게 그렇게 할 수 있는가? 어떻게 하면 우리는 표피적 삶을

---

151 *DW* II, 733.

벗어나 존재의 근원에 뿌리박은 본질적 삶을 살 수 있는가? 이것이
이제부터 고찰해야 할 문제이다. 지금까지 우리가 에크하르트의 형
이상학적 존재론과 인간론을 고찰했다면 이제 우리는 그의 실천론
혹은 수행론을 살펴볼 차례이다. "초탈", "돌파", "하느님 아들의 탄
생"이 우리가 고찰할 주제들이다. 초탈과 돌파를 통해 우리는 자신
의 근원으로 되돌아가 본래적 자기를 회복하고 영혼의 근저에 확고
히 뿌리박은 본질적 삶을 살 수 있다고 에크하르트는 말한다.

제6장
초탈과 돌파

신성의 깊이로부터 나온 만물은 어쩔 수 없이 그리로 다시 돌아
가고자 한다. 마치 고향을 그리워하듯 만물은 자기 존재의 근원으
로 향한다. 고향을 떠나 시간과 공간의 지배를 받으면서 물질세계
에 거하는 만물은 존재의 퇴락과 생명의 고갈을 경험하면서 자신의
뿌리를 갈망한다. 거기서 새로운 생명력을 공급받고자 끊임없이 움
직인다. 만물 가운데서도 특히 하느님의 모상으로 지음 받은 인간
존재는 자신의 본래의 모습을 찾아 "이것저것"에 얽매여 사는 일상
적 삶을 떠나 자신의 근원으로 회귀하고자 한다. 그리고 거기서 하
느님의 아들로 새롭게 탄생한다. 인간은 본성상 하느님의 모상이지
만 현실적 인간은 자기 자신의 본성으로부터 소외되어 하느님의 아
들 노릇을 하지 못한다. 따라서 에크하르트는 "이 모상이 이 탄생을
통해 장식되고 완성되어야 한다"고 말한다.[1]

우리가 한 "진정한 인간"으로 살기 위해서는 우리 영혼 안에 각

인된 하느님의 모상이 현실화되고 "완성되어" 참 인간인 하느님의 아들이 실제로 우리 안에 형성되어야 한다는 것이다. 에크하르트에게 하느님 아들의 탄생은 단지 2,000년 전 지구의 어느 한 구석에서 일어났던 한 특수한 역사적 사건이 아니라 바로 우리 모두의 영혼 속에서 일어나는 보편적 사건, 보편적 진리이어야 한다. 그리스도에게만 일어난 유일회적 · 역사적 사건이 아니라 신의 근저이자 영혼의 근저에서 일고 있는 영원한 형이상학적 진리로서 나의 영혼 안에서 일어나는 나의 실존적 사건이 되어야 한다. 하느님 아들의 탄생이 내 안에서 일어나지 않는다면 무슨 의미가 있는가라고 에크하르트는 반문한다.[2]

그러면 어떻게 해야 우리 안에 하느님 아들의 탄생이 가능한가? 어떻게 해야 우리의 본성으로 각인된 하느님의 모상을 회복하고 완성할 수 있는가? 모든 것을 처음부터 다시 시작해야 한다. 영혼이 자신의 원초적 상태로 되돌아가야 하며 자신의 근저로 돌파해 들어가야만 한다. 잡다한 피조물들의 세계에 사로잡혀 살던 자신을 철저히 끊어 버리고 나와 세계와 신이 근저에서 하나였던 경지로 환원還源(reditus, Rückfluss)해야 하는 것이다. 이것이 에크하르트가 말하는 초탈(Abgesciedenheit)이며 돌파(Durchbruch)다. 영혼이 표피적 세계를 뚫고 들어가서 자기 자신의 근저이자 신의 근저를 만나는 것이다. 에크하르트의 말을 들어 보자.

그러므로 나는 말한다: 인간이 자기 자신과 모든 피조물에게서 등을 돌

---

1 Quint, 425
2 Quint, 415.

리는 것만큼 그대는 시간이나 공간이 일찍이 한 번도 접해 본 일이 없는 영혼의 작은 불꽃에서 하나로 통일되어 행복해질 것이다. 이 불꽃은 모든 피조물을 거부하고, 있는 그대로의 벌거벗은 하느님 외에는 아무것도 원하지 않는다. 그것은 성부나 성자나 성령에 만족하지 못하고, 삼위 모두라 해도 각각 고유의 성품을 지니고 있는 한 만족하지 못한다. 나는 실로 말하나니 이 빛은 신적 본성의 비옥한 품이 지닌 단일성으로도 만족하지 못한다. 그렇다, 나는 더 나아가서 더욱 놀랄 만한 것을 말하고자 한다. 나는 영원하고 항구한 진리를 두고 말하나니 이 빛은 주지도 않고 받지도 않는, 단순하고 움직임 없는 신적 존재로도 만족하지 못한다. 그것은 오히려 이 존재가 어디서 오는지 알고자 하며, 차별성이 결코 들여다보지 못한, 성부나 성자나 성령도 들여다보지 못한 단순한 근저, 적막한 황야 속으로 들어가고자 한다. 아무도 거하지 않는 가장 내밀한 곳에서 비로소 이 빛은 만족을 얻으며, 거기서 그것은 자기 자신에서보다도 더 내적이다. 왜냐하면 이 근저는 그 자체로는 움직임이 없는 단순한 적막이나, 이 부동성으로부터 모든 사물들은 움직여지며 이성을 가지고 자기 안에서 살고 있는 모든 것들이 생명을 받는다.[3]

에크하르트는 여기서 영혼이 자기 자신과 잡다한 피조물들을 떠나는 초탈을 통해서 시간과 공간을 초월하는 "작은 불꽃"(Fünklein)에서 하나로 통일되는 경지, 삼위의 하느님마저 넘어서는 "단순한 근저"(einfaltiger Grund)에 이르는 경지를 말하고 있다.

에크하르트에 의하면 하느님의 아들은 결코 영혼의 표피적 차원

---

3 Quint, 315-316.

에는 탄생하지 않는다. 성부는 신성의 근저로부터 성자를 낳으시듯 우리 영혼의 근저에 끊임없이 그의 아들을 낳고 계시다. 영원한 말씀의 탄생, 아들의 탄생 혹은 신의 탄생은[4] 신의 근저이자 영혼의 근저, 그 가장 내밀한 곳(內奧, das Innerste)에서 지속적으로 이루어지는 일이다.[5] 에크하르트는 다음과 같이 말한다.

> 하느님은 그대가 싫어하든 좋아하든, 잠을 자든 깨어 있든 그의 독생자를 그대 안에 낳으신다. 그는 그의 일을 하신다. 나는 최근에 인간이 그것을 감지하지 못하는 것이 무엇 때문인지를 말했는데, 곧 그의 혀가 다른 더러운 것들, 즉 피조물들로, 진흙으로 덮여 있기 때문이다.[6]

바로 이 혀에 붙어 있는, 영혼의 근저를 덮고 있는 이물질들을 떼어 내는 것이 초탈이며 돌파이다. 그래야 우리는 우리 영혼의 근저에 항시 진행되고 있는 하느님의 말씀을 들으며 아들의 탄생을 경험할 수 있다는 것이다.

영혼이 그 근저에까지 돌파해 들어가려면 일단 모든 잡다한 피조물들의 세계와 그것들에 얽힌 삶을 끊어 버려야 한다. 외부 세계를 향해 한눈팔고 있는 자기를 부정해야 하며, 심지어는 삼위의 신마저 떠나야(Gott lassen) 한다. 이것이 에크하르트가 말하는 초탈 혹은 초연(Gelassenheit)이다. 초탈은 단적으로 말해 영혼이 표피적 세

---

4 에크하르트는 이 세 표현들을 동일한 의미로 사용한다.
5 Quint, 416-417. 에크하르트는 예수 그리스도에서 이루어진 유일회적 성육신뿐만 아니라, 지속적 성육신(incarnatio continua)을 말하고 있는 셈이다. 이 문제는 다음 장에서 더 상세히 고찰할 것이다.
6 Quint, 260.

계, 표피적 자아 그리고 표피적 신과의 관계를 끊어 버리는 행위이다. 그럼으로써 우리는 영혼의 근저, 신의 근저에 닿아 거기서 하느님이 끊임없이 낳고 계신 하느님의 아들을 경험할 수 있는 것이다. 이것이 에크하르트 사상의 핵심 주제인 하느님 아들의 탄생이다. 이 모든 과정은 한마디로 말해 죽으면 사는(Stirb und werde!) 사즉생死 卽生의 길이다.7

이 둘은 불가분적이며 동시에 진행된다. 초탈을 통해 우리 영혼의 근저에 각인되어 있는 하느님의 모상이 비로소 현실화되고 "완성되기" 때문이다. 초탈이 부정적 언사라면 탄생은 긍정적 언사다. 둘은 하나의 사건 혹은 과정으로서 초탈과 돌파의 죽음을 통해서야 비로소 우리는 하느님의 아들로 새로운 생명을 얻을 수 있다는 것이 에크하르트 메시지의 핵심이다.8 이제 이 주제들을 하나씩 좀 더 자세히 검토해 보자. 먼저 초탈의 의미를 살펴보기로 한다.

초탈

에크하르트에게 초탈은 근본적으로 하느님을 닮는(gleich), 아니 하느님과 하나가 되는 행위이다.9 하느님이 그 신성에 있어서 순수

---

7 Quint, 28.

8 이런 의미에서, 내가 초탈과 아들의 탄생을 별도의 장에서 다루는 것은 다소 인위적이라고 할 수 있다. 다만, 동일한 현상을 놓고 시각을 달리하며 다양한 측면을 조명하기 위한 방편일 뿐임을 밝혀 둔다.

9 우에다는 초탈을 다루면서 이 면을 강조한다. 초탈은 먼저 하느님과 닮아 동등하게 됨으로써 하느님과 하나가 되는 것이다. 초탈은 동등성(Gleichheit)으로서, 영혼이 하느님과 "하나가 되는"(Vereinigung) 전제 혹은 기초라고 그는 표현한다. Ueda, *Gottesgeburt in der Seele*, 78-81. 그러나 엄밀히 말해, 초탈은 이미 "근저"에서 영혼과 하느님이 하나임(Einheit)을 재발견·재확인하는 행위라고 말할 수 있다. 에크하르트

하고 단순하고 벌거벗고 일체의 속성을 여의듯 인간 영혼도 하느님과 하나가 되고자 한다면 벌거벗고 순수하고 단순하고 모든 속성을 털어 버려야 한다. 실로 초탈은 옷을 벗는 일이다. 영혼이 입고 있는 모든 거추장스러운 옷들을 벗어 버리고 장식품들을 던져 버리는 일이다. 자기 앞에 오는 사람은 누구든 옷을 벗고 알몸으로 나오라고 추상같이 명하던 임제 선사와 마찬가지로, 에크하르트도 우리가 하느님과 진정으로 하나가 되려면 아무 옷도 걸치지 않는 "진정한 인간"(ein wahrer Mensch)이 되어야 한다고 말한다. 그야말로 임제 선사가 말하는 마우 옷도 걸치지 않은 무의도인無衣道人, 무위진인無位眞人이며 순수한 자기 자신 외에 그 어떤 것도 의지할 필요가 없는 무의도인無依道人이다.10

무슨 옷을 벗어 버린단 말인가? 우리가 의지하는 모든 것, 아니 우리가 생각할 수 있는 모든 것이다. 영혼의 근저와 신의 근저를 덮고 있는 모든 불순물, 나와 신의 완전한 일치를 가로막는 일체의 장애물을 말한다. 추한 생각, 이기적 욕망뿐 아니라 일체의 잡된 생각과 관념, 모든 상像, 우리가 일상적으로 대하는 "이것저것들" 그리고 일체의 선행이나 종교적 의무들, 우리가 성스럽다고 여기고 우리를 성스럽게 만든다고 여기는 일체의 행위들을 떨쳐 버리고 마음을 완전히 비우는 것, 심지어는 하느님에 대한 이런저런 관념들,

---

자신이 "하나가 되는 것이 아니라 하나다"(nicht vereint sondern eins)라고 강조하고 있기 때문이다. 우에다 자신이 지적하듯이, "닮음"이나 "동등성"은 둘을 전제로 하는 개념으로서, 그 안에는 이미 하나임이 존재론적으로 전제되어 있고 하나임을 통해 지양되어야 한다는 것이다(80).

10 임제(臨濟: 義玄)의 선 사상(禪思想)에 대해서는 길희성, "선과 민중해방: 임제 의현의 사상을 중심으로 하여," 『포스트모던 사회와 열린 종교』를 참고할 것.

이런저런 속성을 지닌 삼위의 하느님마저 떠나는 것, 이 모든 것에서 "비고(단출하고) 자유로워(ledig und frei)" 순수한 마음 그대로가 되는 것이 에크하르트가 말하는 초탈이다.

"초탈"(Abgeschiedenheit)이란 단어는 원래 신비주의자들이 사용하던 중세 독일어로 모든 외적 사물로부터 벗어난다는 뜻이다. 현대 독일어에도 그와 같은 뜻이 어느 정도 남아 있어 고독, 은퇴, 죽음 등의 의미를 담고 있는 말이다. 한자어로는 "별리別離", "사리捨離" 등 여러 단어를 사용할 수 있겠지만 약간 의역해서 우리에게 어느 정도 친숙하면서도 그 뜻을 강하게 전달하는 "초탈"이라는 말로 번역하기로 한다.[11]

초탈은 에크하르트의 전 저술을 통하여 일관되게 나타나는 주제이다. 그는 저술에 따라 그리고 맥락에 따라 초탈의 여러 측면들을 선별적으로 부각시키고 있기 때문에 어느 한 저술이나 구절로 초탈에 관한 그의 사상을 전부 망라하기는 어렵다. 그러나 논의의 편의상 나는 우선 그의 초기 저작인 『훈화집』(Reden der Unterweisung)[12]과 이 주제에 관한 가장 대표적인 글 "초탈에 관하여"(Von Abgeschiedenheit)를 중심으로 하여 살펴보고자 한다.[13] 한 가지 유의할 점은 초탈은 일체의 욕망을 끊고 마음을 비워 가는 과정으로서의 행위, 즉 수행과정을 지칭하기도 하며 동시에 그런 과정이 완성된 마음의 상태를

---

11 우에다, 『엑카르트 195.

12 *DW* V, 505-538; Quint, 53-100.

13 *DW* V, 539-547. 「초탈에 관하여」는 한 설교 정도의 짧은 책자로서 에크하르트의 말년의 저술로 간주된다. 이것은 에크하르트 자신의 저술이 아닐 것으로 의심하는 Kurt Ruh도 그 내용에 있어서는 에크하르트 사상에 반하는 것이 거의 없다고 말한다 (*Meister Eckhart*, 165).

나타내기도 한다는 사실이다. 문맥에 따라 이해할 수밖에 없다.

"초탈에 관하여"라는 글은 인간을 하느님께 가장 밀접하게 연결시키는 덕목이 무엇인가 하는 문제로 시작한다.[14] 에크하르트에 의하면 그것은 사랑도 겸손도 자비고 아니고 순전한 초탈(lautere Abgeschiedenheit)이다. 초탈은 "하느님의 본성인 바를 인간이 은총으로 될 수 있도록 하며, 하느님이 피조물들을 창조하기 이전, 인간이 하느님과 아무런 차이 없이 하느님 안의 상像(Bild)으로 존재했던 것과 가장 부합되도록 만드는" 것이라고 한다.[15] 사도 바울은 사랑을 최고 덕목이라고 하지만 에크하르트는 말하기를 사랑은 나로 하여금 하느님을 사랑하도록 강요하지만, 초탈은 하느님을 강요하여 나를 사랑하게 만들기 때문에 사랑보다 더 높은 덕목이라고 한다. 또 사랑은 나를 강요하여 하느님을 위해 모든 것을 인내하도록 만들지만, 초탈은 나로 하여금 하느님 외에는 어떤 것도 수용하지 않도록 만들기 때문에 훨씬 더 고귀하다. 초탈은 일체의 피조물을 완전히 여의기(ledig) 때문이다. 또 겸손은 초탈 없이도 가능하지만 완전한 초탈은 완전한 겸손 없이는 불가능하다고 말한다.

하느님을 "강요한다"(zwingen)는 에크하르트의 표현은 일종의 신성모독으로 들리지만, 그 이유를 잘 살펴보면 그가 뜻하는 바가 무엇인지 곧 이해할 수 있다. 그는 신과 인간은 초탈에서 닮은꼴(Gleichförmigkeit)이며 하나라고 한다. 초탈은 신과 인간의 본래 모습이며 본성이다. 따라서 초탈에서 신은 자신의 본성에 따라 자연

---

14 그리 길지 않은 글이므로 중요한 표현만 따옴표 속에 넣어가면서 서술해 가겠으며, 별도로 전거를 밝히지 않는 한 모두 이 글에 의거한 것이다.

15 "하느님 안의 상"이란 인간이 하느님 안에 이데아(Idee)로서 선재했다는 플라톤적 관념이다. *DW* V, 440, 주 3 참조.

스럽게 인간과 하나가 된다. "강요한다"는 말은 누군가가 신 밖에서 신의 의지를 강제한다는 말이 아니라 신이 스스로 자신의 본성에 따라 그렇게 할 수밖에 없다는 뜻이다. 즉, 자연적 혹은 본성적 필연이다.[16] 모든 것은 다 자기의 본성에 따라 자기의 고유한 곳에 머물러 있기를 원한다. 신의 본성상 고유한 곳은 단순성과 순수성이며 이는 곧 초탈에 근거한 것이다. 하느님은 자신의 고유한 존재를 자기 자신 이외의 누구에게도 주지 않는다. 그러나 일체의 피조물을 벗어난 자유로운 정신(der freie Geist), 즉 초탈한 영혼은 하느님으로 하여금 자연적 필연성에 따라 자기에게 오도록 만든다는 것이다.

에크하르트는 초탈이 단지 인간의 덕목이 아니라 피조물을 전적으로 초월하는 하느님 자신의 본성이라고 한다. 에크하르트는 신이 신인 것은 부동의 초탈에 의한 것이며 그의 순수성과 단순성과 불변성은 초탈로부터 온다고 말한다. 하느님은 그의 모든 활동—창조, 육화, 십자가의 고난 등— 가운데서도 부동의 초탈을 유지한다. 초탈한 인간도 이와 같다. 그는 마치 우리가 여닫는 문이 항시 움직이지만, 그 돌쩌귀는 꼼짝하지 않는 것처럼 바쁜 활동 중에서도 부동이다. 부동의 초탈은 인간을 가장 하느님과 닮게 만드는 것이다.

에크하르트는 이것을 바울에 따라 "속사람"과 "겉사람"으로 표현한다. 겉사람은 감각기관을 통해 외부 세계와 부단히 교섭하며 활동하지만, 속사람은 부동의 초탈을 유지하고 있다. 동물들처럼 오감을 외적 대상에게만 사용하는 겉사람과는 달리 속사람은 오감

---

16 이 주제에 대한 심오한 분석으로 Ueda Shizuteru, "Über den Sparchgebrauch Meister Eckharts: 'Gott Muss', Ein Beispiel für die Gedankengänge der spekulativen Mystik," *Glaube, Geist, Geschichte*가 있다.

을 다잡아 더 높고 고귀한 것으로 향하게 한다. 그는 오감에 빌려 주었던 모든 힘을 내면으로 향하게 하여 오감을 벗어나는 몰입 속에서(verzückt) "상 없는 인식"을 추구한다.[17]

아무도 선행이나 기도로 이 부동의 신을 움직일 수 없지만, 오직 초탈만이 그를 우리에게 오도록 움직인다. 초탈한 사람은 기도라는 것을 할 수가 없다고까지 에크하르트는 말한다. 그는 모든 기도로부터 자유롭다. 왜냐하면 기도는 무엇인가를 바라거나 없애 주기를 구하는데, 초탈한 순수한 영혼은 아무것도 구할 것이 없기 때문이다. 그의 기도는 오직 하느님과 동형(einförmig)이 되는 것이다.

하느님이 만물에서 찾는 것은 안식(Ruhe)으로서 하느님은 초탈한 마음에서 완전한 안식을 발견한다. 초탈을 하면 할수록 인간은 하느님과 동형이 되며 "하느님의 유입"(göttlicher Einfluss)과 지고의 행복을 경험한다. 초탈은 티 없이 맑고 순수한 보편적인 인간성 그 자체로서, 바로 하느님이 인간이 되었을 때 그리스도가 취한 인간성이다.[18]

에크하르트는 "그리스도를 옷 입어라"는 바울의 말(로마서 13:14)에 따라 우리가 하느님을 수용할 수 있는 순수한 인간이 되고, 하느님과 그리스도와 동형이 되기 위해서는 그리스도를 옷 입어야 한다고 말한다. 초탈을 통해 모든 옷을 벗어 버리고 그리스도, 곧 그가

---

17 "몰입" 혹은 몰아경(verzückt, rapt)은 불교에서 말하는 삼매(samādhi)와 유사한 경험같이 보이며, "어떤 사 없는 인식"(etwas bildlose Erkenntnismässiges)은 퀸트에 의하면 토마스가 말하는 하느님의 본질에 대한 지성적 관조(intellectual contemplation)라고 한다. Caputo, *The Mysrical Element in Heidegger's Thought*, 15 참조.

18 성육신(Incarnatio)에 대한 에크하르트의 이해는 다음 장에서 더 자세히 다룰 것이다.

취한 순수한 인간성을 입어야 한다는 것이다. 그리하여 "이제는 내가 사는 것이 아니라 내 안의 그리스도가 산다"고 고백할 수 있는 것이다.

일체의 피조물을 초탈하여 마음이 "비고(단출하고) 자유롭게" 되는 것은 곧 마음이 무無로 되는 것을 의미한다. "만물이 영혼에 무가되는 곳에서 영혼은 신의 본성으로 들어가는 감추어진 입구를 포착한다"는 아우구스티누스의 말을 인용하면서 에크하르트는 이 지상에서의 입구가 다름 아닌 순수한 초탈이라고 한다. 그리고 초탈의 구극究極은 인식도 사라지고 사랑도 사라지고 빛도 사라진 어둠이라고 한다. "순수한 초탈은 하나의 순수한 무(reines Nichts)에 서 있다" 혹은 "마음이 최고의 것을 위해 준비하고자 한다면 순수한 무에 서 있어야만 한다"고 에크하르트는 말한다. 마치 우리가 흑판 위에 무엇을 쓰려고 하면 흑판이 아무것도 없이 깨끗해야 하듯이 하느님도 "이런저런 것들"로부터 자유로운 초탈한 마음에만 최고의 것을 쓸 수 있다는 것이다.[19]

우리는 이미 지성에 관한 에크하르트의 논의에서 이 점을 보았다. 지성은 그 자체가 텅 비고 순수해야 사물들을 인식할 수 있다. 지성의 본성은 그 순수성, 그 무성無性에 있다. 신과 인간은 바로 이 순수한 무적無的 지성에서 닮은꼴이다. 맑고 투명한 지성에서 영혼의 근저는 곧 신의 근저이며 신의 근저가 곧 영혼의 근저이다. 문제는 이렇게 순수한 영혼의 근저가 이성, 감성, 의지 등 영혼의 여러 기능들에 의해 잡다하게 갈라지고 혼란해져서 그 순일성을 상실하게 되

---

19 이상이 「초탈에 관하여」를 중심으로 한 초탈 개념에 대한 고찰이다.

었다는 데 있다. 아니 상실했다기보다는 은폐되어 있다고 해야 옳을 것이다. 선禪에서 말하듯 불성이 번뇌에 가려 있고 진심眞心이 망심妄心에 의해 덮여 있는 것이다. 초탈은 이러한 번뇌와 망상을 제거하는 행위이다. 일체의 피조물, 일체의 상像을 우리 마음에서 덜어버리고 무상無相, 무념無念, 무심無心의 순수성을 되찾는 행위이다. 그리하여 숨겨져 있던 영혼의 근저가 드러나고 그 빛, 그 불꽃을 발하게되는 것이다.

어떤 통도 두 가지 음료를 담을 수는 없다. 술을 담으려면 통이 완전히 빌 때까지 물을 부어내야만 한다. 그러므로 그대가 하느님과 신적 기쁨으로 충만하고자 할진대 그대 자신으로부터 피조물들을 부어내야 한다. … 대가들은 말하기를, 눈이 지각 활동을 할 때 만약 그 자체의 색깔을 지녔다면 눈은 자기 색깔뿐 아니라 다른 어떤 색도 보지 못할 것이다. 그러나 눈은 그 자체의 특정한 색깔이 없으므로 모든 색을 지각할 수 있는 것이다. … 영혼의 기능들이 완전하고 순수하면 순수할수록 지각 대상들을 더 완전하고 폭넓게 받아들일 수 있으며, 더 큰 희열을 보듬고 느낄 수 있으며 지각되는 것과 하나가 되고, 마침내는 모든 사물을 여의고 그 어느 사물과도 공통성이 없는 영혼의 최고 기능이 하느님 자신을 그 존재의 넓이와 충만 속에서 지각한다. … 그러므로 우리 주님이 하신 말씀은 실로 주목할 만하다: "영이 가난한 자는 복이 있다"(마태복음 5:3). 가난한 자는 아무것도 소유하지 않은 자이다. "영이 가난하다"는 것은 눈이 색에 가난하고 색을 여읨으로써 모든 색깔을 받아들이듯 영이 가난한 자는 모든 영을 받아들인다는 뜻이다. 영 중의 영은 하느님이다. 영의 열매는 사랑과 기쁨과 평화이다. [피조물을] 여의고 가난하여 아무것도 소유하지 않고 비면 [우리의] 본성을 변화시킨다. 비면 물도 산 위로 올라가게 만들며, 여기서 지금은 말할 수 없는 다른 많은 이적들도 가능하게 한다.[20]

과정으로서의 초탈은 끊임없는 수행 과정이다. 영혼의 근저를 가로막고 있는 것, 영혼의 근저와 신의 근저 사이에 놓여 있는 일체를 끊고 또 끊는 부단한 노력의 과정이다. 영혼의 누더기를 벗고 벗어서 알몸이 되려는 노력이며 덜고 덜어서 무無가 되고자 하는 영적 투쟁이다. 이는 결국 죽음을 의미한다. 자아와 세계에 대한 죽음, "기쁨도 슬픔도 건드릴 수 없는 철저한 죽음(grundtot)"을 향한 행보다.[21] 어떤 상像(Bild)에도 나를 묶거나(Ich-Bindung) 장애 받지 않고 마치 "내가 존재하지 않았던 때의 나"가 되는 것이다.[22] 이 죽음이야말로 하느님의 아들이라는 새로운 생명으로 태어나기 위한 필수조건이다. 에크하르트 연구의 대가 퀸트의 말을 들어 보자.

영혼의 불꽃은 수천 가닥으로 자기를 구하고 피조물에 묶여 매달리고 포로가 된 나를 겹겹이 누르고 있는 층들 밑에 당분간 은폐되고 막혀 있다. 인간이 신비주의에서 말하는 죽음 혹은 해체를 통해 시간과 공간·자신의 육체·이기심, [영혼을] 산만하게 하고 저해하는 잡다한 피조물들의 "우연성"에 관계된 "왜"라는 "목적"과 "수단"의 속박으로부터 풀려나 자기와 세계를 놓아 버림으로써, 신비주의자들이 그들의 특징적 언어로

---

20 Quint, 114-115.
21 *DW* I, 135.
22 Quint, 159.

"초연"·"초탈"이라고 부르는 상태에 도달할 수 있다면, 인간 영혼의 근저 깊이에 있는 신의 불꽃인 최고의 지성은 다시 "비고 자유롭고 묶임이 없이" 되어 신비적 합일 속에서 신적 "지성"과 "하나"가 되고 "동등"해져서 신적 지성의 유입과 각인과 출산을 경험하면, 영혼에는 말씀 혹은 아들의 탄생이 이루어진다. 실로 이 탄생이 삼위일체 내의 과정으로서 "영원한 현재" 속에 일어나듯 바로 그렇게 "아무런 차이도 없이" [우리 영혼의 근저에서] 일어난다. 따라서 이 영혼 안에서의 말씀의 탄생이 발생하려면 먼저 영혼의 근저를 덮고 있는 충들을 제거해야만 하는 것이다.[23]

고도로 압축된 퀸트의 이 말 속에는 에크하르트 사상 전체의 핵심이 담겨 있다 해도 과언이 아니다. 첫째, 모든 피조물의 속박으로부터 벗어나는 초탈은 영혼의 해체(Entwerden) 내지 죽음이라는 것, 둘째, 초탈을 통해서 비로소 영혼의 근저에서 인간의 최고 지성이 신적 지성과 하나가 된다는 것, 셋째, 그러한 영혼에 하느님 아들의 탄생이 이루어지며 이 탄생은 삼위일체 내적 사건으로서의 성자 하느님의 탄생과 조금도 차이가 없다는 것이다. 우리는 여기서 퀸트가 과정으로서의 초탈과 성취된 상태로서의 초탈을 동시에 논하고 있음에 유의할 필요도 있다.

퀸트는 또 에크하르트에게 초탈과 거의 동의어로 사용되고 있는 용어 "초연"을 언급하고 있다. 초연은 "lassen", 즉 "떠나다", "내버려 두다", "놓아 버리다"라는 동사에서 형성된 명사로서 "방하放下"라는 선불교적 용어를 사용해도 좋겠지만 나는 여기서 초탈과 짝을

---

23 Quint, 27-28.

이루는 개념으로서 초연超然이라 번역하고자 한다. 초연하다는 말은 흔히 사용되는 우리말이기도 하지만 독일어 "Gelassenheit"가 지니고 있는 독특한 뉘앙스를 잘 나타내 주기 때문이다. 초연은 초탈과 마찬가지로 사물이나 자기 자신에 대한 집착과 염려를 떠난 자유로운 마음의 상태를 나타낸다. 나아가서 초연은 사물을 나의 관심이나 목적을 중심으로 하여 닦달하거나 그 이유나 목적을 따지지 않고(ohne Warum) 사는 삶의 태도, 사물을 그저 있는 그대로 놔두는 편안한 마음을 가리킨다.[24] 도가적 무위無爲나 선에서 말하는 무사無事, 무념無念 혹은 무심無心의 상태와 다름없다. 이 개념들이 단순히 세상사에 대한 도피적 혹은 소극적 개념이 아니듯 초탈 또한 결코 단순히 부정적 개념이 아니다. "초연"이라는 말은 오히려 그 개념에 내포된 긍정적이고 자유로운 삶의 태도를 더 잘 나타낸다고 할 수 있다. 에크하르트 연구가 미트Mieth는 이를 다음과 같이 표현한다: "사람은 그러므로 아무것도 떠나서는(verlassen) 안 되고 초연해야(gelassen) 한다. '초연'이라는 근본 단어는 아마도 느즈러짐(Gelö-stein)의 적극적인 측면을 가장 강하게 나타내는 것 같다."[25]

그러면 도대체 이러한 초탈이 어떻게 가능한가? 일체의 사물을 떠나고 일체의 상을 비우는 텅 빈 마음이라는 것이 한순간도 사물을 접하지 않고서는 살 수 없는 우리에게 도대체 가능하다는 말인가? 모든 일을 접어 두고 살라는 말인가? 온갖 욕구와 욕망은 고사하고 아무 생각도 하지 말고 어떻게 살 수 있다는 말인가? 도가적

---

24 Caputo는 이 "Gelassenheit" 개념에서 에크하르트와 하이데거 사상의 심오한 연결점 내지 상통성을 보고 있다. 그의 The *Mystical Element in Heidegger's Thought*를 볼 것. 카푸토는 "Gelassenheit"를 영어 "letting-be"로 번역한다.

25 D. Mieth, *Einheit im Sein und Wirken*, 46.

무위가 아무 행동도 하지 않는 무행위가 아니듯 에크하르트의 초탈 또한 세상사로부터의 도피나 은둔과는 거리가 멀다. 또 선의 무념이 단순히 아무 생각도 없는 멍청한 상태나 목석과 같은 지적 공백 상태가 아니듯 에크하르트의 초탈도 그런 것이 아니다. 나중에 고찰하겠지만 그것은 오히려 생명력으로 가득 찬 활발한 삶을 전개하는 원동력이 된다. 선에서 무념이란 생각에 집착하지 않는 무주無住를 말하는 것이지 아무런 생각도 없는 정신적 진공 상태를 뜻하는 것이 아니다. 『금강경金剛經』에 나오는 유명한 구절이 말해 주듯, "마땅히 머무름 없이 생각을 내는"(應無所住而生其心) 경지다. 에크하르트에게 있어서도 문제가 되는 것은 생각이나 행위 자체가 아니라 자기 사랑(Eigenliebe), 자기 의지(Eigenwille), 자기 계박繫縛(묶임, Ich-Bindung)에 근거한 집착이나 소유(Eigentum), 소유욕(Eigenschaft)이다. 문제는 어디까지나 나 자신에게 있다는 것이다. "이 세상에 대한 모든 사랑은 자기 사랑에 근거하고 있다. 그대가 자기 사랑을 떠난다면 그대는 온 세상을 떠난 것이다"라고 에크하르트는 말한다.26 반면에 "어떤 사람이 왕국이나 온 세계를 놓아 버렸다 해도 자기 자신을 붙잡고 있다면 그는 아무것도 놓아 버린 것이 아니다."27

중세 그리스도교에서 자기 부정은 주로 나쁜 욕망을 억누르는 고행을 의미했다. 그러나 에크하르트가 말하는 자기 부정은 어떤 특정한 행위를 말하는 것이 아니라 단적으로 자아 자체의 포기를 의미하며, 그 핵심은 자기 의지의 포기다. 에크하르트의 말을 들어 보자.

---

26 Quint, 185.
27 Quint, 56.

성 베드로는 말했다: "보십시오 주님! 우리는 모든 것을 떠났습니다"(마태복음 19:27). 하지만 그는 단지 그의 그물과 조그마한 배 하나만을 떠났을 뿐이다. 이에 대해 한 성인은 "조그마한 것을 흔쾌히(willig) 떠나는 자는 세상 사람들이 얻는 것, 아니 그들이 단지 바랄 수 있는 것까지도 떠나는 것이다"라고 말했다. 왜냐하면 자기의 의지(Wille)와 자기 자신을 떠나는 자는 모든 것을 마치 자기 소유인 양 그리고 마음대로 처분할 권리가 있는 것처럼 정말로 떠나는 자이다. 왜냐하면 그대가 욕망하기 원치 않는 것은 모두 하느님을 위해 드린 것이고 떠난 것이기 때문이다. 그러므로 우리 주님께서는 말씀하셨다: "마음이 가난한 자는 복이 있다"(마태복음 5:3). 즉, 의지에 있어서 [가난한 자]이다. 그리고 아무도 이 점에 대해서 의심을 품어서는 안 된다: 주님께서는 어떤 더 좋은 방법이 있었다면 "나를 따르고자 하는 자는 먼저 자기를 부정해야만 한다"(마태복음 16:24)고 말씀하셨듯이 우리에게 알려 주셨을 것이다. 여기에 모든 것이 달려 있다. 그대의 시선을 그대 자신에게 돌려라. 그리고 그대가 자신을 발견하거든 자신을 떠나라. 그것이 최상이다.[28]

초탈은 단적으로 자기 의지 중심의 소유욕과 집착의 포기를 뜻한다. 현대 소유 중심 사회와 인간의 문제를 예리하게 진단한 에리히 프롬은 『소유냐 존재냐』에서 에크하르트의 소유 개념을 논하면

---

28 Quint, 56. "그대의 시선을 그대 자신으로 향하십시오"는 'nim din selbes war'를 퀸트가 현대 독어로 바꾼 것('Richte den Augenmerk auf dich selbst')을 따른 것이다. 여기서 '자기 자신'이란 자기의 참 자아보다는 일반적 의미의 자기 자신을 뜻한다. 그러나 참 자아의 발견은 물론 에크하르트 사상의 핵심이다. A. M. Haas, *Nim Din Selbes War: Studien zur Lehre von der Selbsterkenntnis bei Meister Eckhart, Johannes Tauler und Heinrich Seuse* 참고.

서 이렇게 말하고 있다.

소유의 존재 양식에서 문제가 되는 것은 다양한 소유의 대상들이 아니라
우리의 전 인간으로서의 태도이다. 모든 것이 그리고 어떤 것이든지 갈
애의 대상이 될 수 있다: 우리가 일상생활에서 사용하는 물건, 재산, 의
례, 선행, 지식 그리고 생각들. 이것들은 그 자체가 "나쁜" 것은 아니지만,
나쁘게 된다. 즉, 우리가 그것들에 집착할 때, 따라서 그것들이 우리의
자유를 훼방하는 사슬이 될 때, 그것들은 우리의 자기 실현을 막는다.[29]

에크하르트에게 초탈은 근본적으로 "대상"의 문제가 아니라 우
리의 내적 자세의 문제, 의지의 문제다. 외적 환경이나 조건이 문제
가 되는 것이 아니다. 어떤 경우든 결국 문제가 되는 것은 나 자신이
라고 에크하르트는 말한다. 다른 사람들만큼 혹은 자기가 원하는
만큼 수행이 잘 되지 않아 고민하는 수도자에게 에크하르트는 다음
과 같이 훈시한다.

실로 거기에는 어디서든 그대의 "나"가 문제이고, 그 밖에는 아무것도
전혀 문제가 되지 않는다. 그대가 의식하지 못하거나 그렇게 생각하지
않아도 문제는 그대의 자기 의지에 있다. 우리가 알든 모르든 자기 의지
로부터 오지 않는 그대 속의 불만이란 존재하지 않는다. 우리는 제멋대
로 생각해서 가령 장소·사람·사는 방식 혹은 (사귀는) 무리나 활동 등에
서 이런 것은 피하고 저런 것은 구해야 한다고 생각하지만, 사는 방식이

---

29 E. Fromm, *To Have or To Be?*, 64.

나 사물들이 그대에게 장애가 되는 것이 아니다. 그대에게 장애가 되는 것은 사물들 가운데 있는 그대 자신이다. 왜냐하면 그대가 사물들과의 관계에서 잘못 행동하고 있기 때문이다.

따라서 먼저 그대 자신으로부터 시작하여 자기를 놓아 버려라! 실로 그대가 그대 자신으로부터 도망치지 않으면 그대가 어디로 도망가든 장애와 불만이 따를 것이다. 장소든 방식이든 사람이든 일이든 혹은 고독이든 가난이든 비천함이든, 그 어떤 근사한 것일지라도 혹은 기타 어떤 것이라도 외부 사물에서 평화를 찾으려는 사람들에게는 아무것도 아니고 평화를 줄 수 없다. 그렇게 찾는 사람은 완전히 잘못 찾고 있는 것이다. 멀리 찾아 헤매면 헤맬수록 찾고 있는 바를 찾지 못할 것이다. 그들은 길을 잃은 사람 같아서 가면 갈수록 더 잘못될 것이다. 그러면 어떻게 해야 하는가? 그는 먼저 자기 자신을 놓아 버려야 한다. 그러면 그는 모든 것을 놓아 버린 것이다. 실로 어떤 사람이 왕국이나 온 세계를 놓아 버렸다 해도 자기 자신을 붙잡고 있다면 그는 아무것도 놓아 버린 것이 아니다. 그러나 그가 자기 자신을 놓아 버린다면 왕국이든 명예든 혹은 그무엇을 그가 가지고 있든 그는 모든 것을 놓아 버린 것이다.[30]

주변 사물이나 환경이 문제가 아니라 자기 의지를 놓아 버리는 자기 방하自己放下(sich selbst lassen)야말로 초탈의 핵심임을 말하고 있는 것이다. 자기 집착만 놓아 버리면 모든 것을 가지고도 가지지 않은 것이나 다름없다고 에크하르트는 말한다. 역설적 현실 긍정의 논리가 작용하고 있다.

---

30 훈화 3번, Quint, 55-56.

나아가서 자기 자신을 포기하는 것이야말로 자기를 얻는 길이며 모든 것을 포기하는 것이야말로 모든 것을 얻는 길이라고 에크하르트는 말한다. 또 "내가 나를 위해 아무것도 원하지 않는 곳에 하느님이 나를 위해 원하신다"라고 말한다.31 혹은 "자기를 포기하여 자신을 위해 아무것도 소유하지 않는 자는 모든 것을 소유한다. 왜냐하면 아무것도 가지지 않는 것은 모든 것을 가지는 것이기 때문이다"라고도 말한다.32 자기를 포기하고 떠났던 자는 "떠났을 때보다 더 부유하게 되어 집으로 돌아오며" "본래적 의미에서의 자기 자신을 되돌려 받게 된다."33 "그가 잡다성(Mannigfaltigkeit) 속에서 떠났던 모든 것이 단순성 속에서 다시 한꺼번에 그의 것이 된다. 그는 단일성의 현금現今에서(im gegenwärtigen Nun der Einheit) 자기 자신과 모든 것을 발견하기 때문이다."34 에크하르트는 이것이 영적 세계의 법칙이라고 말한다.

　　모든 것을 받고자 하는 자는 모든 것을 내주어야 한다. 내가 오래 전에 말했던 바와 같이 이것이 바른 거래이고 공정한 교환이다. 하느님께서는 자기 자신과 만물을 우리가 자유롭게 가지도록 주기 원하시기 때문에 그는 우리로부터 모든 소유를 모조리 앗아 가신다. 그렇다. 실로 하느님은 우리가 "나의 것"을 눈에 들어 있을 만큼이라도 가지기 원치 않으신다. 왜냐하면 그가 우리에게 일찍이 주신 모든 선물은 자연의 선물이든 은총

---

31 Quint, 54: "Wo ich nichts für mich will, da will Gott für mich."
32 DW I, 488.
33 같은 곳.
34 같은 곳. "現今"의 개념은 나중에 다시 고찰할 것이다.

의 선물이든 어떤 것도 우리가 자신의 소유로 가져서는 안 된다는 뜻 하나로만 주셨으며, 자신의 어머니에게든 어떤 인간에게든 혹은 그 밖의 어떤 피조물에게든 이와 다른 방식으로는 주지 않으셨기 때문이다. 그리고 우리를 가르치고 깨닫게 하기 위해서 그는 종종 우리에게서 물질과 정신의 소유물들을 앗아 가신다. 왜냐하면 우리가 아니라 오직 그만이 영예를 소유해야 하기 때문이다. 우리는 오히려 모든 것을 그것이 몸이든 영혼이든, 감각이든 감각기능이든, 세상의 물건이든 명예든, 친구든 친척이든, 집이든 가정이든 모든 것을 우리에게 준 것이 아니라 빌려 준 것처럼 아무런 소유욕 없이 소유해야 한다.[35]

모든 것을 자유롭게 가지되 마치 빌린 것처럼 자신의 소유권이나 소유욕(Eigenbeistz) 없이 사용하고 즐기라는 것이다. 이런 뜻에서 모든 것을 포기하는 자만이 모든 것을 누릴 수 있다는 것이며 이것이 공정한 "거래", 즉 영적 세계의 법칙이라고 에크하르트는 말한다. 하지만 이것이 물론 타산적 거래가 되어서는 안 된다.

모든 것을 포기하는 자는 백배로 되받을 것이다. 그러나 백배를 기대하는 자는 아무것도 얻지 못할 것이다. 왜냐하면 그는 모든 것을 포기하는 것이 아니라 백 배를 원하고 있기 때문이다. … 하느님 안에서 무엇인가를 구하는 자는 그것이 지식·인식·헌신 혹은 그 무엇이든, 비록 그것을 얻을지는 몰라도 하느님을 얻지는 못할 것이다. 지식·이해 혹은 내면성도 나는 다 인정하지만 어떤 사람이 이런 것들을 얻는다 해도 그것은 그

---

35 Quint, 95-96.

와 함께 머물지 않을 것이다. 그러나 아무것도 구하지 않으면 그는 하느님과 하느님 안에서 모든 것을 얻을 것이며 그것들은 그와 함께 머물 것이다.[36]

자기를 놓아 버리는 것은 모든 일이나 사물에서 자기를 무無로 만드는 것이며, 하느님은 그런 사람에게 자기 자신을 전적으로 부어 주어야만 한다(muss)고 에크하르트는 말한다.

이와 똑같이 나는 자기 자신이나 하느님에서 그리고 모든 피조물에서 자기를 무無로 만든 사람에 대해서 말한다: 이 사람은 가장 낮은 곳을 차지했으며 하느님은 이런 사람 안으로 자기 자신을 전적으로 쏟아부어야만 한다. 그렇지 않으면 그는 하느님이 아니다. 나는 선하고 영원불변한 진리를 두고 말하나니 자기 자신을 철저히 놓아 버린 사람 누구든 하느님은 그에게 자신의 전 능력으로 자신을 전적으로 쏟아부어야만 한다. 참으로 전적으로 부어 주기 때문에 하느님은 하느님께 자기를 놓아 버리고 가장 낮은 자리를 차지한 사람에게 그의 전 생명과 전 존재, 그의 본성과 그리고 전 신성 가운데 그 어떤 것도 아끼지 않고, 모든 것을 풍성하게 부어 주셔야만 한다.[37]

이와 같이 자기 부정이 자기 긍정이며 낮음이 높음이고 가난이 부유함이 되는 세계가 초탈의 세계이다: "바닥이 깊고 낮을수록 그만큼 높아짐과 높이는 더 높아지고 측량할 수 없으며, 샘이 깊을수

---

36 Quint, 379. 이와 같은 내용으로 Quint, 325-326도 참조.
37 Quint, 314.

록 그만큼 더 높다. 높음과 깊음은 하나이다."38

자기 부정으로서의 초탈을39 오히려 온 세계를 얻는 역설적인 길이다. 우리는 전에 피조물의 존재론적 위상에 대한 에크하르트의 독특한 양가적 태도를 고찰한 바 있다. 한편으로는 피조물들이 그 자체로서는 아무것도 아닌 "순전한 무"라고 하는가 하면, 다른 한편으로는 사물 하나하나가 창조주 하느님의 빛으로 빛나는 아름다움을 지닌다고 한다. 적어도 후자의 측면에서 보면 에크하르트의 영성은 결코 세계를 부정하거나 도피하는 것이 아님을 알 수 있다. 세계는 우리가 자신의 이기심과 소유욕을 떠나 바로 보기만 하면 하느님의 현존과 현현의 장소이기 때문이다. 초탈도 세계 부정과 도피와는 아무런 관련이 없다. 벨테는 이것을 다음과 같이 표현한다.

초탈은 세계를 없이하는 것이 아니라 세계로부터 자유롭게 하는 것이다. 세계로부터 자유롭고 세계 안에서 자유롭고 세계를 위해 자유롭게 한다. 따라서 인간은 바로 초탈 속에서도 항시 "세계 내적 존재"(In-der-Welt-sein)이다. 물론 비록 하나의 새로운 방식으로이기는 하지만.40

문제는 우리가 세계와 사물들을 있는 그대로 바로 보지 못한다는 데 있다. 우리의 이기심과 욕심과 집착으로 인해 사물을 자기중심적으로 왜곡시켜 보기 때문이다. 초탈은 바로 이러한 집착과 소

---

38 Quint, 95.
39 같은 곳.
40 Welte, 176.

유욕을 제거하는 것이지 사물들이나 세상사로부터 도피하는 것이 아니다. 하느님을 떠나 하느님 없이 보는 피조물은 정녕 허무한 존재들이며 아무런 가치도 없는 존재들이다. 그럼에도 우리는 맹목적이고 습관적인 힘으로 그것들에 집착한다. 초탈은 이러한 피조물에 대한 집착을 차단하여 그것이 우리를 하느님으로부터 멀리하지 못하도록 하려는 것이다. 그럼으로써 하느님도 얻고 그의 창조 세계도 바로 얻게 하려는 것이다. 군중을 피해 고독 속에서 혹은 교회 안에서 평화를 찾으려는 사람에게 에크하르트는 다음과 같이 말한다.

> 실로 바로 선 사람은 어느 장소 어떤 사람과 있든지 문제가 없다. 그러나 바로 서지 못한 사람은 어느 장소 어떤 사람이라도 문제가 된다. 바로 선 사람은 진실로 하느님과 함께한다. 하느님을 진실로 바르게 가진 자는 모든 곳에서 하느님을 가지며, 길거리나 사람들과 함께하는 곳이 고적한 곳이나 교회나 독방 못지않다. 하느님을 바로 가지고, 그만을 가진 자는 아무도 방해할 수 없다. 왜 그런가? 그는 오직 하느님만을 가지고, 오직 하느님만을 의중에 두며 그에게는 모든 사물이 순전히 하느님이 된다. 그런 사람은 자기가 하는 모든 일에서 그리고 모든 장소에서 하느님을 모시고 있으며 그 사람이 하는 일은 모두 오직 하느님이 하신다. 왜냐하면 일이란 일을 수행한 자보다 일을 하게 한 자에게 더 본래적이고 진정한 의미에서 속하기 때문이다. … 어떤 다양성도 하느님을 흐트러뜨리지 못하는 것처럼 그 어떤 것도 이 사람을 흐트러뜨리거나 여럿으로 나눌 수 없다. 왜냐하면 그는 모든 다원성이 다원성이 아니라 하나가 되는 저 "하나" 속에서 하나이기 때문이다. … 우리는 모든 사물 속에서

하느님을 포착해야 하며 어느 때든 하느님을 마음과 뜻과 사랑 속에 현존하도록 마음의 습관을 길러야 한다.[41]

결국 자기가 "제대로 되기만 하면"(es recht steht) 장소나 시간이나 환경은 아무 문제가 되지 않는다는 것이다. 두 가지 역설이 여기서 성립한다. 하나는 자기 포기가 자기가 제대로 되는 길이라는 것이며, 다른 하나는 우리가 다원성을 떠난 "하나"로서의 하느님 안에 머물기만 하면 다양한 사물들이 우리에게 아무런 장애가 되지 않고, 오히려 "하느님이 된다"는 것이다. 자기가 제대로 된다는 것은 곧 자기 집착과 자기 의지를 버리는 일이며, 동시에 모든 다원성을 하나로 만드는 "하나" 하느님만을 의도하고 붙드는 일이다. 그리하면 우리는 수시로 변화하는 여건 속에서도 흐트러짐 없이 자신을 유지할 뿐만 아니라 언제 어디서든 사물들을 마음대로 대하는 자유를 누릴 수 있다는 것이다. 자기 의지, 자기 집착을 놓아 버리는 자기 부정을 통해서 언제 어디서나 자유로움을 방해받지 않는 새로운 주체적 인간, "한 진정한 인간"이 탄생하는 것이다. 그는 "이것저것이 아니고 이것저것을 소유하지도 않음으로써 모든 것이고 모든 것을 소유하며, 이곳이나 저곳에 처하지 않음으로써 어디에나 처한다."[42] 실로 임제 선사가 말하는 대로 무위진인無位眞人이 누리는 수처작주 입처개진隨處作主 立處皆眞[43]의 경지이다.

에크하르트는 "예수께서 한 작은 성에 들어가셔서 부인이었던

---

41 훈화 6, Quint, 58-59.
42 *DW* III, 566.
43 "가는 곳마다 주인 노릇하면 처하는 곳마다 모두 참되다."

한 처녀에 의해 영접을 받았다"44는 성서 구절에 대한 설교에서 모든 집착을 떠난 순수한 영혼을 "처녀"와 작은 성에 비유한다.

자, 이 말을 잘 들어 보시오. 예수를 영접한 사람이 처녀였다는 것은 당연하다. 처녀는 모든 외적 상像을 여읜 사람, 자기가 존재하기도 전의 모습일 정도로 여읜 사람을 말한다. 보라, 어떻게 이미 태어나서 이성을 가지고 살아가는 사람이 자기가 존재하기도 전의 상태로 상들을 여읠 수 있다는 말인가? 그는 많은 것을 인식하며 이것이 모두 상인데, 어떻게 여읠 수 있단 말인가라고 사람들은 물을 수 있다. 이제 내가 그대들에게 주고자 하는 교훈을 잘 들어 보아라. 만약 나의 지성이 일찍이 모든 인간이 지녔던 상들과 또 하느님 안에 있는 것들까지도 담을 수 있을 정도로 포괄적이라 해도 내가 그 어느 것에도 나를 묶지 않고, 무엇을 하든 말든 혹은 과거나 미래에 상관없이 내가 소유할 것으로 집착하지 않는다면, 그리하여 내가 이 현금現今에서 하느님의 사랑스러운 뜻을 끊임없이 이루기 위해 자유롭고 비어 있다면, 실로 나는 그 어떤 상에도 장애를 받지 않는 처녀일 것이며, 틀림없이 내가 존재하지 않았을 때처럼 장애를 받

---

44 루가 10, 38. 본래의 라틴어 성서 본문은 "예수께서 어떤 성에 들어가시자 마르타라는 이름의 어떤 여인이 그를 자기 집으로 영접했다"라고 되어 있는데, 이를 에크하르트는 설교에서 독일어로 "한 부인이었던 처녀"(Jungfrau, die ein Weib war)라고 자의적으로 고쳐 해석하고 있다. Quint, 159. 아마도 초탈한 영혼의 순수함을 드러내기 위해 마르타를 "처녀"라고 부른 것 같다. 그리고 "여인"(mulier)을 "아내"(Weib)로 번역한 것은 아마도 "영접하다"(empfangen)라는 동사가 "임신하다"는 뜻도 가지고 있으므로, 처녀 같은 순결한 영혼에 하느님의 아들이 탄생한다는 자신의 사상에 따라 그렇게 번역한 것 같다. 설교 내용이 이것을 암시하고 있다. "처녀"와 "아내"의 문제는 앞으로 다시 논의될 것이다. Edmund Colledge and Bernard McGinn, *Essential Sermons*, 335, 주 2 참조. 한편, 그의 유명한 마르타와 마리아에 관한 설교(설교 84번)도 동일한 본문을 가지고 한 것인데, 거기에는 처녀라는 이야기가 없다. *DW* III, 481-492.

지 않을 것이다.[45]

여기서 우리는 몇 가지 사항을 확인해 둘 필요가 있다. 첫째, 순수한 처녀가 예수를 영접(잉태)할 수 있듯이 모든 외적 상들 (fremde Bildern)로부터 자유로운 순수한 지성만이 하느님을 받아들일 수 있다는 점이다. 여기서 "외적 상"이라는 말은 상들은 본래적으로 영혼 혹은 지성에 속한 것이 아니라는 말이다. 불교에서 말하는 객진번뇌(āgantu-kleśa), 즉 마음 밖에서 들어와서 우리의 본래 청정심을 어지럽히는 번뇌를 연상시키는 말이다. 둘째, 상을 여의다(ledig), 상으로부터 자유롭다는 말은 상이 없어지는 것이 아니라 내가 상에 묶여(Ich-Bindung) 상을 나의 것으로 소유하고(eigen) 붙잡지(ergreifen) 않는다는 뜻이다. 셋째, 이러한 자유로운 경지가 내가 존재하기 이전의 상태에 비유되고 있다. 이는 단지 비유만이 아니라 에크하르트 사상의 한 중요한 면을 가리키고 있다. 쉬르만은 이것을 우리가 이미 고찰한 바 있는 플라톤적 선재 사상, 즉 로고스 속에 선재하는 이데아로서의 나를 지칭하는 것으로 해석하지만,[46] 나의 생각으로 그보다도 더한층 들어간 경지, 즉 모든 차별성이 사라진 "하나" 혹은 무無로서의 신의 근저, 영혼의 근저를 가리킨다고 본다. 지성의 순수성이 손상되지 않은 있는 그대로의 본연의 세계를 가리키는 것이다. 넷째, 모든 상으로부터 자유로움은 이 현금現今의 순간에(in diesem gegenwärtigen Nun) 사는 것이다. 집착은 과거(Vor)와 미래(Nach)라는 시간적 구조 혹은 연관관계 속에서 이루어

---

45 Quint, 159.
46 R. Schürmann, *Meister Eckhart: Mystic and Philosopher*, 11-12.

진다고 에크하르트는 보고 있다. 이와 관련해서 그가 이번에는 상(Bild) 대신 행위(Tun) 혹은 일에 대해 언급하고 있으며, 집착 없는 행위로 하느님의 뜻을 이룰 것을 말한다는 점에 유의할 필요가 있다. 쉬르만의 지적대로 여기서 행위는 정확하게 마음의 상에 해당하는 것으로서 행위이든 생각이든 집착을 떠날 것을 말하고 있다.[47] 사실 우리가 무슨 일을 하려고 하면 앞뒤를 생각하지 않을 수 없는데 이것이 바로 집착이 된다. 과거를 돌아보거나 미래를 내다보지 않고 오직 현금에 산다는 것은 시간의 세계 자체를 떠나 영원의 시각에서 현재를 사는 것을 뜻한다. 그러나 그것은 세계로부터의 도피라기보다는 우리가 하는 일이나 접하는 사물을 집착 없는 순수한 마음으로 대하는 것을 뜻한다. 동양적 무사無事나 무위無爲가 단순한 은둔주의나 정적주의靜寂主義가 아니듯이 에크하르트의 초탈도 세상사로부터의 도피가 아니다.[48] 바로 이어지는 구절에서 에크하르트는 이 점을 분명히 하고 있다.

　　나는 더 나아가서 말한다: 사람이 처녀라는 것은, 그가 행한 모든 일 가운데서 어떤 것도 그로부터 앗아 가지 않고, 그 모든 일이 그와 최고의 진리(하느님) 사이에 아무런 장애가 되지 않도록 그를 처녀같이 자유롭게 한다. 마치 예수가 자기 자신 안에서 비고 자유롭고 처녀 같듯이 그러하다. 대가들이 말하듯 합일은 오직 대등한 것들 사이에서만 가능하다. 그러므로 사람은 소녀가 되어야 하고, 소녀 같은 예수를 영접한 처녀가 되어야 하는 것이다.[49]

---

47 같은 책, 14. 쉬르만은 상을 영어로 "representation," 행위를 "work"로 설명한다.
48 쉬르만도 이 점을 강조한다. 15-16.

결론적으로 말해 초탈은 하느님과 나 사이를 갈라놓거나 방해가 되는 일체의 것에 대한 집착과 소유를 끊는 것이다. 그것이 물질적 소유든 정신적 소유든 영혼으로 하여금 순수하고 맑은 자신의 본성과 하느님을 직접 대하지 못하게 가로막는 일체의 상들로부터 "비고(단출하고) 자유로운" 마음의 상태이다. 그것은 곧 무소유無所有이며 청빈淸貧이다. "초탈은 인간을 소유에서 존재로 이끈다. 인간을 자기 자신으로부터 해방하여 그를 본질적이게 한다."[50]

초탈의 수행법

그러면 우리는 어떻게 번잡한 일상적 삶 속에서도 사물에 집착하지 않는 내적 자유를 구가할 수 있는가? 에크하르트는 『훈화집』에서 젊은 수도승들에게 구체적 수행법을 일러 주고 있다.[51] 두 가지 기술적 훈련이 필요하다.

우리는 일 가운데서도 내적으로 묶이지 않는 법을 배워야 한다. 그러나 훈련을 하지 않은 사람은 군중 가운데 있거나 일을 하는 것이 아무런 장애가 되지 않고, 하느님이 항시 현존하여 매 순간 어떤 환경에서든 감춤 없이 빛을 비추어 주는 경지에까지 이르려면 상당한 노력이 필요하며 보통 일이 아니다. 이것은 대단한 열성과 특히 두 가지를 필요로 한다.

---

49 Quint, 159.

50 K. Ruh, *Meister Eckhart*, 167.

51 에크하르트 사상을 다루는 연구서들은 거의 다 이 구체적 수행법을 무시하고 있다.

하나는 우리가 내적으로 잘 차단된 자세를 견지하여 우리 마음이 외적 상像들로부터 보호받아 이들이 우리 바깥에 머물러서 옳지 않은 방식으로 우리와 함께하고 사귀고 우리 안에 자리 잡지 않도록 하는 일이다. 다른 하나는 우리가 사물의 표상이든 숭고한 생각이든, 어떤 내적 상들이나 외적 상들 혹은 우리에게 현존하는 그 어떤 것이든 거기서 우리 자신을 해체시키거나 분산시키거나 다양한 것들을 통해 외화外化시키지 않도록 하는 일이다. 이를 위해서 우리는 우리의 모든 [영혼의] 기능들을 훈련하고 기울여서 자기의 내면성을 유지해야 한다.[52]

에크하르트는 여기서 내면의 자유를 유지하는 두 단계 훈련을 말하고 있다. 첫째, 외부 사물에 휘둘림을 받지 않으려면 먼저 내적 차단이 필요하다. 내적 차단은 외부 환경이 우리를 지배하지 못하도록 시시각각 변하는 상들이 우리 마음에 침투해 자리잡지 못하고 바깥에 머물러 있도록 단단히 마음을 지키고 잠그는(verschlossen) 일이다. 사물이 지각 활동을 통해 시시각각 마음에 들어와도 그것과 "사귀고 우리 안에 자리 잡지 않도록" 하는 것이다. 마음에 들어오되 마음에 두지는 않는 것, 이것이 내적 차단이다. 선禪에서 말하는 무심無心, 무사無事의 경지와 별 차이가 없다. 에크하르트는 이것이 상당한 훈련을 필요로 한다는 것을 인정한다.

다음으로는 우리에게 주어진 다양한 내적 관념이나 외적 표상들이 우리 자신을 해체(zerlassen), 분산(zerstreuen), 외화(veräussern)시키지 않도록 해야 한다.[53] 불교 수행에서 산란심散亂心을 방지하여 정

---

52 Quint, 87-88.
53 영혼을 분산시키지 않고 하나로 모으는 것은 성 아우구스티누스가 특히 강조하는

244 | 마이스터 에크하르트의 영성 사상

定(saāhi) 혹은 지止('samatha)를 유지하는 것에 비견되는 수행이다. 에크하르트는 영혼이 잡다한 사물과 상들에 분산되는 것을 영혼의 자기 해체 혹은 외화로 표현한다. 영혼이 해체되고 외화되지 않으려면 우리는 영혼의 내면성을 유지해야만 한다. 외화(Veräußerung)란 영혼이 외적인 것—그것이 물건이든 일이든 관념이든 행위든—에 사로잡혀 내면을 상실하고 자기 자신으로부터 소외되는 것을 뜻한다. 인간이 이렇게 외적인 것에 정신이 팔려 내면을 상실하는 외화야말로 에크하르트에게는 자아의 해체요 비인간화이다. 현대 사상에서 말하는 소외(ßerung, Entfredmung) 혹은 물화(Verdinglichung, reification)를 강하게 연상시킨다. 에리히 프롬의 용어로 말하사면 소유(to have) 중심의 집착적 삶의 태도로 인해 자유를 상실한 인간의 자기 소외이다. 다만 에크하르트는 인간의 본질을 묻는 인간관, 특히 영혼관에서 현대 사상과는 큰 차이를 보인다. 무엇보다도 현대 사상에서는 에크하르트가 말하는 영혼의 근저라는 개념은 찾아보기 어렵다.[54] 과연 인간으로 하여금 외화, 즉 자기를 자기 밖의 그 어떤 것과도 동일시하지 않고, 그것으로 해체되거나 환원되기를 끈질기게 거부하는 것의 정체는 무엇일까?

에크하르트에 의하면 인간이 외화되지 않으려면 우리 안에 있는 하느님의 영역, 그의 빛이 비추는 영혼의 근저에 뿌리를 박고 살아

사상이다. 그는 『고백록』에서, "나는 '하나'이신 당신을 떠나(ab uno te) 잡다한 세계로 떨어져 산산조각나 흩어져 버렸으니, 이제 나를 거두어 모아주소서"라고 기도한다. 선한용 옮김, 『성 어거스틴의 고백록』, 53(표현 일부 수렴). 11권 29장도 참조.
54 에리히 프롬은 위 책에서 소유보다는 존재를 따르는 존재 양식을 강조하면서 에크하르트 사상을 극찬하고 있지만 그의 종교적 인간과에 대해서는 침묵한다. 59-65에 있는 에크하르트에 대한 논의, 특히 그의 존재(Being) 개념에 대한 논의를 볼 것.

야 하며 외부 사물에 휘둘려 행동하지 말고 내적 인간으로서 내면으로부터 일해야 한다. 에크하르트는 말한다.

> 누구도 그가 애당초 이것(영혼의 근저)으로부터 떠났다는 것, 그리하여 외부 사물들에 너무 집착했다는 사실 외에 다른 이유로 길을 잃은 일은 없다. 성 아우구스티누스는 말하기를 빛과 진리를 찾는 자는 많으나 찾아서는 안 될, 밖에서 찾는다고 한다. 결국 너무 멀리 가서 집으로 돌아오지 못하거나 길을 잃고 마는 것이다. 그래서 진리를 찾지 못한다. 왜냐하면 진리는 안에, 근저에 있지 밖에 있는 것이 아니기 때문이다. 그런즉 진리를 식별할 빛을 보고자 하는 사람은 자기 안에, 근저에서 [일어나는 하느님 아들의] 탄생을 주시하고 깨달아야 한다. 그러면 그의 모든 힘들(영혼의 기능들)도 빛을 받을 것이며 그의 외적 인간도 그러할 것이다.[55]

진리는 자기 자신의 근저에 있다는 에크하르트의 말은 진리를 밖에서 구하지 말고 자심自心에서 구하라는 선사들의 말과 다를 바 없다. 문제는 우리의 영혼이 외적 사물에 팔려 그 힘이 분산되고 소진되면서 내면에서 일할(im Innern wirken) 능력을 상실하고 외화된 인간으로서 산다는 것이다. 따라서 우리는 흩어진 마음을 다잡아 우리의 영혼을 "보화가 감추어져 있는 근저"에 집중해야만 한다.

그러나 영혼은 그 힘(기능)들이 밖으로 분산되어 있고 각각의 활동 안에 흩어져 있다. 시각은 눈에, 청각은 귀에, 미각은 혀에. 그리하여 내면에

---

55 Quint, 427.

서 일할 수 있는 힘은 그만큼 약화된다. 왜냐하면 모든 분산된 힘은 불완전하기 때문이다. 그러므로 영혼이 내면에서 힘차게 활동하려고 하면 자기의 모든 힘을 다시 불러들여야만 하고, 모든 잡다한 사물로부터 하나의 내적 활동으로 모아야 한다. … 이를 위해 그대의 모든 감각, 모든 힘, 모든 이성과 전 기억력을 모아서 이 보화가 숨어 있는 저 근저로 향하게 하라. 알지어다, 이것이 가능하려면 그대는 다른 모든 일을 떨쳐 버리고 일종의 무지에 도달해야 한다. 그대가 그것을 찾기 원한다면.[56]

여기서 에크하르트는 단순히 외부 사물에 대한 내적 차단만을 말하는 것이 아니라 요가나 불교 수행에서 상조하는 바와 같이 외연外緣을 물리치고 마음을 하나로, 즉 자신의 근저로 모아 집중하는 심일경성心一境性(citta-ekāgratā)과 같은 수행법을 언급하고 있다. 에크하르트는 말한다.

그러므로 그 안에서 [하느님 아들의] 탄생이 일어나려는 영혼은 전적으로 순수한 자세를 가져야 하고 숭고하게 살아야 하며, 전적으로 모아지고 내면적이어야 하며, 오감을 통해 피조물들의 잡다성을 향해 치닫지 말고 전적으로 내적이고 모아져야 하며 가장 순수한 것에 머물러 있어야만 한다: 그곳이 하느님의 곳이며 이 이하는 어떤 것이든 그에게 거슬린다.[57]

사실 에크하르트는 외부 사물들과 접촉하여 잡다한 상을 만드는

---

57 Quint, 415.

제6장 _ 초탈과 돌파 | 247

영혼의 기능들이 완전히 안으로 수렴되어 그 근저에서 하나가 되면, 모든 것을 잊는 일종의 탈아경(ecstasy) 혹은 삼매三昧(samādhi) 경지에 들어감을 말하고 있다.

> 그러므로 그대가 그대의 [영혼의] 모든 기능을 하나로 모아서 그대 안에 받아들였던 모든 사물과 그 상들을 잊어버릴 수 있으면 있을수록 그리고 그대가 피조물들과 그 상들로부터 멀어지면 멀어질수록 그대는 그만큼 이것(말씀)에 가깝고 수용적이 될 것이다. 그대가 일체의 사물들을 전혀 의식하지 않을 수 있다면 그대는 사도 바울이 "내가 몸 안에 있었는지 아니었는지 나는 모른다. 하느님은 아신다!"라고 말했듯이 그대 자신의 몸을 잊을 수 있을 것이다. 그때는 정신이 모든 기능을 자기 자신 안으로 완전히 수거했으므로 그는 몸을 잊었던 것이다. 그때 기억이나 이성은 더 이상 작동하지 않았고, 감각기관들이나 몸을 인도하고 장식할 기능들도 활동하지 않았던 것이다. 생명의 온기와 몸의 열도 중단되었으므로 그의 몸은 먹지도 않고 마시지도 않은 3일 동안 줄지도 않았다. 모세에게도 같은 일이 일어났다. 그는 산에서 40일간 금식했음에도 불구하고 조금도 약해지지 않았다. … 이렇게 우리들도 모든 감각기관을 피해 그 모든 기능을 안으로 향하도록 하여 일체 사물들과 자기 자신을 잊도록 해야만 한다.[58]

초탈은 이렇게 외적 사물을 향한 관심과 집착으로 인해 흩어졌던 영혼을 다잡아서 자신의 내면으로, 그 근저로 향하게 하는 행

---

58 Quint, 421. 월쉬의 지적대로, 에크하르트는 여기서 자기 자신이 가졌던 명상의 경험을 말하고 있는지도 모른다. Walshe I, 13, 주 10.

위이다. 그럼으로써 영혼으로 하여금 일체의 상(Bild)을 떠나고 비워 무지(Unwissen)의 상태로 들어가게 한다. 초탈은 그 자체에 목적이 있는 것이 아니라 "이것저것" 분산되어 있는 영혼의 힘들을 통일된 "내향적 활동"(inwendiges Wirken)으로 전환하고 집중하기 위한 것이다.

앞으로 우리가 하느님 아들의 탄생과 그의 삶의 양식을 고찰할 때 보겠지만 여기서도 역시 우리는 에크하르트의 영성이 세계 도피적 영성과는 무관함을 알 수 있다. 영혼의 모든 기능을 안으로 모아 정신을 집중시키는 것은 그 경험 자체에 머물고 즐기려는 것이 아니라 영혼의 근저에 뿌리박은 내적 인간, 본질적 인간이 되어 오히려 더 활동적으로 살기 위함이다. 초탈의 궁극 목표는 자신의 존재의 뿌리, 영혼의 근저와 본질에 뿌리박은 고차적 삶과 행위를 하기 위함이지 세상사로부터 도피하기 위함이 아니다. 일체의 상을 떠나 무지의 상태에 들어간 영혼, 자신의 순수한 무적無的 본질을 되찾은 영혼은 하나의 고양된 지(überformtes Wissen), 신적인 지(göttliches Wissen), 초자연적인 지(übernatürliches Wissen)로 승화된다.59 이것이 영혼의 근저에 탄생하는 하느님 아들이 누리는 삶이다. 그러므로 인간은 무엇보다도 영혼의 근저에 머무는 것이 중요하다. 초탈을 통해 자기 외화를 방지하고 자신의 본질을 발견하는 일이 가장 중요하다.

그대는 반드시 [영혼의] 본질과 근저에 있고 머물러야만 한다. 거기서 하

---

59 Quint, 430.

느님은 아무런 상의 매개 없이 그의 단순한 본질로 그대를 접할 것이다.[60]

초탈을 수련하는 에크하르트의 방법에는 이상과 같이 외적 사물들에 한눈팔고 분산되어 있는 영혼을 다잡아서 자신의 근저로 침잠하게 하는 길, 불교의 정定이나 지止의 수행에 비견되는 것 이외에 혜慧 혹은 관觀(vipa′syanā)에 비견할 만한 길도 있다. 참으로 하느님을 소유한다는 것은 마음의 문제로 언제 어디서 누구와 함께 있어도 가능해야 함을 말하면서 에크하르트는 다음과 같이 말한다.

하느님을 이렇게 그 존재에서 [본질적으로] 지니는 사람은 하느님을 하느님답게 취하는 사람이고, 그에게는 하느님이 모든 사물 가운데서 빛을 비춘다. 왜냐하면 모든 사물은 그에게 하느님 맛을 지니게 되며 그에게는 모든 사물에서 하느님의 형상이 보이기 때문이다. 그에게는 항시 하느님이 빛나고 [세상으로부터] 자유롭게 하는 퇴거가 이루어지며 사랑스러운 하느님의 현존이 그의 안에 각인된다. … 이런 사람이 훨씬 더 하느님 앞에 칭찬받는다. 왜냐하면 그는 모든 사물을 그 자체에 있어서보다도 더 신적인 것으로 그리고 더 높은 것으로 파악하기 때문이다. 그렇다. 이를 위해서는 열심과 헌신과 인간 내면에 대한 정확한 주의가 필요하며 사물들과 사람들 한가운데서 마음이 어디를 향하고 있는지에 대한 성성惺惺하고 진실되고 사려 깊고 참된 앎이 필요하다. 이것은 그가 사물들을 피하여 외양적으로 고독에 들어가는 도피를 통해 배울 수 있는 것이 아니다. 오히려 그는 어디서 누구하고 있든지 내적 고독을 배워야

---

60 Quint, 419.

한다. 그는 사물들을 돌파하여 그 안에서 자기 하느님을 포착하도록 배워야만 하며 그를 자기 안으로 힘차게 본질적 방식으로 형성해 넣기를 배워야 한다.[61]

　에크하르트의 초탈은 세상사로부터의 도피가 아닐 뿐만 아니라 우리로 하여금 사물들을 돌파하여 하느님의 빛 아래서 새롭게 보고 새로운 맛을 느끼도록 한다. 그러기 위해서는 노력과 헌신이 필요하고, 무엇보다도 사물과 관여하고 있는 자기 마음의 움직임을 성성惺惺하게 주시하고 아는 앎이 필요하다는 것이다.[62] 불교의 관심觀心 수행에 유사한 수행법이다. 이를 통해 마음은 사물들 가운데서도 하느님을 놓치지 않고 내적 고독을 유지할 수 있다는 것이다.

　결론적으로 말해 에크하르트의 초탈은 세상사를 외면하고 활동을 중지하거나 혹은 사물과의 접촉을 차단하고 내면에 집중하고 몰입하는 데 목적이 있는 것이 아니다. 초탈의 훈련은 우리가 사물을 접하면서도 영혼이 분산되어 해체되는 자아 상실로 이어지지 않도록 마음을 주시하고 다잡는 일이다. 초탈과 초연은 한적한 곳에서 일체의 생각을 멈추고 활동을 중지하는 특별한 수행이 아니라 일상생활 가운데서 마음의 중심 혹은 내면을 잃지 않도록 하는 마음의 훈련이다. 자기애와 자기 집착을 떠나 사물을 하느님의 빛 아래서 더 순수하고 고귀하고 아름답게 대하며 사는 법을 익히는 것이다. 외적 고독이 아니라 내적 고독, 사물들이 마음에 있되 마음은 사물

---

61 Quint, 60-61.

62 에크하르트는 이 점을 강조하여 "ein waches, wahres, besonnenes, wirkliches Wissen"이라고 한다. 모두 마음의 상태를 관(觀)하는 또렷한 지적 상태를 가리키는 형용사들이다.

들에 두지 않는 무념無念, 무주無住, 무상無相의 훈련이며 아집을 떠나 무심無心, 무사無事, 무욕無欲으로 사는 법을 배우는 것이다.

초탈의 극치

에크하르트가 말하는 초탈은 지금까지 본 바와 같이 자기 부정을 통해 하느님의 빛 아래서 사물들을 새롭게 보고 세상과 새로운 관계로 들어가는 선에서 그치지 않는다. 에크하르트에서 초탈은 하느님마저 떠나고 놓아 버리는(Gott lassen) 경지에까지 이르지 않으면 안 된다. 상像을 여읜 순수한 영혼을, 예수를 영접한 처녀에 비유한 앞의 설교문에서 에크하르트는 예수가 들어간 "조그마한 성"(Burgstädtchen)의 의미에 대해서 다음과 같이 말하고 있다.

보라, 이제 주의 깊게 보아라! 내가 말하고 생각하는 이 영혼 안에 있는 조그마한 성은 너무나도 단일하고 단순해서(eins und einfaltig) 모든 양태를 넘어 고고하며, 내가 지금까지 말한 저 [영혼의] 고귀한 힘조차 단 한순간도 이 성을 엿볼 자격이 없으며, 내가 말한 다른 힘들(영혼의 기능들)—그 안에서 하느님이 달아오르며 그의 모든 풍요로움과 모든 희열로 불타고 있는— 또한 결코 감히 그 안을 엿보지 못한다. 이 성은 너무나도 단일하고 단순하며, 이 단일한 "하나"(einige Eine)는 모든 양태와 모든 힘을 초월하여 너무나 고고하기 때문에 그 어떤 힘이나 양태이건 한 번도 그것을 엿볼 수 없으며 하느님조차도 할 수 없다. 진리를 두고, 하느님을 두고 말하나니 하느님 자신도 결코 단 한순간도 그 안을 엿볼 수 없을 것이며, 그가 자기의 [삼위의] 위격의 속성과 양태를 가지고 존재하는 한 일찍이 단 한 번도 엿본 일이 없다. 이것은 쉽게 이해할 수 있다. 왜냐하면 이 단일한 "하나"는 양태가 없고 특성이 없기 때문이다. 따라서 하느님이 그 안을 엿보려 한다면 그는 신의 모든 이름과 인격적 특성들을 대가로 지불해야 한다. 그 안을 엿보려 한다면 그는 이 모든 것을 밖에 놓아두어야 한다. 아니 오히려 그가 모든 양태와 특성을 초월한 단순한 "하나"이듯 그는 이러한 의미에서 성부도 성자도 성령도 아니다. 그렇지만 그는 이것저것을 떠난 어떤 것이다.[63]

여기서 우리는 지금까지보다 한 단계 더 높은, 한층 더 깊은 초탈의 세계를 접한다. 초탈은 단지 피조물에 대한 사랑이나 자기애와 자기 집착의 포기에 그치지 않으며 자기 의지를 버리고 하느님을 사랑하고 하느님의 뜻을 이루는 것으로 끝나지도 않는다. 철저한 초탈은 하느님조차 엿볼 수 없는 감추어진 영혼의 성, 영혼의 근저에 이르기 위해 하느님마저 떠나지 않으면 안 된다.

"인간이 떠날 수 있는 가장 높고 극한적인 것은 하느님을 위해 하느님을 떠나는 것이다"라고 에크하르트는 말한다.[64] 하느님을 놓아 버리고 그 근저에서 하느님을 더 새롭고 순수하게 만나기 위해서이다. 동족을 위해서 그리스도로부터 떨어진다는 바울의 말(로마서 9:3)[65]을 하느님을 위해 하느님으로부터 떨어진다는 의미로 해석하면서 에크하르트는 다음과 같이 말한다.

---

63 Quint, 163-164.
64 "Gott um Gottes willen lassen," Quint, 214.
65 에크하르트의 인용에 따르면 "나는 나의 친구와 하느님을 위해서 하느님으로부터 영원히 떨어지기를 원했다." Quint, 214.

나는 말하나니 그는 [영적으로] 전적인 완전성의 경지에 있었다. 그렇지 않으면 그는 이 말을 할 수 없었을 것이다. 나는 하느님으로부터 떨어지기를 원한다는 성 바울의 이 말을 해석하고자 한다.

인간이 떠날 수 있는 가장 높고 극한적인 것은 하느님을 위해 하느님을 떠나는 것이다. 지금 성 바울은 하느님을 위해 하느님을 떠난 것이다. 그는 하느님으로부터 취할 수 있었던 모든 것을 떠났고, 하느님에게 줄 수 있었던 모든 것을 떠났으며, 하느님으로부터 받을 수 있었던 모든 것을 떠났다. 이렇게 떠났을 때 그는 하느님을 위해 하느님을 떠난 것이며, 그때 그에게는 있는 그대로의 하느님 자신만이 남았다. 받거나 얻어지는 양태로의 하느님이 아니라 그 자신으로 있는 본질(Seinsheit, Istigkeit)로의 하느님이다. 그는 결코 하느님께 무엇인가를 준 일이 없으며 하느님으로부터 무엇인가를 받지도 않았다. 그것은 "하나"이며 순수한 하나 됨(eine lautere Eining)이다. 여기서 인간은 진정한 인간이며 이러한 사람들에게는 하느님의 존재(das göttliches Sein)에서처럼 어떤 고통도 있을 수 없다. 내가 일찍이 영혼에 어떤 것이 있어 하느님과 너무나 밀접해서 하느님과 하나이지 하나가 되는 것이 아니라고 자주 말해 온 바와 같다. 그것은 "하나"이며 어떤 것과도 공통되지 않으며 피조물 가운데 그것과 공통되는 것은 아무것도 없다. 모든 피조물은 무無이지만 그것은 모든 피조성으로부터 멀리 떨어져서 낯설다. 인간이 전적으로 그와 같다면 인간은 전혀 창조되지 않고 창조될 수도 없을 것이다.[66]

실로 에크하르트에게 있어서 하느님마저 떠나는 것은 초탈의 극

---

66 Quint, 214-215.

치다. 초탈은 우리와 주고받는 거래 대상으로서의 하느님이 아니라 순수한 본질적 하느님 그 자체를 만나는 길이며, "관계" 속에서 하느님을 만나는 것이 아니라 하느님과 완벽한 "일치"를 이루는 길이다. 초탈은 이렇게 신의 근저, 신성의 무에까지 이르는 "돌파"를 통해 완성된다. 그러기 위해서는 영혼도 하느님도 일체의 이름과 양태, 개념과 사념을 벗어 버리지 않으면 안 된다. 이때 비로소 우리 영혼에 하느님 아들의 탄생이 이루어진다고 에크하르트는 말한다. 아들의 탄생은 하느님과 영혼이 벌거벗은 채 하나인 그 근저에서 발생하는 사건이다.[67] 우선 돌파에 대하여 좀 더 자세히 살펴보자.

---

67 이미 언급한 바, 돌파를 초탈의 일면이며 그 극단화로 보는 데는 우에다를 포함하여 대다수의 에크하르트 연구들이 의견을 같이한다. 그러나 우에다는 초탈을 하느님 아들의 탄생과 결부시키고, 돌파는 위의 인용문에서 보는 것처럼 삼위일체 하느님의 구도를 넘어서는 것으로 간주하여 양자를 대립적 구도에서 파악하고 있다. 그도 역시 "탄생"과 "돌파"가 확연히 구별될 수 있는 것이 아님을 인정하나, 탄생을 위한 준비로서의 돌파를 초탈 A, 돌파를 위한 초탈을 초탈 B로 구분하고 있다. 앞서 인용한 *Die Gottesgeburt in der Seele und der Durchbruch zur Gottheit* 외에 그의 『엑카르트』 199-203 참조. 나는 이러한 해석에 동의하지 않으며, 오히려 카푸토의 견해를 따른다. Caputo, "Fundamental Themes in Meister Eckhart's Mysricism"과 *The Mystical Element in Heidegger's Thought*, 132-134 참조. 돌파는 탄생과 동일선상에 서 있지 않다. 돌파는 환원(*reditus*)의 종점이고 탄생은 출원(*exitus*)의 시작에 속한다. 에크하르트 자신이 사용하는 비유로 말하자면, 돌파를 처녀의 순결성에 비할 수 있다면 탄생은 아내의 생산성에 비할 수 있다. 탄생은 영혼의 근저에서 일어나는 사건이므로 근저로의 돌파를 통해서 비로소 가능한 것이다. 다만 에크하르트가 탄생을 논할 때 항시 돌파를 함께 언급하는 것은 아니기 때문에 돌파를 탄생과 무관한 것으로 오해하기 쉬우나, 양자를 함께 언급하는 경우도 많다는 사실에 유의할 필요가 있다. 우에다는 돌파를 탄생보다 한 단계 더 높은 경지로 보고 있지만, 둘은 동일선상에 있는 것이 아니므로 높고 낮음을 비교하기 어렵다. 뿐만 아니라 에크하르트는 조금 전에 상세하게 고찰한 설교에서 오히려 아내가 처녀보다 더 숭고하다고 말한다. 처녀는 결국 아내가 되어 아들을 낳아야 하기 때문이라는 것이다(Quint, 160). 그러나 이 문제는 나중에 하느님 아들의 탄생을 다룰 때 다시 논하기로 한다.

돌파

위에서 나는 주로 에크하르트의 "초탈에 관하여"라는 짧은 글과 그가 젊은 수도승들에게 준 훈화들을 중심으로 하여 그의 초탈 사상을 살펴보았다. 에크하르트에 의하면 초탈의 극치는 돌파이다. 돌파는 피조물과 자기 자신에 대한 집착뿐 아니라 하느님마저 버리고 떠나기 때문이다. 돌파에 관한 부분 역시 에크하르트의 저술 여기저기서 발견된다. 그가 특별히 돌파(Durchbruch)라는 단어를 사용하지 않는다고 해도 실제로 같은 뜻을 지닌 구절들까지 합치면 그 수는 더욱 많아진다. 기본적으로 에크하르트가 "하나" 혹은 영혼과 신의 근저에 관해 이야기할 때는 모두 돌파에 관련되어 있다 해도 과언이 아니다. 나는 이번에는 돌파의 주제를 담고 있는 에크하르트의 글 가운데서 가장 대표적인 "마음이 가난한 자는 복이 있다"는 마태복음 5장 3절에 관한 에크하르트의 설교문을[68] 중심으로 그의 신비 사상을 고찰하고자 한다. 돌파가 초탈의 일면이고 그 극치임을 감안할 때 이 설교가 초탈에 관해서도 다른 어느 설교보다 더 철저함을 보여 주고 있는 것은 당연하다.

설교 서두에서 에크하르트는 이제 자기가 이야기하고자 하는 바는 보통 사람들은 이해하기 어려운 파격적인 진리로 이 진리와 같아진 자만이 이해할 수 있다면서 외적 가난이 아니라 내적 가난, 즉 영적 가난에 대해서 말하고자 함을 밝히고 있다. 에크하르트는 그의 저술 여기저기서 이 영적 가난에 대해서 이야기하고 있다. 그의 초기 저술『훈화집』은 대표적이다. 거기서 그는 "모든 것을 받고

---

68 Quint, 303-309. "Beati pauperes spiritu," *DW* II, 486-497(설교 52번).

자 하는 사람은 모든 것을 주어 버려야 한다"고 말하면서 자기 부정을 강조한다. 우리 자신의 것은 아무것도 소유하지 말아야 하며 우리의 몸과 영혼, 감각기관이나 재물이나 명예나 친구나 친척 등 모든 것은 하느님이 우리에게 주신 것이 아니라 단지 빌려준 것임을 기억하여 소유권(Eigenbesitz)을 포기해야 한다고 젊은 수사들에게 가르치고 있다. 하느님은 그만이 우리의 소유가 되기를 원하신다고 한다.69

그러나 영적 가난에 대한 에크하르트의 이해는 이제 그의 설교에서 훨씬 더 심화된다. 여기서 그는 영적 가난이란 "아무것도 원하지 않는 것"(nichts willen), "아무것도 알지 않는 것"(nichts wissen) 그리고 "아무것도 소유하지 않는 것"(nichts haben)이라고 정의하면서 이 셋을 하나하나 설명해 나간다.

첫째, "아무것도 원하지 않는 것" 혹은 아무것도 욕구하지 않는 것은 초탈의 다른 표현이다. 그것은 문자 그대로 아무런 의욕도 없는 무기력한 삶을 뜻하는 것이 아니라 욕망에 의해 휘둘림 당하는 집착적 자기 의지, 소유 의지를 포기하는 것을 뜻한다. 불교적 무욕과 비교하면서 에리히 프롬은 에크하르트의 무욕의 의미를 다음과 같이 설명하고 있다.

왜냐하면 에크하르트는 불교사상에서도 근본적인 그런 종류의 "욕구"(wanting)에 신경을 쓰고 있는 것이다; 즉, 사물에 대한 그리고 자기 자신의 자아에 대한 탐욕·갈애이다. 불타는 이러한 욕구를 인간의 즐거움

---

69 Quint, 96.

이 아니라 고통의 원인으로 간주한다. 에크하르트가 무욕을 얘기할 때 그는 우리가 약해져야 한다는 것을 의미하지 않는다. 그가 말하는 의지란 갈애, 우리를 모는 의지와 동일하다. 즉, 그것은 진정한 의미에서 의지(will)가 아니다. 에크하르트는 심지어 우리가 하느님의 뜻을 행하고자 하는 욕구조차 가져서는 안 된다고 말한다. 왜냐하면 이것 역시 갈애의 한 형태이기 때문이다. 아무것도 욕구하지 않는 사람은 어떤 것에도 탐욕을 내지 않는 사람이다: 이것이 에크하르트가 말하는 초탈 개념의 핵심이다.[70]

실로 에크하르트에게 무욕은 단순히 세속적 욕망으로부터의 자유만을 뜻하는 것이 아니며 모든 일에서 자기 자신의 의지를 단념하고 하느님의 뜻을 구하는 것에서 그치지도 않는다. 이보다 철저하게 에크하르트는 우리가 하느님의 뜻을 이루려는 의지를 가지고 있는 한 그것은 아직 참다운 가난이 아니라고 말한다. 참으로 아무것도 욕구하지 않는다는 것은 하느님의 뜻을 이루려는 의지, 하느님과 영원을 갈망하는 의지마저도 버리는 것이며, 하느님마저 떠나 (Gott lassen) 하느님을 여읜(Gottes ledig), 그리하여 아예 하느님이라는 관념으로부터 자유로운 것이라고 에크하르트는 말한다. 그것은 마치 내가 존재하지 않았을 때처럼 피조물로서의 나의 의지로부터

---

70 *To Have or To Be?*, 60-61. 프롬이 사용하는 영어 단어 "wanting"에는 무엇을 원한다, 욕구한다는 뜻과 더불어 무엇에 부족을 느낀다는 뜻이 동시에 들어 있다. 채워도 채워도 한없이 부족을 느끼는 욕망의 지배를 뜻하는 말이다. 진정한 의미에서 "내가" 욕구하는 것이 아니라 "욕구"가 나를 사로잡고 지배하는 노예적 상태를 가리킨다. 죄의 힘에 대한 사도 바울로의 유명한 고백(로마 7, 19-25)도 바로 이러한 상태를 두고 하는 말일 것이다.

완전히 자유로움을 뜻하는 것이라면서 에크하르트는 그 경지를 이렇게 묘사한다.

내가 아직 나의 최초 원인 속에 있었을 때 나에게는 하느님이 없었고 나는 나 자신의 원인이었다. 나는 아무것도 원하지 않았고 아무것도 갈망하지 않았다. 왜냐하면 나는 빈 존재였고 진리를 향유하면서 나 자신을 인식하는 자였다. 그때 나는 나 자신을 원했으며 그 외에 아무것도 원하지 않았다. 내가 원한 것이 나였고 나였던 것을 나는 원했으며, 거기서 나는 하느님과 모든 사물을 여읜 채 있었다. 그러나 내가 나의 자유로운 의지의 결단에 의해 밖으로 나가(출원, *exitus*) 창조된 나의 존재를 받았을 때, 그때 나는 비로소 하느님이라는 것을 가졌다. 왜냐하면 피조물들이 있기 전에는 하느님은 아직 하느님이 아니었기 때문이다. 그는 오히려 그였다. 피조물들이 생겨나서 피조물로서 존재를 받았을 때, 그때 하느님은 그 자신으로서의 하느님이 아니라 피조물들의 하느님이었다. 나는 이제 말한다. 하느님이 단지 하느님인 이상, 그는 피조물의 최고 목표는 아니다. 왜냐하면 하찮은 피조물이라도 하느님 안에서 그와 마찬가지의 존재를 가지고 있기 때문이다. 그리고 만약 파리 한 마리가 지성이 있어서 지성을 통해 신적 존재의 영원한 심연을 찾을 수 있다면, 하느님은 하느님으로서 가진 모든 것에도 불구하고 이 파리를 충족시키거나 만족시키지 못할 것이다. 그러므로 하느님을 여의도록 하느님께 기도하자. 최고의 천사와 파리와 영혼이 동등한 곳, 내가 원한 것이 나였고 나인 것을 내가 원했던 그곳에서 진리를 파악하고 영원한 즐거움을 누리도록 기도하자. 나는 말한다. 인간이 의지에 있어서 가난해지려면 그는 그가 존재하지 않았을 때처럼 아무것도 원하고 갈망해서는

안 된다.[71]

에크하르트는 여기서 절대적 나, 근원적 나, 자아라고 말할 수 없는 자아, 나의 원인으로서의 나를 말하고 있다. 태어남도 죽음도 없는 초시간적 자아, 나와 하느님이라는 상대적 구도를 초월하는 절대적 나이다. 그리고 에크하르트는 나와 하느님을 포함한 모든 것의 최초 원인, 즉 신의 근저이자 바로 영혼의 근저인 곳에서 나와 만물과 하느님이 완전히 하나인 세계를 묘사한다. 우리가 이해하는 "대상"으로서의 하느님, 피조물과 상대적인 하느님을 여읜 세계로 돌파해 들어가는 환원(reditus)의 극치를 실로 대담한 언어로 묘사하고 있는 것이다. 진정한 가난은 피상적 자아와 피상적 하느님을 벗어나 진정한 자아와 진정한 하느님이 하나인 경지, 자아와 하느님이 거추장스러운 옷을 벗어 버린 경지, 그야말로 무가 되어 버린 경지라는 것이다. 유신론과 무신론의 구별이 무의미해지는 세계, 그야말로 "신비주의적 무신론", "신비주의적 휴머니즘"의 세계이다.

하느님이 더 이상 하나의 대상적 존재가 아니고 내가 손을 대고 붙잡을 수 있고 어떻게 해 볼 수 있는 존재가 아니다. 나의 모든 관념과 의지를 완전히 떠나 순수하게 그 자체로 만나는 하느님을 일컬어 에크하르트는 "하느님을 여의다" 혹은 "하느님을 위해 하느님을 떠난다"고 표현하는 것이다. 나와 피조물과의 관계에서 "성립되는"(werden) 대적 하느님이 "해체되는"(entwerden) 절대적 "하나"의 경지를 에크하르트는 다음과 같이 흥미롭게 표현하기도 한다.

---

71 Quint, 304-305.

하느님은 모든 피조물이 하느님이라고 말하는 곳에서 성립된다. 그때 하느님이 된다. 내가 아직 근저에, 바닥에, 신성의 강물과 원천에 있었을 때는 아무도 나에게 내가 어디로 가려는지 혹은 무엇을 했는지 묻지 않았다. 그때는 나에게 물을 만한 사람이 아무도 없었던 것이다. 그러나 내가 [거기로부터] 흘러나왔을 때, 모든 피조물은 "하느님!" 하고 말했다. 누군가가 "에크하르트 수사님, 언제 집을 나오셨습니까?"라고 묻는다면 나는 그 안에 있었다. 이렇게 피조물들은 하느님에 대해 말한다. 그러면 왜 그들은 신성에 대하여는 말하지 않는가? 신성에 있는 것은 모두 하나이며 사람들은 그것에 관해서 아무것도 말할 수 없다. 하느님은 활동을 하지만 신성은 활동을 하지 않고 활동할 것도 없다. 그 안에는 일이란 없다. 신성은 한 번도 일을 엿본 적이 없다. 하느님과 신성은 활동(wirken)과 비활동(nicht-wirken)에서 구별된다. 내가 하느님께 되돌아와서 거기에 머물러 있지 않는다면 나의 돌파는 나의 출원보다 훨씬 더 고귀하다. 나만이 모든 피조물을 그들의 정신적 존재로부터 나의 지성으로 가져와 내 안에서 하나가 되게 한다. 내가 근저로, 바닥으로, 신성의 강물과 원천으로 오면 아무도 내가 어디서 오는지 혹은 어디 갔다 왔는지 묻지 않는다. 거기서는 아무도 나를 보고 싶어 하지 않으며, 거기서는 하느님이 해체된다.[72]

지성이 유有가 아니고 무無이듯 신성도 유가 아니라 무이다. 유로서의 신을 놓아 버릴 때 우리는 비로소 무로서의 참 신을 만난다고 에크하르트는 말한다. 다마스커스 도상에서 강한 빛을 만나 눈이

---

72 Quint, 273.

멀어 버린 바울이 눈을 뜨자 아무것도 보지 못했다는 사도행전의 말을 해석하면서 에크하르트는 바울이 무로서의 하느님을 보았다고 말한다. 모든 피조물이 사라지고 아무것도 보지 못했을 때 바울은 바로 무를 보았으며 참 하느님을 만났다는 것이다. 누구든 무로서의 하느님을 보지 못하면 그리하여 하느님에 대하여 무언가를 보았다고 말한다면 그는 진정 하느님을 보지 못한 자이다. 하느님은 "이런저런 것"이 아니기 때문이다. 하느님은 무로부터 탄생한다고 에크하르트는 말한다. 참 빛인 하느님은 동시에 어둠이다. 하느님을 보려면 눈이 멀어서 아무것도 볼 수 없어야 한다.[73]

둘째, 참된 가난은 아무것도 알지 않는 것이다. 에크하르트는 이제까지 "인간은 자기 자신을 위해서나 진리를 위해서나 하느님을 위해서 살지 않도록 살아야 한다"고 말해 왔다.[74] 그러나 이제 참 가난은 이보다 한 단계 더 나아가서 자기가 이렇게 산다는 것조차 모르는 삶이라고 말한다. 모든 앎으로부터 자유로워 하느님이 자기 안에 살고 있다는 것조차 알지 못하고 느끼지도 않아야 한다는 것이다. "하느님의 영원한 본질"(das ewige Wesen Gottes) 속에서 아무도 없이 자기 자신만 있었을 때처럼, 그래서 자기가 존재하지 않았을 때처럼 모든 앎을 탈피해야만 한다. 피조물들은 물론이요, 하느님마저도 알아서는 안 된다.

대가들은, 신은 존재이며 지성적 존재이며 만물을 인식한다고 말한다.
그러나 나는 말한다: 신은 존재도 아니고 지성적 존재도 아니고 이것 혹

---

73 Quint, 331-332 참조.
74 Quint, 305.

은 저것을 인식하지도 않는다. 그러므로 신은 모든 사물을 여의었다. 그리고 [바로] 그러기 때문에 그는 모든 사물이다. 마음이 가난하고자 하는 사람은 자기 자신의 모든 앎에서 가난해서 하느님이나 피조물이나 자기 자신에 관해서 아무것도 알지 말아야 한다. 따라서 사람은 하느님의 활동에 대하여 아무것도 알거나 인식하지 말기를 원할 필요가 있다.[75] 다시 한 번 프롬의 해석은 예리하다.

그(에크하르트)가 "사람은 자기 자신의 앎을 여의어야 한다"고 말할 때, 그는 우리가 아는 것(지식)을 잊어야 한다는 것이 아니라 자기가 안다는 것을 잊어야 함을 뜻한다. 그것은 우리가 앎을 우리의 안선을 찾고 우리에게 정체성의 느낌을 주는 소유물로 보아서는 안 된다는 말이다; 우리는 우리의 앎으로 "채워져서는" 안 되며 그것에 매달리거나 갈애를 일으켜서도 안 된다. 지식은 우리를 노예로 만드는 도그마의 성격을 띠어서는 안 된다. 이 모든 것은 소유의 양식(mode of having)이다. 존재의 양식(mode of being)에 있어서는 지식이란 확실성을 얻기 위해 정지하려는 유혹에 빠지지 않고 파고드는 사유의 활동일 뿐이다.[76]

다시 말해서 앎 혹은 지식이란 어떤 것이든, 심지어 하느님에 관한 앎이나 깨달음이라 해도 의식적 집착의 대상이 되는 순간 이

---

75 Quint, 305-306. 신에 관해서는 이 무지야말로 최고의 앎이다. 디오니시우스는 이 역설을 다음과 같이 표현한다: "나는 우리가 빛을 훨씬 넘어 있는 이 어둠에 이르기를 기도한다! 우리가 모든 시각과 지식 너머에 있는 것을 보지도 않고 알지도 않으면서 알 수 있도록 우리에게 시각과 지식이 결여되기만 한다면! 왜냐하면 이것이야말로 진실로 보고 아는 것이기 때문이다: 즉, 모든 것을 부정함으로써 초월자를 초월적 방법으로 찬양하는 것이기 때문이다." Rorem, *Pseudo-Dionysius*, 138.

76 *To Have or To Be?*, 62.

미 우리의 자유를 방해한다는 것이다. 세상의 지식은 물론이요, 하느님에 대한 앎이나 체험도 우리가 의지하는 "소유" 혹은 안전판 같은 것이 되어서는 안 된다. 앎 자체가 나쁘다기보다는 앎이 소유로 전락할 때가 문제라는 것이다. 하느님을 알되 이 앎에서마저 자유로운 경지를 에크하르트는 참다운 마음의 가난으로 제시하고 있는 것이다. 불교적으로 말하면 자기가 "깨쳤다"라는 생각마저 떨쳐버린 철저한 무심과 무념 경지라 할 것이다.

인간의 행복이 하느님을 향한 사랑(Liebe)에 있느냐 아니면 인식(Erkennen)에 있느냐 하는 문제를 거론하면서 에크하르트는 사랑도 아니고 인식도 아니라고 말한다. 영혼의 기능들(Kräfte)로서의 사랑이나 인식이 아니라 영혼 안에 있는 어떤 것(ein Etwas)—즉, 영혼의 근저—으로부터 흘러나오는 사랑과 인식만이 인간에게 참다운 행복을 준다고 한다. 이 "어떤 것"에는 얻는 것도 잃는 것도 없다. 그것을 아는 자만이 진정으로 행복을 알며 그는 하느님처럼 자기 자신을 즐길 뿐이다.[77] 진정한 앎이란 에크하르트에게 있어서 우리가 소유하는 집착의 대상이 아니라 우리 영혼의 근저 혹은 존재의 바닥으로부터 흘러나오고 그리로 또다시 흘러드는 자연스러운 행위, 본질적 행위이어야 한다.

셋째, 참 가난은 아무것도 소유하지 않는 것이다. 여기서 에크하르트의 돌파 사상은 극치에 달한다. 에크하르트는 물질적 가난은 물론이고 나아가서 인간이 모든 피조물과 자기 자신과 하느님을 여의고 자유로워져서 자기 안에 하느님이 일할 수 있는 공간이 생길

---

77 Quint, 306.

수 있도록 하는 가난마저도 진정한 가난이 아니라고 말한다.

인간은 하느님이 일할 수 있는 장소가 되거나 가져서는 안 될 정도로 가난해야 한다. 인간이 아직 자기 안에 장소를 붙들고 있는 한 그는 아직 거기서 차별성을 붙들고 있는 것이다. 그러므로 나는 하느님께 나를 하느님으로부터 떠나게 해 달라고 간구한다. 왜냐하면 우리가 하느님을 피조물의 시초로 간주하는 한 나의 본질적 존재는 하느님 너머에 있기 때문이다. 모든 존재 위에 있으며 모든 차별성을 초월하는 하느님의 본질 안에 내가 있었고, 거기서 나는 나 자신을 원했고 나인 이 인간을 만들고자 했다. 그러므로 나는 나의 영원한 존재에 따라서는 나 자신의 원인이지만, 나의 시간적 생성에 따라서는 그렇지 않다. 그리고 이 때문에 나는 탄생하지도 않았고 탄생함도 없는 나의 양태에 따라 죽지도 않는다. … 나의 영원한 탄생 속에서 만물이 탄생했으며 나는 나 자신과 만물의 원인이었다. 그리고 내가 원했더라면 나와 만물은 없었을 것이며 내가 없었다면 하느님도 없었을 것이다. 하느님이 하느님인 것은 나 때문이다. 내가 없었더라면 하느님은 하느님이 아니었을 것이다. 이것은 알 필요가 없다.

어느 위대한 대가는 그의 돌파는 그의 출원보다 더 고귀하다고 말한다. 이것은 진실이다. 내가 하느님으로부터 흘러나왔을 때 만물은 "하느님이 있다"라고 말했다. 그러나 이것은 나를 행복하게 하지 못한다. 왜냐하면 여기서는 내가 나를 피조물로 인식하기 때문이다. 그러나 내가 나의 의지와 하느님의 의지로부터 그리고 그의 모든 일과 그 자신으로부터 벗어나는 돌파에서 나는 모든 피조물 위에 있고 하느님도 아니고 피조물도 아니다. 오히려 나는 나였던 나이며 지금 그리고 앞으로도 영원히 있을 나일 것이다. 거기서 나는 모든 천사들을 넘어 비약한다. 이 비약 속에서 나는 하느님이 하느님인 한 그가 가진 모든 것으로도 그리고 하느님으로서의 그의 모든 일로도 나를 만족시키지 못할 정도의 엄청난 풍요로움을 받는다. 왜냐하면 이 돌파에서 나와 하느님이 하나임을 얻기 때문이다. 거기서 나는 나였던 나이며 거기서 나는 줄지도 않고 늘지도 않는다. 왜냐하면 나는 거기서 만물을 움직이는 부동의 원인이기 때문이다. 여기서 하느님은 [더 이상] 인간 안에 어떤 자리도 발견하지 못한다. 왜냐하면 인간은 이 가난을 통해 영원부터 그러했고 앞으로도 영원히 그러할 자기를 쟁취하기 때문이다. 거기서 하느님은 [인간의] 정신과 하나이며 이것이 인간이 얻을 수 있는 가장 본래적인 가난이다.[78]

여기서 우리는 실로 하느님과 인간 사이에 그 어떤 조그마한 틈새조차 허락하지 않으려는 에크하르트 신비주의의 극치를 만난다. 언어의 한계를 벗어나는 신비적 합일의 완벽한 경지를 그는 불경스럽게 들리는 언사를 마다하지 않으면서 웅변적으로 증언하고 있다. 다소 긴 인용문이지만 에크하르트는 여기서 몇 가지 핵심적 진리를 말하고 있다. 그는 하느님과 인간 사이에 어떠한 간극도 허락하지 않는 완벽한 일치에 대해 말하고 있다. 인간 안에 하느님의 공간이 따로 존재하는 한 하느님과 인간의 완전한 일치는 불가능하기 때문이다. 에크하르트는 하느님과 인간의 대립적 혹은 상대적 구도를 근본적으로 초월하고자 한다. 피조물이 신성의 깊이에서 흘러나왔을 때 비로소 하느님도 존재한다는 말은 그런 뜻이다. 피조물과 상

---

78 Quint, 308-309.

대적인 창조주 하느님, 나의 대상으로 마주 서 있는 하느님을 넘어서서 에크하르트는 "하느님도 아니고 피조물도 아닌" 인간의 자리, 신과 영혼의 근저로 돌파해 들어가고자 하는 것이다. 카푸토의 통찰은 적절하다.

> 그렇다면 하느님의 가장 내밀한 신성으로 되돌아가는 것은 두 가지를 의미한다: 하느님이 하느님 되기를, 즉 창조주이기를 그치는 것을 의미하고, 그러나 또한 영혼이 피조물 되기를 그침을 의미한다. 왜냐하면 그 원초적 근원으로의 퇴행이기 때문이다. 다른 말로 해서 신비적 합일은 온 창조 과정의 "해체", 그 방향의 뒤집기, 창조를 누 끝에서 극복함으로써 피조물도 창조주도 없게 되는 것에 있다.[79]

돌파의 경지에서는 하느님과 영혼이 둘로서 하나가 되는 것이 아니라 둘 다 해체되어 "이름할 수 없는 벌거벗은 하나"(nameless, naked unity)이다.[80] 에크하르트는 여기서 관계적 하느님으로 만족하지 못하는 나, 결코 소외될 수 없는 신의 근저이자 나 자신의 근저인 나, "본질적 존재"(ein wesentliches Sein)로서의 나, 존재의 근원에 있는 원초적 나, 나 아닌 나의 절대적 세계를 가리키고 있다. 철저한 비우기, 철저한 가난으로서의 돌파를 통해서 에크하르트는 "신비주의적 무신론"이라 불러도 좋을 철저한 인간 긍정의 길을 열고 있는 것이다. 에크하르트 자신이 말하듯 실로 환원의 극치인 돌파가 출원보다 고귀하다고 할 만하지 않은가?

---

79 Caputo, *The Mystical Element in Heidegger's Thought*, 130.
80 Caputo, "Fundamental Themes in Meister Eckhart's Mysticism," 213.

이 본질적 나의 세계에서 에크하르트의 신비주의적 휴머니즘은 인간을 한없이 긍정하고 사랑하며 찬양한다. 그것은 결코 무신론적 휴머니즘의 맹목적 인간 찬양이 아니며, 인간의 죄악을 무시하고 인간과 하느님 사이에 놓여 있는 엄청난 거리를 도외시하는 철없는 휴머니즘도 아니다. 그것은 철저한 가난, 철저한 자기 부정과 죽음을 통한 자기 긍정이다. 인간도 옷을 벗고 신도 옷을 벗고 벌거벗은 채 그 무적無的 근저에서 하나임을 발견하고 확인하는 순수한 긍정이다. 아무것도 원하지 않고, 아무것도 알지 못하며, 아무것도 소유하지 않는 참된 가난을 통해서 인간은 대상적 존재로서의 하느님, 유有로서의 하느님을 돌파하여 "아무것도 아닌 무無"로서의 하느님, 하느님 아닌 하느님을 만나 하느님도 나도 해체되어 완전히 하나가 되어 버리는 것이다.[81]

철저한 가난을 통해 신마저 놓아 버린 영혼은 이제 신과 완전히 하나인 자기를 발견한다. 진정으로 신과 하나가 되려면 아니 이미 하나인 자신을 발견하려면 하느님마저 놓고 떠나야 한다. 이것이 초탈의 극치이며 진정한 하느님을 만나는 길이자 동시에 "진정한 인간"이 되는 길이다. 진정한 신을 만나기 위해서 우리는 자기 자신과 세상에 대한 집착은 물론이고 하느님마저 떠난 "비고 자유로운" 무심無心의 경지에서 일체의 상을 여읜 무상無相의 하느님을 만나야 한다. 하스의 말은 적절하다.

---

81 Welte는 대상적 하느님, 유(有)로서의 하느님의 극복을 하이데거 사상에 따라 "형이상학적" 하느님의 극복이라고 해석한다. Welte, 85-94 참조. 여하튼 이 모든 것은 신(Gott)과 신성(Gottheit)에 대한 에크하르트의 구별을 염두에 두지 않으면 이해되지 않는 부분이다. A. M. Haas는 이 점을 정확히 지적한다. *Kunst Rechter Gelassenheit*, 256.

신의 상들의 파괴라는 주제는 (에크하르트에게 있어서) 초연超然의 중심

이다. 신에 대한 상과 생각들은 신을 사물화하고, 그를 피조물과의 관계

속으로 넣으며, 궁극적으로 이름 없는 것을 이름 속에서 파악한다.[82]

대상적 하느님, 양태와 속성을 지닌 하느님, 삼위의 하느님마저

돌파해서 발견되는 나와 하느님의 완벽한 일치, 영혼의 근저이자

하느님의 근저인 그 세계에서는 더 이상 나의 인식과 하느님의 인

식이 둘이 아니다. 진정한 하느님을 아는 길이 곧 진정한 자기를

아는 길이며 하느님을 인식하려면 자기 자신을 인식해야 한다.

하느님의 근저, 그 내오內奧에 이르기 원하는 자는 먼저 자기 자신의 근저,
자신의 내오에 이르러야 하기 때문이다. 왜냐하면 먼저 자기 자신을 인
식하지 못하는 자는 아무도 하느님을 인식하지 못하기 때문이다.[83]

우리가 하느님의 근저와 그의 내오에 이르고자 한다면, 우리는 먼저 순전
한 겸손 가운데서 우리 자신의 근저와 우리의 내오에 이르러야 한다.[84]

이렇게 자신의 영혼의 근저까지 돌파해 들어간 자, 신성의 깊이

에서 철저히 "하나"와 하나 된 자의 모습을 에크하르트는 "고귀한

인간에 대하여"의 말미에서 다음과 같이 표현한다.

---

82 *Kunst Rechter Gelassenheit*, 255.

83 *DW* II, 738.

84 *DW* II, 735.

여기서 진술한 모든 것을 예언자 에스겔이 이미 말하기를 "큰 날개와 알록달록한 깃털의 긴 깃을 가진 힘찬 독수리 한 마리가 순수한 산에 와서 제일 높은 나무의 진수와 골수를 취하여 그 꼭대기 잎을 따서 아래로 가져왔다"(에스겔 17:3 이하). 우리 주님이 "한 고귀한 인간"이라고 부르는 것을 예언자는 "한 거대한 독수리"라고 부른다. 그렇다면 한편으로는 피조물이 지니고 있는 최고의 것과 최상의 것으로부터 태어나고, 다른 한편으로는 신적 본성의 가장 내적 근저와 그 사막으로부터 태어난 자보다 더 고귀한 사람이 누가 있겠는가? 우리 주님은 예언자 호세아를 통해 "나는 고귀한 영혼을 빈 들로 데려가 거기서 그녀의 가슴에 말하리라"(호세아 2:14)고 말씀하셨다. 영원토록 하나와 하나, 하나로부터 하나, 하나 안에서 하나 그리고 하나 속의 하나. 아멘.[85]

이 영혼의 근저, 신성의 근저로부터 태어난 고귀한 인간, 본질적 존재에게 부족한 것은 이제 아무것도 없다. 자기 자신 이외에 아무것도 바랄 것이 없고 아쉬운 것이 없는 존재다. 그는 전적으로 하느님과 동등하고 하느님으로부터 무엇을 구할 필요가 없다. 하느님과 하나이기 때문이다.

우리가 자기 자신 밖에서 무엇을 얻거나 받으면 이는 옳지 않다. 우리는 하느님을 자기 자신 밖에 있는 것으로 파악하거나 간주해서는 안 되고 자기 자신의 것으로 그리고 자신 안에 있는 것으로 간주해야 한다. 뿐만 아니라 하느님을 위해서든 자신의 명예를 위해서든 혹은 자기 밖에 있

---

85 Quint, 148-149.

는 그 어떤 것을 위해서든 어떤 목적을 위해 봉사하거나 일해서도 안된다. 오직 자기 자신 안에 있는 자신의 존재와 자신의 생명을 위해 일해야 한다. 어떤 순진한 사람들은 하느님은 저기 있고 자기들은 여기 있는 것처럼 생각해야 한다고 망상을 한다. 그렇지 않다. 하느님과 나, 우리는 하나다.[86]

불법佛法을 밖에서 구하지 말라는 선사들의 말, 아니 부처를 만나면 부처를 죽이고 조사를 만나면 조사를 죽이라는 임제 선사의 외침이 들리는 것 같다. 종교가 인간을 소외시킨다는 비난은 적어도 인간(人)을 강조하는 임세나 에크하르트의 신비주의를 두고는 하기 어렵다. 부처에 의지하고 신에게 비는 나약한 인간의 모습은 그들이 보는 진정한 영성의 깊이는 아니다. 아무런 부족함 없이 떳떳한 인간, 한 오라기 옷도 걸치지 않아도 조금도 부끄러움이 없는 당당한 무의도인無衣道人, 자신의 참 자아 이외에 아무것도 의존하지 않는 무의도인無依道人이야말로 그들이 추구하는 진정한 인간이기 때문이다. 에크하르트는 말한다.

사람들은 나에게 "나를 위해 기도해 주십시오"라고 말한다. 그러면 나는 생각한다: "어찌하여 그대는 (그대 밖으로) 나오는가? 왜 그대 자신 속에 머물지 않고 그대 자신의 선善을 붙잡지 않는가? 그대는 본질적으로 그대 안에 모든 진리를 가지고 있다."[87]

---

86 Quint, 186.
87 Quint, 181.

여기서 '나온다'는 말은 자기 자신, 즉 자기 영혼의 근저로부터 떠난다는 말이다. 진정한 자기를 버리고 밖에서 남에게 구한다는 말이다. 자신 안에 있는 생명의 뿌리를 외면하고 종교의 이름으로, 신앙의 이름으로 자기 밖에서 무언가를 찾는 타율적 삶을 의미한다. 에크하르트는 이런 "종교적" 삶을 거부한다. 어떤 경우에든 자기 자신을 떠나거나 배반하지 말라는 것이다. 이것이 에크하르트식 휴머니즘이다. 그에게는 참된 종교의 길과 참된 인간의 길이 하나다.

이제 돌파를 통해 자신의 영혼의 근저, 존재의 근원에 뿌리를 내리고 당당하게 사는 "고귀한 인간", "참 인간", 하느님 아들의 탄생과 그의 삶의 모습을 에크하르트의 증언에 따라 좀 더 자세히 고찰할 차례이다.

제7장
하느님 아들의 탄생

돌파와 아들의 탄생

에크하르트에게 초탈과 돌파는 그 자체에 목적이 있는 것은 아니다. 자신의 근저이자 신의 근저인 "바닥 없는 근저"까지 돌파해 들어간 영혼은 거기서 하느님 아들의 탄생을 경험한다. 영혼이 초탈과 돌파를 통해 모든 상을 여의고 그 근저의 순수성을 회복할 때 비로소 우리는 진정으로 하느님의 말씀을 들을 수 있으며 하느님의 아들로 탄생한다. 하느님은 그 어떤 피조물도 들어갈 수 없고 어떤 상像도 존재하지 않는 "비고 자유로운" 영혼의 근저에서만 말씀하시고 거기서 그의 아들을 낳기 때문이다.

하느님 아들의 탄생, 말씀의 탄생 혹은 단순히 하느님의 탄생[1]은 에크하르트 영성과 신비 사상의 핵심 주제로서, 그의 저술 전체를

---

1 이 셋은 거의 동의어로 사용되고 있다.

통하여 가장 자주 언급되고 일관성 있게 등장하는 주제이다. 퀸트는 다음과 같이 말한다.

사람들은 말하기를 에크하르트의 위대성은 그가 본래부터 단 하나의 생각, 실로 [그것으로] 살고 죽기에 충분한 단 하나의 생각만을 가지고 있다는 데 기인한다고 한다. 그것으로부터 나머지 모든 생각이 전개되어 나오고, 모든 것이 그것을 향해 있는 에크하르트의 이 단 하나의 근본적이고 핵심적인 생각은 영혼 안에 [일어나는] 말씀의 탄생이다. 영혼의 섬광 안에 하느님 아버지를 통한 아들의 탄생이 에크하르트 설교의 유일한 동기요 내용이요 목적을 구성하며, 그의 설명들에 하나의 멋진 단조로움을 제공한다는 사실을 파악하지 못하는 사람은 에크하르트를 이해하지 못하는 사람이다.[2]

에크하르트 자신의 말을 들어 보자.

우리는 왜 기도하며, 왜 금식하며, 왜 일하며, 왜 세례를 받으며, 가장 중요하게 하느님은 왜 인간이 되셨는가? 나는 말하나니 하느님이 영혼 안에 탄생하고 영혼이 하느님 안에 탄생하도록 하기 위함이다. 그 때문에 전 성서가 씌어졌고 하느님은 세계와 모든 천사를 창조하셨다. 하느님이 영혼 안에 탄생하고 영혼이 하느님 안에 탄생하도록 하기 위하여.[3]

바로 이 영혼의 근저에서 아들의 탄생을 논하기 위해 우리는 전

---

2 Quint, 21-22(Einleitung).
3 *DW* II, 679; 227-228.

장에서 초탈과 돌파의 주제를 고찰한 것이다. 그러나 에크하르트에게 있어서 "돌파"와 "탄생"의 주제는 일견 상충적 관계에 있는 것처럼 보이는 것도 사실이다. 돌파는 나의 근저가 곧 하느님의 근저인 순일한 "하나"의 세계, 즉 하느님마저 성부·성자·성령의 "옷"을 벗어 버리고 나 또한 일체의 상을 떠나 벌거벗은 존재로서 둘이 완전히 "하나"인 세계인 반면 아들의 탄생은 성부와 성자의 "관계" 위에서 성립되며, 이러한 관계를 전제로 하여 나와 성자 하느님과의 일치를 논하기 때문이다. 초탈과 돌파가 "죽음"이라면 탄생은 새로운 "생명"을 뜻하며, 초탈이 활동과는 무관한(Nicht-wirken) 신성의 고적한 세계라면 탄생은 끊임없이 활동하며(wirken) 자기 아들을 낳는 성부 하느님의 역동적 세계이기 때문이다.

나는 이미 제2장 "에크하르트 해석의 중심 문제들"에서 이와 관련한 우에다의 문제 제기를 언급한 바 있고, 이 문제를 접근하는 나의 입장을 밝힌 바 있다. 워낙 중요한 문제인 만큼 이번에는 카푸토의 문제 제기를 소개하면서 다시 한번 이 에크하르트 신비주의의 근본 문제에 대하여 논하고자 한다. 카푸토는 다음과 같이 말한다.

하느님은 "하나"일 뿐만 아니라 과정이기도 하다. 그는 실체일 뿐 아니라 관계이기도 하다. 하느님은 성부로서 성자를 낳으시고 둘이서 성령을 산출하는 살아 있는 과정이다. 이것이 에크하르트 신비주의에 대하여 지니는 중요성은 에크하르트가 영원 속의 아들의 탄생을 영혼에까지 연장함으로써 영혼 자체가 성자로 다시 태어난다고 본다는 데 있다. 많은 주석가들은 영혼 안에서의 성자의 탄생이 에크하르트 전 저술의 근본 사상이라고 생각한다. 그러나 우리는 이러한 주장에 모종의 어려움이 있음을 인식해야 한다. 왜냐하면 에크하르트는 한편으로는 "마음의 가난"에 대한 설교나 이와 유사한 설교들에서 우리에게 말하기를, 신비적 합일의 본질은 영혼의 근저와 삼위일체의 관계를 초월하는 하느님의 근저와의 이름 없는 일치(unity)에 있다고 하기 때문이다. 그러나 다른 한편으로 다른 많은 설교들의 중심 주제인 영혼 안에서의 성자의 탄생에 관한 가르침에서는 신비적 합일이 성자와의 합일, 말하자면 위격들 가운데 하나와의 합일(union)에 그치고, 신성으로 파고들지는 않는 합일과 동일시되고 있다. 이것들은 실로 상이한 관념들처럼 보이며 서로 어떻게 관계되는지 일견 전혀 명확하지 않다.[4]

나는 이미 이 문제에 대한 우에다나 카푸토의 해결이 그다지 만족스럽지 못함을 지적한 바 있다. 한마디로 말해 두 주제 사이에 모순은 존재하지 않는다.[5] 에크하르트에게 돌파와 탄생은 환원과 출원이라는 신성의 양면 혹은 두 가지 다른 과정에 준한 영적 체험이기 때문이다. 에크하르트에 의하면 신은 단지 단순한 실체 혹은 순수한 "하나"일 뿐 아니라 그 자체가 생명의 에너지로 충만하여 끊임없이 스스로를 분화하면서 성자와 성령을 분출하며(bullitio), 나

---

4 Caputo, "Fundamental Themes in Meister Eckhart's Mysticism," 217.
5 우에다는 이 차이를 모순적인 것으로 부각하는 반면, 카푸토는 자식을 생산하는 "아내"가 "처녀"보다 고귀하다는 에크하르트의 말에 따라, 초탈과 돌파를 통해 도달한 처녀같이 순수한 영혼도 결국 하느님 아들을 잉태하고 출산하는 데서 종점에 이른다는 점을 강조한다. 나는 카푸토의 해석에 동의하면서도, 그가 돌파와 탄생을 동일선상의 두 계기로 보고 우열을 논하는 것과는 달리, 양자는 신의 양면성, 즉 정적이고 순일한 신성이 동시에 삼위의 하느님과 만물을 산출하는 역동적 실재라는 데서 기인하는 영적 체험의 두 면으로 본다. 돌파가 신성으로의 환원(*reditus*)에 근거한 영적 체험이라면, 탄생은 신성으로부터의 출원(*exitus*)에 근거한 체험이다. 아래에서 카푸토도 이 점을 암시하지만 그 관계를 명시하지는 않는다.

아가서는 피조물의 세계로 흘러넘치고(*ebullitio*) 한 인간으로 육화 (*incarnatio*)하는 역동적 실재이다. 카푸토의 말대로 하느님은 "하나" 일 뿐 아니라 과정이기도 하며 실체일 뿐만 아니라 관계이기도 한 것이다.

에크하르트에게 탄생은 돌파를 전제로 한다. 탄생은 영혼의 근저에서 일어나는 현상이기 때문이다. 인간 영혼 안에 하느님의 아들이 탄생하려면 영혼이 먼저 초탈과 돌파를 통해 정화되고 그 근저를 접해야만 한다. 탄생은 돌파와는 달리 신성으로의 환원이 아니라 신성으로부터의 출원 과정에서 일어나는 영혼의 현상이다. 탄생과 돌파는 동일선상의 두 사건이라기보다는 하나는 환원, 다른 하나는 출원의 과정에 상응하는 영적 현상임을 기억할 필요가 있다.[6]

하느님 아들의 탄생은 환원을 전제로 하여 신의 근저, 영혼의 근저에서 발생한다. 따라서 신성의 창조적 역동성과 하느님 아들의 탄생을 논할 때 에크하르트는 당연히 성부 하느님을 말하지 않을 수 없다. 그리고 때로는 이런 이유로 인해 그가 성부로서의 하느님과 신성을 명확히 구별하지 않는 경우도 있다.[7] 그러나 그가 뜻하는 바는 분명하다. 성부와 성자의 관계는 항시 신성의 깊이에서부터 흘러나오는 출원의 차원에서 파악되는 것이다.

에크하르트에 의하면 영혼은 초탈을 통해 철저히 자기를 비워

---

6 맥긴은 탄생도 돌파와 마찬가지로 환원(*reditus*)의 한 단계로 보고 있는데, 이것은 잘못된 것이다. McGinn, *The Mystical Thought of Meister Eckhart*, 47. 영혼 안의 하느님 아들의 탄생은 근본적으로 신성으로부터의 로고스, 혹은 성자의 탄생이라는 영원한 사건, 즉 출원(*exitus*)에 근거하기 때문이다. 적어도 존재론적으로 그렇다.

7 예를 들어 Quint, 260-385; Quint, 123-124(das Buch der göttlichen Tröstung) 참조. 여기서 에크하르트는 신성 혹은 "하나"와 성부(聖父)를 구별하기도 하고 동일시하기도 한다.

"처녀"(Jungfrau)로서의 순수성을 회복해야만 비로소 하느님을 받아들여 아들을 잉태하고 낳는 "아내"(Weib)가 될 수 있다. 이렇게 볼 때 돌파가 초탈의 완성이듯 탄생은 돌파의 완성이자 열매라고 할 수 있다. 바로 이런 뜻에서 에크하르트는 아들을 생산하는 아내가 처녀보다 더 고귀하다고 말하는 것이다.

자, 정신 차리고 주목하여라. 인간이 언제나 처녀이면 그는 아무런 열매도 맺을 수 없을 것이다. 그가 비옥하게 되고자 한다면 아내가 되는 것이 필수적이다. "아내"는 우리가 영혼에 붙일 수 있는 가장 고귀한 이름이며 처녀보다 훨씬 더 고귀하다. 인간이 하느님을 받아들인다는 것은 좋은 일이며 이런 수용성에서 그는 처녀이다. 그러나 하느님이 그에게서 열매를 맺는 것은 더 좋다. 왜냐하면 선물이 열매를 맺는 것만이 선물에 대한 유일한 감사이기 때문이며, 그때 정신은 감사의 보답으로 예수를 하느님 아버지의 품으로 다시 낳는 아내가 되기 때문이다.[8]

자유롭고 자기 집착이 없는 아내인 처녀는 언제나 하느님과 자기 자신에게 똑같이 가깝다. 그는 많은 열매를 맺고, 하느님 자신보다 많지도 않고 적지도 않은 큰 열매를 맺는다. 아내인 처녀는 이 열매와 이 탄생을 산출하고 가장 고귀한 근저로부터 낳고 열매 맺으면서 매일 백배 천배, 아니 끝없이 열매를 맺는다. 더 정확히 말해 실로 성부가 자기의 영원한 말씀을 낳는 그 동일한 근저로부터 그는 함께 낳으면서 열매를 맺는다.[9]

---

8 Quint, 159-160. "받아들인다"(empfangen)는 말은 "임신한다"는 뜻도 된다.
9 Quint, 161.

여기서 핵심적인 것은 비고 순수한 영혼이 "아내인 처녀"로서 성부 하느님이 자기 아들 혹은 말씀을 낳는 "동일한 근저"로부터 하느님의 아들을 낳는다는 말이다. 인간 영혼 스스로가 하느님과 동등하게 그 근저로부터 하느님의 아들을 탄생시킨다는 것이다. 이것은 하느님과 영혼이 벌거벗은 채 완전히 하나가 되는 동일한 근저에서 열매를 맺고 아들을 낳기 때문에 가능한 일이며, 이런 관점에서 비로소 우리는 영혼이 "예수를 하느님 아버지의 품으로 다시 낳는다"는 에크하르트의 표현이나 "함께 낳는다"는 말도 이해할 수 있다. 에크하르트는 영혼이 아들을 탄생시키는 아버지일 뿐 아니라 거꾸로 나를 낳은 성부 하느님을 낳는다는 극단적 표현까지 사용한다.[10] 하느님이 더 이상 하느님이 아닌 돌파의 세계, 피조물과 나와 하느님이 출원하여 분화되기 이전의 근원적 "하나"의 상태, 이 하느님과 영혼의 근저—시간이나 육신이 건드려 보지 못한 영혼의 어떤 힘[11]—에서 비로소 하느님과 영혼은 완전히 하나가 되어 서로가 서로를 낳는가 하면, 하느님과 인간이 같은 아들을 낳기도 하고 함께 낳기도 하는 엄청난 세계가 열리는 것이다. 중요한 점은 하느님이 영혼 안에 아들을 탄생시키든, 아니면 영혼 스스로가 아내로서 성부의 품으로 아들을 낳든 모두가 초탈과 돌파를 통해 들어간 영혼의 근저에서 이루어진다는 사실이다. 카푸토의 말대로 "영혼이 삼위일체 관계들의 원천인 신성과 하나가 되기 때문에 이와 동일한

---

10 Quint, 258; Aus dieser Lauterkeit har er mich ewiglich geboren als seinen eingeborenen Sohn in das Ebenblid seiner ewigen Vaterschaft, so dass ich Vater sei und den gebäre, von dem ich geboren bin. 마치 하느님과 인간이 높은 산에서 큰 소리로 부를 때 서로의 에코를 듣는 것과 같다고 에크하르트는 말한다.
11 같은 곳.

관계들이 영혼 안에서 재현되며, 영혼은 위격들의 출산에 '협력'하는 것이다."[12]

하느님이 인간 영혼의 근저에 아들을 탄생시킬 수 있는 것 혹은 영혼의 근저가 "처녀 같은 아내"가 되어 아들을 생산할 수 있는 것은 이 근저가 적막한 사막과 같으면서도 그 안에 생명력을 지니고 있는 역동적 실재이기 때문이다. 신성은 아무것도 없이 텅 빈 무이고 순수한 "하나"이지만, 동시에 안과 밖으로 끓어오르는(bullitio, ebullitio) 생명의 힘으로 생산 활동을 하며 침묵 속에 머물지 않고 말씀을 발하기 때문이다.

하느님은 오직 인간 영혼 안에서만 출산 활동을 하며, 본래 하느님의 모상으로 창조된 인간 영혼은 아들의 탄생을 통해서 "장식되고 완성된다"고 에크하르트는 말한다. "유대인들의 왕으로 태어나신 이가 어디 있는가?"(마태복음 2:2)라는 설교에서 에크하르트는 다음과 같이 말한다.

> 자, 이 탄생이 어디서 일어나는지 주목해 보아라. "태어난 이가 어디 있는가?" 그러나 나는 내가 이미 자주 말해 온 바와 같이 말하나니 이 영혼 안에서의 영원한 탄생은 영원 속에서 일어나는 것과 덜도 더도 아닌 전적으로 같은 방식으로 일어난다. 왜냐하면 그것은 단 하나의 탄생이기 때문이며 이 탄생은 영혼의 존재와 근저에서 발생한다. … 하느님은 모든 사물 속에 존재하시고 활동하시며 힘을 발휘하신다. 그러나 그는 오직 영혼 안에서만 출산하신다. 왜냐하면 모든 피조물은 하느님의 발자

---

12 Caputo, "Fundamental Themes in Meister Eckhart's Mysticism," 223.

취이지만 영혼은 본성상 하느님의 모상으로 형성되었기 때문이다. 이 모상은 이 탄생으로 장식되고 완성되어야 한다. 이 활동과 이 탄생은 영혼 이외의 어떤 피조물도 수용할 수 없다. 실로 영혼 안으로 들어오는 어떤 완성이든, 그것이 변하지 않는 신적 빛이든 혹은 은총과 행복이든, 모든 것이 반드시 이 탄생과 더불어 영혼 속으로 들어오며 달리는 들어오지 않는다.13

몇 가지 사항들이 주목을 요한다. 첫째, 하느님 아들의 탄생은 하느님 자신의 출산 행위라는 점이며 둘째, 이 탄생은 삼위일체 하느님의 "영원 속에서" 일어나는 사건이자 동시에 인간 영혼 안에서 특히 "영혼의 존재와 근저 속에서(im Sein und im Grunde der Seele)" 일어나는 사건으로서 둘은 하나의 사건이라는 것, 셋째, 이 행위는 "하느님의 발자국"인 여타 피조물들과는 달리 본성상 "하느님의 모상으로 형성된" 인간 영혼 안에서만 이루어진다는 점, 넷째, 인간 본성으로서의 하느님의 모상은 하느님 아들의 탄생을 통해 "장식되고 완성된다는" 것, 다섯째, 이 탄생과 더불어 모든 영적 완전성 (Vollkommenheit)과 은총의 빛과 축복들이 영혼 안으로 들어온다는 점이다.

앞으로 보겠지만 여기에는 하느님 아들의 탄생이라는 에크하르트 사상의 중심 주제를 둘러싼 중요한 문제들이 모두 망라되어 있다 해도 과언이 아니다. 앞으로 이 문제들을 풀어 가면서 이 주제를

---

13 Quint, 425. "본성상 하느님의 모상으로 형성되었다"(naturhaft nach Gott gebildet)라는 표현에서 "본성상"(naturhaft)이라는 말은 "자연적으로"라고 번역해도 되지만, 의미를 살려 "본성상"이라고 번역했다.

다각적으로 고찰하고자 한다. 우선 우리가 다루어야 할 문제들을 몇 가지 정리해 보면 1) 성부 하느님의 행위로 "영원 속에서" 이루어지는 성자 하느님의 탄생과 인간 영혼 속에 일어나는 하느님 아들의 탄생은 어떤 관계가 있는가 하는 문제다. 2) 우리의 본성으로서 창조된 하느님의 모상과 영혼 안에 탄생하는 아들과의 관계는 무엇인가 하는 문제다. 모상이 탄생을 통해 "장식되고 완성된다" (geziert und vollendet werden)고 하는데 이것은 과연 무슨 뜻일까? 3) 탄생의 구체적 모습은 어떠하며, "탄생과 함께" 주어지는 영적 은총과 축복의 내용과 성격은 무엇인가 하는 문제다. 이런 문제들을 충분히 검토할 때 비로소 우리는 에크하르트 사상의 핵이라 일컬어지는 하느님 아들의 탄생에 관해 정확한 이해를 가질 수 있다. 나는 아래에서 이 문제들을 "세 가지 탄생"과 "본성, 은총, 수행"이라는 두 주제로 나누어 고찰하고자 한다.

세 가지 탄생

에크하르트에게 하느님 아들의 탄생은 우선 영원한 삼위일체 내적 "사건", 형이상학적 진리이다. 하느님 아들의 탄생은 신의 근저에서 일고 있는 영원한 사건이자 동시에 모든 인간 영혼의 근저에서 항시 일고 있는 보편적 사건이다. 신의 근저가 영혼의 근저인한 영원한 성자 하느님의 탄생과 인간 영혼의 근저에 탄생하는 하느님의 아들은 동일하며 둘은 결국 하나의 사건이다. 그리고 이 영원한 형이상학적 진리는 로고스의 성육신(incarnatio)을 통해 예수 그리스도라는 한 인간에서 하나의 시간적 · 역사적 사건이 되었다.

신학자 에크하르트는 물론 이 획기적 사건을 믿는다. 그러나 신비주의자 에크하르트의 진정한 관심은 우리의 영혼 밖에서 일어난 외적 사건으로서의 그리스도의 탄생보다는 모든 인간의 영혼 안에서 일어나며 또 일어나야만 하는 보편적 사건, 보편적 진리로서의 하느님 아들의 탄생에 있다. 성자 하느님의 탄생이 나의 영혼에서 사건화되지 않으면 무슨 의미가 있느냐고 에크하르트는 성 아우구스티누스의 말을 빌려 묻는다.

> 우리는 여기 시간 속에서 성부 하느님이 성취하셨고 또 영원 속에서 끊임없이 성취하고 계신 영원한 탄생에 비추어 보면서, 이 동일한 탄생이 이제 시간 속에서 인간의 본성 속에 일어났다는 사실을 축하하고 있다. 성 아우구스티누스는 말한다: 이 탄생이 항상 일어나되 나에게 일어나지 않는다면 나에게 무슨 도움이 되겠는가? 그러나 그것이 나에게 일어난다는 것, 거기에 모든 것이 달려 있다.[14]

에크하르트는 여기서 세 종류의 탄생을 언급한다. 즉, 삼위일체 내의 성자 하느님의 탄생이라는 영원한 형이상학적 진리, 시간 속에서 하느님이 인간의 본성을 입은 성육신 사건으로서의 예수 그리스도의 탄생 그리고 인간 영혼 안에 일어나는 하느님 아들의 탄생이다. 이 중 첫 번째 탄생은 초시간적인 영원한 탄생이고, 성육신으로서의 예수 그리스도의 탄생은 유일회적인 시간적 · 역사적 사건이다. 그리고 영혼 안에 이루어지는 아들의 탄생은 누구에게나 일

---

14 Quint, 415.

어날 수 있고 또 일어나야만 하는 보편적 사건이다.[15] 이 세 가지 차원의 탄생 가운데서 하느님의 부성父性에 근거한 삼위일체 내적 아들의 출산(내적 끓어오름, bullitio)과 성육신 사건으로서의 그리스도의 탄생(외적 끓어오름, ebullitio)은 모든 인간의 영혼에 하느님의 아들이 탄생할 수 있는 존재론적 근거요 객관적 조건이 된다. 하나는 형이상학적 진리요 다른 하나는 성육신의 역사적 사건으로서, 인간 영혼이 하느님의 아들로 탄생할 수 있는 형이상학적 · 신학적 근거가 된다는 말이다. 이제 이 세 가지 탄생을 좀 더 면밀히 고찰해 보기로 하자. 우선 하느님의 영원한 출산 행위 혹은 삼위일체 내적 과정으로서의 성자 하느님의 탄생에 대하여 살펴보자.

1. 에크하르트는 인간 영혼에 하느님 아들의 탄생을 논할 때마다 거의 예외 없이 그 전제로서 하느님 자신이 영원히 신성의 근원에서 자신의 독생자를 낳고 있는 성부 하느님임을 강조한다. 그러면서 동시에 이 성부 하느님이 우리 영혼의 근저에서도 성자 하느님과 똑같은 독생자를 낳고 있다는 진리를 말한다. 출산하는 것은 성부 하느님의 본성이라고 에크하르트는 생각한다. 에크하르트의 역동적 존재론에 의하면 성부 하느님은 일체의 이름과 차별성을 떠난 고요한 신의 근저로부터 끊임없이 성자 하느님을 출산하며 둘 사이의 사랑으로 성령이 흘러나온다. 그리고 이러한 성부 하느님의 출산 활동은 피조물의 창조로 이어지며 인간 영혼 속에서 끊임없이

---

15 에크하르트에게 있어서 이 세 가지 탄생의 관계, 특히 예수 그리스도의 역사적 탄생과 영혼 안에 이루어지는 초시간적인 탄생의 관계에 대해서는 B. Weiss, *Die Heilsgeschichte bei Meister Eckhart*, 2장 "Die Menschwerdung Christi" 참조.

자기 아들을 낳은 출산 행위로 이어진다. 에크하르트의 말을 들어 보자.

> "성부"라는 말로 우리는 아들과의 관계를 생각한다. "성부"라는 말은 순수한 출산을 뜻하며 만물의 생명과 같은 뜻이다. 성부는 그의 아들을 영원한 지성 속에서 낳으며, 또 이렇게 성부는 자신의 본성에서와 같이 영혼 속에 그의 아들을 낳는다. 그는 그를 영혼의 것으로 낳으며, 싫든 좋든 영혼에 그의 아들을 낳는 것에 그의 존재가 달려 있다. 언젠가 누가 나에게 성부는 하늘에서 무엇을 하고 계신지 물었다. 나는 말하기를 그는 자기 아들을 낳고 계시며, 그는 이 행위를 너무나 좋아하시고 마음에 드셔서 자기 아들을 낳는 것 외에는 결코 아무것도 하시지 않으며, 둘—성부와 성자—이서 성령을 꽃피워 낸다고 했다. 성부가 내 안에 자기 아들을 낳는 곳에서 나는 [성자 하느님과] 같은 아들이며 다른 아들이 아니다. 우리는 물론 인간으로서는 서로 다르나 거기서 나는 같은 아들이며 다른 아들이 아니다. "우리가 아들들인 곳에서 우리는 정식 상속자들이다"(로마서 8:17). 진리를 바로 인식하는 자는 "성부"라는 말이 순수한 출생과 그 안에 아들들을 지니고 있음을 뜻한다는 것을 잘 안다. 그러므로 우리는 여기서 아들이며 같은 아들인 것이다.[16]

에크하르트에게 하느님 아들의 탄생은 예수 그리스도에게 일어난 유일회적인 역사적 사건일 뿐만 아니라 삼위일체 내에서 그리고 인간 영혼의 근저에서 지속적으로 일고 있는 초시간적 사건이다.

---

16 Quint, 172.

이런 의미에서 에크하르트는 지속적 창조(creatio continua)뿐만 아니라 지속적 성육신(incarnatio continua)을 말한다고도 할 수 있다. 그리고 그가 위에서 강조하고 있듯이 성부가 성자를 낳는 출산이나 인간 영혼 안에 자기 아들을 낳는 출산이나 동일한 행위이다. 이 둘은 동일한 사건이고 동일한 진리이며 동일한 아들의 탄생이자 하나의 탄생이라는 것이다. 이러한 진리는 인간의 노력과는 무관하게 우리가 알든 모르든 하느님 자신에 의해 신의 근저이자 영혼의 근저에서 항시 일고 있는 "사건"이요 진리이다. 성부 하느님은 그의 역동적 본성으로 인해 항시 신성의 원천에서 성자 하느님을 낳고 있으며, 그 동일한 근원인 인간 영혼의 근저에서도 끊임없이 자기 아들을 낳고 있다는 것이다.

> 이것이 내가 그대들에게 제시했던 "하느님이 자기 독생자를 이 세상에 보내셨다"라는 짧은 말이 뜻하는 바다. 그대들은 여기서 그가 우리와 함께 먹고 마셨던 외부 세계를 생각해서는 안 되고, 내면 세계에 관한 것임을 이해해야 한다. 하느님이 그의 단순한 본성(신성) 속에서 자연스럽게 자기 아들을 낳는 것이 진실인 만큼, 그만큼 그가 [우리] 정신의 내오(영혼의 근저) 속에 아들을 낳는다는 것 또한 진실이다. 여기서는 신의 근저가 나의 근저이며 나의 근저가 신의 근저이다. 여기서는 신이 자기 자신의 것으로부터 살듯이 나도 나 자신의 것으로부터 산다.[17]

에크하르트는 한 걸음 더 나아가서 하느님이 자기 아들을 나의

---

17 Quint, 185.

영혼으로부터 낳는다고까지 말한다.

성부는 자기와 동등한 아들을 영원 속에서 낳는다. "말씀이 하느님과 함께 있었으며 하느님은 말씀이었다." 그것은 [하느님과] 동일한 본성을 지니고 동일했다. 그러나 나는 그 이상으로 말한다. 그는 그(아들)를 나의 영혼으로부터 낳았다고. 영혼이 단지 그(아들)와 함께 있고 그가 영혼과 동등한 존재로 함께 있을 뿐 아니라 그는 영혼 안에 있다. 그리고 성부가 자기 아들을 영원 가운데서 낳으시고 달리는 하지 않으시듯 바로 그러한 방식으로 그는 나의 영혼 속에 자기 아들을 낳으신다. 그는 싫든 좋든 그렇게 해야만 한다. 성부는 자기 아들을 끊임없이 낳는다.

여기서 우리가 주목할 점은 하느님은 싫든 좋든 자기의 독생자와 똑같은 아들을 나의 영혼 속에 "낳아야만 한다(Er muss es tun)"는 표현이다. 에크하르트 특유의 강조법으로 우리는 이미 초탈의 중요성을 강조하면서 그가 비슷한 표현을 사용한 것을 기억한다. 즉, 하느님은 초탈한 영혼 속으로 "들어오지 않으면 안 된다"는 생각이다. 이때의 필연성은 어떤 외부적 강요가 아니라 하느님의 본성에 따르는 자연적 필연성이었음도 우리는 보았다. 이번에도 마찬가지로 하느님은 출산을 본성으로 지닌 성부로서 자신의 근저, 곧 신성으로부터 영원히 성자 하느님을 낳듯이 인간 영혼의 근저에서도 그렇게 할 수밖에 없다는 것이다. 하느님은 본성상 생명력을 지닌 창조적 존재로서 이 생명의 자연스러운 발로로 아들을 낳지 않고는 견딜 수 없다는 말이다. 그리고 이 성부 하느님의 본질(Wesen) 혹은 존재(Sein)가 곧 그의 근저이자 우리 영혼의 근저이기 때문에 그의

근저로부터의 아들의 탄생은 곧 나의 영혼의 근저로부터의 탄생이
며 동일한 탄생이라는 것이다. 하나의 생명, 하나의 본성, 하나의
활동 그리고 결국 하나의 아들이다. 같은 뿌리로부터 같은 성부 하
느님에 의해 탄생하기 때문이다. 그러기 때문에 에크하르트는 하느
님이 그의 아들을 "나의 영혼으로부터",18 즉 나의 영혼의 근저로부
터 낳는다고 말하는 것이다.

　　에크하르트는 여기서 그치지 않는다. 하느님은 나를 그의 아들
과 똑같은 아들로 낳을 뿐 아니라 "나를 자기 자신으로서 자기를
나로서 그리고 나를 그의 존재와 그의 본성으로 낳는다"는 과격한
표현마저 마다하지 않는다. 위의 인용문에 이어서 에크하르트는 말
한다.

　　그리고 나는 그 이상을 말한다. 그는 나를 자기 아들로, 그것도 똑같은
　　아들로 낳는다고. 나는 이보다 더 나아가서 그는 나를 단지 자기 아들로
　　낳을 뿐 아니라 나를 자기 자신으로서 자기를 나로서 그리고 나를 그의
　　존재와 그의 본성으로서 낳는다고 말한다.
　　나는 성령 안에서 가장 내적 원천으로부터 솟아난다. 거기에는 하나의
　　생명, 하나의 존재, 하나의 활동이 있다. 하느님이 하는 모든 활동은 하나
　　이다. 그러므로 그는 나를 아무 차이 없이 자기 아들로 낳는다. 나의 육신
　　의 아버지는 나의 본래 아버지가 아니라 단지 [나의] 본성의 한 조그마한
　　부분에서만 나의 아버지일 뿐이다. 나는 그와 별도로 있으며, 그는 [이
　　미] 죽었을 수도 있고 나는 살아 있을 수도 있다. 그러므로 하늘의 아버지

---

18 "aus meiner Seele." 유감스럽게도 영어 번역은 이를 "in my soul"이라고 하여 전혀
　　다른 뜻을 풍기고 있다. 예를 들어 Walshe, 135를 볼 것.

가 실로 나의 아버지이다. 왜냐하면 나는 그의 아들이고 내가 가진 모든 것은 그로부터 받았고 나는 똑같은 아들이지 다른 아들이 아니기 때문이다. 성부는 오직 하나의 활동만 하기 때문에 그는 나를 아무 차이 없이 자기의 독생자 아들로 낳는 것이다.[19]

아들의 탄생에 관한 에크하르트의 이와 같은 "과격한" 언사들은 모두 "돌파"를 통해 확인된 나의 영혼의 근저가 곧 하느님의 근저라는 완전한 일치를 떠나서는 이해될 수 없다. 맥긴의 지적대로 이러한 과격한 말들은 결코 에크하르트에게 있어서 일시적 일탈이 아니라 영혼의 근저와 하느님의 근저가 하나라는 기본 사상에 입각하여 행해지고 있는 것이다.[20]

여하튼 무엇보다도 중요한 것은 우리 영혼의 근저에 탄생하는 하느님의 아들이 영원한 성자 하느님과 본성상 조금도 차이가 없다는 에크하르트의 주장이다. 그것은 둘 다 영원한 탄생이고 동일한 탄생이며 동일한 아들이다.

그러나 나는 내가 이미 자주 말해 온 바와 같이 말하나니 이 영혼 안에서의 영원한 탄생은 영원 속에서 일어나는 것과 덜도 더도 아니고 전적으로 같은 방식으로 일어난다. 왜냐하면 그것은 단지 하나의 탄생이기 때문이며, 이 탄생은 영혼의 존재와 근저에서 발생한다.[21]

---

19 Quint, 185.
20 McGinn, 35-52 참조.
21 Quint, 425.

전통적 그리스도교 사상에 의하면 그리스도는 본성상(von Natur) 하느님의 아들이지만 우리 인간은 은총으로(von Gnade) 하느님에 의해 "입양된"(adoption) 아들이다. 그러나 에크하르트는 이러한 구별을 무시한다. 성자 하느님과 영혼에 탄생하는 하느님의 아들은 본성이나 본질에 있어 조금도 차이가 없다는 것을 그는 누누이 강조하고 있다. 우리는 이것을 결코 수사학적 과장으로 보아서는 안 된다. 문자 그대로 에크하르트는 이 진리를 주장하고 있으며 여기에 그의 메시지가 지닌 과격성이 있는 것이다. 그의 독일어 설교는 물론이요, 그의 이러한 입장에 대한 비판에 대하여 자신을 변호하는 글에서도 그는 "하느님이 내 안에 자기 아들을 아무런 차이 없이 낳는다"는 말이 "언뜻 보면 악하게 들릴지 모르나" 참이라고 단호한 입장을 보인다.

> 그럼에도 불구하고, 성부 하느님이 내 안에 자기의 아들을 낳고 이 아들을 통하여 그리고 그 안에서 나 자신을 그의 아들로 그 안에 낳기 때문에 그것은 참이다. 그리고 내 안에 탄생하는 아들은 성부와 본성상 아무런 차이가 없는 아들이다.[22]

에크하르트도 은총의 중요성을 강조한다. 은총은 하느님의 모상으로 창조된 인간의 본성을 "완성"하기에 은총이 본성을 파괴하는 것이 아니라 완성한다(Gratia non destruit naturam sed perficit)는 토마스

---

22 O. Karrer, *Reachtfertigungsschrift*, 92. "Verum est tamen quia deus pater generat in me filium suum et per eundem filium et in ipso generat me filium in illo. Filius in me genitus ipse est filius sine omni distinctione natura cum patre." Ueda, 90.

등 스콜라철학의 근본 입장을 에크하르트도 따른다. 그러나 그는 한 걸음 더 나아가서 에크하르트에게는 은총의 도움으로 영혼에 탄생한 하느님의 아들이 전적으로 그리스도와 동일한 신적 본성 (göttliche Natur)을 지니며, 이로써 획득한 본성이 은총을 완성한다고까지 말할 수 있다.[23]

결론적으로 말해 불교나 유교 사상에서 성인과 범부가 근본적으로 동일한 인간성을 지닌 존재이며 모든 인간이 궁극적으로 공자님이나 부처님처럼 조금도 차이가 없이 성인이 될 수 있듯이 에크하르트에게도 성자 하느님과 인간 영혼에 태어난 하느님의 아들은 조금도 차이가 없다.[24] 그리고 이 진리를 실제로 보여 준 것이 예수 그리스도의 탄생과 더불어 이루어진 신인합일神人合一의 성육신 사건이다.

2. 에크하르트가 하느님 아들의 탄생을 삼위일체의 초시간적 신

---

23 우에다는 이 심오하고도 미묘한 문제를 통찰력 있게 분석했다. *Gottesgeburt*, 93. 이러한 "과격한" 결론은 에크하르트의 "극단적 은총론"(excessive Gnadenlehre)에 기인한다. 그러나 우에다가 모상론에서, 인간의 본성으로 창조된 모상, 즉 "하느님의 형상에 따라"(ad imaginem dei) 창조된 모상과, 하느님의 모상 그 자체인 그리스도 혹은 은총으로 완성된 하느님의 모상을 구별하는 방향으로 에크하르트를 해석하는 것은 수용하기 어렵다. 에크하르트는 자신의 정통성을 옹호하는 『변명서』에서 그런 구별을 가장 뚜렷이 한다. Karrer, 94-95 참조.

24 이것은 물론 영혼의 진리, 즉 영혼에 태어난 하느님의 아들에 관한 것이지, 어떤 한 구체적인 신적 인간(homo divinus)이 영혼과 육체에서 예수 그리스도와 똑같은 신적 존재가 될 수 있다는 말은 아니다. Ueda, 89-90 참조. 하지만 에크하르트의 "정통성"을 옹호하려는 듯한 이 조심스러운 구별이 에크하르트에게 얼마나 의미 있는 사상인지는 의심스럽다. 그에 의하면 예수 그리스도가 성육신 사건을 통해 취한 것은 보편적인 인간성(humanitas) 그 자체이지, 그의 어떤 개인적인 신체적·정신적 특성이 아니다. 따라서 역사적 존재로서의 예수와 영혼에 하느님 아들의 탄생을 경험한 인간 사이에 실제로 어떤 차이가 있을지 의문이다.

비이며 모든 인간 영혼 안에서 일어나는 보편적 진리임을 강조한다 해서, 그가 하느님의 아들 예수 그리스도가 인간이 되었다는 성육신 사건의 역사성을 부인하는 것은 아니다. 이미 언급했듯이 에크하르트는 하느님 아들의 탄생을 세 차원에서 논하고 있다. 지금까지 논한 것이 영원한 삼위일체 내적 사건으로서의 아들의 탄생과 인간 영혼의 근저에 끊임없이 일고 있는 아들의 탄생이라면, 이제 우리는 2,000년 전 예수 그리스도에게 발생한 성육신 사건으로서의 하느님 아들의 탄생, 즉 삼위일체 외적 사건으로서의 탄생을 에크하르트가 어떻게 이해하고 있는지 살펴보아야 한다.

에크하르트에 의하면 하느님 아들의 탄생은 삼위일체 내의 영원한 사건일 뿐 아니라 인간 예수에서 말씀이 육신이 된 삼위일체 외적 사건, 즉 하느님이 인간이 되고 영원이 시간의 세계로 들어온 역사적 사건이기도 하다. 그리고 에크하르트에 의하면 이 삼위일체 외적 사건 또한 삼위일체 내적 사건 못지않게 우리 영혼에 하느님의 아들이 탄생할 수 있게 하는 또 하나의 존재론적 근거가 된다. 에크하르트에게는 삼위일체 내적인 형이상학적 진리와 삼위일체 외적인 성육신의 역사적 사건이 함께 작용하여 우리 영혼의 근저에 아들이 탄생하는 구원의 보편적이고 객관적인 토대를 형성한다.

하느님이 인간을 위해 베푼 가장 위대한 선은 그가 인간이 되었다는 것이라면서 에크하르트는 다음과 같은 감동적 이야기를 들려준다.

부자 부부가 있었다. 아내가 불행을 당해 한쪽 눈을 잃고 크게 슬퍼했다. 남편이 아내에게 말했다. "부인, 왜 그렇게 슬퍼하오?" 그러자 아내가 대답했다. "여보, 내가 슬퍼하는 것은 내가 눈 하나를 잃었기 때문이 아니라 그 때문에 당신이 나를 덜 사랑할 것 같기 때문입니다." 그러자 남편은 말했다. "부인, 나는 당신을 사랑하오." 얼마 지나지 않아 그는 자기 눈 하나를 뽑아 버리고 아내에게 와서 "부인, 내가 당신을 사랑한다는 것을 믿게 하기 위해 나도 당신과 같이 되었소, 나도 이제 외눈이오"라고 말했다.[25]

인간에 대한 지극한 사랑 때문에 스스로를 낮추어 인간이 되신 하느님의 자기희생적 사랑을 말하는 이야기이다.[26] 에크하르트 자신이 설명하듯이 하느님의 사랑을 믿지 않는 사람을 위해서 하느님이 자기 눈을 뽑아 버리고 인간의 본성을 입은 성육신 사건을 설명하는 이야기이다.[27]

에크하르트는 영과 육을 가진 특정한 인간(Mensch, homo)과 모든 인간이 공유하는 인간성(Menschheit, humanitas)을 구별한다.[28] 그에 의하면 성육신에서 하느님이 입은 것은 인간의 본성, 즉 인간성 그 자체 혹은 전체이지 결코 유대인 예수라는 한 특정한 개인의 성품(persona)이 아니다.[29] 그러므로 예수 그리스도의 성육신 사건을

---

25 Quint, 256-257.

26 이야기의 초점은 어디까지나 하느님이 인간이 되었다는(Menschwerdung) 그의 자기희생적 사랑에 있지, 눈을 뽑아 버리는 하느님의 고난(Leiden)에 있지는 않다. B. Weiss, *Die Heilsgeschichte bei Meister Eckhart*, 88-89 참조.

27 같은 곳.

28 Quint, 178; Weiss, 53-56.

29 이는 토마스와는 다른 사상으로서, 이러한 성육신의 이해는 과거 그리스도교 신학 전통에 없었던 것은 아니지만, 특히 아랍 아리스토텔레스주의자인 아베로에스(Averroes)의 영향이 크다. 이 에크하르트 사상의 핵심 개념과 그 사상사적 맥락에 대하여는 A. M. Haas, *Nim Din Selbes War*, 52-63 참조.

통해 하느님은 인간성 전체를 취하셨고, 그럼으로써 인간이 신이 되는 길이 열렸다는 것이다. 예수 그리스도에서 신이 인간이 됨으로 인해 인간이 신이 되는 완전한 신인합일이 실현된 것이다. 그러므로 인간은 그 본질과 본성에 있어서 그리스도와 조금도 다름이 없다.

> 성자가 본질과 본성에서 성부와 하나이듯이 그대도 본질과 본성에서 그와 하나이며, 성부가 자기 자신 안에 모든 것을 가지고 있듯이 그대도 그대 안에 모든 것을 가지고 있다. 그대는 그것을 하느님으로부터 빌릴 필요가 없다. 왜냐하면 하느님은 그대 자신의 것이기 때문이다.[30]

> 그리스도가 취한 인간성이 곧 나의 인간성이기 때문이다.

> 대가들은 공통적으로 말하기를 모든 인간은 그 본성에 있어서 동일하게 고귀하다고 한다. 나는 진실로 말한다: 모든 성인이 가졌던 것, 하느님의 어머니 마리아 그리고 그리스도가 그의 인간성에서 가졌던 모든 선善이 이 [나의 인간] 본성에서 나 자신의 것이다. 그렇다면 그대들은 물을 것이다: 내가 이 본성에 그리스도가 그의 인간성에서 제공할 수 있는 모든 것을 소유하고 있다면, 왜 우리는 그리스도를 높이고 우리의 주님으로 그리고 우리의 하느님으로 공경하는가? 그것은 그가 하느님으로부터 우리에게 온 사자使者이었기 때문이며 우리들에게 행복을 가져다주었기 때문이다. 그가 우리에게 가져다준 행복은 우리 것이었다.[31]

---

30 *DW* II, 708.
31 Quint, 178.

여기서 우리는 에크하르트의 강한 인간 긍정의 논리를 발견한다. 그리스도가 취한 인간성은 바로 나 자신을 포함한 모든 인간의 고귀한 인간성과 조금도 차이가 없으며, 그가 우리에게 가져다준 행복은 본래부터 우리 자신의 인간성이 지니고 있는 행복이라는 것이다. 그리스도는 이 행복을 가져다주기 위해 하느님의 "사자"(Bote)로 이 세상에 오신 것이며 우리는 이 때문에 그를 주님으로 모신다는 것이다. 우리는 여기서 에크하르트 기독론의 핵심을 본다. 무슨 뜻인가?

"하느님은 왜 인간이 되셨는가?"(Cur deus homo)라는 신학의 고전적 질문에 대한 에크하르트의 답은 간단명료하다. 모든 인간이 신이 될 수 있게 하기 위해서이다.

> "하느님은 왜 인간이 되셨는가?" 내가 [그와] 똑같은 하느님으로 태어나게 하기 위해서이다. 내가 온 세계와 모든 피조물에 대하여 죽어 버리도록 하느님은 죽으셨다. 우리는 "내가 나의 아버지로부터 들은 모든 것을 너희에게 계시했다"(요한복음 15:15)는 우리 주님의 말씀을 이렇게 이해해야 한다. 성자는 자기 아버지로부터 무엇을 듣는가? 성부는 낳지 않을 수 없고 성자는 태어나지 않을 수 없다는 것, 성부가 가지고 있으며 그 자신인 모든 것, 신적 존재와 신적 본성의 심연, 이 모든 것을 그가 자기 독생자 안으로 낳으신다는 것. 이것을 성자는 성부로부터 들으며, 이것을 그는 우리들에게 계시하셨다. 우리들도 똑같은 아들이 되게 하시려고….[32]

---

32 Quint, 292-293.

이 말에는 하느님의 성육신뿐만 아니라 십자가의 수난도 언급되고 있다. 하지만 에크하르트에 있어서 그리스도의 수난이 지닌 구원사적 의미는 축소된다. 에크하르트에게 구원사적 사건의 중심은 어디까지나 성육신 사건이지 십자가의 대속적 죽음이 아니다. "하느님은 왜 인간이 되셨는가?"라는 질문에 대한 그의 대답은 인간의 죄를 대신하여 십자가 상에서 대속의 죽음을 하기 위한 것이 아니라 우리 모두가 하느님의 아들로 탄생하도록 하기 위함이다. 위에서 보듯 에크하르트는 십자가 상의 하느님의 죽음을 우리도 세상에 대하여 죽기 위해서, 즉 우리들 자신의 고난과 죽음을 위한 것으로 해석하고 있으며, 우리가 세상에 대하여 죽는 것은 그 자체가 목적이 아니라 우리 안에 아들이 탄생하여 우리도 똑같은 하느님의 아들이 되게 하기 위함이라고 해석하고 있다.[33] 이 죽음이 다름 아닌 초탈이다. 초탈은 우리의 순수한 보편적 인간성, 곧 하느님의 아들이 인간이 되실 때 취한 인간성을 은폐하고 있는 모든 우연적이고 개인적인 특징들과 속성들을 떼어 내는 작업이다. 이 문제는 잠시 후 다시 논하기로 하고 지금 우리가 주목할 점은 에크하르트에 의하면 그리스도가 하신 일은 하느님은 영원히 자기 아들을 낳으시는 분이며 우리도 자기 자신과 조금도 다름없이 하느님의 아들임을 증언하는 사자使者, 우리도 자신과 똑같은 완벽한 신인합일의 존재임을

---

33 Weiss, 89. 바이스의 책은 에크하르트가 그리스도교의 전통적인 구원사적 사건들의 역사성을 부인하는 것은 아니지만, 그런 유일회적 사건들 자체가 인간 구원을 가져온다고 보기보다는 영혼 안에 이루어지는 하느님 아들의 탄생, 하느님과의 합일에 에크하르트 사상의 중심이 있음을 잘 보여 준다. 바이스의 원죄 사상이나 죄의 대속 혹은 구속(Erlösung) 사상이 에크하르트에게는 별로 중요한 위치를 차지하지 않는다고 한다. Weiss, 43, 57, 83-89 참조.

드러내는 계시자啟示者의 역할이라는 것이다.

3. 위에서 고찰한 두 가지 진리, 즉 성부 하느님은 영원히 그리고 끊임없이 신성의 깊이에서 성자 하느님을 낳고 있으며, 그와 조금도 차이가 없는 동일한 아들을 인간 영혼의 근저에 끊임없이 낳고 있다는 형이상학적·신학적 진리 그리고 하느님은 모든 인간의 신인합일을 위하여 그리스도 안에서 실제로 인간이 되었다는 성육신의 신학적 진리는 어디까지나 하느님 편에서 이루어지는 객관적 진리이다. 그러나 우리에게 정작 중요한 것은 이러한 객관적 진리가 나의 주체적 진리가 되고 형이상학적 사건이 나의 실존적 사건이 되어야 하는 것이다. 다시 말해 하느님의 "출산" 행위가 동시에 나에게서 아들이 "탄생"하는 경험이 되어야 한다. 성부 하느님이 아무리 나의 영혼에 성자 하느님과 동일한 아들을 쉼 없이 출산하고 있다 해도 내가 그것을 감지하지 못하고 나의 존재에 변화가 일어나지 않는 한 아무 의미가 없으며, 하느님의 아들이 인간이 되는 엄청난 사건이 수없이 반복된다 해도 그 아들이 나의 영혼에 탄생하지 않으면 아무 소용이 없기 때문이다. 이제 우리는 이 세 번째 유형의 탄생, 즉 나의 영혼에 일어나는 하느님 아들의 탄생에 대하여 에크하르트가 어떻게 이야기하는지를 살펴보아야 한다. 도대체 영혼에 일어나는 하느님 아들의 탄생이라는 것은 구체적으로 무엇을 가리키는 말이며, 실제 우리에게 어떠한 변화가 일어난다는 말인가? 그 징표는 무엇이며, 모든 인간이 본래부터 하느님의 모상으로 창조된 존재라면 어찌하여 아들의 탄생이 모든 사람에게서 현실화되지 않는가? 이제 우리는 이런 문제들을 검토해야 한다.

에크하르트에게 하느님 아들의 탄생은 삼위일체 내적 신비거나 혹은 예수 그리스도라는 한 특정한 인간에게만 일어난 예외적 사건이 아니라 우리 모두의 사건이어야 한다. 하느님에 관한 진리일 뿐 아니라 인간의 진리이어야 하며 나의 진리이어야 한다. 에크하르트는 비유를 들어 설명한다.

> 어느 곳에 아름다운 딸을 가진 부자 왕이 있었다고 하자. 그가 가난한 사람의 아들에게 딸을 주었다면 그 가문에 속한 모두가 이를 통해 높아지고 고귀해질 것이다. 어느 대가는 "하느님이 인간이 되심으로 인해 온 인류가 높아지고 고귀해졌다. 우리는 그리스도 우리의 형제가 자신의 힘으로 모든 천사의 무리들을 넘어 아버지 오른편에 앉아 계시다는 것을 기뻐해야 한다"고 말한다. 이 대가는 바로 말했다. 그러나 나는 실로 이를 대수롭게 여기지 않는다. 내가 가난한데 나에게 부자 형제가 있은들 무슨 도움이 되겠는가? 내가 바보인데 나에게 현명한 형제가 있다는 게 무슨 도움이 되겠는가?[34]

그리스도의 탄생이 나 자신의 탄생이 되지 않는 한 부족하다는 것이다. 정말로 중요한 것은 나 자신이 하느님의 아들로 탄생하고 내가 하느님의 아들이 되는 일이다.

> 성경은 "아들 이외에는 아무도 아버지를 모른다"(마태복음 11:27)고 말한다. 그러므로 그대가 하느님을 알고자 하면, 그대는 단지 아들과 닮을

---

34 Quint, 178.

뿐 아니라 아들 자신이 되어야만 한다.[35]

　문제는 우리가 과연 어떻게 "아들 자신이 되는가" 하는 것이다. 어떻게 해야 우리가 현실적으로 우리 영혼 안에서 하느님 아들의 탄생을 경험할 수 있는가? 아니 하느님이 본래 인간을 그의 모상으로 창조하였고 그것이 인간의 본성이라면, 왜 우리는 이러한 본성을 제대로 발휘하지 못하고 하느님과 소외되어 죄악의 삶을 살고 있는가? 성부 하느님은 신성의 깊이에서 끊임없이 성자 하느님을 낳고 있으며 우리 영혼의 근저에서도 끊임없이 아들을 출산하고 있다지만, 왜 우리는 그것을 감지하지 못하는가? 이것은 전에 언급했던 모상의 "완성"에 관한 문제로서 사실 에크하르트뿐 아니라 전 동양 사상의 핵심 문제라 해도 과언이 아니다.

　단적으로 말해서 이것은 인간 존재의 본래성本來性과 현실성現實性의 문제로[36] 어떻게 하면 현실적 인간이 자신의 본연의 모습을 자각하고 회복할 수 있는가 하는 것이다. 유교에서는 인성론의 문제로 제기되며, 선불교에서는 어떻게 중생이 자신의 본래적 성품인 불성佛性을 실현할 수 있는가 하는 문제이며, 힌두교에서는 어떻게 우리가 자신의 거짓 자아를 물리치고 참 자아인 아트만을 자각할 수 있는가 하는 문제로 제기된다. 유명한 『대승기신론』의 표현을 사용하자면 본각本覺과 시각始覺의 문제이다. 본각이 일체 중생이 갖추고 있는 본래적 깨달음인 본각진성本覺眞性을 가리킨다면, 시각은 이를 나

---

35 Quint, 227.
36 이 문제를 중심으로 유교와 불교의 중심 사상을 파악하는 책으로 아라키 젠고/심경호 옮김, 『佛教와 儒教』를 볼 것.

자신의 마음에서 나 자신의 진리로서 실현하는 것을 의미한다. 에크하르트의 하느님 아들의 탄생은 하느님에 관한 진리이자 동시에 나 자신의 영혼에서 경험되는 나의 진리이어야 하고, 하느님의 모상으로 창조된 나의 본성이 현실적 존재의 타락과 왜곡을 넘어서 나의 변화된 모습으로 현실화되고 완성되어야 한다.

인간 영혼에 하느님의 아들이 탄생한다는 관념은 에크하르트에게서 비로소 나타난 것이 아니라 오리게네스Origenes(185~254)를 비롯하여 교부 시대부터 있어 온 오랜 전통의 신학 사상이다.37 무엇보다도 인간이 하느님의 자녀라는 것은 성서의 가장 중요한 증언이며 그리스도교 복음의 핵심에 속한다. 특히 요한복음(1:12-13)과 사도 바울의 서신(로마서8:14-17)은 이 점을 강조하고 있다. 예수 그리스도를 통해서 모든 인간에게 하느님의 자녀가 되는 특권과 자유가 주어지게 되었다는 것이 그들의 공통된 증언이다. 예수 그리스도가 하느님의 완벽한 모상으로서 아버지를 닮은 아들이듯이 우리도 본질적으로는 하느님의 형상으로 창조된 그의 모상으로서 그의 아들 예수 그리스도를 통해 아들의 위치를 회복하게 되었다는 것이다. 이런 면에서 볼 때 영혼 안에 아들의 탄생을 논하는 에크하르트의 사상은 하나도 특이할 것이 없다. 문제는 우리가 어떤 의미에서 하느님의 아들이며, 실제로 어떻게 아들로 탄생하는가 하는 것이다.

이미 지적한 바와 같이 에크하르트는 우리가 하느님의 은총에 의해(von Gnaden) 하느님의 아들이 된다는 전통적인 이해를 과감하

---

37 대표적인 연구: H. Rahner, "Die Gottesgeburt: Die Lehre der Kirchenväter von der Geburt Chrisiti aus dem Herzen der Kirche und der Gläubigen," *Zeitschrift für katholische Theologie*, 59(1933), 333-418; P. Reiter, *Der Seele Grund*, 202-219 참조.

게 넘어서서 우리도 예수와 전혀 다름이 없는 본성상 하느님의 아들이 된다고 주장한다.[38] 이는 두말할 필요도 없이 전통적 그리스도교의 기반을 흔들 만한 "위험한" 사상으로 그가 이단의 혐의를 받은 사상 가운데 하나이다.[39] 그러나 에크하르트에 의하면 인간이 본성상 하느님의 자녀라는 것은 인간이 하느님의 모상으로서 창조되었다는 성서적 견해에 기초한 것으로, 우리가 하느님의 자녀로서 하느님과 하나가 되어 영원한 생명을 누릴 수 있는 가능성을 우리의 본성 안에 지니고 있음을 의미한다. 은총은 은폐되고 왜곡되었던 하느님의 모상으로서의 우리의 본성을 현실적으로 회복하여 온전히 하느님의 자녀가 되게 하며, 여기에는 하느님의 은총뿐만 아니라 인간의 노력이 함께 필요하다. 그러나 은총에 의해서든 우리의 노력에 의해서든 에크하르트 사상의 특징은 인간 영혼과 하느님의 아들 예수 그리스도 사이에 본성상의 일치 내지 동일성을 대담하게 주장한다는 데 있다. 성부가 성자를 신성의 깊이에서 낳으시듯 우리 영혼의 근저에 끊임없이 자기 아들을 낳으시며, 이 둘은 본성상 조금도 차이가 없는 동일한 탄생이며 동일한 아들이라는 것이 그의 한결같은 주장이다.

이제 우리가 좀 더 자세히 고찰해야 할 문제들을 다시 한번 정리해 보자면 첫째, 본래 하느님의 모상으로 창조된 인간의 본성과 우리 영혼 안에 탄생할 하느님 아들의 관계는 무엇인가? 둘째, 어떻게 하여 이 새로운 탄생이 이루어지는가? 셋째, 이 탄생의 구체적 모습

---

38 Quint, 120.
39 이단 판정 혹은 혐의를 받은 28개조 가운데서 11-13, 20-22조가 이 문제와 관련이 있다. Quint, 451-453.

은 무엇이며 어떤 징표를 통해 그것을 알 수 있는가 하는 문제들이
다. 이상과 같은 문제들을 본성, 은총, 수행이라는 제목 아래 차근
차근 검토해 보기로 한다.

본성 · 은총 · 수행

"고귀한 인간에 대하여"라는 에크하르트의 설교는 다음과 같이
시작한다.

> 우리의 주님은 복음서에서 말씀하신다: "한 고귀한 사람이 왕국을 얻기
> 위해 먼 곳으로 갔다가 돌아왔다"(누가복음 19:12). 우리 주님은 이 말씀
> 에서 우리들에게 인간이 그 본성에 있어서 얼마나 고귀하게 창조되었는
> 지, 그가 은총으로 도달할 수 있는 것이 얼마나 신적인지 그리고 인간이
> 어떻게 거기로 갈 수 있는지를 가르쳐 주고 있다.[40]

여기서 우리는 하느님 아들의 탄생이라는 에크하르트의 중심 사
상이 지니는 세 가지 측면이 언급되고 있음에 유의할 필요가 있다.
첫째는 인간 영혼의 고귀한 본성에 관한 것이고, 둘째는 하느님의
은총(Gnaden)으로 인간이 도달할 수 있는 신적 경지에 관한 것이며,
셋째는 그 방법, 즉 수행에 관한 것이다. 첫째가 하느님에 의해 창조
된 인간 본연의 성품 혹은 하느님의 모상으로서의 인간 영혼의 신
적 본성을 논하는 본성론本性論이라면 둘째는 이러한 본성이 은폐되
고 타락한 상태에 있는 현실적 인간으로 하여금 신적 본성을 회복

---

40 "Vom Edlen Menschen." Quint, 140.

하게끔 하는 하느님의 은총에 관한 은총론思寵論이며 셋째는 인간이 해야 하는 노력에 관한 것으로서 수행론修行論에 해당된다고 할 수 있다.

1. 본성론

인간 영혼 속에 하느님의 아들이 탄생한다는 생각은 에크하르트에게서 이보다 더 근본적인 하나의 사실에 기초하고 있다. 곧 하느님의 모상이라는 인간 영혼의 특수한 존재론적 위상이다. 아들의 탄생이 하느님의 영원하고 보편적인 출산의 활동이든 혹은 우리들 자신의 초탈과 돌파를 통해 현실화되는 경험이든 이 모든 것은 여타 피조물과는 구별되는 인간 영혼의 특수성을 전제로 한다. 에크하르트에 의하면 하느님은 오직 인간 영혼 속에서만 아들을 출산하기 때문이다. 모상론에서 우리는 하느님 아들의 탄생을 위한 보다 더 근본적인 전제, 그 선험적·존재론적 근거를 접한다.

본성론의 의미는 인간 영혼 안에 이미 지성이라는 하느님의 모상이 각인되어 있지 않다면 인간의 노력이나 하느님의 활동 어느 것도 결코 우리를 하느님의 아들로 만들 수 없다는 것이다. 인간 영혼 자체가 여타 피조물과는 달리 하느님의 모상이라는 존재론적 특권이 없다면, 하느님은 거기에 아들을 낳지 않을 것이며 우리도 그것을 경험하지 못할 것이다. 반면에 수행이 없으면 본성은 현실화되지 않으며 은총의 도움 없는 인간의 수행도 결코 우리를 하느님의 아들로 변화시킬 수 없다. 수행과 은총을 통해 본래 하느님의 모상으로 창조된 우리의 본성이 "장식되고 완성되는" 것이다. 본성이 기반이 되어 그 위에 은총과 수행이 함께 갈 때 우리는 하느님 아들의 탄생을 경험하게 된다.

이제 우리는 이러한 맥락에서 에크하르트가 이해하는 인간 본성으로서의 하느님의 모상이라는 개념을 다시 한번 검토할 필요가 있다.[41]

에크하르트는 인간 존재를 기본적으로 영(Geist, pneuma)과 육(Leib, Fleisch, sarx)의 두 범주로 파악하는 사도 바울의 사상에 따라 인간에 두 측면이 있음을 논한다. 즉, 내적 인간과 외적 인간이다. 외적 인간은 영혼에 결부되어 있되 육에 둘러싸이고 육과 섞이고 육체에 묶여 몸의 지체들과 더불어 활동하는 모든 것을 가리킨다. 그것은 "낡은 인간"·"땅에 속한 인간"·"원수와 같은 인간"·"종과 같은 인간"으로 악과 부도덕한 삶으로 기울어지는 인간이다. 반면에 내적 인간은 "새로운 인간"·"하늘에 속한 인간"·"젊은 인간"·"친구"·"고귀한 인간"으로 선하고 도덕적이며 영원한 것을 지향하는 인간이다. 내적 인간은 좋은 열매를 맺는 나무이며 하느님이 좋은 씨앗을 뿌려 놓은 밭과 같다. 이 씨앗은 우리 안에 있는 신적 본성의 씨앗(Samen göttlicher Natur) 혹은 "하느님의 씨앗"(Samen Gottes)으로, 곧 하느님의 말씀(Gottes Wort)이며 하느님의 모상(Bild, Gleichnis)·하느님의 아들(Gottes Sohn)이다.[42] 오리게네스를 인용하면서 에크하르트는 "하느님 자신이 이 씨앗을 심고 다지고 낳으셨기 때문에 뒤덮이고 은폐될 수는 있어도 결코 뽑혀 버리거나 소멸될 수는 없다. 그것은 달아오르고 빛나서 광명을 발하고 타오르면서 끊임없이 하느님을 향해 움직인다"고 말한다.[43]

---

41 V장에서 지성(intellectus) 개념과 연관해서 모상론을 검토한 바 있다.
42 Quint, 140-142 참조.

에크하르트는 드러나기도 하고 은폐되기도 하는 이 신적 성품의 씨앗, 즉 하느님의 모상에 대하여 여러 가지 비유를 들어 설명하고 있다.[44] 예를 들어 오리게네스에 따라 영혼의 근저에 흐르는 생명의 샘에 비유한다. 이 샘이 욕망의 흙더미로 막히면 우리는 그것이 있는지조차 모른다. 하지만 그것은 여전히 흐르고 있다. 다만 우리가 흙을 제거해야 발견할 수 있는 것이다. 또 다른 비유로 태양과 태양을 가리는 구름, 밭에 묻힌 보화에 비유하기도 한다. 혹은 우리 눈에 장애가 생기면 햇빛을 보지 못하는 것과도 같다고 한다. 에크하르트는 또 조각의 비유를 들기도 한다. 조각가는 조각을 할 때 자기가 드러내고자 하는 형상을 돌이나 나무에 새겨 넣는 것이 아니라 이미 그 안에 있는 형상을 그것을 가리는 부분들을 파냄으로써 드러낸다는 것이다.[45]

에크하르트는 이렇게 우리가 본성상 하느님의 아들이지만 현실적으로는 드러나지 않는 상태를 현재와 미래의 긴장 관계로 파악하고 있다. "아버지께서 우리에게 어떤 사랑을 베풀어 주셨는지를 보라. 우리는 하느님의 아들들이라 불릴 것이며 그리고 아들들이다"(요한1서 3:1)에 대한 해석에서 다음과 같이 말한다.

그(성 요한)는 단지 "불리다"라고만 말하지 않고 "이다"라고 말한다. …
그러므로 그대가 하느님의 아들이 되려면 하느님의 아들이 가지고 있는

---

43 Quint, 142.

44 Quint, 143-144(vom edlen Menschen).

45 원래 위(僞) 디오니시우스(Pseudo-Dionysius)가 『신비신학』(Mystical Theology)에서 사용한 비유. P. Rorem, *Pseudo-Dionysius*, 138.

동일한 하느님의 존재를 가지고 있지 않는 한 그대는 그렇게 될 수 없다. 그러나 이것은 "지금은 우리에게 숨겨져 있다"(요한1서 3:2). 그리고 이어서 "사랑하는 이여, 우리는 하느님의 아들들입니다"라고 하는 것이다.[46]

에크하르트는 여기서 매우 미묘한 문제를 다루고 있다. 우선 우리가 성자 하느님과 "동일한 하느님의 존재"(dasselbes Sein Gottes)— 하느님의 본질 혹은 본성— 혹은 "하느님 아들의 아들다운 존재"(das sohnhafte Sein des Sohn Gottes)[47]를 가지고 있다는 점에서 "이미 '하느님의 아들'이다"는 것, 그러나 그것이 아직 드러나지 않기에 아들이라고 "불린다"는 것 그리고 그것은 앞으로 "우리가 하느님으로서의 그를 볼 때" 드러나서(offernba)[48] 우리의 본래성과 현실성이 일치하게 될 것이라는 것이다. 그러나 "숨겨져 있다" 해도 여전히 우리는 본성상 하느님의 아들들이라는 것이다.

이상을 통해서 에크하르트가 말하고자 하는 바는 두 가지이다. 하나는 영혼을 덮고 있는 모든 욕망과 상들에도 불구하고 "영혼의 근저에 흐르는 생명의 샘"은 결코 고갈되지 않는다는 것, 즉 "우리 안에 있는 하느님의 모상 · 하느님의 아들 · 신적 본성의 씨앗은 결코 파괴되지 않는다"는 것이며,[49] 다른 하나는 그럼에도 불구하고 이 모상이 영혼의 근저에서 드러나려면 그리하여 우리의 본래성과 현실성의 괴리가 극복되려면 하느님의 은총과 더불어 우리 자신

---

46 *DW* III, 562.
47 같은 곳.
48 *DW* III, 563.
49 같은 곳; Quint, 144.

의 부단한 노력과 수행이 필요하다는 점이다. 조각가가 불필요한 부분들을 파내 자기가 원하는 상을 드러내듯 초탈을 통해 모든 피조물의 상들을 제거하고 영혼의 근저에 접할 때 비로소 하느님의 모상이 드러나는 것이다. 우리가 실제로 하느님의 아들과 동일한 "하느님의 존재"로 옮겨지려면 우리는 무가 되어야 한다.[50]

인간 영혼의 근저에 각인된 지성이라는 하느님의 모상 그리고 거기에 끊임없이 아들을 낳으시는 성부 하느님의 활동은 인간이 하느님의 아들로 태어나기 위한 하나의 선험적 진리이다. 그러나 우리가 이러한 진리를 깨닫지 못하는 것은, 즉 이 영원한 진리가 우리 자신의 경험적 사건이 되지 못하는 이유는 영혼의 근저를 은폐하고 있는 "이것저것"들 때문이다. 우리의 혀가 불순한 것에 익숙해 맛을 잃어버렸기 때문이다. 따라서 피조물들에 대한 집착을 제거하는 초탈과 돌파가 없으면 우리 영혼의 내오(das Innerste)는 결코 우리에게 그 모습을 드러내지 않으며, 자신의 영혼의 근저에 접하지 못한 자는 그곳에 각인되어 있는 하느님의 모상을 자각하지 못하며 거기서 항시 일고 있는 하느님의 활동을 깨닫지도 못한다. 영혼의 근저에 각인된 하느님의 모상과 거기서 끊임없이 자기 아들을 생산하는 하느님의 영원한 활동이 모두에게 주어져 있는 보편적인 형이상학적 진리라면 이를 자각하게 하고 나의 현실로 만드는 초탈의 노력과 하느님의 은총은 우리 각자의 몫이다.[51]

선에서 우리 마음의 본바탕 혹은 본심本心이 곧 부처의 성품(佛性)

---

50 DW III, 564.

51 Walshe는 전자를 가능성(potentiality)이라 표현하고 있으며 초탈을 후자, 즉 경험의 세계에서의 탄생을 위한 조건(condition) 혹은 선결 요건(prerequisite)이라고 한다. *Meister Eckhart: German Sermons and Treatises*, vol. I, xxxvi.

으로 주어져 있으며 이를 바탕으로 중생이 성불할 수 있듯이 에크하르트에 의하면 영혼의 근저에는 결코 파괴되거나 지워질 수 없는 지성으로서의 하느님의 모상이 새겨져 있고 하느님의 말씀이 심어져 있기에 우리가 하느님의 아들이 될 수 있다. 인간 영혼은 다른 모든 피조물과 구별되어 지성이라는 하느님의 모상으로 인해 하느님의 모상 그 자체인 성자 하느님과 똑같은 아들로 탄생할 수 있는 가능성과 성향을 본성으로 갖추고 있다.[52] 하지만 현실적 인간은 하느님의 아들이 아니다. 현실적으로는 가능성으로서의 모상, 본성과 본래성으로서의 모상은 은폐되고 드러나지 않는다. 이 괴리를 극복하는 것이 에크하르트나 선의 공통된 문제이다. 에크하르트에게는 은총과 수행, 선에서는 돈오頓悟와 점수漸修가 해결책으로 제시된다.

2. 은총론과 수행론

"유대인들의 왕으로 태어난 이가 어디에 있느냐"(마태복음 2:2)라는 본문에 대한 설교에서 에크하르트는 하느님 아들의 탄생은 단 하나의 영원한 사건으로서 "영혼의 본질인 그 근저에서"(im Sein und im Grunde der Seele) 발생한다고 말한다.[53] 하느님은 모든 사물에 본질적으로 존재하며 활동하지만, 오직 인간 영혼 속에서만 출산

---

52 K. Weiss, "Meister Eckhart der Mystiker: Bemerkungen zur Eigenart der Eckhartschen Mystik," *Freiheit und Gelassenheit: Meister Eckhart heute*, 106-108. 바이스는 영혼의 불꽃 혹은 지성을 하느님의 아들로 태어나는 가능성 혹은 성향(dispositio)으로 해석한다.

53 Quint, 425.

(gebären) 활동을 하신다. 왜냐하면 모든 피조물은 하느님의 발자국이지만, 영혼만은 "본성상 하느님의 모습으로 지어졌기" 때문이다. 그리고 이 모상은 하느님 아들의 탄생을 통해 장식되고 완성되어야한다고 말한다.[54] 모상을 "장식하고 완성한다"는 말은 도대체 무엇을 뜻하는가?

에크하르트는 한 설교에서 초탈을 통해 하느님 안에 거하는 자가얻는 다섯 가지 혜택을 논하면서 네 번째 혜택은 그 사람 안에 항시하느님이 탄생하고 있는 것이라고 말한다. 그러면서 그 의미를 설명하기를 하느님이 우리 안에 본성으로(naturhaft) 창조하신 신적 빛(das göttliche Licht)을 드러내면 우리 안의 하느님의 모상이 드러나며, 아들의 탄생은 이러한 "하느님의 드러남"(Offenbarung Gottes)이라고 한다.[55] "드러난다"(entblössen, offenbaren)는 말은 물론 영혼 안에 각인되어있는 하느님의 모상이 은폐되어 있다는 것을 전제로 하는 말이다.

에크하르트는 이보다 한 걸음 더 나아가서 다섯 번째의 혜택을언급한다. 하느님 안에 거하는 자는 항시 "하느님 안에 태어난다"고말한다. 우리 안에 하느님의 모상이 드러나고 하느님의 아들이 탄생하는 것과는 달리 이번에는 우리가 하느님 안에 탄생한다는 것이며, 이것은 우리가 하느님의 형상으로 변형되어 하느님을 닮는 것을 의미한다. 우리 안에 있는 하느님의 형상이 드러남으로써 점점더 "순수한 본질로서의 하느님"(Gott rein seiner Wesenheit nach) 자체인 하느님의 형상을 닮아 하나가 된다(vereinen)는 것이다. 하느님안에 태어난다는 것은 영혼이 하느님의 형상으로서 빛을 발하며 하

---

54 같은 곳.
55 *DW* II, 687-688.

느님과 하나(Einheit)를 이루는 것을 뜻한다. 이 일치는 형상의 닮음(Gleichheit des Bildes)이라고 한다. 인간이 사랑으로 하느님을 향하면 "하느님과 한 형상 됨"(göttliche Einförmigkeit) 속에서 인간은 "탈형脫形되고 입형入形되고 변형變形된다"(entbildet, einbildet, überbildet werden)는 것이다.56 그리고 이 모든 것의 열매는 우리가 하느님과 하나가 되어 하느님과 더불어 모든 피조물을 산출하여(hervorbringen) 그들에게 행복(Seligkeit)을 가져다주는 것이라고 말한다.57 인간만 변화하는 것이 아니라 만물이 새롭게 빛나는 세계의 변화도 이루어진다는 것이다.

이상에서 우리는 영혼 안에 하느님의 아들이 탄생한다는 것은 우선 하느님에 의해 우리 영혼 안에 깊이 각인되어 있었으나 현실적으로는 은폐되어 있던 하느님의 형상이 드러나 빛을 발하는 것을 의미하며, 우리의 영혼이 하느님과 같은 형상이 되어 하느님과 하나 되는 것을 뜻한다. 그리고 이렇게 하느님과 하나가 되기 위해서는 영혼의 근저를 덮고 있는 잡다한 피조물들의 상像을 제거하는 탈형과 거기에 하느님의 형상이 들어가는 입형 그리고 완전히 하느님의 형상으로 변하는 변형이 이루어져야 한다. 이렇게 형성된 하느님의 형상은 "순수한 본질로서의 하느님"의 형상으로서 이것은 결국 일체의 형상을 초월한 초형상적 형상(überbildliches Bild)이라고 에크하르트는 말한다. 예수가 높은 산으로 올라가 제자들 앞에서 변모되었다(Verklärung)는 복음서의 이야기(마태복음 17:1-2)에 대한 설교에서 에크하르트는 이것을 다음과 같이 설명한다.

---

56 같은 곳.
57 같은 곳.

영혼은 변화되고 도장 찍혀 저 [하느님 아들의] 형상으로 다시 각인되어야만 한다. 나는 말한다. 영혼이 모든 상을 벗어나면 저 하느님 아들의 형상으로 각인된다고. 대가들은 성재[하느님]만이 하느님의 형상이고 영혼은 이 형상에 따라 형성되었다고 말한다. 그러나 나는 말한다: 성자는 하느님의 초형상적 형상으로서 하느님의 숨겨진 신성의 형상이다. 그리고 성자가 하느님의 형상인 바로 거기서 그리고 성자 안에 각인된 바로 그것에 따라 영혼도 역시 형성되었다. 성자가 받는 동일한 곳으로부터 영혼도 받는다. 성자가 성부로부터 흘러나오는 곳이라 해도 영혼은 거기에 매달려 있지 않는다. 영혼은 모든 상을 넘어 있다.[58]

이 말이 뜻하는 바는 영혼이 본래 가지고 있던 하느님의 형상이 그 안에 도장 찍히듯 다시 각인되고 입형되어야(wieder eingeprägt, eingebildet werden) 하고, 이렇게 각인된 형상은 성자 하느님 안에 각인되어 있는 하느님의 형상과 조금도 다름없는 동일한 형상이며, 이 형상은 일체의 상을 초월한 "숨겨진 신성"(verborgene Gottheit)을 닮은 "하느님의 초형상적 형상"(ein überbildliches Bild Gottes)이라는 것이다. 그것은 형상 아닌 형상으로서 궁극적으로 성부와 성자의 관계마저 넘어선 순수한 신성 그 자체를 닮은 것이다.[59] 이러한 변화가 곧 영혼의 근저에 발생하는 하느님 아들의 탄생이며, 이 탄생을 통해 영혼의 본성으로 창조되었으나 온갖 잡다한 상들로 은폐되어 있던 하느님의 모상이 "다시 각인되고" "완성되는" 것이다.

에크하르트는 이러한 변화의 모습을 산 위에서 일어난 예수 자

---

58 Quint, 412.
59 이 구절에 대한 해석으로 Ueda, *Gottesgeburt in der Seele*, 81-84 참조.

신의 변모와 같이 그리고 "우리는 주님의 영으로부터 오는 영광을 통해 영광에서 영광으로 [주님과] 같은 형상으로 변화될 것이다"라는 사도 바울의 말(고린도후서 3:18)에 따라 우리도 찬란한 빛을 입어 그리스도와 동일한 하느님의 형상으로 변하는 것이라고 한다.[60] 여기서 "영광에서 영광으로"(a claritate in claritatem)라는 말은 "자연적 빛으로부터 초자연적 빛 그리고 마침내 은총의 빛으로부터 영광의 빛으로" 이중으로 변화한다는 뜻이라고 에크하르트는 해석한다.[61]

다시 한번 논의를 종합해 보면 인간 존재와 영혼의 근본적 변형 (überbildung)이 일어나 은폐되었던 우리의 본성, 곧 하느님의 모상이 다시 드러나려면 영혼의 근저 혹은 하느님의 모상으로서의 지성을 덮고 있는 온갖 상들(Bilder)로부터 벗어나는 탈형(Entbildung)이 있어야 하고, 동시에 영혼 속에 하느님의 형상이 다시 새겨지는 입형(Einbildung)이 있어야 한다. 여기서 탈형이 초탈과 돌파의 수행을 통해 이루어지는 것임에 반하여 입형과 변형은 하느님의 초자연적 은총의 도움이 필요하다고 에크하르트는 본다. 이제 이 둘의 관계를 좀 더 면밀히 고찰해 보자.

탈형은 곧 영혼의 근저를 덮고 있는 잡다한 상들을 벗겨 내는 초탈을 의미한다. 초탈과 돌파에 관해서는 이미 전 장에서 충분히 고찰했지만 이제 아들의 탄생이라는 맥락에서 다시 한번 간략하게 살펴보고자 한다.

인간이 실제로 그리스도와 똑같이 하느님을 닮고(gleich werden)

---

60 *LW* III, 104(Expositio sancti evangelii secundum Ioannem); Ueda, 82.
61 "a naturali lumine in supernaurale et a lumine gratiae tandem in lumen gloriae." Ueda, 82.

하느님의 아들로 태어나 하느님과 하나가 되려면 피조물들과 자기 자신을 초탈해야 한다. 초탈은 바로 하느님을 닮고 하느님과 동등하게 되는 행위이기 때문이다. 초탈을 통해 우리는 피조물들에 대한 집착에서 벗어날 뿐만 아니라 각자가 가지고 있는 개인의 우연적 특성들, 시간과 역사 속에서 습득한 잡다한 성품들과 속성들을 깨끗이 제거해야 한다. 초탈을 통해서 우리는 비로소 우리의 본성인 하느님의 모상을 회복하고, 그리스도가 취한 순수한 인간성을 회복하여 하느님의 아들이 되고 하느님과 하나가 될 수 있는 것이다. 에크하르트는 이것을 다음과 같이 단순하게 표현한다.

> 영원한 말씀은 결코 한 개인을 입지 않는다. 그러므로 그대들 안에 있는 개인적인 것은 무엇이든 버리고 단지 그대들의 벌거벗은 인간의 본성을 취하라. 그러면 그대들과 영원한 말씀과의 관계는 그(그리스도)의 본성과 그와의 관계와 꼭 마찬가지가 될 것이다. 왜냐하면 그대들의 본성과 그의 인간성은 다르지 않기 때문이다. 그것은 동일한 본성이다. 왜냐하면 그리스도 안에 있는 본성이 그대들 안에 있는 본성이기 때문이다.[62]

모든 개인적인 것, 특수하고 우연적인 것, 다양한 것을 벗어 버리고 그리스도가 입었던 순수한 보편적 인간성을 취하는 초탈이 우리에게도 신인합일을 이루는 길이며 우리가 하느님의 아들로 탄생하는 길이라는 것이다. 하스의 표현을 빌리면 초탈은 "개인적인 것으로부터 벗어나는 탈아적 움직임(Bewegung der Ekstase)으로서 본성

---

62 Sermon 94; Walshe I, xxxvi.

안에 머묾(Enstase in der Natur)으로 완성된다."63

우리가 이미 보았듯이 모든 인간의 이 순수한 본성은 곧 인간 영혼의 근저인 신적 지성 혹은 불꽃이고 하느님의 모상이다. 결국 에크하르트에게 그리스도는 순수한 인간성을 완벽하게 실현한 완전한 인간이요 인간은 초탈을 통해 되어 가는 혹은 되어야 할 그리스도이다. 초탈과 돌파를 통해 영혼의 근저에 각인되어 있는 순수하고 완전한 인간성이 드러나 그리스도와 똑같이 신인합일이 이루어지는 것이다. 이미 여러 차례 강조했듯이 에크하르트에게는 본성상 하느님의 아들인 예수 그리스도와 초탈과 은총의 도움으로 하느님의 아들로 태어나 인간 본연의 모습을 되찾은 사람, 즉 은총으로 본성을 완성한 사람 사이에 본성상 혹은 본질상 하등의 차이가 없다. 둘 다 본질상 아무런 차이가 없는 하느님의 아들이다. 이것이 에크하르트가 그토록 강조하고 있는 하느님 아들의 탄생이고, 이것이 에크하르트 영성과 신비주의의 핵이다.64

하느님 아들의 탄생에 대한 에크하르트의 설명이 가장 구체적으로 발견되는 곳은 아마도 어린 예수가 부모와 함께 예루살렘 성전을 방문한 사건에 관한 설교일 것이다.65 에크하르트는 이 설교에서

---

63 Haas, *Nim Din Selbes War*, 73.

64 에크하르트는 그의 『변명서』에서 하느님의 탄생으로 인해 인간이 그리스도와 완전히 동일한 존재가 될 수 있다는 그의 "과격한" 메시지를 완화하려는 듯 다음과 같이 말한다. "그러나 우리는 참다운 하느님의 인식과 사랑에 서 있는 자는 하느님과 하나가 되고(verinigen) 하느님의 형상이 되며, 그 안에 하느님의 닮음(Ähnlichkeit)이 있고 따라서 하느님 자신이 그와 닮은 형상 안에 계신 한, 어느 정도 신화된다(vergöttlichen)고 말할 수 있다." Karrer, *Rechtfertigungsschrift*, 91. 하지만, 이것은 우리가 지금까지 고찰한 그의 신인합일 혹은 하느님과 인간의 신비적 합일의 사상에 비하면 상당히 완화된 내용이다.

65 Quint, 432-439(Et cum factus esset Jesus annorum duodecim etc. 루가 2,

마리아와 요셉이 예수를 잃어버린 후 그를 군중 가운데서 찾지 못하고 예루살렘으로 되돌아와 성전 안에서 찾았다는 이야기의 영적 의미를 논하면서, 우리가 하느님의 탄생을 경험하려면 군중을 떠나 우리가 본래 왔던 그 근원과 근저로 되돌아가야만 한다고 말한다.

> 진실로 그대 역시 이 숭고한 탄생을 발견하기 원한다면 모든 "군중"을 떠나 그대가 왔던 근원과 근저로 되돌아가야만 한다. 모든 영혼의 기능들과 그 활동들, 이 모든 것이 "군중"이다. 기억, 이성, 의지는 모두 그대를 잡다하게 만든다. 그러므로 그대들은 이것들을 모두 떠나야 한다: 감각들과 상상력의 활동 그리고 그대가 만나거나 안중에 두고 있는 모든 것 말이다. 그때야 비로소 그대는 탄생을 얻을 것이며 그러지 않고서는 단연코 못 할 것이다. 탄생은 친구들이나 친척들이나 아는 사람들 가운데서는 결코 얻을 수 없고 오히려 아주 잃어버릴 것이다.[66]

단적으로 말해 우리의 영혼을 "잡다하게 만드는"(vermannigfaltigen) 모든 것에서 벗어나는 초탈만이 아들의 탄생을 경험할 수 있는 길이라는 것이다. 초탈은 신적인 것이든 세상적인 것이든 자기 밖에서 들어오는 감각이나 관념들을 통해서는 결코 이루어지지 않으며 "오직 내면으로부터, 하느님으로부터 솟아 나와야 한다."[67] 이성으로 하느님을 알 수 있다고 생각하지 말라고 에크하르트는 경고한다. 하느님이 우리 안에 빛나려면 이성의 "자연적 빛"(natüriches

---

42).

66 Quint, 432.

67 같은 곳.

Licht)은 완전히 사라지고 "순전한 무"가 되어야 한다.68 하느님을 알려면 우리의 앎은 "순수한 무지"(reines Unwissen)가 되어야 하고 "자기 자신과 모든 피조물을 잊어야 한다."69 이는 전적인 어둠 (Finsternis)이며 그 이름은 "수용성"(Empfänglichkeit)이다. 하지만 이 것은 존재의 결핍이 아니라 그 안에서 우리가 완성되는 것이다.70

"수용성"이라는 말이 암시하듯 초탈은 하느님을 알고 받아들일, 하느님의 아들을 임신할(empfangen) 준비(Bereiten)로서 하느님은 우 리가 준비되자마자 즉시 "행동하시고 자신을 우리 안으로 쏟아부어 야만 한다"고 에크하르트는 말한다.71

> 그대는 하느님이 마치 목수와 같다고 망상해서는 안 된다. 목수는 마음먹
> 는 대로 활동할 수도 있고 안 할 수도 있다. 무엇을 하든 말든 자기 마음대
> 로다. 그러나 하느님은 그렇지 않다. 하느님은 그대가 준비된 것을 발견
> 하기만 하면 언제 어디서든 활동해야만 하고, 그대 안으로 자신을 쏟아부
> 어야만 한다. 공기가 청정하고 순수할 때 태양이 그 안으로 자기를 쏟아부
> 어야만 하고 그렇게 하지 않을 수 없듯이, 하느님이 그대가 비고 벌거벗은
> 한 그대 안에 위대한 일을 하시지 않고 위대한 선을 그대 안에 부어 주시지
> 않는다면, 그것은 하느님에게 하나의 중대한 결함일 것이다.72

우리는 하느님을 멀리서 부를 필요가 없다고 에크하르트는 말한

---

68 Quint, 433.
69 같은 곳.
70 Quint, 434.
71 Quint, 435.
72 Quint, 435-436.

다. 하느님은 우리 가슴의 문에 서 계시다가 우리가 문을 열자마자 곧 들어오신다. 우리가 하느님을 갈망하는 것보다 수천 배나 그는 우리를 갈망한다. "여는 것과 들어오는 것은 동시적이다."[73]

초탈로 인해 우리 영혼이 텅 비어서 하느님을 감지할(verspüren) 수 없다고 생각하는 것은 잘못이라고 에크하르트는 말한다. "하느님은 본성상 어떤 것이 채워지지 않고 비어 있는 것을 견딜 수 없기 때문이다."[74] 그런즉 "빈 상태에서 꼼짝 말고 흔들리지 말아야 한다. 그대는 실로 이 순간에 거기서 떠날 수 있지만, 결코 거기로 되돌아올 수 없기 때문이다."[75] 마치 불교의 공空이 단순한 무無가 아니라 순수한 존재의 충만이듯 에크하르트에게도 빔(Leersein)이란 하느님으로 꽉 참을 뜻한다.

에크하르트에 의하면 우리가 마음을 여는 것과 하느님이 들어오는 것, 우리가 마음을 비우는 초탈과 하느님이 자신을 쏟아붓는 행위는 동시적이다. 즉, 인간의 수행과 하느님의 은총이 동시적이라는 말이다. 그러나 역시 "자연적 빛"인 이성의 활동이 일단 그쳐야 하느님은 초자연적 은총의 빛을 쏟아부어 주시고(ergießen), 우리의 마음이 일단 비어야 하느님의 은총으로 채워지는 법이다. 따라서 에크하르트는 적어도 여기서는 초탈이 선행되어야 함을 말하고 있다. 초탈이 극한에 이를 때 이와 동시에 하느님께서 은총을 쏟아부어 주신다는 것이다: "자연이 최고조에 달할 때 하느님은 은총을 주신다. 정신이 준비되는 동일한 순간 하느님은 주저하거나 지체함

---

73 Quint, 436.
74 같은 곳.
75 Quint, 437.

없이 들어오신다."[76]

여기서 "자연"(Natur)이란 말은 물론 하느님이 인간에 부여한 본성, 특히 이성의 능력을 뜻하며, "자연이 최고조에 달한다"는 말은 인간이 하느님의 특별한 도움 없이 자신의 노력으로 할 수 있는 극한, 즉 여기서는 초탈의 극치를 가리키는 말이다. 우리는 여기서 에크하르트의 은총관의 일단을 엿볼 수 있다. 그에게 자연과 은총은 토마스에게서처럼 상보적이다. 그러나 에크하르트의 강조점은 토마스와 다르다. 인간 이성의 "자연적 빛"으로 하느님을 어느 정도 인식할 수 있음을 강조하는 신학자 토마스와는 달리 수도자 에크하르트는 초탈이라는 인간의 수행적 노력을 강조한다. 초탈의 노력이 극한에 이르는 순간 하느님의 은총이 동시에 주어진다. 하지만 어디까지나 초탈의 자연적 노력이 선행되어야 한다. 에크하르트는 선이든 악이든 행할 수 있는 인간의 의지 자유를 인정하면서 사람은 자기가 하는 일을 강요됨 없이 행하는 자유로운 존재이어야 하며 자기 일의 주인이 되어야 한다고 말한다. 이런 의미에서 은총은 자연을 파괴하는 것이 아니라 완성한다.[77]

에크하르트는 묻는다. 하느님 아들의 탄생이 "영혼의 본질과 근저"에서 일어나는 것이라면 죄인이나 선한 사람을 가리지 않고 일어날 것이며, 그렇다면 은총이 무슨 소용이 있는가라고.[78] 죄인이나 의인의 본성이 동일하다면 "지옥에 있는 사람들"에게도 본성의 고귀함은 영원히 유효한가?[79] 이러한 질문은 물론 본래성과 현실성

---

76 Quint, 436.

77 Quint, 93.

78 Quint, 426.

의 구별을 염두에 두어야 이해되는 문제이다.[80] 본래성으로는 죄인이나 선인 모두 하느님의 모상을 지닌 하느님의 아들들이지만, 죄인은 현실적으로 하느님의 은총을 받지 못해 자신의 본성을 실현하지 못하기 때문에 하느님의 아들로 탄생할 수 없다는 것이 에크하르트의 대답이다.

하지만 에크하르트는 다른 한편으로는 하느님의 은총이 처음부터 초탈의 노력에 필요함을 강조하기도 한다. 그는 다음과 같이 말한다.

나는 하느님에 대해 말할 때, 영혼이 하느님과 하나가 되기 위해 얼마나 철저히 초탈해야 하는지 종종 두려운 마음이 든다. 그럼에도 아무도 그것을 불가능하다고 생각해서는 안 된다. 하느님의 은총을 소유한 영혼에게는 불가능하지 않다. 하느님의 은총을 소유한 영혼이 모든 사물을 떠나는 것만큼 사람에게 쉬운 일은 일찍이 없었다. 나는 이보다 더한 것을 말한다: 하느님의 은총을 소유한 영혼이 모든 것을 떠나는 것만큼 일찍이 사람에게 즐거운 것은 결코 없었다. 어떤 피조물도 그를 해칠 수 없다. 성 바울은 말한다: "나는 확신하나니 행복이나 불행이나, 삶이나 죽음이나 어떤 피조물도 나를 하느님으로부터 갈라놓을 수 없다" (로마서 8:38).[81]

---

79 같은 곳.

80 선불교에서도 같은 문제가 제기된다. 일본의 유명한 선사 도겐(道元)은 본래 천태종 승려로서, 모든 사람이 본래부터 불성을 갖추고 있다는 천태 사상에 의하면 '수행이란 것이 결국 필요 없는 것이 아닌가'라는 큰 의문이 그를 괴롭혔다고 한다. 그는 결국 수증일여(修證一如)라는 사상으로 이 문제를 풀게 된다.

81 Quint, 312.

여기서 에크하르트는 초탈의 노력 안에 이미 은총의 도움이 작용하고 있음을 말한다. 은총이 작용한 후에 자연을 완성하기보다는 자연 속에서 이미 자연을 돕고 있다는 것이다. 초탈은 순전히 우리들 자신의 노력이 아니라 처음부터 은총의 뒷받침이 있어야 한다는 것이다. 사실 우에다의 지적대로 우리가 초탈에 대해 영적 관심을 가지는 것 자체가 이미 은총의 작용을 전제로 한다. 그는 다음과 같이 말한다.

> 우리가 하느님을 찾기 전에 하느님이 우리를 찾는다. 그리고 하느님이 우리를 찾는 것이 비로소 우리도 하느님을 찾도록 만드는 것이다. 초탈을 위한 우리의 노력 뒤에는 이미 하느님이 서 있다: "나는 나의 친구를 황야로 이끌겠다." 인간을 향한 하느님의 은혜로운 관계를 토대로 해서만 인간은 하느님을 향해 죽을 수 있다. 하느님을 향한 인간 편에서의 이 노력은 이미 그 근저에서 하나의 은총의 작용이고 최초의 은총의 수용인 것이다.[82]

우에다가 인용하고 있는 다음과 같은 에크하르트의 말은 인간의 노력에 선행하는 하느님의 은총을 증언하고 있다.

> 보라! 하느님은 우리를 그토록 귀여워하시고, 그토록 우리에게 애원하시기 때문에 그는 영혼이 피조물들에게서 등을 돌리고 벗어 버리기를 기다리실 수 없다. 그리고 하느님은 마치 그의 전 신성이 바로 거기에

---

82 Ueda, *Gottesgeburt in der Seele*, 77.

달린 것처럼—실제 그렇다— 반드시 우리를 찾아야만 한다는 것은 하나의 확실한 진리이며 필연적 진리이다. 그리고 우리가 하느님 없이 살 수 없듯이 하느님도 우리 없이는 살 수 없다. 왜냐하면 우리가 설령 하느님에게서 등을 돌릴 수 있다손 치더라도 하느님은 결코 우리에게서 등을 돌릴 수 없기 때문이다. 나는 말한다: 나는 하느님께 나에게 무엇을 달라고 기도하지 않으며 그가 나에게 무언가 주었다고 찬양하지도 않을 것이다. 오히려 나는 그가 나로 하여금 [그를] 받아들일 만한 가치가 있게 만들어 달라고 기도할 것이며 그가 [자신을] 주어야만 하는 본성과 본질을 가진 존재임을 찬양할 것이다. 하느님에게서 이것을 빼앗으려는 자는 그에게서 그의 고유의 존재와 고유의 생명을 빼앗는 자이다.[83]

은총은 이와 같이 초탈의 노력 이전부터 하느님에 의해 주어지는 것이지만, 이러한 은총을 받기 위해서는 앞에서 본 바와 같이 <u>스스로 모든 집착을 끊는 단호한 결단과 노력이 있어야 한다</u>. 이렇게 볼 때 에크하르트는 인간의 노력과 하느님의 은총 가운데 선후를 따지는 것 자체가 무의미하다고 말하기도 한다. 그는 『훈화집』의 마지막 주제로 이 문제를 다루면서 부질없는 논쟁에 대해 경고하고 있다.

하느님이 누구를 어떤 존재로 혹은 어떤 방식으로 만드는지 신경 쓰지 말라. 사람들이 나를 성인들 가운데서도 높일 정도로 내가 선하고 거룩해지면 사람들은 나를 그렇게 만든 것이 은총인지 자연인지 또다시 논하

---

83 Quint, 386.

려 하고 알려고 들 것이며 그것으로 소란을 떨 것이다. 이것은 잘못된 것이다. 하느님으로 하여금 그대들 안에 일하시도록 하고, 그가 하신 것으로 인정하고, 그가 자연적으로 일하시는지 초자연적으로 일하시는지 신경 쓰지 말라. 자연이든 은총이든 둘 다 그의 것이다. 그가 무엇을 가지고 편하게 일하시든 혹은 그대 안이나 다른 사람들 안에서 무엇을 행하시든 그대에게 무슨 상관이 있는가? 어디서 어떻게 어떤 방식이든 그는 그에게 적합하게 일하실 것이다. … 하느님이 그의 일을 자연을 통해서 혹은 은총을 통해서 하시는지 걱정하는 사람들은 아주 잘못되었다. 하느님 홀로 하시도록 내버려 두고 평안할지어다.[84]

하느님 아들의 탄생 과정에 대한 우리의 논의를 계속하자. 에크하르트는 탈형身形과 더불어 주어지는 인간 존재의 변형變形에는 하느님의 은총이 필수적임을 강조한다. 영혼의 실질적 변화는 지성의 "자연적 빛"만으로는 안 되고 은총의 초자연적 빛을 필요로 한다. 영혼의 근저를 접해 하느님의 모상이 드러나기 위해서는 일체의 상들을 비우고 초탈해야 하지만, 이렇게 빈 영혼으로 하느님의 초자연적 은총의 빛을 유입(einfließen)해서 채워야 비로소 영혼이 변형되어(überbildet) 자연적 본성으로 주어진 하느님의 모상이 완성된다는 것이다. 이렇게 이루어지는 영혼의 변모(Verklärung)는 은총의 완성이라고 에크하르트는 말한다.[85]

에크하르트는 하느님이 영혼 안에 부어 준 "이성의 자연적 빛"의 위대함을 논한 다음 이를 훨씬 더 능가하는 "은총의 빛"을 찬양한다.

---

84 Quint, 99-100.
85 Quint, 93.

그런데 또 하나의 빛이 있는데 그것은 은총의 빛이다. 이것에 비하면 [지성의] 자연적 빛은 마치 바늘 끝으로 들어 올릴 수 있는 흙을 땅 전체에 비교하는 것만큼 혹은 바늘 끝으로 온 땅보다도 말할 수 없이 큰 하늘을 잡을 수 있는 것만큼이나 작다. 하느님이 은총으로 영혼 안에 현존하는 것은 그 어떤 지성이 줄 수 있는 것보다 더 많은 빛을 가져다준다. 그렇다, 이 빛에 비하면 지성이 주는 모든 빛은 바다에 떨어진 한 방울의 물 정도이며 이보다도 천 배나 더 적다. 하느님의 은총에 서 있는 영혼도 이와 같다. 그에게는 만물이나 지성이 수행할 수 있고 파악할 수 있는 것 모두가 하찮고 좁다.[86]

에크하르트 특유의 과장법이 있기는 하나, 그는 여기서 분명히 이성의 자연적 빛과는 차원이 다른 하느님의 은총의 빛을 말하고 있다. 에크하르트에 의하면 이 빛의 힘으로 인간 영혼은 변형되어 하느님의 아들로 탄생한다. 따라서 우리는 본성으로서의 하느님의 모상, 즉 가능성으로의 하느님의 모상과 초탈, 은총으로 실현되는 현실성으로서의 하느님의 모상을 구별해야 한다. 에크하르트가 하느님의 모상이 없는 여타 피조물들은 은총을 받을 수 없고 따라서 아들의 탄생이 이루어질 수 없다고 말하는 것은[87] 앞의 것, 즉 본성으로서의 모상을 두고 하는 말이다. 마찬가지로 우리는 인간의 본래성으로서의 하느님의 아들, 즉 하느님에 의해 영혼의 근저에 각인되어 있는 모상 혹은 성부 하느님이 영혼의 근저에 항시 낳고 있는 아들과 하느님의 은총, 초탈의 수행을 통해 현실적으로 탄생하

---

86 Quint, 311.
87 Quint, 425.

는 하느님의 아들을 구별해야 한다. 아들의 탄생이 인간 영혼에 현실화되는 것은 하느님의 은총을 통해서 그리고 물론 영혼의 근저로 돌파해 들어가는 초탈의 수행을 통해서 비로소 가능해지는 것이다.

에크하르트의 도미니코회 대선배인 토마스에 의하면 은총은 습관에 의해 영혼의 기능들이 형성한 덕(virtue)과는 달리 하느님에 의해 영혼의 실체(substance) 속에 창조된 성품(quality)으로서, 영혼으로 하여금 하느님의 본성에 참여하게 하는 힘이다. 은총에 의해 고양된 영혼의 실체는 지성이나 의지 같은 영혼의 기능들에까지 영향을 미쳐 초자연적 삶에 참여하게 한다. 그리하여 지성은 은총에 의해 신앙의 덕을 통해 완성되고, 의지는 사랑의 덕을 통해 완성된다. 은총은 영혼으로 하여금 하느님의 신성에 참여하게 함으로써 영혼을 하느님의 모상으로 신화神化하는 힘이다.[88]

에크하르트는 하느님의 아들을 탄생시키는 은총을 영혼 안으로 흘러들어오는 하느님의 유입이라고 표현한다. 이 유입은 에크하르트에 의하면 빛의 형태를 취한다. 하느님은 아들이 탄생하는 순간 "지속적인 강한 빛"(beständig starkes Licht)을 "영혼의 본질과 근저에"(im Sein und im Grunde der Seele) 풍성하게 부어 준다.[89] 사도 바울이 다마스커스 도상에서 강한 빛을 만난 것처럼 이 영혼의 근저에 넘쳐흐르는 빛은 육체와 영혼의 여타 기능들에도 영향을 미쳐 변화시킨다.[90] 이 빛을 통해서 변화 산상에서 그리스도가 변모한 것같이 우리도 "영광에서 영광으로" 그리스도와 똑같은 하느님의 형상으로

---

88 Caputo, 217-218.
89 Quint, 426.
90 같은 곳.

변형된다는 것이다.

에크하르트에 의하면 바로 이러한 변화의 빛과 힘을 악에 묻혀 사는 죄인들은 받지 못한다. 빛이 들어오지 못하도록 거짓과 어둠이 그들의 영혼을 차단하고 있기 때문이다.[91] 빛과 어둠, 하느님과 피조물은 병존할 수 없다고 에크하르트는 말한다. 하느님이 들어오려면 피조물은 나가야 하고, 그래야 우리는 빛을 감지하게 된다는 것이다.[92] 그러나 피조물을 떠나 하느님께 향하는 자에게는 즉시 빛이 흘러들어 그의 삶을 인도해 준다.[93] 그는 "이런저런" 외부 사물을 향해 "산산조각이 나고 흩어졌던" 영혼의 기능들을 모아 "보물이 감추어져 있는 저 (영혼의) 근저"로 들어가 영원한 진리를 관조하고(schauen) 인식하는 경지에 이른다. 모든 다른 일들을 던져 버리고 무지(Unwissen)의 경지로 들어간다.[94] 전에 언급한 "숨겨진 신성"을 닮은 "초형상적 하느님의 형상"이 형성되는 것이다.

마지막으로 제기되는 문제는 이렇게 초탈과 은총을 통해 우리 영혼에 하느님 아들의 탄생이 실제로(wirklich) 일어났다는 그 구체적 증거나 징표(Zeichen)가 있는가 하는 문제이다. 있다면 과연 무엇인가? 에크하르트 자신이 이 문제를 제기하면서 다음과 같이 답한다.

확실히 있다. 세 가지가 있는데 나는 그대에게 하나만 말하겠다. 나는

---

91 같은 곳.
92 같은 곳.
93 같은 곳.
94 Quint, 428-429.

종종 사람이 더 이상 시간과 다수성과 물질에 의해 장애를 받지 않는 데 이를 수 있는지 질문을 받는다. 그렇다, 사실이다! 이 탄생이 실제로 발생하면 모든 피조물이 더 이상 그대에게 장애가 되지 않고, 오히려 모든 것이 그대를 하느님과 이 탄생을 향하도록 지시한다. … 이와 같이(벼락의 예) 이 탄생을 맞은 사람들은 모두 신속하게 이 탄생을 향하며, 실로 그들에게 있는 것이 무엇이든 아무리 거친 것이라 해도 그 모든 것에서 향한다. 그렇다, 이전에는 그대에게 장애가 되었던 것이 이제는 가장 그대에게 도움이 된다. 그대의 얼굴은 전적으로 이 탄생을 향하게 되어 그대가 보고 듣고 하는 것이 무엇이든 모든 사물에서 그대는 이 탄생 이외의 것을 취할 수 없게 된다. 그렇다, 모든 것이 그대에게 순전히 하느님이 된다. 왜냐하면 태양을 오래 응시한 사람이 그 후 무엇을 보든 태양만 보듯이 그대는 모든 것에서 하느님 이외에는 안중에 없기 때문이다. … 그대가 모든 것 그리고 각각의 사물에서 이렇게 하느님을 찾고 그를 안중에 두는 일이 없다면 이 탄생 역시 그대에게 결핍된 것이다.[95]

초탈과 은총으로 하느님 아들의 탄생을 경험한 자에게 나타난 삶의 변화, 아니 세상 사물들을 보는 눈의 변화를 말하고 있다. 그것은 모든 사물에서 하느님을 만나며 모든 것을 하느님의 빛 아래서 보는 변화된 삶이다. 전에 언급한 바와 같이 이런 사람은 자기만 변하는 것이 아니라 "피조물들을 산출하고 그들에게 행복을 가져다준다."

---

95 Quint, 437.

말씀의 탄생

에크하르트는 아들의 탄생을 말씀의 탄생이라고도 부른다. 사실 "아들의 탄생"이라는 메타포보다 말씀의 탄생이 좀 더 직접적인 표현이라 할 수 있다. 말씀의 탄생에 관한 에크하르트의 이야기를 들어 봄으로써 다시 한번 하느님 아들의 탄생에 관한 그의 가르침을 살펴보자.

말씀의 탄생 역시 하느님 내의 영원한 사건이자 동시에 만물과 인간 영혼을 탄생시키는 사건이다. 하느님은 성부로서의 본성상 말씀을 발하는 역동적이고 창조적인 존재이다. 그는 원하든 안 하든 자신의 근저로부터 끊임없이 말을 해야만(muss) 한다고 에크하르트는 말한다. 하느님이 말을 하는 것은 그의 의지의 결단에 의한 것이 아니라 성부로서의 본성에 따라 자연스러운 행위라는 뜻에서 그렇다.[96]

말씀의 탄생은 우선 삼위일체 내의 영원한 사건, 로고스의 탄생이다. 로고스는 하느님이 스스로를 인식하는 생각이며 하느님 안에 있는 마음으로서의 말씀(verbum cordis)이다. 하느님의 말씀은 그러나 동시에 창조의 힘이며 인간 영혼에 들리는 말씀이다. 성부가 영원 속에서 성자를 낳으며 인간 영혼 속에도 아들을 낳듯이 그는 영원 속에서 말씀하시고 영혼 속에서도 말씀하신다.[97] 하느님이 영원 속에서만 말씀하시고 우리들의 영혼 속에서 말씀하시지 않는다면 무슨 의미가 있는가라고 에크하르트는 하느님 아들의 탄생에 대해

---

96 *DW* II, 715-716.
97 Quint, 238-287.

서와 마찬가지로 묻는다.

에크하르트는 우리가 영원한 말씀을 듣지 못하도록 우리를 방해하는 것이 셋 있다고 말한다.

첫째는 육체성(Körperlichkeit), 둘째는 다수성(Vielheit), 셋째는 시간성(Zeitlichkeit)이다. 사람이 이 셋을 넘어서면 그는 영원에 거하고 영에 거하며, 하나(Einheit)에 거하고 황야에 거한다. 거기서 그는 영원한 말씀을 듣는다. 그런데 우리 주님은 말씀하신다: "아무도 자기 자신을 떠나지 않고는 나의 말이나 나의 가르침을 들을 수 없다"(누가복음 14:26). 왜냐하면 하느님의 말씀을 들으려는 자는 전적으로 초연(gelassen)해야만 하기 때문이다. 영원한 말씀에서는 듣는 자가 들리는 것과 동일하다.[98]

"영원한 말씀에서는 듣는 자가 들리는 것과 동일하다"는 말은 우리가 초탈을 통해 자기 자신과 잡다한 피조물들을 떠나 영원한 말씀이 발하는 영혼의 근저로 돌파해 들어가지 않으면 영원한 말씀을 듣지 못한다는 뜻이다. 하느님은 오직 침묵과 정적이 지배하는 영혼의 황야에서만 말씀하신다. 오직 순수한 영혼의 근저에만 자기 아들을 낳듯이 오직 "비고 벌거벗은"(ledig und bloss) 순수한 영혼에게만 말씀하신다. "나는 나의 친구를 황야로 데리고 가서 그의 가슴에 말하리라"(호세아 2:14)는 말을 인용하면서 에크하르트는 "영원의 참 말씀은 인간이 자기 자신과 모든 잡다성을 멀리 벗어나 황폐하게 되는 고독 속에서만 말씀하신다"고 말한다. 에크하르트의 말을

---

98 Quint, 213.

더 들어 보자.

하늘의 아버지는 말씀을 발하시며 영원히 발하신다. 이 말씀 속에 그는 자기의 모든 힘을 소진하며, 이 말씀 속에 그는 자기의 신적 본성 전체와 모든 피조물을 발하신다. 이 말씀은 영혼 속에 감추어져 있어서 [영혼의] 깊이에서 청취되지 않는 한 사람들은 그것을 알지 못하고 듣지도 못한다. 그 전에는 듣지 못한다. 모든 목소리와 소리가 사라져야 하며, 순전한 정적과 고요한 침묵이 있어야만 한다.[99]

정적과 안식이 있는 곳. … 거기서 하느님은 영혼 속으로 말씀하시고 자기의 전부를 영혼 속으로 말씀하신다. 거기서 아버지는 아들을 낳고 말씀에 대한 엄청난 욕구를 가진다. 그는 말씀을 너무나 사랑하셔서 어느 시간이든, 즉 시간을 초월하여 말씀하시기를 그치지 않는다.[100]

결국 인간의 모든 생각이 사라지고 언어의 길이 끊긴 곳(言語道斷 心行處滅), 마음에 피조물들의 상이 사라져 적막한 사막과도 같은 영혼의 근저에서만 하느님은 말씀하시고 우리는 그것을 들을 수 있다.

그대들은 그러나 영혼 안에는 본성상 상像들 외에는 아무것도 존재하지 않는다고 말할지 모른다. 아니다, 결코 그렇지 않다. 만약 이것이 사실이라면 영혼은 결코 행복하지 못할 것이다. 즉, 하느님은 그대들에게 완전한 행복을 줄 수 있는 피조물은 하나도 창조할 수 없다. 그렇지 않다면

---

99 Quint, 237.
100 Quint, 238.

하느님이 최고 행복과 최종 목표가 아닐 것이다. 그러나 만물의 시초가 되고 종착이 되고자 하는 것이 그의 본성이고 그가 원하는 것이다. … 그러므로 그대는 반드시 본질 속에 그리고 근저 속에 존재해야 하고 머물러야 한다. 하느님은 거기서 아무런 상의 매개 없이 그의 단순한 존재로 그대를 접해야 한다. … 인간은 감각을 통해 자기 밖에 있는 피조물들로부터 끌어들이는 것에 대해서만 상을 가질 수 있기 때문에 그리고 상은 항시 그 배후에 있는 사물을 가리키기 때문에 그대가 상을 통해서 언젠가 행복해진다는 것은 불가능하다. 그러므로 거기(영혼의 근저)는 침묵과 정적이 지배해야만 하며, 거기서 아버지는 말씀하시고 자기 아들을 낳으시고 어떤 상도 없이 자기 일을 해야 한다.[101]

탄생의 과정

인간 영혼의 근저에 하느님의 아들이 탄생하는 것은 물론 대번에 일어나는 것이 아니며, 부단한 수행의 노력과 은총의 도움을 필요로 하는 오랜 과정이다. 그러나 에크하르트에게서는 흔히 신비주의 문헌에서 발견되는 신비 경험의 단계들(Stufen)에 관한 도식적 논의나 신비주의의 길(via mystica)에 대한 체계적 해설 같은 것은 찾아보기 어렵다. 그는 우리가 하느님을 찾는 방법(Weise)에 관해 너무 신경을 쓰면 하느님은 만나지 못하고 방법만 만난다고 비판한다. 궁극적으로 우리가 지향해야 하는 경지는 "방식 없이"(ohne Weise) 자유롭게 하느님을 만나 하느님의 아들로 당당하게 사는 일이다.

그러나 이러한 일반적 성향에 예외가 없는 것은 아니며 그 좋은

---

101 Quint, 418-419.

예가 "고귀한 인간에 대하여"라는 그의 짧은 글이다. "한 고귀한 사람이 먼 곳으로 가서 왕국을 얻어 돌아왔다"(누가복음 19:12)는 말씀에 대한 설교문인 이 글에서 에크하르트는 초보적 수도자들을 위해 초탈의 길을 비교적 상세하게 설명하고 있다.102 이를 소개함으로써 하느님 아들의 탄생에 대한 논의를 마치고자 한다.

에크하르트는 이 설교에서 영혼 깊숙이 뿌려진 하느님의 말씀 혹은 "신적 본성의 씨앗"이 자라나 은폐되었던 하느님의 모상이 회복되고 하느님의 아들이 탄생하는 과정을 아우구스티누스에 따라 여섯 단계로 나누어 설명하고 있다.103

첫 단계는 "새로운 인간"이 선한 사람이나 성인들의 모범을 따라 살려고 노력을 하는 단계로 아직 의자와 지팡이와 같은 외적 도움을 필요로 한다. 어린아이와 같이 아직 젖을 먹는 단계이다.104

둘째 단계는 외적 모범을 바라볼 뿐 아니라 하느님의 가르침과 지혜를 향해 달려가 인간 세계에 등을 돌리고 하느님을 향해 얼굴을 돌린다. "어머니의 품을 벗어나 하늘 아버지를 향해 미소 짓는 단계"로 표현된다. 단순히 지적으로 하느님을 인식하기 시작하는 것이 아니라 지성과 의지가 함께 작동하여 하느님을 얼굴과 얼굴을

---

102 이 글은 에크하르트의 『하느님의 위로의 책』과 짝을 이루는 글이다. A. M. Haas, *Sermo Mysticus*, 195-197 참조.

103 Quint, 140-149. 아들의 탄생을 위한 은총과 수행의 단계에 대한 분석과 설명은 von Herma Piesch, "Der Aufstieg des Menschen zu Gott nach der Predigt 'Vom edlen Menschen'," *Meister Eckhart der Prediger*에 전적으로 의거했다. 글 자체에는 여섯 단계가 언급되어 있으나, 흔히 마지막 여섯 번째 것을 둘로 나누어 일곱 단계로 말하기도 한다. Haas, *Sermo Mysticus*, 196-197.

104 피쉬의 지적대로, 성인의 모범(Vorbild)에 따라 산다는 개념에는 하느님의 모상(Bild)에 따라 사는 내적 인간의 성숙성이 결여되어 있음을 암시하고 있다. *Meister Eckhart der Prediger*, 173-174.

대하면서 "당신"으로서 만나는 영적 단계이다.[105]

셋째 단계는 고귀한 인간이 점점 더 어머니의 품을 멀리 떠나는 단계이다. 근심과 두려움을 떨쳐 버리고 하느님과 열정적 사랑으로 결합된다. 하느님은 그를 기쁨과 달콤함과 행복으로 이끌어 하느님 아닌 모든 것을 싫어하게 된다. 하느님의 이끄심을 경험하면서 하느님이 주시는 기쁨 속에서 일체의 피조물의 속박을 떠나는 초탈이 깊어지는 단계이다.

넷째 단계는 하느님과의 결합이 더욱 자라나서 점점 더 하느님의 사랑에 뿌리박게 됨으로 인해 세상의 어떤 유혹이나 역경, 고난이라도 즐겨 받고 기뻐한다. 이 단계에서는 고통이 더 이상 고통이 아니다. "하느님이 짐을 져 주시기 때문이다."[106] 이 단계는 다음 단계인 하느님과의 합일(Einnigung)에 진입하는 단계이다.[107]

다섯째 단계는 내적 인간이 "무슨 일에서든 자족하며 살고, 말할 수 없는 최고 지혜의 부유함과 충일 가운데 고요히 쉬는" 단계이다. 여기서 최고 지혜는 하느님 자신 혹은 성자 하느님을 가리키며, 성령의 은사 가운데 으뜸인 지혜의 은사를 풍성히 누리면서 조용한 관조(contemplatio)의 수동적 삶(vita passiva)을 사는 단계이다.[108] 피쉬의 지적대로 이 단계는 에크하르트가 종종 말하듯 하느님의 힘에 실려 "방식 없는 방식"(weiselose Weise)으로 사는 자유로운 삶으로서 최종 단계인 신비적 일치로 진입하는 단계이다. 선禪으로 말하

---

105 Piesch, 174-175.
106 Piesch, 176에서 재인용.
107 같은 곳.
108 Piesch, 177-180 참조.

자면 수修 아닌 수修, 무념수無念修의 경지라 하겠다.

마지막 단계는 "인간이 [피조물들의] 상을 탈형하고 하느님의 영원성에 의해 변형되어 덧없고 시간적인 삶을 완전히 잊고 하느님의 모상(göttliches Bild)으로 변화된 단계이다. 감추어졌던 하느님의 모상이 완전히 드러나 하느님 아들의 탄생이 이루어진다. 일체의 상을 여의고 정화된 영혼에게만 주어지는 세계이며, 영혼의 내오와 근저에서 신과 인간과 피조물이 벌거벗은 채 완전히 하나가 된 세계이다. "하나 속에서 인간은 하느님을 발견한다. 하느님을 발견하고자 하는 자는 하나가 되어야 한다." "하느님의 본성은 하나이기" 때문이며 모든 인간 역시 하나이며 본성에 있어 동일한 하나이기 때문이다.[109] 이 "하나와 하나가 된(mit dem Einen eins sein)" 경지에 이르러야 비로소 하느님 아들의 탄생이 완성되는 것이다. 이것은 부정적으로 표현하면 영혼이 그 어떤 사물과도 공통적이거나 닮은 것 없이 완전히 무無(das Nichts)가 되어 순수한 생명 · 존재 · 진리와 선을 발견하는 경지이다.[110] 이제 먼 곳으로 떠났던 한 고귀한 사람이—에크하르트는 여기서 "한 사람"(Ein Mensch)이라는 말조차 "하나"가 된 사람으로 풀이한다!— 영생의 왕국을 얻고 돌아온다. 엄밀히 말해 이것은 더 이상 하나의 "단계"(Stufe)가 아니다. 이 이상의 단계는 없기 때문이며 내적 인간, 새로운 인간의 궁극적 목표인 영원한 안식과 행복을 누리는 경지이기 때문이다.[111] 이 여섯 번째 단계는 우리가 이미 초탈과 은총을 논할 때 고찰한 것으로 초탈이

---

109 Piesch, 145.
110 Piesch, 146.
111 Piesch, 143.

극한에 이르러 은총이 부어지는 경지라고 말할 수 있다.

하느님의 아들로 탄생한 고귀한 인간은 한 진정한 인간(homo)으로서 자신의 전 존재를 들어 하느님께 머리 숙이고 하느님을 우러러보는 땅(humus)과 같이 낮고 겸손한(humilis-"humus"와 같은 어원에서 나온 말; Demut) 존재이다.112 그는 이제 감춤 없이 하느님을 인식하며 동시에 이 인식의 빛 아래서 피조물들을 새롭게 인식한다. 사물들을 차별상에 따라 보는 "석양의 인식"(Abenderkenntnis)이 아니라 사물들을 "하나"이신 하느님 안에서 차별상을 떠나 하나로 인식하는 "아침의 인식"(Morgenerkenntnis)이 열린다.113 그는 하느님과 더불어 "피조물들을 산출하고 행복을 가져다준다."114

초탈의 수행과 은총의 도움으로 "내적 인간"·"고귀한 인간" 안에 심어졌던 하느님의 씨앗, 그 안에 각인되어 있던 하느님의 모상은 은폐를 벗어나 백일하에 드러난다.115 이것은 선(禪)으로 말하자면 돈오보다는 점수의 과정이라 하겠다. 적어도 초탈에 관한 한은 그렇다. 그러나 초탈의 극치인 돌파는 에크하르트에게 하나의 순간적 사건이다. 하스는 돌파를 "영혼의 불꽃 안에 무한한 현재성으로 현존하는 것, 즉 하느님의 탄생에 대한 갑작스러운 자각"이라고 말한다.116 그렇다면 내가 하느님의 아들이라는 진리는, 에크하르트에게 있어서는 선적 돈오와 같이 한순간의 갑작스러운 깨달음과도 같

---

112 Piesch, 145.

113 Piesch, 146.

114 *DW* II, 688.

115 *DW* II, 143.

116 A. M. Haas, "Meister Eckharts Auffassung von Zeit und Ewigkeit," *Geistliches Mittelalter*, 353-354.

다. 수행으로서의 초탈은 오랜 과정이지만 그 결과 주어지는 돌파로서의 초탈은 순간적 경험이라고 해야 할 것이다. 그리고 초탈의 극한에 주어지는 하느님의 은총 또한 에크하르트에 의하면 갑작스럽게 주어진다. 하느님은 마치 기다렸다는 듯 자신의 모든 것을 그런 자에게 쏟아 부어주신다고 에크하르트는 말하기 때문이다.

이제 이렇게 초탈을 통해 은총을 듬뿍 받아 하느님의 아들로 태어난 자의 실제 삶의 모습이 어떠한지 볼 차례이다. 이것이 다음 장의 주제이다.

제8장
하느님 아들의 삶

성부는 자기 아들을 끊임없이 낳고 계시다. 아들이 탄생하면 그는 아버지로부터 아무것도 받지 않는다. 왜냐하면 그는 모든 것을 가지고 있기 때문이다. 그러나 그가 탄생할 때는 아버지로부터 받는다. 이를 감안할 때 우리도 역시, 마치 하느님이 우리에게 낯선 분인 것처럼 그로부터 무엇이든 바라서는 안 된다. 우리 주님은 자기 제자들에게 말씀하셨다: "나는 너희를 종이라 부르지 않고 친구라 불렀다"(요한복음 15:15). 다른 사람으로부터 무언가 바라는 자는 종이며 대가를 주는 사람은 주인이다. 나는 최근 내가 하느님으로부터 무언가 받거나 구할 것인지에 대해 생각해 보았다. 나는 이에 대해 정말로 잘 숙고해 볼 것이다. 왜냐하면 만약 내가 하느님으로부터 무엇이든 받게 된다면, 나는 하느님 밑에서 종처럼 될 것이며 주는 그는 주인처럼 될 것이기 때문이다. 그러나 영생에 있어서는 이래서는 안 된다.

우리가 우리 자신 밖에서 무엇을 얻거나 받으면 이는 옳지 않다. 우리는 하느님을 자기 자신 밖에 있는 것으로 파악하거나 간주해서는 안 되고, 자기 자신의 것으로 그리고 자신 안에 있는 것으로 간주해야 한다. 뿐만 아니라 우리는 하느님을 위해서든 자신의 명예를 위해서든 혹은 자기 밖의 그 어떤 것을 위해서든 어떤 목적을 위해 봉사하거나 일해서도 안 된다. 오직 자기 자신 안에 있는 자신의 존재와 자신의 생명을 위해서 일해야 한다. 어떤 순진한 사람들은 하느님은 저기 계시고 자기들은 여기 있는 것처럼 생각해야 한다고 망상을 한다. 그렇지 않다. 하느님과 나, 우리는 하나다.[1]

이것은 하느님으로부터 태어나 하느님과 하나가 된 하느님의 아들이 누리는 자유와 당당한 삶을 그리는 에크하르트의 말이다. 여기서 인간은 더 이상 누군가에게 무언가를 바라고 비는 비굴한 존재가 아니다.[2] 여기서는 종교가 인간의 권리를 하느님께 몽땅 양도함으로써 인간 소외를 초래한다는 휴머니스트들의 비판은 설 자리가 없다. 하느님의 아들은 이미 모든 것을 가지고 있고 전적으로 자기 자신의 것으로 산다.

보라 [그리스도와] 한 아들인 사람은 그의 운동과 활동과 그가 취하는 모든 것을 자기 자신의 것에서 취한다. 왜냐하면 성부의 아들이 영원한

---

1 Quint, 186.
2 에크하르트는 그의 『변명서』에서 위 인용문에 나오는 "나는 최근 내가 하느님으로부터 무언가를 받거나 구할 것인가에 대해 생각해 보았다"는 말에 대해 "나는 사람이 하느님께 기도해서는 안 된다는 것을 주장하려고 한 것이 아니라, '문 앞에 서서 두드리시는' 하느님의 선함을 찬양하기 위해서"였다고 변명하고 있다. Karrer, 96.

성자인 것은 성부로부터이기 때문이다. 그러나 그가 가진 것은 그 자신 안에 가지고 있다. 왜냐하면 그는 본질과 본성에서 성부와 하나이기 때문이다. 그러므로 그는 그의 존재와 존재 양식을 전적으로 자기 안에 가지고 있으며, 따라서 그는 "아버지여, 나와 당신이 하나이듯이 그들이 하나이기를 나는 원합니다"(요한복음 17:21)라고 말하는 것이다. 그리고 성자가 본질과 본성에서 성부와 하나이듯이 그대도 본질과 본성에서 그와 하나이며, 성부가 자기 자신 안에 모든 것을 가지고 있듯이 그대도 그대 안에 모든 것을 가지고 있다. 그대는 그것을 하느님으로부터 빌릴 필요가 없다. 왜냐하면 하느님은 그대 자신의 것이기 때문이다. 따라서 그대가 취하는 모든 것을 그대는 그대 자신의 것으로부터 취하며, 무슨 일이든 그대가 그대 자신의 것으로부터 하지 않으면 그 일들은 하느님 앞에서는 모두 죽은 것이다. 그런 것들은 그대 밖의 외적 원인들에 의해 움직여지는 일들로서 생명에서 오는 것이 아니기 때문이다. 그러므로 그것들은 죽은 것이다. 왜냐하면 오직 자기 자신의 것으로부터 움직여지는 것만이 살아 있는 것이기 때문이다. 그런즉 사람이 하는 일들이 산 것이 되고자 할진대, 외적으로 혹은 자기 밖으로부터가 아니라 자기 안에서 자기 자신의 것으로부터 해야 한다.[3]

이렇게 하느님의 아들로 태어나 자기 자신의 것으로, 자신의 본질과 본성으로, 자신의 생명으로 살고자 하는 자는 먼저 자신과 세상에 대해 철저히 죽어야 한다. 하느님의 아들로 태어난 자의 삶은 한마디로 말해서 초탈의 죽음을 통해 부활한 새로운 삶이다. 철저

---

3 *DW* II, 708.

한 죽음을 통해 자기 존재의 바닥을 접한 후, 존재 자체이신 신의 근저에서 부활하여 새로운 생명을 누리는 삶이다. "생명은 그것을 산출한 명백한 원인(근원)으로 돌아가지 않는 한 완성되지 않는다"고 에크하르트는 말한다.4 영혼은 "철저히 죽어"(bis in den Grund sterben) 존재 자체인 하느님 안에서 존재로서의 생명을 받는다.5

철저히 죽어서 자신의 근저로부터 생명을 얻어 다시 살아난 본질적 인간은 천사처럼 이제 "아침의 빛"(Morgenlicht) 아래 만물을 "하느님 안에서" 새롭게 인식한다. 존재하는 모든 것을 귀하게 여기고 사랑한다.

> 하느님의 고유한 본질은 존재이다. … 결함 있는 모든 것은 존재로부터의 탈락이다. 우리의 전 생명은 하나의 존재이어야 한다. 우리의 생명이 하나의 존재인 정도만큼 하느님께 가깝다. … 나는 확신한다: 가장 보잘 것없는 것이라 해도 한 영혼이 존재를 가진 것을 인식한다면 그는 결코 단 한순간도 다시는 거기서 눈을 떼지 않을 것이다. 아무리 보잘것없는 것이라도 우리가 하느님 안에 있는 것으로 인식하는 한 그렇다, 단지 한 송이 꽃이라도 하느님 안에서 존재를 가지고 있는 대로 인식한다면 그것은 온 세계보다도 고귀할 것이다. 하느님 안에 존재하는 것은 가장 하잘 것없는 것이라 해도 그것이 하나의 존재인 한 누군가 천사를 인식할 때 보다도 더 좋다.6

---

4 Quint, 193.
5 같은 곳.
6 Quint, 192-193.

퀸트는 또 다른 에크하르트의 말들을 인용하면서 이것을 이렇게 표현한다.

그는 있는 그대로의 이 세계가 하느님으로부터 일탈하는 잘못된 길이 아니라 하느님에게 이르는 길임을 안다. 오직 이 세계의 사물에 대하여 그릇된 태도를 가진 자, 즉 자기의 이기적이고 저속한 욕망과 목적을 이루려는 자만이 피조물로 인해 장애를 받을 것이며, 그런 자만이 "피조물들이 하느님께 이르는 길인데도 이 하느님의 길에서 길을 잃게 된다." 피조물들이 하느님께 이르는 길이 되는 사람은 세상에 등을 돌리거나 도피하는 것이 아니라 본질을 결핍한 피조물들의 허상을 꿰뚫고 그 본질적 핵으로 돌파해 들어가는 것이 참된 영원의 인식으로 이끄는 것임을 안다: "이것은 그가 사물들을 회피하고 외부 세계를 멀리하며 고독으로 향하는 도피를 통해 배울 수 있는 것이 아니다. 그는 오히려 어디서 누구하고 있든지 내적 고독을 배울 수 있어야 한다. 그는 사물들을 돌파하여 자기 하느님을 그 속에서 붙잡고 그를 힘차게 본질적 방식으로 자신 안으로 형성해 들어갈 수 있는 능력을 배워야 한다." "피조물마다 하느님으로 가득 차 있고, 하나의 책이다." 이 책을 바로 공부하여 피조물에 대한 진정한 인식으로 나아가는 자는 설교가 필요 없다.[7]

에크하르트에 의하면 모든 것을 초탈하여 자신의 본질을 회복한 인간은 하느님과 동등한 삶을 산다. 모든 존재의 근원이며 원인인 하느님이 자신 외의 어느 존재에도 의존하지 않고 오직 자기 자신

---

7 Quint, 46.

의 존재의 충만과 생명으로 살듯이, 초탈한 영혼도 자기 밖 누구든 혹은 어떤 것이든 의존하지 않고 오직 자기 자신의 힘으로 살아간다. 순전히 자신의 존재, 자신의 생명으로 살기에 자기 밖으로부터 오는 어떤 목적이나 "이유 없이" 자족적으로 산다. 에크하르트는 "의로운 자"(gerechter Mensch)에 대해 다음과 같이 말한다.

의義 속으로 형성되고 변형된 자가 의로운 사람이다. 의인은 하느님 안에 살고 하느님이 그 안에 산다. 왜냐하면 하느님은 의로운 자 안에 태어나고 의로운 자는 하느님 안에 태어나기 때문이다. 그러므로 하느님은 의로운 자의 덕 하나하나를 통해 태어나며, 의로운 자의 덕 하나하나에 기뻐하신다. 덕 하나하나뿐 아니라 의로운 자의 일 하나하나가 아무리 사소해도 의로운 자를 통해서 의 가운데 행해지면, 하느님은 그것을 통해 기쁘게 된다. 그렇다, 철저히 기쁘게 된다. 왜냐하면 그의 근저에는 기쁨에 의해 어쩔 줄 모르는 것 외에는 아무것도 없기 때문이다. 미련한 사람들은 이것을 단순히 믿어야 하지만, 개명된 사람들은 그것을 안다.

의로운 자는 그의 일들을 통해 아무것도 구하지 않는다. 왜냐하면 자기 일들을 가지고 무엇인가를 구하는 자들 혹은 어떤 이유를 위해 활동하는 자들은 종이며 고용인이기 때문이다. 그러므로 그대가 의 속으로 형성되고 변형되기 원한다면 그대의 일을 통해 아무것도 의도하지 말고, 시간 속의 것이든 영원 속의 것이든, 보상이든 행복이든, 이것이든 저것이든 어떤 것도 목적하지 말라. 왜냐하면 그러한 일들은 실로 모두 죽은 것이기 때문이다. 그렇다, 나는 말한다: 그대가 설령 하느님을 목적으로 취한다 해도 그대가 그것 때문에 하는 것은 모두 죽은 일이며, 그대는 이로써 선한 일들을 망친다. 좋은 일들을 망칠 뿐만 아니라 그대는 죄를 범하는 것이다. 왜냐하면 그대는 정원을 만들려는 정원사가 나무들을 뽑아 버리고도 보수를 원하는 것처럼 행동하기 때문이다. 그렇게 그대는 선한 일들을 망치는 것이다. 그러므로 그대가 살기 원하고 그대의 일들이 산 일이 되길 원한다면 그대는 모든 일에 대하여 죽어야 하며 무無가 되어야 한다. 어떤 것으로부터 무엇을 만드는 일은 피조물들이 하는 것이지만 하느님은 무로부터 무엇을 만드신다. 그러므로 하느님이 그대 안에 혹은 그대와 더불어 무엇을 만드시고자 한다면 그대는 먼저 무가 되어야만 한다. 그러므로 그대 자신의 근저로 들어가서 거기서 활동을 하여라. 그대가 거기서 하는 일들은 모두 살아 있다. 그러므로 그(현명한 사람)는 말한다: "의로운 자는 산다." 왜냐하면 그는 의롭기 때문에 활동하며 그의 일들은 살아 있기 때문이다.[8]

여기서 에크하르트는 의(Gerechtigkeit, justitia) 속으로 형성되고 (eingebildet) 의로 변형된(übergebildet) 자의 삶, 즉 하느님의 형상으로 형성되고 변형된 하느님 아들의 당당한 삶의 모습을 말하고 있다.[9] 철저히 죽어서 무가 되어 영혼의 근저로부터 새로운 생명을 사는 하느님 아들의 삶이다.

영혼의 근저에 탄생한 하느님 아들의 삶은 자기 밖의 그 어떤

---

8 Quint, 267-268.

9 에크하르트에 있어서 선·지혜·의 같은 완덕들은 하느님 자체이며, 우리가 전에 고찰한 그의 귀속의 유비론(analogia attributionis)에 따라, 의와 의로운 자의 관계는 하느님과 하느님의 아들과의 관계와 똑같다. 하느님의 아들이 하느님으로부터 태어나듯, 의로운 자는 의로부터 태어난다. 이에 관한 가장 대표적 구절은 에크하르트가 남편과 사별한 헝가리 왕비를 위로하기 위해 쓴 『하느님의 위로의 책』 첫머리에 나온다. Quint, 102-103; Walshe II, 345-346; Ueda, *Gottesgeburt in der Seele*, 93-96 참조. 물론, 우에다의 지적대로, 하느님 아들의 탄생을 단순히 유비론만으로 다 설명할 수는 없지만(96), 유비론이 존재론적 기초가 된다.

피조물도 심지어 하느님—그가 하나의 타자로 혹은 대상적 존재로
이해되는 한—에 의해서도 강요받지 않는 자유로운 삶을 산다. 그
는 누구에 의존하지 않고 전적으로 자기 자신으로서 산다. 그는 자
기 자신으로부터 소외되지 않은 "한 진정한 인간"으로 산다. 자기
자신의 존재로 충만한 삶을 산다. 자기도 발가벗고 신도 발가벗어
근저에서 하나가 되어 사는 하느님의 아들은 더 이상 타자에 의해
부과된 의무나 타자에 의해 유발된 동기나 목적 혹은 이유에 구애
받지 않는다. 그는 다른 누구를 위해 살지 않는다. 그는 심지어 하느
님을 위해, 하느님의 뜻을 성취하기 위해 살지도 않는다. 카푸토의
표현대로 그는 하느님을 위해(for God) 살지 않고, 자기 자신 안에
있는 하느님으로부터(out of the God) 산다.10

자기 존재의 근저에 뿌리박고 아무 "이유 없이" 사는 하느님의
아들은 그저 산다. 생명이 그저 자기 자신을 위해 살듯 그는 단지
살기 위해 살 뿐이라고 에크하르트는 말한다. 아무 할 일 없이 무사
시귀인無事是貴人11으로 유유자적 산다. 그는 어떤 특별한 방식(Weise)
이나 "종교적" 활동을 통해서 하느님을 위하거나 찾지 않고, 일상적
행위 가운데서 오직 자기 자신에 충실하며 산다. 에크하르트의 말
을 들어 보자.

> 이에 대하여는 내가 그대들에게 제시했던 "하느님이 자기 독생자를 이
> 세상에 보내셨다"라는 짧은 말이 있다. 그대들은 이것을 그가 우리와 함
> 께 먹고 마셨던 이 외부 세계에 관한 것으로 생각해서는 안 되고, 내면

---

10 Caputo, *The Mystical Element in Heidegger's Thought*, 123.
11 『임제록』에 나오는 말로서, 아무 할 일 없이 유유자적 사는 도인의 경지를 말한다.

세계에 관한 것임을 이해해야 한다. 하느님이 그의 단순한 본성 속에서 자연스럽게 자기 아들을 낳는 것이 진실인 만큼, 그만큼 그는 (우리의) 정신의 내오內奧 속에 아들을 낳는다는 것 또한 진실이다. 여기서는 신의 근저가 나의 근저이며 나의 근저가 신의 근저이다. 여기서는 신이 자기 자신의 것으로 살듯 나 또한 나 자신의 것으로 산다. 누구든 단 한순간만이라도 이 근저를 들여다본 일이 있다면, 그 사람에게는 수천 마르크의 붉은 주조된 금화도 한 푼의 위조 화폐 정도밖에는 되지 않을 것이다. 이 가장 내적 근저로부터 그대는 자신의 모든 일을 이유 없이 해야 한다. 나는 실로 말한다: 그대가 자신의 일을 천국을 위해서나 하느님 혹은 그대의 영원한 행복을 위해서 하는 한, 즉 외부로부터 행하는 한 그대는 정말 잘못하고 있는 것이다. 사람들은 그대를 좋게 생각할지 모르나 그것은 최선이 아니다. 왜냐하면 실로 어떤 사람이 [하느님을] 화롯가나 외양간 속에서보다 내적 성찰·기도·달콤한 황홀감 혹은 하느님의 특별한 은총 속에서 더 얻을 수 있다고 생각한다면, 그는 마치 하느님의 머리를 외투로 싸서 걸상 밑에 놓는 것이나 다름없다. 왜냐하면 어느 특정한 방식으로 하느님을 찾는 사람은 그 방식을 얻고 거기에 가려진 하느님은 놓치기 때문이다. 그러나 하느님을 방식 없이 찾는 사람은 하느님 자신을 있는 그대로 포착한다. 그리고 그러한 사람은 아들과 더불어 살며 생명 그 자체이다. 누군가가 생명에게 왜 사느냐고 천 년이고 물어도, 만약 생명이 답을 할 수 있다면 살기 때문에 산다는 것 외에는 답이 없을 것이다. 그 이유는 생명은 자기 자신의 근저로부터 살며 자기 자신의 샘으로부터 솟아나기 때문이다. 그러므로 생명은 바로 자기 자신을 위해 산다는 점에서 이유 없이 사는 것이다. 누군가가 자기 자신의 근저로부터 활동하는 참된 인간에게 "당신은 왜 당신의 일을 하느냐?"고 물었고 그가

옳은 대답을 하려면 "나는 일하기 때문에 일한다"는 말밖에는 할 말이 없을 것이다.[12]

독일의 신비가이며 에크하르트 신비주의 전통에 서 있는 안겔루스 실레시우스Angelus Silesius(1624~1677)의 시는 바로 이러한 자족적 생명의 자유를 노래한 것이다.

장미는 이유를 모른다. 장미는 피기 때문에 핀다.
장미는 자신에게 관심 없고, 누가 자기를 보는지 묻지도 않는다.[13]

외부로부터 주어지는 어떤 동기나 목적 없이 사는 삶, 오직 자기 자신으로부터 자기 자신에 의해 사는 삶, 누군가에게 이유와 까닭을 제시할 필요 없이 사는 삶은 곧 스스로가 존재 이유이신 하느님 자신의 삶이다. 하느님은 생명 그 자체(ipsum vivere)로서 하느님이야말로 아무 이유 없이(ohne Warum) 사는 존재이다: "하느님은 당연히 자기 밖 혹은 넘어, 어떤 이유도 가지고 있지 않다. 따라서 이유가 있는 일은 어떤 것도 하느님의 일이나 하느님을 위한 일이 아니다."[14] 하느님의 생명에 뿌리박고 사는 사람, 아니 자기 자신의 근저로부터 솟아나는 힘으로 사는 하느님의 아들들의 삶 또한 그러하다. 하느님과 그 근저를 공유하고 있는 영혼은 하느님처럼 자족적이고

---

12 Quint, 179-180.

13 Die Ros' ist ohn' Warum, sie blühet, weil sie blühet, sie acht't nicht ihrer selbst, fragt nicht, ob man sie siehet(Alois M. Haas, *Sermo Mysticus*, 329에서 인용. 안겔루스의 생애, 문학, 신비 사상에 관해서는 같은 책, 369-391 참조).

14 McGinn, 59; Caputo, 122.

자유로운 삶을 사는 것이다.[15]

블로흐Ernst Bloch가 이를 두고 에크하르트를 "하늘에 팔아먹은 보물들을 적어도 이론상으로 인간의 소유로 확보하고자 노력한" 사람으로 평하는 것도 결코 과장이 아니다.[16] 하지만 물론 에크하르트는 하느님의 것을 인간의 것으로 되찾은 단순한 세속적 휴머니스트는 아니다. 그가 되찾은 인간과 세계의 복권에는 하느님에 대한 심오한 영성이 깔려 있기 때문이다.

전통적 신앙에 따르면 자기 자신을 위해 사는 삶, 아무런 이유 없이 그저 사는 삶은 그야말로 무의미하고 절망적인 삶이다. 바로 무신론자들의 삶의 모습이다. 그렇다, 에크하르트도 "하느님 없이"(Gottes ledig, frei von Gott) 자유롭게 사는 삶을 말하고 있다! 그러나 이것은 하느님과 너무나 가깝기 때문에, 아니 하느님과 완전히 하나이기 때문에 하는 이야기지 흔히 말하는 무신론이 아니다. 에크하르트의 "신비주의적 무신론"의 관점에서 보면 전통적 유신론과 무신론은 동전의 양면과 같다. 반대인 것 같으면서도 통한다. 에크하르트는 이제 이러한 피상적 대립을 넘어서는 세계, 종교적 휴머니즘의 세계, 우에다의 표현대로 "비종교의 종교"를 열고 있는 것이다.[17]

하느님의 뜻을 이루고 실천하는 일, 하느님을 사랑하고 찬양하는 일과 같이 우리가 통상적으로 종교적 행위로 간주하는 모든 것

---

15 McGinn, 60. 맥긴은 하느님과 영혼이 동일한 내적 근거를 가지고 있기 때문에 이러한 이유가 필요 없는 삶이 가능하다는 점을 지적한다.

16 A. M. Haas, *Sermo Mysticus*, 251에서 재인용.

17 우에다, 『엑카르트』, 284.

이 에크하르트에 이르러서는 한 단계 깊은 차원으로 심화되지 않으면 안 된다. 에크하르트는 "종교적" 행위 뒤에 깊이 숨겨져 있는 인간의 뿌리 깊은 이기적 욕망과 자기 사랑(Ich-Liebe)을 간파한다. 하느님을 사랑한다면서 하느님과 더불어 하느님 아닌 다른 어떤 것을 원하는 사람은 그것이 무엇이든 기도든 쾌락이든 혹은 그 밖에 마음에 드는 어떤 것이든 자기가 구하는 것이 무엇인지 모르는 사람이고, 가롯 유다처럼 하느님을 "파는" 사람이라고 에크하르트는 말한다.[18] 많은 사람들이 소를 사랑하듯 하느님을 사랑한다고 그는 비꼬아 말한다.

> 그러나 많은 사람들이 하느님을 소를 보는 눈으로 보기 원하며 소를 사랑하듯 하느님을 사랑하기 원한다. 그대는 소를 우유나 치즈 등 그대 자신의 유익을 위해서 사랑한다. 외적인 부(富)나 내적 위로를 위해 하느님을 사랑하는 사람들도 모두 이와 같다. 그들은 하느님을 올바로 사랑하지 않고 자기 자신의 유익을 사랑하는 것이다. 그렇다. 나는 진실로 말한다. 그대의 노력이 지향하는 모든 것, 그 자체가 하느님이 아닌 것은 그대가 최고의 진리를 얻는데 장애가 되지 않을 정도로 선한 것은 결코 없다.[19]

에크하르트에게 진정한 하느님 사랑은 자기를 비우고 하느님마저 비운 철저한 자기 부정의 바탕 위에서만 가능하다. 마음에 조그마한 집착, 피조물에 대한 단 하나의 상(Bild)만 남아 있어도 나와 하느님 사이는 구만리나 벌어진다는 것이 그의 생각이다. 진정한

---

18 Quint, 372.
19 Quint, 227.

하느님 사랑은 하느님을 그 근저에서, 그 "하나"에서 아는 인식 위에서만 가능하다. 에크하르트는 말한다.

"하느님의 집 문에 서 있어라." "하느님의 집"이란 그의 존재의 단일성이다! "하나"인 것은 전적으로 자기 홀로 있을 때 가장 잘 스스로를 유지한다. 그러므로 단일성은 하느님 곁에 있고 하느님을 붙잡으며 [하느님에게] 아무것도 덧붙이지 않는다. 거기서 하느님은 가장 자기 자신의 것, 자신의 존재 속에 있으며, 전적으로 자기 안에 있고 자기 밖의 어느 곳에도 있지 않다. 그러나 그가 녹는 곳에서 그는 녹아 흘러넘친다. 그의 녹아 흘러넘침은 내가 그의 인식과 사랑의 주제와 관련하여 짧게 말한 바와 같이 그의 선이다. 인식이란 떼어 내는 것이다. 왜냐하면 인식이 사랑보다 더 좋기 때문이다. 그러나 하나보다는 둘(인식과 사랑)이 낫다. 왜냐하면 인식은 그 안에 사랑을 품고 있기 때문이다. 사랑은 흘려서 선에 굳게 매달리며, 따라서 사랑 안에서 나는 [하느님의 집] 문에 매달려 있다. 인식이 없다면 사랑은 맹목적이다. 돌 하나도 사랑을 가지고 있어서 땅이라는 지반을 구한다. 내가 첫 번째 녹아 흘러넘침에서 선에 매달려 있다면 그리고 하느님이 선하신 한 그를 취한다면, 나는 문을 잡는 것이지 하느님을 잡는 것은 아니다. 그러므로 인식이 더 좋다. 왜냐하면 인식은 사랑을 인도하기 때문이다. 사랑은 그러나 욕망과 갈망을 일깨운다. 반면에 인식은 [하느님께] 단 하나의 생각도 덧붙이지 않으며, 오히려 떼어 내고 분리하며 하느님 앞으로 달려가 그를 벌거벗은 채로 만진다. 그를 오로지 그의 존재에서 파악한다.[20]

---

20 Quint, 237-238.

에크하르트는 흔히들 말하는 "윤리학"에는 전혀 관심이 없다. 그의 관심은 오로지 우리가 어떻게 자기 자신의 존재에 뿌리박고 본질적 삶을 사는가에 있다. 어떤 것이 옳은 행동이냐, 옳음의 기준이 무엇이냐 등의 문제보다는 어떻게 본질적 삶을 살 수 있는가 하는 것이 그의 궁극적 관심이다. 굳이 말하자면 그의 윤리학은 존재와 행위·존재와 당위·인식과 실천 그리고 존재론과 윤리학이 하나인 "존재의 윤리학"(Seinsethik)이며, 외적 행위보다는 내적 마음의 태도를 근본으로 삼는 "내면의 윤리학"(Gesinnungsethik)이라고 말할 수 있다.21 외적 행위(das äußere Werk)가 아무리 크고 위대해도 내적 행위(das innere Werk)의 선함을 조금도 증가시키지 못한다고 에크하르트는 말한다.22 모든 외적 행위는 내적 행위를 매개로 해서 비로소 선을 얻는다.23

에크하르트는 우리의 행위가 우리 자신의 존재의 뿌리에 근거하지 않는 한, 교회의 전통적인 신앙 행위라 해도 거부한다. 기도·금식·고행·성례전 등 모든 경건한 행위들, 우리를 거룩하게 만든다고 여겨지는 성스러운 행위들이 단지 외적 행위인 한 에크하르트는 비판한다. 행위가 우리를 성화聖化하는 것이 아니라 우리 자신이 행위를 성화하는 것이라고 에크하르트는 말한다.

---

21 K. Ruh, *Meister Eckhart*, 35. 에크하르트 "윤리학"의 근본 성격에 관해서는 D. Mieth, "Meister Eckhart: Authentische Erfahrung als Einheit von Denken, Sein und Leben," *Das "Einig Ein": Studien zu Theorie und Sprache der Deutschen Mystik*, hrsg. von A. M. Haas und Heinrich Stirnimann(Freiburg/Schweiz: Universitätsverlag, 1980), 19-35 참조.

22 Quint, 122(Das Buch der Göttlichen Tröstung).

23 Quint, 123.

사람들은 무엇을 해야 할지 그렇게 걱정할 필요가 없다. 오히려 어떤 존재의 사람인지를 걱정해야 한다. 그러나 만약 그들과 그들의 방식이 선하다면 그들이 하는 일도 밝게 빛날 것이다. 그대가 의롭다면 그대가 하는 일도 역시 의로울 것이다. 거룩함을 행위 위에 근거시키려 하지 말고 존재 위에 근거시켜야 한다. 왜냐하면 행위가 우리를 성화하는 것이 아니라 우리가 행위를 성화하기 때문이다. 행위가 제아무리 거룩하다 해도, 그것이 행위인 한 결코 우리를 거룩하게 만들지 못한다. 우리가 거룩하고 존재[의 충만]을 소유하는 한 우리가 먹고 자고 깨는 일과 그 밖의 어떤 일이든 우리의 행위를 거룩하게 만든다. 큰 존재를 소유하지 않은 사람은 무슨 일을 하든 아무것도 이루지 못한다. 따라서 사람들은 선한 존재가 되기 위해 모든 열심을 기울여야 한다는 것을 알아야 한다. 무엇을 하느냐 혹은 무슨 종류의 행위냐보다는 그 근거가 어떤 것인지에 관심을 써야 하는 것이다.[24]

일차적으로 중요한 것은 우리가 "무슨" 행위를 하느냐가 아니라 우리가 "어떤" 존재이며 어떤 마음가짐과 자세로 행위를 하느냐가 중요하다는 것이다. 에크하르트의 윤리는 "자세의 윤리"(Haltungethik)이지 "행위의 윤리"(Verhaltensethik)가 아니다.[25] 에크하르트는 "우리가 선한 삶에 발전이 있는지를 아는 것은 금식을 많이 하고 외적 일들을 많이 수행하는데 있는 것이 아니라 영원한 것들을 더 사랑하고 무상한 것들에 덜 관심을 가지는데 있다"고 말한다.[26] 어떤

---

24 Quint, 57.
25 D. Mieth의 표현. N. Winkler, *Meister Eckhart zur Einführung*, 121에서 재인용.
26 Quint, 381.

특정한 행위 자체가 아니라 나의 마음의 태도와 관심이 더 중요하다는 말이다. 모든 행위는 나 자신에 뿌리박고 나 자신의 "존재"로부터 우러나와야 한다. 하느님과 인간의 직접적인 일치를 누구보다도 강조하면서 둘 사이를 매개하는 일체의 수단(Mittel)을 거부하는 에크하르트로서는 당연한 일이다.

에크하르트는 내적 행위가 외적 행위보다 중요한 네 가지 이유를 들고 있다. 첫째, 외적 행위는 방해를 받을 수 있으며 둘째, 오직 내적 행위만이 하느님이 본래 명하는 바이며 셋째, 내적 행위는 절대로 억압적이지 않으며 넷째, 내적 행위는 언제나 하느님을 직접 그 행위자로 찬양한다.27

내면의 의지와 초탈한 마음의 순수성을 강조하는 에크하르트의 윤리 사상은 당연히 결과보다는 동기를 중시한다. 그는 행위에 있어서 그 원동력이 되는 의지를 무엇보다도 중시한다.

주의 깊게 들어 보아라. 내가 만약 어떤 나쁜 일을 하지 않았다 해도 악에 대한 의지를 가졌다면, 나는 그 행위를 한 것이나 마찬가지로 죄를 지은 것이다. 하나의 결연한 의지만 가지고 있다면, 나는 그것을 행동에 전혀 옮기지 않고도 온 세상을 파괴하는 엄청난 죄를 지을 수 있을 것이다. 왜 선한 의지에도 이와 같은 것이 가능하지 않겠는가? 실로 더 많이 그리고 비교할 수 없을 정도로 그럴 것이다! 진실로 나는 의지로 모든 것을 할 수 있다. 나는 모든 사람의 슬픔을 질 수 있고 많은 가난한 사람들을 먹일 수 있으며, 모든 사람의 일을 할 수 있고 그대가 생각할 수 있는 것은

---

27 Colledge and McGinn, *Essential Sermons*, 58.

무엇이든 할 수 있다. 그대에게 할 의지는 있으나 다만 능력이 없다면 하느님의 눈에 그대는 모든 것을 한 셈이며, 아무도 그대에게서 그것을 빼앗을 수 없고 한순간도 방해할 수 없다. 왜냐하면 할 수 있는 대로 빨리 하고자 하는 의지와 [실제로] 행한 것은 하느님의 눈에는 마찬가지이기 때문이다. … 그대는 물을 것이다. 언제 우리의 의지가 바른 의지인가라고. 의지는 어떠한 자기 계박도 없으며 자기 자신을 비우고 하느님의 의지 속으로 형성되어 들어가고 형상을 취했을 때 완전하고 바르다. 그렇다, 그러면 그럴수록 의지는 바르고 참되다. 그리고 그러한 의지 속에서 그대는 사랑 혹은 그 어떤 것을 원하든 모두 다 할 수 있는 것이다.[28]

소유는 물론이요, 행위보다 존재, 외면보다 내면, 결과보다 의지와 동기를 강조하는 에크하르트의 사상은 중세적 질서인 성과 속의 외적 구별, 종교적 일과 세속적 일의 형식적 구분을 넘어서서 인간의 삶과 행동 전체를 하나로 통일하는 강력한 인격적 윤리를 형성한다. 하느님이 만든 세상에 그 자체로 더러운 것은 아무것도 없듯이 어떤 행위든 그 자체로 속되거나 무의미한 것은 없다. 다만 우리 자신이 그것을 속되게 만들고 우리 자신이 그것을 성스럽게 만들 뿐이다. 하느님은 어디에나 계시고 모든 피조물에게 차별 없이 가깝다.

하느님은 모든 피조물에게 동등하게 가깝다. 지혜자는 말한다: 하느님은 그의 그물과 밧줄을 모든 피조물 위에 쳐 놓아서 사람들이 단지 지각

---

28 Quint, 65-66.

을 원하기만 하면 그를 어느 것에서나 발견하고 인식할 수 있도록 했다. 한 대가는 "모든 사물 가운데서 동등하게 하느님을 인식하는 자가 하느님을 바로 인식하는 자이다"라고 했다. … 어떤 사람은 들에 나가서 기도를 드리며 하느님을 인식하고 혹은 교회에서 하느님을 인식한다. 그러나 그가 더 조용한 곳에 있기 때문에 하느님을 더 잘 인식한다고 하면, 그것은 그의 부족함에서 오는 것이지 하느님 때문이 아니다. 왜냐하면 하느님은 모든 사물과 모든 장소에 동등하게 계시기 때문이며 자기를 그에게 있는 한 동등한 방식으로 줄 준비가 되어 있기 때문이다.[29]

우리는 이미 초탈의 개념을 고찰할 때, 그 핵심이 자기애 · 자아의지 · 자기 계박(Ich-Bindung)을 끊어 버리는 것임을 보았다. 주위 사물이나 환경, 때와 장소 그 자체가 하느님께 나아가는 데 문제가 되는 것이 아니라 언제나 우리 자신의 의지와 마음이 문제라는 것이다. 나 자신의 마음과 존재가 문제이지 나 밖의 어떤 특정 부류의 행위나 환경이 문제가 되는 것이 아니다. 에크하르트에게 초탈은 "존재"의 문제이지 "행위"의 문제가 아니며 내적 마음의 문제이지 외적 환경의 문제가 아니다. 아무리 경건한 행위라도 마음이 탐욕으로 차 있으면 아무 소용 없고 아무리 하찮은 일이라 해도 마음이 깨끗하고 순수하면 성스러운 일이 되는 것이다.

이렇게 의지와 내적 동기를 강조하는 에크하르트의 사상은 외적 행위보다는 내면의 신앙을 강조한 마르틴 루터와 상통하는 면이 있으나, 루터가 철저하게 인간 의지의 자유를 부정하고 은총과 신앙

---

29 Quint, 324. "지혜자"의 말은 『전도서』 12장 13절의 말로 되어 있으나, 실제로는 거기에 없다. Walshe II, 170, 주 8 참조.

을 강조한 반면 에크하르트는 은총뿐만 아니라 철저한 초탈을 강조하면서 인간의 의지와 노력 그리고 행위의 순수성과 자발성을 중시한다. 그러나 양자 모두 중세적 형식주의를 넘어서 근대의 주체적 인간관에 가까이 접근하고 있다는 점을 주목하지 않을 수 없다. 에크하르트와 같은 때에 이단 재판을 받기 위해 아비뇽에 불려온 프란치스코회 회원 윌리엄 옥캄의 유명론적唯名論的 사고에서 중세적 사고방식과 세계관의 파열음이 들렸다면, 에크하르트의 내면적 윤리 사상에서 우리는 종교적 형식주의와 의례에 의존하여 교권을 유지하던 교회의 권위가 안으로부터 무너져 가는 소리를 들을 수 있다. 이런 면에서 에크하르트에게 적용된 28개 조의 최종 이단 혐의 가운데 4개 조가 외적 행위의 무가치성을 강조하는 그의 발언에 관련되어 있다는 사실은 의미심장하다.[30] 가령 "하느님은 명시적으로 외적인 일을 명하시지 않는다" 혹은 "하느님은 영혼들을 사랑하시지, 외적인 일을 사랑하시는 것이 아니다"라는 발언들이다.[31] 이러한 내면 윤리의 강조는 당시 교회에 의해 이단시되었던 이른바 "자유정신"(Free Spirit)파의 사상과도 일맥상통하기 때문에, 교회가 에크하르트의 이러한 사상에 예민한 반응을 보인 것도 이해할 만하다.[32]

교회의 충실한 아들이요 도미니코회의 탁월한 지도자였던 에크

---

30 16-19조. Quint, 452.

31 같은 곳.

32 중세 후기 자유정신파 운동에 관해서는 G. Leff, *Heresy in the Later Middle Ages*, vol. I, 308-407 참조. 이와 다른 견해로서 자유정신 운동이 과장되었음을 주장하면서 그 역사적 실체성을 의심하는 연구로 R. E. Lerner, *The Heresy of the Free Spirit in the Later Middle Ages*가 있다.

하르트는 물론 성례전이나 그 밖의 경건한 행위들 자체를 비판하거나 거부하지는 않았다.[33] 그러나 영혼과 하느님의 직접적 일치를 중시하는 그의 신비주의 사상은 자연히 성례전을 영적으로 해석하며[34] 그것을 "매개"로 하는 하느님과 인간과의 관계에 대하여 비판적이게끔 만들었다. 사람을 성화하는(heiligen) 것은 어떤 특정한 종교적 행위나 의례가 아니라 사람 자신이라는 생각, 사람이 행위를 성화하지, 행위가 사람을 성화하는 것이 아니라는 생각에는 중세 교회가 감당하기에는 버거운 급진성이 들어 있었던 것이다.

우리는 에크하르트의 초탈과 초연이 결코 정적주의나 관조적 삶으로 흐르지 않는다는 것을 여러 번 강조했다. 초탈이야말로 진정으로 활동적 삶을 가능하게 하는 내면의 힘이 되기 때문이다. 우리로 하여금 사리사욕에 얽매이지 않고 순수한 마음으로 행동에 임하게 하기 때문이다. 자신의 존재의 뿌리, 생명의 뿌리로부터 무한한 힘을 공급받으면서 영원에 잇대어 시간을 살아가게 하기 때문이다. 불교식으로 말하자면 진심眞心의 체體에 근거한 용用으로서 활기찬 삶이 전개되는 것이다. 이미 우리가 에크하르트의 역동적 존재론에서 보았듯이 그에게는 하느님과 세계, 영원과 시간, 일一과 다多는 결코 이원적 배타성을 띤 것이 아니라 부정을 통한 긍정의 변증법적 관계에 있다. 돌파는 다多와 시간時間이 사라진 순일한 "하나"로 우리를 이끌지만, 우리는 거기서 오히려 새로운 생명으로 부활하여 복잡다단한 현실 세계로 다시 귀환한다. 이와 관련하여 누가복음에 나오

---

33 성례전에 관한 그의 가장 보수적이고 평범한 이해는 초기 저작 『훈화집』의 훈화 20번에 잘 나타나고 있다.

34 설교 20a와 20b에 잘 나타난다. *DW* I, 505-512.

는 마리아와 마르타 이야기에 대한 에크하르트의 설교는 빼놓을 수 없다.

이 설교에서 에크하르트는 마리아로 대표되는 관조적 삶과 마르타로 대표되는 활동적 삶을 대비시키면서 성서 본문의 문자적 이해를 뒤엎는 해석으로 후자의 우월성을 강조하고 있다.[35] 동생 마리아는 영혼이 하느님의 선善에 매료되어 하느님을 갈망하며 하느님을 떠나려 하지 않는다. 반면 언니 마르타는 생활의 경험이 풍부한 원숙한 여인으로서 영혼의 "근저"로부터 활동하는 여인이다. "주님, 마리아에게 명하여 나를 도와주게 하소서"라는 마르타의 말을 에크하르트는 불평이 아니라 삶에서 우러나오는 말로, 그리하여 마리아로 하여금 하느님을 떠날 줄도 아는 더 높은 정신적 경지를 깨닫게 하려는 사랑에서 나온 말로 해석한다. "마르타야, 마르타야, 너는 많은 일로 걱정하고 있다. 그러나 필요한 일은 많지 않다. 오직 하나뿐이다. 마리아는 좋은 몫을 택했다. 그러니 아무도 그것을 마리아에게서 빼앗지 못할 것이다"라는 그리스도의 말은 에크하르트에게는 마르타를 탓하는 말이 아니라 마리아가 앞으로 마르타가 원하는 대로 될 것이라는 위로의 말이다. 그리스도가 마르타의 이름을 두 번이나 부른 것은 마르타가 시간적 가치와 영원한 가치를 모두 완벽하게 갖추었음을 뜻한다. "너는 걱정을 하고 있다"는 말은 마르타가 사물들과 "함께" 있지만, 사물들은 마르타 "안에" 있지 않다는

---

35 이 본문에 대한 해석의 역사에 대해서는 D. Mieth(Hg.), *Meister Eckhart: Einheit im Sein und Wirken*, 58-64 참조. 미트는 이 본문의 뜻이 본래 하느님에 대한 사랑과 이웃 사랑을 분리하지 않는 성서적 가르침을 떠나 그리스 철학적 영향 아래 관조적 삶의 우위를 뜻하는 것으로 잘못 해석되어 왔음을 지적하면서, 오히려 에크하르트에 와서 그 정신이 바로 살아나게 되었음을 지적하고 있다.

뜻으로서 마르타는 현실 한복판에 있으면서도 현실에 집착하지 않는 사람이다. 마르타는 걱정과 "함께" 있지만, 걱정 "가운데" 있지는 않다.

시간 속에서 하는 세상일들이 하느님을 찾는 관조적 삶이나 "종교적" 삶보다도 더 고귀하다. 마르타는 마리아가 아직 자신의 존재에 따른 본질적(wesentlich) 삶을 살지 못함을 알고서 그로 하여금 영원한 행복에 필요한 것을 얻을 수 있기를 영혼의 근저로부터 소원했다. 따라서 그리스도는 "필요한 것은 오직 하나다"라고 말했다. 여기서 "하나"는 곧 하느님 자신을 가리킨다. 마르타는 존재에 확고하게 뿌리를 두고 있어서(wesenhaft) 어떤 일을 하든지 장애가 되기는커녕 오히려 영원한 빛에 감싸여 활기차게 수행한다. 그는 마리아처럼 하느님에 집착하지 않고 하느님을 놓아 버림으로써 일 속에서 하느님을 만난다.

이상이 에크하르트 해석의 요점이다. 중요한 것은 에크하르트가 단연코 활동적 삶을 관조적 삶보다 우월하다고 보았다는 사실이다. 아니 그 둘을 택일해야 하는 대립적 관계로 보는 것 자체가 잘못이며, 마리아는 아직 이런 대립에 머물러 있다는 것이다. 가장 바람직한 것은 둘이 같이 가며 하나인 경지이다. 그것이 마르타의 경지였다는 것이 에크하르트의 해석이다. 하느님(그리스도)의 위로에 집착하여 하느님을 떠날 수 없는 종교적 삶보다는 자신의 존재 혹은 영혼의 근저에 굳게 서서 흔들림 없이 세상사를 수행해 나가는 실천적 삶이 더 성숙하고 고차적 삶이라는 것이다. 에크하르트는 이미 젊은 시절의 저서 『훈화집』에서 다음과 같이 말하고 있다.

우리가 자기 내면을 피하거나 무시하거나 거부해야 한다는 말이 아니라 바로 그것 안에서 그것과 더불어 그리고 그것으로부터 활동하는 법을 배워서, 내면성이 활동성으로 터져 나오며 활동성이 내면성 안으로 들어가도록 하여 강요됨 없이 활동하는 습관을 길러야 한다는 것이다.[36]

마르타는 바로 이러한 삶을 산다는 것이다. 그에게는 시간적 선과 영원한 선이 배타적 선택이 아니라 융합되어 있다. 마르타는 세속을 떠난 종교적 삶이 아니라 세속 가운데 있지만, 세속에 물들지 않는 삶, 시간을 떠난 영원이 아니라 시간 속에 살면서도 영원을 사는 삶의 전형을 보이고 있으며, 에크하르트는 이러한 삶을 참된 영성으로 여긴다. 그에게는 "초탈이 결코 외적으로 이해되지 않도록 [세상으로부터] 떠남과 회귀가 하나의 순간에 일어나는 것이 결정적이다."[37]

이것은 결국 하느님마저 떠나는 "돌파"를 통해 자기 존재의 근저에 뿌리박고 사는 본질적 삶의 모습으로 여기서 성과 속, 유신론과 무신론의 이원적 대립을 초월하는 새로운 정신세계가 열린다.[38] 도피적 세계 부정과 맹목적 세계 긍정을 넘어 관조적 삶과 활동적 삶의 이원적 대립이 극복되고, "세상 안에서 완전히 편안하게 느끼는 종교적 내면성"이 열리는 것이다. 우리는 여기서 세상을 등진 "수도

---

36 Quint, 94.

37 D. Mieth, *Meister Eckhart im Sein und Wirken*, 54.

38 우에다, 『엑카르트』, 308. "비종교의 종교"라는 관점에서 마리아와 마르타 이야기에 관한 에크하르트의 설교를 해설하고 있는 우에다의 통찰은 뛰어나다. 그는 에크하르트 신비주의의 현실지향성을 가리켜 "신비주의(神秘主義)의 심신탈락(心身脫落)"이라고도 부른다.

원적 기독교에 대한 종교개혁가들의 비판"의 소리도 들을 수 있다.
39 우에다는 에크하르트의 이러한 활동적 삶의 영성, "비종교적 종
교성"을 다음과 같이 설명한다.

에크하르트에 의하면 신성神性의 무無는 영혼에게 하나의 대상이 아니라
그 자신의 근저이다. 따라서 영혼은 자기 자신의 본원적 근저로 되돌아
오기 위해서 하느님을 돌파하여 신성의 무로 돌파해 가지 않으면 안 된
다. 그러기 위해서 영혼은 "하느님을 떠나야" 하며 "하느님으로부터 자
유로워야" 한다. 이것은 오직 영혼이 자기 자신을 떠나 하느님과 하나가
됨으로서만 이루어진다. 이것은 에크하르트에게 극단적인 "초탈", "철
저한 죽음"을 뜻한다. 동시에 이를 통해서 영혼의 근저에는 "아무런 이유
없이" 자기 스스로부터 자신에 의해 사는 순수한 생명의 원천이 드러
난다. 영혼은 이제 자기 자신의 근저로부터 산다. 이제 에크하르트는 영
혼으로 하여금 "나는 신도 아니고 피조물도 아니다"라고 말하게 한다.[40]
이것이 진정한 자유, 하느님 없는 자유로서 이와 더불어 이 "하느님 없음
" 속에 신성의 무, 곧 신의 본질이 현존한다. 이러한 사상으로 에크하르트
는 유신론과 무신론의 대립의 피안, 인격신관과 탈인격신관의 대립의
피안에 선다.

우에다는 계속해서 말한다.

이 "하느님 없는" 삶 속에서 에크하르트는 이 "피안"을 일상적인 세상 현

---

39 Caputo, *The Mystical Element in Heidegger's Thought*, 138.
40 Quint, 308.

실 속의 "활동적 삶"과 직접 연결한다. 실로 "하느님으로부터 신성의 무로" 그리고 이와 더불어 "신으로부터 세상의 현실로"라는 방식으로 나아가는 것이다. … 마르타에게 있어서 이 세상 현실로의 회귀는 하느님을 돌파하여 신성의 무로 뚫고 들어가는 돌파의 실제 수행이다. 부엌에서 일하는 마르타에게 그리고 마르타로서 그 본질에서 무無인 하느님이 현존한다. 에크하르트는 이른바 합일의 신비주의를 극복하고 비종교적 종교성으로의 움직임을 보이고 있는 것이다.[41]

관조와 활동, 초탈과 헌신이 하나인 에크하르트의 영성과 신비주의는 자연히 어떤 특이한 신비 체험이나 영적 경험 자체에 집착하거나 도취되지 않는다. 에크하르트는 사랑이 그 어떤 고양된 종교적 감정이나 경험보다도 우선임을 말하면서, 우리가 설사 사도 바울이 체험한 것과 같은 탈아경에 있더라도 아픈 사람 하나가 수프 한 접시를 청하면 즉시 탈아경에 대한 사랑을 떠나 도움의 손길을 펴는 것이 더 좋다고 말한다.[42] 에크하르트 연구가들이 거의 공통적으로 증언하는 바에 따르면 그의 신비주의는 어떤 특별한 종교적 경험, 예컨대 신비적 합일에서 오는 고도로 격앙된 감정이나 탈아경, 환상이나 환청 같은 특이한 감각적 경험에 집착하지 않는다.[43]

---

41 Ueda Shizuteru, "Das 'Nichts' bei Meister Eckhart und im Zen-Buddhismus unter besonderer Berücksichtigung des Grenzbereiches von Theologie und Philosophie," 258-259.

42 Quint, 67.

43 Colledge and McGinn, Essential Sermons, 61. R. Kieckhefer는 "Meister Eckhart's Conception of Union win God," Harvard Theological Review 71(1978)에서 신비적 합일(unio mystica)의 두 형태를 구별하면서, 에크하르트는 특수한 순간에만 주어지는 황홀한 탈아경적 합일(ecstatic union)보다는 일상적 삶

오토의 지적대로 에크하르트 신비주의는 인도의 베단타 사상가 샹카라Sankara의 신비주의와 마찬가지로 어떤 고조된 감정이나 격정 같은 것은 찾아보기 어려운 매우 지적이고 담담한 신비주의이다.[44] 그러면서도 샹카라의 탈세계화된 인도적 영성보다는 평상심平常心이 곧 도道임을 몸으로 깨닫고 사는 중국 선사들의 일상적 영성에 훨씬 더 가깝다.

에크하르트의 영성은 이렇게 특정한 신비적 경험 자체에 집착하지 않았기 때문에 수도자들이나 일부 신비가들 혹은 신학적 훈련을 받은 자들만의 전유물이 되지 않고, 대중 언어인 독일어 설교를 통해 "단순한 사람들에게"도[45] 전파된 개방적 영성이 될 수 있었으며,[46] 세상을 향해 활짝 열린 활동적 삶으로 힘차게 전개될 수 있었던 것이다.

그렇다면 이제 초탈과 은총으로 하느님의 아들이 된 자에게는 더 이상 수행이란 필요 없는 것일까? 있다면 어떤 수행이 필요할까? 하느님의 아들로 태어난 자에게 아직도 어떤 참회의 행위(Bußwerke)가 필요한 지를 묻는 물음에 에크하르트는 금식 · 철야 기

속에서 항시 하느님과 하나가 되는 평상적 합일(habitual union)을 추구했다고 지적한다. O. Langer, *Mystische Erfahrung und spirituelle Theologie: Zu Meister Eckharts Auseinandersetzung mit der Frauenfrömmigkeit seiner Zeit*는 에크하르트의 영성을 그가 관여하고 있던 당시(1300년경) 도미니코회 수녀원에서 유행하던 금식, 철야 등 각종 고행과 참회의 행위를 중심으로 한 영성에 대한 비판으로 해석하고 있다.

44 R. Otto, *Mysticism East and West*, 91-92.

45 교회 당국에 의한 이단 판결문(*In agro dominico*)에 나오는 표현으로서, 에크하르트가 설교를 통해서 "단순한" 사람들을 오도했다고 두 번씩이나 언급하고 있다. Quint, 449, 454

46 B. McGinn, *Meister Eckhart and the Beguine Mystics*, 10-11.

도·고행과 같은 참회 행위들은 육(Fleisch)에는 고향(Heimat)이요 영(Geist)에는 이방(Fremde)인 이 지상에서 강한 육을 제어하고 약한 영을 돕기 위한 목적으로 고안된 것이라면서, "사랑의 고삐"(Zaum der Liebe)를 매는 것이야말로 우리가 육과 싸우는데 수천 배나 더 낫다고 답한다.

사랑으로써 그대는 그것(육)을 가장 빨리 극복하며, 사랑으로써 그대는 그것에 가장 무거운 짐을 지운다. 그러므로 하느님이 우리를 겨냥해 노린 것 가운데 사랑만한 것이 없다. 왜냐하면 사랑은 바로 낚시꾼의 낚시와도 같기 때문이다. 낚시꾼은 고기가 낚시에 걸리기까지는 잡을 수 없다. 일단 낚시에 걸렸다 하면 고기를 잡는 것은 보장된 일이다. 이리 꿈틀 저리 꿈틀 아무리 버둥대 봤자 낚시꾼은 전혀 끄떡없고 고기는 빠져나갈 수 없다. 사랑도 이와 같다고 나는 말한다. 사랑에 의해 잡힌 자는 가장 강한 사슬을 끌고 다니지만 하나의 즐거운 짐을 진 자이다. 이 달콤한 짐을 진 자는 사람들 모두가 할 수 있는 그 모든 참회 행위와 고행을 통해서보다도 더 많이 그리고 더 멀리 도달할 수 있다. 그리고 또 그는 심지어 하느님이 그에게 가하는 것이 무엇이든 그에게 일어나는 모든 일을 즐겁게 감내하고 견딜 수 있으며, 사람들이 그에게 어떤 악을 행해도 너그럽게 용서할 수도 있다. 이 사랑의 달콤한 유대만큼 그대를 하느님께 가까이 가져다주고 하느님을 그대의 것으로 만드는 것은 없다. 이 길을 발견한 자는 다른 길들을 찾을 필요가 없다. 이 낚시에 매달려 있는 자는 손과 발, 입, 눈, 가슴 그리고 사람이 가진 것 전부가 언제나 하느님의 것이 될 수밖에 없도록 사로잡혀 있는 것이다.[47]

육의 힘을 이기는 데는 온갖 참회 행위나 고행보다 사랑의 실천이 더 효과적이며, 사랑은 행복한 짐, 자유로운 묶임이라는 것이다. 사랑이라는 낚시는 "걸리면 걸릴수록 더 자유롭다."[48]

에크하르트는 어디까지나 중세의 아들이었다. 그의 영성이 아무리 활동적 삶의 영성이라 해도 그에게서 사회문제에 대한 관심이나 정치적 관심 같은 것은 찾아보기 어렵다. 그는 어디까지나 영성가요 신비가였지 중세적 질서를 뒤집으려는 혁명가나 예언자적 존재는 아니었다.[49] 그러나 미트Mieth의 지적대로 그에게서 발견되는 명상과 행위의 통합은 우리로 하여금 자기중심적 삶을 정화하여 순수한 마음으로 사회와 세계를 위해 일할 수 있도록 하는 활동적 영성의 길을 제시하고 있다는 점에서 현대적 영성과 사회적 실천에 지니는 의미는 여전히 크다.[50]

에크하르트는 우리에게 어떤 특별한 종교적 경험이나 행위에 집착하지도 않고 그렇다고 일상적 삶에 매몰되지도 않으며, 성과 속 어디에도 얽매이지 않고 오직 자기 자신의 영혼의 근저에 뿌리박고 활기차게 살아가는 참다운 자유의 길을 가르쳐 준다. 지칠 줄 모르는 왕성한 활동의 연속이었던 그의 삶 자체가 이를 증언한다. 평생을 에크하르트 연구에 헌신한 퀸트의 말을 인용하며 이 책을 마친다.

---

47 Quint, 438-439.

48 Quint, 439.

49 중세 후기에 교권에 반기를 들고 일어난 각종 "이단" 운동들을 마르크스주의적 계급 투쟁의 시각에서 보는 연구도 많이 있으며, 이런 관점을 에크하르트와 베긴들(Beginen)에 대해서도 적용하는 견해도 있다. 이에 대한 비판적 검토로 Haas, *Sermo Mysticus*, 238-254("Im Spiegel der marxistischen Ideologie")를 볼 것.

50 D. Mieth, *Meister Eckhart: Einheit im Sein und Wirken*, 58.

"죽으면 살리라!"(Stirb und werde!)라는 에크하르트의 명령은 결국 "인간이여, 본질적이 되어라, 그대 자신을 알고 자신이 되어라, 즉 그대의 가장 내적이고 진실한 본질을 채우고 완성하라!"는 것 외에 무슨 뜻이겠는가? 초탈과 초연의 길을 타고 그대의 작은 "나"의 불모의 껍질과 각질을 돌파하여 그대 자신의 깊은 존재의 근저로 내려가라. 그러나 거기 저 밑, 그대 영혼의 근저에는 신적인 것이 거하며 하느님 자신의 힘이 놓여 있다. 이 하느님의 힘과 하나 되는 가운데서 그대는 본질적 활동을 향한 강한 충동을 경험할 것이며, 그대는 창조자가 되어 의로운 자로서 그대의 덕 하나하나로부터 하느님이 탄생할 것이며 기뻐할 것이다. "그리고 덕 하나하나뿐 아니라 의로운 자를 통해 의 가운데서 행해지는 의로운 자의 일 하나하나가 아무리 사소해도 그것으로 인해 하느님은 기뻐하시고 실로 한껏 기뻐하실 것이다. 왜냐하면 그의 근저에는 기쁨으로 어쩔 줄 모르는 것 외에 아무것도 없기 때문이다."[51]

---

51 Quint, 48(Einleitung).

참고문헌

1. 에크하르트 원전

Meister Eckhart: Die deutschen und lateinischen Werke, herausgegeben im Auftrag der deutschen Forschungsgemeinschaft. Stuttgart - Berlin: Kohlhammer, 1936~. 현재 라틴어 저작집 I, II, III, IV권과 독일어 저작집 I, II, III, V권이 발간되었음.

2. 현대어 번역

Jeanne Ancelet-Hustache, introd. et trad. *Maître Eckhart: Sermons,* 3 tomes. Paris: Seuil, 1971~1979.

James M. Clark, *Meister Eckhart: An Introduction to the Study of His Works with an Anthology of His Sermons,* Edinburgh - New York – Toronto: Thomas Nelson & Sons 1957.

Oliver Davies, trans., *Meister Eckhart: Selected Writings,* London: Penguin Books, 1994.

Josef Quint, hrsg. und übersetzt, *Meister Eckhart: Deutsche Predigten und Traktate.* München: Carl Hanser, 1963.

M. O'C. Walshe, trans. with introduction and notes, *Meister Eckhart: German Sermons and Treatise.,* 3 vols. London: Watkins, 1979~1987.

3. 서구어 연구 문헌

Karl Albert, "Meister Eckharts These vom Sein", *Meister Eckhart und die Philosophie des Mittelalters: Betrachtungen zur Geschichte der Philosophie,* Teil 2, Dettelbach: J.H. Röll, 1999.

Jeanne Ancelet-Hustache, *Meister Eckhart and the Rhineland Mystics,* trans. by Hilda Graef, New York: Harper Torchbooks, 1957.

Werner Beierwaltes, *Platonismus und Idealismus,* Frankfurt a.M.: Klostermann, 1972.

John D. Caputo, "Fundamental Themes in Meister Eckhart's Mysticism," *The Thomist* 42 (1978).

_____. "The Nothingness of the Intellect in Meister Eckhart's Parisian Questions." *The Thomist* 39 (1975).

_____. *The Mystical Element in Heidegger's Thought*, New York: Fordham UP, 1986.

James M. Clark (trans.), *Meister Eckhart: An Introduction to the Study of His Works with an Anthology of His Sermons*, Edinburgh - New York - Toronto: Thomas Nelson & Sons, 1957.

Edmund Colledge and Bernard McGinn (trans. with Introduction), *Meister Eckhart: The Essential Sermons, Commentaries, Treatises, and Defense*, New York: Paulist Press, 1981.

A. Daniels, "Eine lateinische Rechtfertigungsschrift des Meister Eckharts," *Beiträge zur Geschichte der Philosophie und Theologie des Mittelalters* 23:5 (1923).

Oliver Davies, *Meister Eckhart: Mystical Theologian*, London: SPCK, 1991.

Ingeborg Degenhardt, *Studien zum Wandel des Eckhartbildes*, Leiden: Brill, 1967.

Dietsche, "Der Seelengrund nach den deutschen und lateinischen Predigten." *Udo Nix und Raphael Ochslin* (hgg.), Herder, 1960.

Alain de Libera, *Albert le Grand et la philosophie*, Paris: Vrin, 1990.

_____. "Le problem de lêtre chez Maître Eckhart: Logique et métaphysique de l'analogie. *Geneva: Cahiers de la Revue de theologie et de philosophie*, 1980.

_____. *Von Meister Dietrich zu Meister Eckhart*, Hamburg: Felix Meiner, 1984.

Heribert Fischer, *Meister Eckhart: Einführung in sein philosophisches Denken*. Freiburg – München: Karl Alber, 1974.

_____. "Thomas von Aquinas und Meister Eckhart," *Theologie und Philosophie* 49 (1974).

_____. "Meister Eckhart: Versuch, ihn aus dem mystischen Strom zu retten," Peter Koslowski (hg.), *Gnosis und Mystik in der Geschichte der Philosophie*. Darmstadt: Wissenschaftliche Buchgesellshaft, 1988.

_____. (hg.) *Von Meister Dietrich zu Meister Eckhart*, Hamburg: Felix Meiner, 1984.

Erich Fromm, *To Have or To Be?* New York: Harper & Row 1976.

Peter Gregory, *Tsung-mi and the Sinification of Buddhism*, Princeton: Princeton UP. 1991.

Herbert Grundmann, *Religiöse Bewegungen im Mittelalter*, Berlin, 1935/ Darmstadt: Wissenschaftliche Buchgesellschaft, 1974.

Alois M. Haas, "Meister Eckharts Auffassung von Zeit und Ewigkeit," *Geistliches Mittelalter*. Freiburg/Schweiz: Universitätsverlag, 1984.

_____. "Transzendenzerfahrung: Buch der göttlichen Tröstung, *Sermo Mysticus: Studien zu Theologie und Sprache der Deutschen Mystik*. Freiburg: Universitätsverlag, 1979.

_____. "Die Welt: Ein wunderschönes Nichts," *Sermo Mysticus*.

_____. "Meister Eckhart: Mystische Bildlehren," *Sermo Mysticus*.

_____. "Kunst Rechter Gelassenheit," Bern: Peter Lang, 1996.

_____. "Meister Eckhart als normative Gestalt geistlichen Lebens," Freiburg: Johannes Verlag Einsiedeln, 1995.

_____. "Nim Din Selbes War: Studien zur Lehre von der Selbsterkenntnis bei Meister Eckhart, Johannes Tauler und Heinrich Seuse," Freiburg/Schweiz: Universitätsverlagm 1971.

_____ und Heinrich Stirnimann (Hgg.), *Das   Einig Ein: Studien zu Theorie und Sprache der deutschen Mystik*, Freiburg/Schweiz: Universitätsverlag, 1980.

Rainer Haucke, *Trinität und Denken: Die Unterscheidung der Einheit von Gott und Mensch bei Eckhart*. Frankfurt a.M.: Peter Lang, 1986.

Hans Hof, *Scintilla Animae: Eine Studie zu einem Grundbegriff in Meister Eckharts Philosophie mit besonderer Berücksichtigung des Verhältnisses der Eckhartschen Philosophie zur neuplatonischen und thomistischen Anschauung*. Lund: Hakan Ohlssons Boktryekeri, 1952.

Ruedi Imbach, *Deus est Intelligere: Das Verhältnis von Sein und Denken in seiner Bedeutung für das Gottesverständnis bei Thomas von Aquin und in den Pariser Quaestionen Meister Eckharts*. Freiburg/Schweiz: Universitätsverlag, 1976.

Otto Karrer, *Meister Eckhart: Das System seiner religiösen Lehre und Lebensweisheit*. München: Josef Müller, 1926.

_____ und Herma Piesch, *Meister Eckharts Rechtfertigungsschrift vom Jahre 1326: Einleitungen, Übersetzung und Anmerkungen*. Erfurt: Kurt Stenger, 1927.

Steven T. Katz (ed.), *Mysticism and Philosophical Analysis*. New York: Oxford UP,

1978.

Gordon Kaufmann, "God and Emptiness: An Experimental Essay," *God - Mystery - Diversity: Christian Theology in a Pluralistic World.* Minneapolis: Fortress Press, 1996.

C.F. Kelly, *Meister Eckhart on Divine Knowledge,* New Haven: Yale UP, 1977.

Udo Kern, *Die Anthropologie des Meister Eckharts.* Hamburg: Dr. Kovac 1994.

Richard Kieckhefer, "Meister Eckhart's Conception of Union with God," *Harvard Theological Review* 71 (1978).

Joseph Koch, "Kritische Studien zum Leben Meister Eckharts," *Kleine Schriften* I. Roma: Edizioni Di Storia E Letteratura, 1973; Archivum *Fratrum Praedicatorum* 29 (1959), 30 (1960).

_____. "Zur Analogielehre Meister Eckharts," *Kleine Schriften* I, Roma: Editioni Di Storia E Litteratura, 1973; *Mélanges offerts à Etienne Gilson,* Paris: Vrin, 1959.

_____. "Zur Einführung," Udo Nix und Raphael Öchslin(hgg.), *Meister Eckhart der Prediger: Festschrift zum Eckhart-Gedenkjahr.* Freiburg: Herder, 1960.

Otto Langer, *Mystische Erfahrung und spirituelle Theologie: Zu Meister Eckharts Auseinandersetzung mit der Frauenfrömmigkeit seiner Zeit,* München: Artemis, 1987.

_____. "Meister Eckharts Lehre vom Seelengrund." Margot Schmidt und Dieter R. Bauer (hgg.), *Grundfragen christlicher Mystik,* Stuttgart - Bad Cannstatt: fro-mmann-holzboog, 1987.

Niklaus Largier, *Bibliographie zu Meister Eckhart,* Freiburg/Schweiz: Universitätsverlag, 1989.

G. Leff, *Heresy in the Later Middle Ages,* 2 vols. New York: Barnes & Noble, 1967.

R.E. Lerner, *The Heresy of the Free Spirit in the Later Middle Ages,* Berkeley: Univ. of California Press, 1972.

Vladimir Lossky, *Théologie négative et connaissance de Dieu chez Maître Eckhart,* Paris: Vrin, 1960.

John Macquarrie, "A Critique of Classical Theology," *In Search of Deity: An Essay in Dialectical Theism.* London: SCM, 1984.

Reiner Manstetten, *Esse est Deus: Meister Eckharts christologische Versöhnung von Philosophie und Religion und ihre Ursprünge in der Tradition des*

Abendlandes. München: Karl Alber, 1993.

Armand A. Maurer (trans. with an introduction and notes), *Master Eckhart: Parisian Questions and Prologues.* Toronto: Pontifical Institute of Medieval Studies, 1974.

Bernard McGinn, *The Mystical Thought of Meister Eckhart: The Man from Whom God Hid Nothing,* New York: Crossroad 2001.

_____. "God beyond God: Theology and Mysticism in the Thought of Meister Eckhart." *Journal of Religion* 61 (1981).

_____. "Meister Eckhart on God as Absolute Unity." Dominic O Meara (ed.), *Neoplatonism and Christian Thought,* Albany: SUNY Press 1982.

_____(ed.). *Meister Eckhart: Teacher and Preacher,* New York: Paulist Press, 1986.

_____. *Meister Eckhart and the Beguine Mystics: Hadewijch of Brabant, Mechthild of Magdeburg, and Marguerite Porete.* New York: Continuum, 1994.

_____. "Love, Knowledge and Unio mystica in the Western Christian Tradition," Moshe Idel and Bernard McGinn(eds.), *Mystical Union in Judaism, Christianity, and Islam: An Ecumenical Dialogue.* New York: Continuum, 1996.

_____. "A Prolegomenon to the Role of the Trinity in Meister Eckhart's Mysticism." *Eckhart Review* (Spring, 1997).

Dietmar Mieth, "Meister Eckhart: Authentische Erfahrung als Einheit von Denken, Sein und Leben." Alois M. Haas und Heinrich Stirnimann(hgg.), *Das «Einig Ein»: Studien zu Theorie und Sprache der Deutschen Mystik.* Freiburg/Schweiz: Universitätsverlag, 1980.

_____. *Die Einheait von Vita Activa und Vita Contemplativa in den deutschen Predigten und Trktaten Meister Eckharts und bei Johannes Tauler: Untersuchungen zur Struktur des christlichen Lebens.* Regensburg: Friedrich Pustet, 1969.

_____(hg.), *Einheit im Sein und Wirken,* München - Zürich: Piper, 1986.

Burkhard Mojsisch, "Dynamik der Vernunft." Kurt Ruh(hg.) *Abendländische Mystik im Mittelalter: Symposion Kloster Engelberg 1984,* Stuttgart. 1984.

_____. *Meister Eckhart: Analogie, Univozität und Einheit.* Hamburg: Felix Meiner 1983.

Jürgen Moltmann, "Theologie der mystischen Erfahrung: Zur Rekonstruktion der

Mystik." Udo Kern (Hg.), *Freiheit und Gelassenheit: Meister Eckhart heute,* München: Kaiser, 1980.

Udo Nix und Raphael Öchslim (Hgg.), *Meister Eckhart der Prediger: Festschrift zum Eckhart-Gedenkjahr,* Freiburg: Herder 1960.

Heiko A. Oberman, "Die Bedeutung der Mystik von Meister Eckhart bis Martin Luther." Karlsruhe: Gebr. Tron KG. 1981.

Rudolf Otto, *Mysticism East and West: A Comparative Analysis of the Nature of Mysticism,* trans. by B.L. Bracey and R.C. Payne, New York: Macmillan, 1932.

_____. *West-östliche Mystik,* München: Gütersloher Verlagshaus, Gerd Mohn, 1971.

Wolfhart Pannenberg, "The One God and the Trinitarian Doctrine of the Church." *Theology in the Context of Modern Culture,* 서울: 아카넷 2001.

Josef Quint, "Die Sprache Meister Eckharts als Ausdruck seiner mystischen Geisteswelt." *Deutsche Vierteljahrsschrift für Literaturwissenschaft und Geistesgeschichte* 6 (1927).

_____. "Mystik und Sprache: Ihr Verhältnis zueinander, insbesondere in der spekulativen Mystik Meister Eckeharts." Kurt Ruh (Hg.), *Altdeutsche und altniederländische Mystik.* Darmstadt: Wissenschaftliche Buchhandlung, 1964.

Hugo Rahner, "Die Gottesgeburt: Die Lehre der Kirchenväter von der Geburt Christi aus dem Herzen der Kirche und der Gläubigen." *Zeitschrift für katholische Theologie* 59 (1933).

Peter Reiter, *Der Seele Grund: Meister Eckhart und die Tradition der Seelenlehre.* Würzburg: Königshausen und Neumann, 1993.

Paul Rorem (trans.), *Pseudo Dionysius: The Complete Works.* New York: Paulist Press. 1987

Kurt Ruh. *Meister Eckhart: Theologe, Prediger, Mystiker.* München: Beck, 1989.

_____. "Die trinitarische Spekulation in deutscher Mystik." Volker Mertens (Hg.), *Scholastik und Mystik im Spätmittelalter.* Berlin - New York: Walter de Gruyter, 1984.

Reiner Schürmann, *Meister Eckhart: Mystic and Philosopher,* Bloomington - London: Indiana UP, 1978.

Franz Josef Schweitzer, *Meister Eckhart und der Laie: ein antihierarchischer Dialog des 14. Jahrhunderts aus den Niederlanden.* Berlin: Akademie 1997.

Ernst Soudek, *Meister Eckhart*. Stuttgart: J.B. Metzlersche Verlagsbuchhandlung, 1973.

John Shelby Spong, *A New Christianity for a New World: Why Traditional Faith Is Dying and How a New Faith Is Being Born*, New York: Harper Collins, 2001.

Heinrich Stirnimann und Ruedi Imbach (Hgg.), *Eckardus Theutonicus, Homo Doctus et Sanctus: Nachweise und Berichte zum Prozess gegen Meister Eckhart*. Freiburg/Schweiz: Universitätsverlag, 1992.

Suzuki Daisetsu, *Mysticism: Christian and Buddhist*. New York, 1957.

_____. *Zen Doctrine of No Mind*, New York, 1972.

Frank Tobin, *Meister Eckhart: Thought and Language*. Philadelphia: University of Pennsylvania, 1986.

Winfried Trusen, *Der Prozess gegen Meister Eckhart: Vorgeschichte, Verlauf und Folgen*. Paderborn: Ferdinand Schöningh, 1988.

Tu Wei-Ming, "Moral Universal from the Perspectives of East Asian Thought." *Confucian Thought: Selfhood as Creative Transformation*. Albany: SUNY Press, 1985.

Ueda Shizuteru, "Über den Sprachgebrauch Meister Eckharts: Gott Muss Ein Beispiel für die Gedankengänge der spekulativen Mystik." G. Müller und W. Zeller (hgg.), *Glaube, Geist, Geschichte*, Leiden 1967.

_____. "Das Nichts bei Meister Eckhart und im Zen-Buddhismus, unter besonderer Berücksichtigung des Grenzbereichs von Theologie und Philosophie. D. Papenfuss und J. Söring (hgg.), *Transzendenz und Immanenz*, Stuttgart, 1978.

_____. "Der Zen-Buddhismus als Nicht-Mystik unter besonderer Berücksichtigung des Vergleichs zur Mystik Meister Eckharts. G. Schulz (hg.), *Transparente Welt*, Stuttgart, 1965.

_____. "Eckhart und Zen am 'Problem Freiheit und Sprache,' Martin Kraatz (hg.), *Luther und Shinran - Eckhart und Zen*, Köln: E.J. Brill, 1989.

_____. *Die Gottesgeburt in der Seele und der Durchbruch zur Gottheit: Die mystische Anthropologie Meister Eckharts und ihre Konfrontation mit der Mystik des Zen-Buddhismus*, Gütersloh: Mohn, 1965.

Ernst von Bracken, *Meister Eckhart: Legende und Wirklichkeit. Beiträge zu einem neuen Eckhartbild*. Meisenheim a.G.: Anton Hain, 1972.

Erwin Waldschütz, *Denken und Erfahren des Grundes: Zur philosophischen Deutung Meister Eckharts*. Wien: Herder 1989.

Gerhard Wehr, "Zur Rezeptions- und Wirkungsgeschichte." *Meister Eckhart,* Hamburg: Rowohlt, 1989.

Bardo Weiss, *Die Heilsgeschichte bei Meister Eckhart.* Mainz: Matthias-Grünewald, 1965.

Konrad Weiss, "Meister Eckhart der Mystiker: Bemerkungen zur Eigenart der Eckhartschen Mystik." Udo Kern (hg.), *Freiheit und Gelassenheit: Meister Eckhart heute.* München: Kaiser, 1980.

Berhard Welte, *Meister Eckhart: Gedanken zu seinen Gedanken.* Freiburg: Herder, 1992.

Norbert Winkler, *Meister Eckhart zur Einführung.* Hamburg: Junius, 1997.

Eckard Wolz-Gottwald, *Meister Eckhart und die klassischen Upanishaden,* Würzburg, 1984.

_____. *Meister Eckhart oder der Weg zur Gottesgeburt im Menschen: Eine Einführung,* Gladenbach: Hinder & Deelmann, 1985.

Richard Woods, *Eckhart's Way,* Wilmington, Delaware: Michael Glazier, 1986.

Emilie zum Brunn et Alain de Libera, *Métaphysique du Verbe et théologie négative.* Paris: Beauchesne, 1984.

_____ et. al. (trad.), *Maître Eckhart a Paris: Une critique médiévale de l'ontothéologie.* Paris: Presses Universitaires de France, 1984.

동양언어 연구 문헌

길희성. "불교와 그리스도교: 창조적 만남과 궁극적 일치를 향하여." 「종교연구」 21 (2000).

_____. "존 힉의 철학적 종교 다원주의론." 「종교연구」 15 (1998).

_____. "선과 민중해방: 임제 의현의 사상을 중심으로 하여." 『포스트모던 사회와 열린 종교』. 민음사, 1994.

_____. 『지눌의 선 사상』. 소나무 2001.

_____. 『일본의 정토 사상』. 민음사, 1999.

_____. 『인도철학사』. 민음사, 1984.

다지마 테루히사(田島照久). 『マイスタ-エックハルト研究』. 東京: 創文社 1996.

우에다 시즈테루(上田閑照). 『エックハルト: 異端ト正統の間デ』. 東京: 講談社

1998.

_____. "神の子の誕生"と"神性への突破." 『ドイツ神秘主義硏究』. 東京: 創文
社, 1982.

아라키 겐오(慌木見悟). "宗蜜の絶對知論知之一字衆妙之門について." 「南都
佛敎」 3 (1957).

존 쉘비 스퐁(John Shelby Spong)/김준우 옮김. 『기독교 변하지 않으면 죽는다: 교회
감독이 유배당한 신자들에게 고함』. 한국기독교연구소, 2001.

카렌 암스트롱/배국원·유지황 옮김. 『신의 역사』(A History of God). 동연, 1999.

찾 아 보 기